영어의
문을
제대로 여는법

남조우 지음

이 책을 펴내며_

많은 학생들이 영문법을 어려워하고 싫어합니다. 시험에 나올만한 내용만을 간략하게 정리한 책을 찾아다닙니다. 영문법이 불필요하다고, 영어로 말만 잘하면 되지 않느냐고, 영문법 용어를 하나도 모르겠다고 투덜거리는 학생들도 많이 만나게 됩니다. 사실 대학수학능력 시험에서 영문법 문제의 비중은 그리 크지 않습니다. 그렇다면 과연 영문법을 손에서 놔도 좋을까요? 대답은 '절대 아니다!'입니다. 우리가 하루 24시간 영어에 노출되어 생활한다면 영문법을 체계적으로 공부하지 않아도 될지 모릅니다. 하지만 우리나라의 고등학생들이 처한 상황에서 영어로 된 글을 자유롭게 읽고, 쓰고, 듣고, 말하기 위해서는 영문법이라는 거대한 산을 피해갈 도리가 없습니다.

수업 시간에 학생들에게 영어 독해 문제를 풀게 하면 정답을 잘 찾아냅니다. 하지만 문장을 읽고 정확하게 해석을 해 보라고 하면 답답한 경우가 많습니다. 지문에 대한 정확한 이해 없이도 정답을 골라내는 능력이 놀라울 따름입니다. 영문법은 말과 글을 정확히 이해하고 빠르게 해석하는 것을 도와줍니다. 영문법은 바르게 글을 쓰고 더 나아가 유창하게 말하는 것을 도와줍니다. 대입 수학능력시험문제에서 '어법성 판단' 문항이 없어지더라도 영문법 학습은 꼭 필요합니다.

● **"선생님, 어떻게 하면 영문법을 쉽게 공부할 수 있나요?"**

이 질문을 받을 때마다 저는 영문법 공부가 다이어트 열풍과 많이 닮았다는 생각을 하게 됩니다. 저를 포함해서 살을 빼기 위해서 노력하는 수많은 사람들을 볼 때마다 영문법을 정복하지 못해 안달하는 수많은 학생들의 모습이 겹쳐 보입니다. 다이어트를 통해 살을 빼는 것은 하루아침에 가능한 일이 아닌데, 모두들 짧은 시간 안에 힘들이지 않고 살을 빼는 환상을 좇곤 합니다. 마찬가지로 서점을 가득 메운 각종 영문법 서적들, '한 달 안에 끝내는 영문법', 'O주 완성 영문법', '영문법 단기 완성', '가장 쉬운 영문법' 등과 같은 책에 쉽게 눈길이 가게 됩니다.

건강한 몸을 만들기 위해서는 '적당히 먹고, 규칙적으로 운동을 하는 것'이 최선의 방법입니다. 영문법 학습도 마찬가지입니다. 제대로 된 영문법 책을 처음부터 끝까지 반복해서 읽어야 합니다. 영영사전을 가까이 두고 평소에 영어로 된 글을 많이 읽고, 많이 생각해야 합니다. 그리고 즐겨야 합니다. 영문법 전반에 대한 이해 없이 시험에 나올만한 어법 사항만을 암기하는 것은 당장의 시험 점수 향상에는 도움이 될지 모르지만, 장기적으로는 영어를 못하게 되는 길입니다.

서점에 나가봅니다. 수많은 영문법 책들이 서가를 가득 메웁니다. 모든 책에는 나름의 정성이 담겼겠지만, 마음에 쏙 드는 책을 발견하지 못했습니다.

영어를 제대로 전공하지 않은 사람들이 단지 돈벌이 수단으로 만든 책, 기존의 오류로 가득 찬 설명 방식을 끈질기게 고집하는 책, 시험 점수 향상에만 초점을 맞춘 책, 근거없이 자신만의 이론을 만들어 수험생들을 유혹하는 책, 현란한 만화와 도표로 재미만을 추구하는 책, 기존의 책을 무조건 비판하고 쓰레기 취급하는 책, 자신의 책만 보면 영문법은 끝이라고 단호하게 주장하는 책….

그래서 '**영**어의 **문**을 제대로 여는 **법**'을 생각했습니다. 서점에 깔린 영문법 책으로는 솔직히 성이 차지 않았습니다. 기존의 영문법 책에서 제대로 된 내용과 설명 방식은 취하면서 너무 튀지 않게 그리고 지루하지 않게 읽을 수 있도록 구성했습니다. 저 역시 '이 책 한 권이면 끝나는 영문법'을 생각했습니다. 하지만 조금 더 정직해지기로 했습니다. 이 책 한 권으로 절대로 영문법을 끝장낼 수 없습니다. 다만, '중학교 과정을 정상적으로 마치고 고등학교에 입학하여 영어를 공부하는 고등학생들이 보기에 딱 좋은 제대로 된 영문법, 궁극적으로 영어 시험이라는 관문을 성공적으로 열 수 있는 열쇠와 같은 책'이라는 말은 자신있게 할 수 있습니다.

수많은 영문법 책들 가운데 단지 또 하나의 책이 되지 않기를 바랄 뿐입니다.

이 책의 특징_✏️

● **가볍게 읽을 수 있는 영문법**
기존 영문법의 딱딱함을 피하기 위해서 애썼습니다.
옆에서 선생님이 설명해 주는 것처럼 가볍게 읽어나가
면서 쉽게 이해할 수 있도록 꾸몄습니다. 해당 문법 사
항의 의미를 담고 있는 다양한 삽화를 넣어서 '영문법
은 재미없다'는 생각을 깨려고 노력했습니다.

● **살아 있는 참신한 예문**
이 책에 나오는 예문들은 필자가 영어 잡지, 소설, 방송
등을 접하면서 문법 설명에 좋겠다고 생각하는 표현들
을 모아서 정리한 것입니다. 따라서 예문 하나 하나가
살아 있는 영어라고 해도 좋습니다.

● **도표를 통해 체계적인 이해를 돕는 영문법**
설명 중간 중간에 그리고 각 과의 마지막 페이지에 해
당 단원에서 배운 내용을 도표를 이용하여 시각적으로
제시했습니다. 아무리 재미있게 영문법 책을 읽어도
체계적으로 정리가 되지 않으면 안 되기 때문입니다.

● **고등학생들에게 꼭 필요한 영문법**
이 책은 단기간에 집필한 책이 아닙니다. 학생들에게
꾸준히 영어를 가르치면서 구상하고 자료를 수집하면
서 만들어진 책입니다. 학생들이 대충 이해하고 있는

문법 개념, 잘못 이해하고 있는 문법 개념을 어떻게 하면 쉽게 설명할 수 있을지를 고민하면서 만들었습니다. 이제까지 제 수업을 들었던 수많은 학생들의 질문을 통해서 학생들의 '가려운 곳'을 제대로 알게 되었고, 이 책은 '효자손'과 같은 역할을 하게 될 것입니다.

• 문법 실력 향상에 도움이 되는 연습 문제

이 책을 통해서 영문법 실력도 다지고, 각종 시험에서 원하는 점수를 받기를 바라는 마음으로 연습문제를 꾸몄습니다. 너무나 뻔한 형식의 문제들뿐만 아니라 나름 참신한 형식의 문제들도 개발하여 제시했습니다. 이 책에 나오는 모든 연습 문제를 확실히 자신의 것으로 만든다면 '고등학교 영문법은 이제 끝!'이라고 자신 있게 말할 수 있습니다.

• 읽기, 쓰기, 듣기, 말하기를 도와주는 영문법

영문법을 배우는 목적은 단지 문법 문제를 맞히기 위한 것만은 아닙니다. 이 책을 처음부터 끝까지 읽어서 자신의 것으로 만든다면 단순히 영문법 지식을 쌓는 데에서 더 나아가 읽기, 쓰기, 듣기, 말하기에서도 큰 도움을 얻을 수 있다고 확신합니다.

마지막으로 당부할 것은 이 책의 내용을 암기해서 지식으로만 가지고 있으면 안 된다는 것입니다. 열심히 읽은 후, 공부한 내용을 머릿속에 확실히 저장한 후 완전히 잊어버릴 것을 당부합니다.

끝으로 조교 이현규, 나희경, 유정우, 유승한 군과 삽화를 담당한 정우동 작가에게 감사의 뜻을 전합니다. 한글 맞춤법과 관련해서 소중한 조언을 아끼지 않으신 최규백 선생님과 물심양면으로 도움을 아끼지 않은 친구이자 동료 강사인 김현영, 김태형, 박재현, 이현일 선생님 그리고 이 책을 몇 번씩 읽고 참신한 아이디어와 애정 어린 비판을 아끼지 않은 김지혜 선생님께도 감사의 뜻을 전합니다. 또한 책이 나오는 마지막 순간까지 꼼꼼하게 우리말 문장을 다듬어 주신 조종연 선생님과 영어 문장에 미국 현지의 생생함을 불어넣어 준 Jiwoo Yoon 학생에게 특별한 감사의 말씀을 드립니다. 무엇보다도 수많은 제자들의 응원과 디자인 섬:섬의 노력이 없었다면 이 책은 나오지 못했을 것입니다. 머리 숙여 감사드립니다. 이 책을 통해 '영어의 문'을 열고자 하는 모든 수험생들의 끝없는 성장을 기원합니다.

남조우 씀

Contents
목차_🖊️

이 책을 펴내며 -------------------- 2

이 책의 특징 -------------------- 4

Chapter 01. 동사의 유형 -------------------- 9
8품사와 문장 구성의 4요소
동사의 유형
1형식 문장 (S+V)
2형식 문장 (S+V+C)
3형식 문장 (S+V+O)
4형식 문장 (S+V+I·O+D·O)
5형식 문장 (S+V+O+O·C)
한눈에 쏙!!
Grammar Exercises

Chapter 02. 조동사 -------------------- 33
조동사의 대표주자 do
특정한 mode를 나타내는 조동사
Can / Could
May / Might
Must
Will
Would
Shall
Should
Used to
Need / Dare
한눈에 쏙!!
Grammar Exercises

Chapter 03. 동사의 시간 표현 -------------------- 61
가장 기본적인 시제: 현재
과거 시제로의 여행
미래 표현
현재완료 표현: 과거에서 현재까지
과거완료 표현
미래완료 표현

진행 표현
한눈에 쏙!!
Grammar Exercises

Chapter 04. 부정사 -------------------- 83
to 부정사의 명사적 용법
to 부정사의 형용사적 용법
to 부정사의 부사적 용법
to 부정사의 의미상 주어
to 부정사의 시간 표현
to 부정사의 기타 용법
to 없는 부정사(원형부정사)
한눈에 쏙!!
Grammar Exercises

Chapter 05. 동명사 -------------------- 107
동명사의 기능
동명사의 의미상 주어
동명사의 시간 표현
동명사 vs. to 부정사
동명사를 포함하고 있는 관용 표현
정체를 밝혀라! 전치사냐 to부정사냐?
한눈에 쏙!!
Grammar Exercises

Chapter 06. 분사 -------------------- 125
형용사로 쓰이는 분사
알아두면 유용한 분사의 활용
현재분사 vs. 동명사
분사 구문
독립분사 구문
완료분사 구문
분사 구문에 관한 몇 가지 자투리

한눈에 쏙!!
Grammar Exercises

Chapter 07. 수동태 ----------------------● **145**
수동태는 왜 쓰는 것일까?
능동문 vs. 수동문
문장의 형식과 수동태
주의해야 할 수동태
명령문과 의문문의 수동태
by가 사용되지 않는 수동태
수동태에 대해 알아야 할 마지막 세 가지
한눈에 쏙!!
Grammar Exercises

Chapter 08. 가정법 ----------------------● **165**
조건문과 가정문의 구별
가정법 과거
가정법 과거완료
가정법 현재
나도 가정법이다!
If가 사라진 가정법
혼합 가정
한눈에 쏙!!
Grammar Exercises

Chapter 09. 일치 ----------------------● **187**
주어를 찾아라!
단수 동사를 사랑하는 주어
복수 동사를 사랑하는 주어
단수 동사, 복수 동사를 모두 사랑하는 주어
시제 일치란?
시제 일치의 예외
한눈에 쏙!!
Grammar Exercises

Chapter 10. 화법 ----------------------● **205**
평서문의 화법 전환
의문문의 화법 전환
명령문의 화법 전환
감탄문의 화법 전환
기원문의 화법 전환
복잡하게 생긴 문장의 화법 전환
한눈에 쏙!!
Grammar Exercises

Chapter 11. 관계사 ----------------------● **219**
관계대명사 who, whose, whom
관계대명사 which, whose(of which), which
관계대명사 that

선행사를 겸하는 관계대명사 what
관계대명사의 제한적 용법 vs. 비제한적 용법
관계대명사의 생략
유사 관계대명사
관계부사
복합 관계사
한눈에 쏙!!
Grammar Exercises

Chapter 12. 형용사 ----------------------● **247**
형용사의 한정적 용법
형용사의 서술적 용법
얼마나 많아요?
형용사를 포함한 중요 구문
the + 형용사
나도 형용사 할래!
한눈에 쏙!!
Grammar Exercises

Chapter 13. 부사 ----------------------● **267**
부사의 역할
부사의 위치
주의해야 할 부사의 용법
부사의 비교급, 최상급
의문 부사
형용사와 부사에 관한 비밀 한 가지
한눈에 쏙!!
Grammar Exercises

Chapter 14. 비교 구문 ----------------------● **285**
비교급, 최상급을 만드는 방법
원급의 용법
비교급의 용법
최상급의 용법
한눈에 쏙!!
Grammar Exercises

Chapter 15. 명사 ----------------------● **307**
보통명사
집합명사
물질명사
추상명사
고유명사
셀 수 없는 명사의 수량을 나타내는 도우미
명사의 변신은 무죄!
명사의 성·수·격
소유격의 다양한 의미
한눈에 쏙!!
Grammar Exercises

Chapter 16. 대명사 - ● **335**

인칭대명사
지시대명사
부정대명사
의문대명사
한눈에 쏙!!
Grammar Exercises

Chapter 17. 관사 - ● **357**

부정관사 a(n)
부정관사의 반항?
정관사 the
관사의 생략
관사의 반복
관사의 위치
Grammar Exercises

Chapter 18. 전치사 - ● **375**

전치사의 목적어
'전치사 + 명사(구)'의 기능
전치사의 종류 - 형태상
전치사의 종류 - 의미상
외로운 전치사 – 내 짝은 어디에?
전치사가 명사를 만났을 때
Grammar Exercises

Chapter 19. 접속사 - ● **399**

접속사의 형태상 분류
접속사의 기능상 분류
한눈에 쏙!!
Grammar Exercises

Chapter 20. 잡다한 것들 - - - - - - - - - - - - - - - - - - - ● **421**

도치
강조
생략
삽입
한눈에 쏙!!
Grammar Exercises

Answers Unboxed - - - - - - - - - - - - - - - - - ● **A_1**

Chapter 01
동사의 유형 _ ✎

❶ 8품사와 문장 구성의 4요소   10

❷ 동사의 유형   12

❸ 1형식 문장 (S + V)   13

❹ 2형식 문장 (S + V + C)   13

❺ 3형식 문장 (S + V + O)   15

❻ 4형식 문장 (S + V + I·O + D·O)   17

❼ 5형식 문장 (S + V + O + O·C)   18

●--------한눈에 쏙!!   20

●--------Grammar Exercises   29

❶ 8품사와 문장 구성의 4요소

아무도 영어 단어가 몇 개인지, 영어 문장이 몇 개나 되는지 알 수 없다. 하지만 무수한 생물을 체계적으로 분류할 수 있듯이, 영문법학자들은 영어의 단어와 문장을 몇 개의 유형으로 나누어 놓았다. 영문법의 시작은 이렇게 분류된 단어와 문장으로부터 출발해야 할 것이다.

　영어 단어는 크게 8가지로 분류될 수 있다. 우리는 이것을 유식한 말로 영어의 8품사라고 한다. 영어 단어를 암기할 때는 품사가 무엇인지도 함께 알아야 한다. 여기서 주의해야 할 점은 어느 하나의 단어가 하나의 품사로만 쓰이는 것이 아니라 문맥에 따라서 품사가 마구 변신을 한다는 것이다.

® **Wow!**
① Rooney ③ **kicked** the ① ball ⑦ into the ① net.
② **It** ③ **was** ⑤ so ④ **swift** ⑥ and ④ **powerful**.

① Noun 명사
Used for referring to a person, a place, a thing, a quality or an activity
Examples Rooney, ball, net, goal, foot, water, friendship, etc.

③ Verb 동사
Expresses an action, an event or a state
Examples pass, kick, smile, eat, drink, build, open, do, am, is, are, have, etc.

⑤ Adverb 부사
Describes a verb, an adjective, or another adverb; telling where, how, when, or to what extent
Examples quickly, slowly, fast, so, well, suddenly, etc.

⑦ Preposition 전치사
Combines with a noun or a pronoun to form a phrase that tells something about another word in a sentence
Examples into, with, for, to, at, in, of, etc.

② Pronoun 대명사
Used instead of a noun(phrase)
Examples I, me, we, she, he, his, you, it, they, them, etc.

④ Adjective 형용사
Describes a noun or a pronoun, telling what kind, how many, or which one
Examples quick, left, red, big, fantastic, wonderful, (a, the), etc.

⑥ Conjunction 접속사
Joins words, phrases or sentences
Examples and, or, but, because, since, when, etc.

⑧ Interjection 감탄사
Used alone to express strong emotions
Examples Wow!, Oh!, Ouch!, Oops!, etc.

영어의 문장을 가만히 들여다보면 주어(Subject), 서술어(Verb, 동사), 목적어(Object), 보어(Complement)가 있다는 것을 알 수 있다. 이것을 문장의 주요 구성성분 또는 4요소라고 부른다. 이러한 4요소가 문장을 구성하는 방식에 따라 학교에서 배우는 영문법에서는 문장을 크게 다섯 가지로 나눈다. 물론 영어의 모든 문장을 이 다섯 가지의 테두리 안에 가둘 수는 없다. 하지만 문장의 다섯 가지 형식이 구구단(multiplication table)처럼 머릿속에 저장만 된다면, 우리가 만나는 영어 문장의 대부분은 쉽게 해석이 될 것이고 어지간한 문장은 영작할 수 있을 것이다.

❷ 동사의 유형

문장에서 가장 중요한 요소는 **동사(서술어)**다. 동사는 목적어(동작의 대상이 되는 말)의 유무에 따라 자동사와 타동사로 분류된다. 또한 보어(주어나 목적어를 보충·설명해 주는 말)의 유무에 따라 완전동사와 불완전동사로 분류된다. 여기에서 우리는 4가지 조합(아래의 ①, ②, ③, ⑤)을 얻게 된다. 여기에다 아래의 ④번(수여동사)을 포함하면 드디어 문장의 다섯 형제를 만나게 된다. 여기에서 조심해야 할 점은 동사의 운명이 미리 정해진 것이 아니라 **문맥(context)에 따라 자동사/타동사가 되기도 하고 완전/불완전 동사가 되기도 한다는 점**이다.

S   V   부사

ⓐ   Bob **walks** slowly.

    Bob / 걷는다 / 천천히

S   V   O   부사구

ⓑ   Bob **walks** his dog every morning.

    Bob / 산책 시킨다 / 그의 개 / 매일 아침

ⓐ에서 동사 walks는 목적어가 없으므로 자동사로 쓰였고 ⓑ에서는 his dog을 목적어로 취해 타동사로 쓰였다.

이와 같이, 영어 사전에서 동사를 찾게 되면, 그 동사가 자동사(Intransitive verb)로 쓰이는지 아니면 타동사(Transitive verb)로 쓰이는지 꼼꼼히 확인해야 한다.

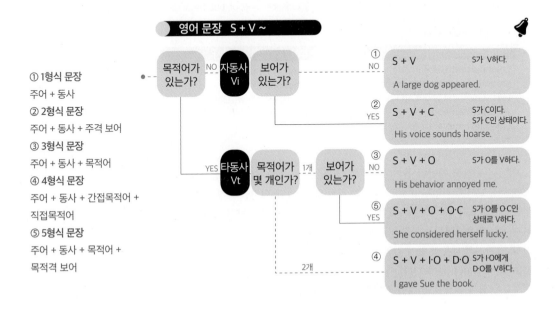

① 1형식 문장
주어 + 동사

② 2형식 문장
주어 + 동사 + 주격 보어

③ 3형식 문장
주어 + 동사 + 목적어

④ 4형식 문장
주어 + 동사 + 간접목적어 +
직접목적어

⑤ 5형식 문장
주어 + 동사 + 목적어 +
목적격 보어

그러면 이제 이 다섯 가지의 문장 형식을 구체적으로 살펴보기로 하자.

❸ 1형식 문장 (S + V)

01.3 _✐

영어 문장에서 주어와 동사로만 이루어진 아주 단순한 문장은 그리 많지 않다. **대개는 언제, 어디서, 어떻게, 왜 등을 나타내는 부사(구)와 결합하여 쓰인다.** 문장 가운데는 부사(구)가 반드시 있어야 의미가 통하는 경우도 많이 있다. 하지만 영어의 문형을 따질 때에는 문장의 4요소만을 가지고 따지게 되므로 아무리 긴 부사(구)가 뒤따라 나오더라도 문형의 판단에는 영향을 끼치지 못한다.

아래의 ⓐ, ⓑ, ⓒ, ⓓ는 모두 1형식 문장이다.

ⓐ   (S) (V)
Birds fly.
새들은 / 난다

ⓑ   (S) (V) (부사)
Birds fly high.
새들은 / 난다 / 높이

ⓒ   (S) (V) (부사) (부사구)
Birds fly high in the sky.
새들은 / 난다 / 높이 / 하늘에

ⓓ   (S) (V) (부사) (부사구) (부사구)
Birds fly high in the sky for so many hours.
새들은 / 난다 / 높이 / 하늘에 / 아주 많은 시간 동안

Remember!
문장의 길이는 문장의 형식과 아무런 상관이 없다!

● 알아두면 유용한 1형식 동사

be	존재하다
count	중요하다
do	충분하다
matter	중요하다
pay	수지가 맞다
read	읽히다
sell	팔리다
work	작동하다, 효과가 있다

● 구(phrase)와 절(clause)
두 개 이상의 단어가 모여 하나의 품사 역할을 하는 것을 구/절이라고 하며, 주어와 동사를 갖추지 못한 것을 구, 주어와 동사를 갖춘 것을 절이라고 한다.

❹ 2형식 문장 (S + V + C)

01.4 _✐

Bob became ...   Bob은 ...이 되었다

위 문장을 아무리 뚫어져라 쳐다봐도 Bob이 무엇이 되었다는 것인지 도무지 알 수 없다. 하지만 a doctor를 넣어 주면,

Bob became a doctor.

바로 'Bob은 의사가 되었다.'라는 완전한 문장이 된다.

이처럼 완전한 문장이 되기 위해서는 주어를 보충해 주는 단어가 와야 하는데 이 것을 '보어'라고 부른다. 2형식 문장을 만드는 동사는 비록 목적어를 필요로 하지는 않지만 보어를 데리고 다니므로 불완전 자동사라고도 불린다. (이런 어려운 문법 용어는 외우지 않아도 된다.)

2형식 문장을 만드는 동사는 크게 다음과 같이 분류된다.

'-이다(S = C)'의 의미를 가지는 동사

Chris **is** an English teacher.	Chris는 / ~이다 / 영어 선생님
The situation **remains** unchanged.	상황은 / 남아있다 / 변하지 않은
You must **keep** quiet in the classroom.	너는 / 유지해야 한다 / (교실에서) 조용한

'-가 되다(S → C)'의 의미를 가지는 동사

Daniel **became** an English teacher.	Daniel은 / 되었다 / 영어 선생님
The old man **went** mad.	그 노인은 / 되었다 / 미친
The door **swung** open.	문이 / 휙 했다 / 열린

감각을 통해 주어의 상태를 나타내는 동사

The rose **smells** sweet.	장미는 / 향이 난다 / 달콤한
That dress **looks** good on you.	그 드레스 / 보인다 / 너에게 잘 어울리는
Chris **seems** happy.	Chris는 / 보인다 / 행복한

여기서 잠깐!

문장에서 무엇이 보어로 쓰일 수 있을까? 여기서는 단순히 **명사**(또는 그 역할을

하는 것), **형용사**(또는 그 역할을 하는 것)가 보어로 쓰일 수 있다고만 알아두자!

---

cf.   유사보어 : 주어를 좀 더 구체적으로 설명하기 위해 추가한 보어

Chun-hyang married *young*.

= Chun-hyang was young when she married.

---

❺ 3형식 문장 (S + V + O)

Once when I was six years old **I saw a** magnificent **picture** in a book, called *True Stories from Nature*, about the primeval forest.

옛날에 내가 6살 때 / 나는 봤다 / magnificent한 그림을 / 책에서 / True Stories from Nature라고 불리는 / primeval forest에 관한

생텍쥐페리가 쓴 『The Little Prince』(어린 왕자)의 첫 장에 나오는 문장이다. 앞에서 설명했듯이 문장의 길이는 문장의 형식과 상관이 없다. 어려운 단어도 많고 문장의 길이도 길지만 가만히 분석해 보면 3형식 문장에 불과한 것이다. 문장의 형식을 따질 때는 문장의 4요소를 가지고 한다는 점을 꼭 기억하자!

그렇다면 하나의 문장에서 무엇이 목적어로 쓰일 수 있을까? 명사와 그 친구들(어려운 말로 '명사 상당어구')이라고만 알아두자. 그리고 목적어가 언제나 '-을'로 해석되는 것이 아니라는 점도 아울러 기억하자. 왜냐하면, 다음 동사들은 완전타동사인데도 '-와/-에' 등으로 해석되어 마치 뒤에 전치사를 써야만 할 것 같은 느낌이 들기 때문이다. 타동사와 목적어 사이에는 절대로 전치사를 쓰면 안 된다!

꼭 기억해야 할 타동사 Best 12

01 marry	05 resemble	09 mention
02 discuss	06 approach	10 follow
03 enter	07 await	11 obey
04 reach	08 leave	12 survive

Obama **married** Michelle Robinson.

Obama는 / -와 결혼했다 / Michelle Robinson

Obama married with Michelle Robinson. (X)

 잠깐!

앞의 '꼭 기억해야 할 타동사 Best 12'가 언제나 타동사로만 쓰이는 것도 아니다. 엄밀히 말해서 **타동사이기 때문에 목적어가 오는 것이 아니라, 목적어가 왔기 때문에 타동사라고 부르는 것이다.**

자동사 중에서 그 동사와 같은 • 어원의 목적어를 취하는 경우 가 있는데, 이 목적어를 '동족 목적어' 라고 한다.
He lived happily. 1형식
He lived a happy life. 3형식
I dreamed last night. 1형식
I dreamed a strange dream. 3형식

cf. 자동사로 쓰인 경우
Obama **married** in 1992.
Obama는 / 결혼했다 / 1992년에
Chun-hyang and Mong-ryoung **married** young.
춘향과 몽룡 / 결혼했다 / 젊은 상태

마지막으로 여러 개의 3형식 문장이 연결된 글을 하나 해석해 보는 것으로 3형식 공부를 마치기로 하자. 이 문장은 『Harry Potter and the Chamber of Secrets』 (해리포터와 비밀의 방)에 나오는 내용이다.

want는 that절을 목적어로 • 취하지 못한다.
I want that he ~ (X)
I want him to ~ (O)

Harry **cleaned** the windows, **washed** the car, **mowed** the lawn, **trimmed** the flowerbeds, **pruned** and **watered** the roses, and **repainted** the garden bench.

Harry는 창문을 닦고, 세차를 하고, 잔디를 깎고, 화단을 정돈하고, 장미꽃을 손질하고 물을 주고, 정원 벤치를 다시 칠했다.

타동사로 오해하기 쉬운 자동사 Best 8

01 apologize to	04 lead to	07 start from
02 arrive in(at)	05 listen to	08 wait for
03 get to	06 reply to	

I usually listen to pop music. 나는 / 대개 / 듣는다 / 팝 음악을

He arrived at London. 그는 / 도착했다 / London에

cf. He reached London. 그는 / -에 도착했다 / London

❻ 4형식 문장 (S + V + I·O + D·O)

01.6 _✎

4형식 문장을 만드는 동사는 수여동사라고도 부른다. 수여동사는 다른 동사들에 비해서 쉽게 구별할 수 있다. 간접목적어(Indirect Object)와 직접목적어(Direct Object)를 수반하며 '누구에게 무엇을 (해)주다'로 해석된다.

간목 직목
(1) He **gave** the girl a book.
그는 / 주었다 / 소녀(에게) / 책

간목 직목
(2) He **bought** the girl a book.
그는 / 사주었다 / 소녀(에게) / 책

간목 직목
(3) He **asked** me a question.
그는 / 물었다 / 나(에게) / 질문

● **조심해야 할 3형식 동사**
provide-을 제공하다, 공급하다는
수여동사 give와는 쓰임이
전혀 달라서
'provide+사람+with+사물'
'provide+사물+for+사람'
의 형태로 써야 한다.
이와 같은 개별 동사의 특성
은 미리 알 수 없으며, 사전을
찾아서 확인해야 한다.

(2)를 '그는 소녀를 책을 샀다.'라고 한다면 의미가 통하지 않는다. 사실은 책을 사서 소녀에게 준 것이다. 이렇게 4형식 동사는 '주다'라고 해석이 되기 때문에 수여동사라고 부르는 것이다. (상장을 수여한다는 말은 상장을 준다는 말!) (3)의 경우는 나에게 질문을 한 것이므로 결국은 질문을 나에게 주었다는 것과 마찬가지인 셈이다.

위에서 the girl이 간접목적어가 되고 a book은 직접목적어가 되는데 왜 그럴까? the girl을 빼고 문장을 다시 써 보면 He gave a book.(그는 책을 주었다.) 이 되어 의미가 통한다. 하지만 a book을 생략하면 He gave the girl.(그는 소녀를 주었다.) 이 되어서 어쩐지 어색한 문장이 되고 만다. 여기에서 '-에게'에 해당하는 목적어(the girl)보다 '-을'에 해당하는 목적어(a book)가 동사(gave)와 더 밀접하게 관련되어 있음을 알 수 있다. 그래서 문법학자들은 앞의 것(the girl)을 간접목적어로 뒤의 것(a book)을 직접목적어라고 부르기로 약속을 했다.

수여동사를 술어동사로 하는 4형식 문장은 대개의 경우 간접목적어를 부사구로 바꾸어 3형식 문장(S + V + O + 부사구)으로 만들 수도 있다. 이때 간접목적어 앞에는 수여동사에 따라 to, for, of 등의 전치사가 붙게 된다. (일부러 암기하려고 애쓰지는 말고, 그저 문장이 나올 때마다 유심히 봐두기만 하자.)

직접목적어가 대명사일 때는 3형식만 가능

He bought me it. (X)
He bought it for me. (O)

He **gave** a book **to** the girl.	그는 / 주었다 / 책 / 소녀에게
He **bought** a book **for** the girl.	그는 / 샀다 / 책 / 소녀를 위하여
He **asked** a question **of** me.	그는 / 물었다 / 질문 / 나에게

❼ 5형식 문장 (S + V + O + O·C)

01.7 _✎

5형식 문장을 만드는 동사는 목적어도 필요하고 목적격 보어도 필요하다. 그래서 불완전타동사라는 거창한 이름으로 불린다.

Mom **made** me a teacher.	엄마가 / 만들었다 / 나를 / 선생님

2형식 문장을 만들 때 필요한 보어는 주어를 설명해 주는 말이다. 그래서 주격 보어라고 한다. 한편 5형식 문장을 만드는 보어는 목적어를 보충 설명해주는 말이기 때문에 목적격 보어라고 불린다. 위 문장에서 선생님이 된 것은 'Mom'이 아니라 'me'다. 따라서 me = a teacher의 관계가 성립하는 것이다.

『Alice's Adventures in Wonderland』(이상한 나라의 앨리스)에는 빨간 장미를 심어야 하는데 흰 장미를 심게 된 병정들이 흰 장미에다 빨간색을 칠하는 장면이 나온다. 5형식 문장의 개념을 이해한 친구들이라면 이쯤은 쉽게 영어로 쓸 수 있을 것이다.

They **painted** white roses red.	그들은 흰 장미를 빨간색으로 칠했다.

흰 장미에다가 색칠을 하는 거니까 당연히 white roses가 목적어가 되고 목적격 보어는 형용사인 red가 되어야 한다.

●p. 21-22 동사문형표 참조

---

cf.　4형식 문장과 5형식 문장의 구별

①　Mom made me **a cake.**

②　Mom made me **a teacher.**

5형식 문장인 ②에서 **선생님(a teacher)**이 된 것은 me다. 하지만 ①에서 me가 **케이크(a cake)**가 된 것은 아니다. ①을 5형식처럼 해석하게 되면, '엄마는 나를 케이크로 만들었다.'가 되는데, 케이크를 만들어 주신 고마운 엄마를 엽기 엄마로 만들면 절대로 안 된다.

이상에서 우리는 문장의 다섯 가지 형식을 살펴보았다. 위의 설명이 상당히 길기는 하지만, 아직도 해야 할 말은 참 많이 있다. 먼저 꼭 기억해야 할 점은 여기에 소개된 다섯 가지 형식으로 영어의 모든 문장을 분석할 수는 없다는 점이다. 가령, 부사구가 반드시 있어야만 의미가 통하는 문장(S + V + 부사구, S + V + O + 부사구)도 있으며, 목적어가 3개나 등장하는 문장도 있다. 간결한 설명을 위해서 동사를 5가지로 분류한 것일 뿐, 6형식, 7형식 … 20형식 등 얼마든지 다양한 분석도 가능하다. 다만 5가지 문장 유형만 완벽하게 알아도 대부분의 문장은 해석할 수 있다.

앞에서도 말했듯이 **동사의 종류는 문맥(context)에서 결정**된다. 그러니까 어느 하나의 동사를 딱 보자마자 "아, 이것은 1형식 동사군!" 이렇게 말할 수는 없는 것이다. 이것은 영어를 외국어로 배우는 우리에게는 참으로 다행한 일이다. 만일 어떤 특정한 문형을 만드는 동사가 미리 정해져 있다면 모두 암기해야 할 텐데, 그럴 필요가 없는 것이다.

마지막으로, 이제까지 읽은 내용을 모두 이해했으면 여러분의 뇌세포 속에 집어넣은 다음에 까맣게 잊어버려야 한다. 생각하지 않고 바로 머리에서 튀어 나와야 한다.

한눈에 쏙!!

문장(단문)의 구성 = 주부 + 술부

주부	술부
My precious *cousin* living in New York	*won* second prize in the local newspaper's essay contest on the theme of 'future career.'
주어 + 수식어구 : **명사**가 핵심	문장에서 주부를 제외한 모든 부분 : **동사**가 핵심

단문 구성의 4요소

S	V	O	C
주어	서술어(= 동사)	목적어	보어

단문의 5가지 유형

문형 구조	유의 사항
1형식 S + V	유의할만한 완전자동사 be, count, do, matter …
	There + be 동사 구문
2형식 S + V + C	2형식 주요 표현 come true, go bad, seem happy …
	감각동사 + 형용사 보어
3형식 S + V + O	문맥에 따른 자동사/타동사 구별
4형식 S + V + I·O + D·O	3형식 문장(S + V + D·O + 전치사 + I·O)으로 전환
5형식 S + V + O + O·C	목적격 보어 자리에 올 수 있는 것
	명사(구), 형용사, 현재분사, 과거분사, (to) 부정사

	동사유형	예문	
1	~	A large dog **appeared**.	1형식
2	~ + 부사	A group of swans **floated** by.	
3	~ + 보어	His voice **sounds** hoarse.	2형식
		Bob **became** a doctor.	
4	~ + to be 보어	He **happened** to be there.	
	~ + (to be) 보어	He **seems** (to be) angry.	
5	~ + as 보어	Mr. Brown **acted** as chairman.	
6	~ + 전치사 + 명사	The house **belongs** to him.	
7	~ + 전치사 + 명사 + to do	He **waited** for the door to open.	
8	~ + p.p.	He **stood** amazed.	
9	~ + 목적어	His behavior **annoyed** me.	3형식
10	~ + 목적어 + 부사	He **put** his coat on.	
11	~ + -ing	She never **stops** talking.	
12	~ + to do	I **want** to leave now.	
13	~ + 목적어 + to do	I **forced** him to go with me.	
14	~ + 목적어 + 보어	She **considered** herself lucky.	5형식
15	~ + 목적어 + (as) + 보어	They **elected** him (as) president.	
16	~ + 목적어 + to be + 보어	They **felt** the plan to be unwise.	
	~ + 목적어 + (to be) + 보어	We **think** him (to be) a good teacher.	
17	~ + 목적어 + do	Did you **hear** the phone ring?	
18	~ + 목적어 + -ing	His comments **set** me thinking.	
		I **saw** him crossing the street.	
19	~ + 목적어 + p.p.	I **heard** my name called.	
		She **had** her purse stolen.	
20	~ + that 절	It **seems** that he is fond of sweets.	
	~ + (that) 절	He **said** (that) he would send his son to college.	
21	~ + 목적어 + that 절	Can you **remind** me that I need to buy some milk?	
		They **warned** us that the roads were icy.	
22	~ + wh. to do	We could not **decide** what to do.	
		I don't **know** how to play chess.	
23	~ + 목적어 + wh. to do	I **showed** her how to do it.	
24	~ + wh. 절	I **wonder** what the job will be like.	
25	~ + 목적어 + wh. 절	I **asked** him where the hall was.	
26	~ + 목적어 + 목적어	I **gave** Sue the book.	4형식
27	~ + 목적어 + 부사 + 목적어	Please **bring** me back those books.	
28	~ + 목적어 + 전치사 + 명사	Park **kicked** the ball into the net.	
29	~ + 전치사 + 명사 + that 절	Bob **explained** to me that he had been delayed by the weather.	

* 영어의 모든 문장을 위의 표에 가둘 수는 없다. 위의 표를 간단하게 제시한 것이 소위 학교에서 배우는 '문장의 5형식'이다.

1 **Intransitive verbs 자동사**

| [V] | A large dog **appeared**. |
| [V + adv./prep.] | A group of swans **floated** by. |

2 **Transitive verbs 타동사**

| [VN] | Jill's behavior **annoyed** me. |
| [VN + adv./prep.] | He **kicked** the ball into the net. |

3 **Transitive verbs with two objects 두 개의 목적어를 취하는 타동사**

| [VNN] | I **gave** Sue the book. |

4 **Linking verbs 연결 동사**

[V-ADJ]	His voice **sounds** hoarse.
[V-N]	Elena **became** a doctor.
[VN-ADJ]	She **considered** herself lucky.
[VN-N]	People **elected** her president.

5 **Verbs used with clauses or phrases 절이나 구를 취하는 동사**

[V that] [V (that)]	He **said** that he would walk.
[VN that] [VN (that)]	Can you **remind** me that I need to buy some milk?
[V wh-]	I **wonder** what the job will be like.
[VN wh-]	I **asked** him where the hall was.
[V to]	I **want** to leave now.
[VN to]	I **forced** him to go with me.
[VN inf]	Did you **hear** the phone ring?
[V -ing]	She never **stops** talking.
[VN -ing]	His comments **set** me thinking.

6 **Verbs + direct speech 피전달문과 함께 쓰이는 동사**

| [V speech] | "It's snowing," she **said**. |
| [VN speech] | "Tom's coming too," she **told** him. |

V	Verb(동사)
N	Noun phrase(명사구)
ADJ	Adjective(형용사)
adv.	adverb(부사)
prep.	prepositional phrase(전치사구)
	(= '전치사 + 목적어' : 문장에서 형용사 또는 부사의 역할을 함)
to	to infinitive(to 부정사)
inf	infinitive without 'to' (to 없는 부정사 = 원형 부정사 = 동사원형)

우리가 접하는 영어 문장(절)의 생김새는 대략 아래와 같다.

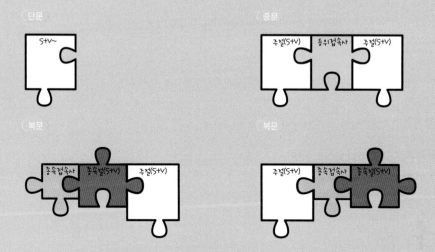

단순한 이해를 위해서 1강에서는 주로 '단문'을 중심으로 살펴보았다. 복잡한 문장들은 19강(접속사)을 배우고 나면 머릿속에 쏙쏙 들어오게 될 것이다.

자, 이젠 문법 시간에 자주 듣게 되는 구와 절의 개념과 그 역할을 간단히 정리해 보도록 하자.

구와 절

두 개 이상의 단어가 모여 하나의 품사 역할을 하는 것

구 (주어, 동사가 없음)

명사구	주어, 목적어, 보어 역할
형용사구	명사를 수식, 명사를 설명(보어)
부사구	형용사, 동사, 다른 부사(구)를 수식(시간, 장소, 이유, 목적, 결과, 정도, 조건(가정), 양보, 방향, 빈도 등)

절 (주어, 동사가 있음)

명사절	주어, 목적어, 보어, 동격절로 쓰임
형용사절	명사를 수식(한정) = 관계사절
부사절	시간, 장소, 이유, 목적, 결과, 비교, 정도, 조건(가정), 양보, 빈도, 양태 등

자, 이제 문장이 어떻게 복잡하게 되는 지 구체적으로 살펴보도록 하자.

1 (대)명사가 꾸밈을 받는 경우

The contrast between Western Europe and America │is│ particularly sharp.
서유럽과 미국의 차이는 특히 확실하다.

One of the most important aspects of green products │is│ durability.
친환경 제품의 가장 중요한 면 중 하나는 내구성이다.

2 to 부정사구 (to 부정사의 명사적 용법)
To err or to make mistakes │is│ indeed a part of being human.
잘못을 하거나 실수를 저지르는 것은 진정으로 인간적인 것의 한 부분이다.

3 동명사구
Understanding why historic events took place │is│ also important.
역사적인 사건이 왜 발생했는지를 이해하는 것 또한 중요하다.
Flying over rural Kansas in an airplane one fall evening │was│ a delightful experience for
passenger Walt Morris.
어느 가을 저녁 비행기를 타고 Kansas 주의 시골 지역 위를 날아가는 것은 승객인 Walt Morris에게는 기분 좋은 경험이었다.

4 명사절 - that절, whether절, 의문사절(wh-절)
It │is│ vital **that people are made aware of the possible risks associated with smoking on the
health of children.**
어린이 건강에 영향을 줄 수 있는 흡연과 관련된 위험성을 사람들이 알도록 하는 것이 아주 중요하다.
Whether or not she passes │depends│ upon how hard she works.
그녀가 합격하는지의 여부는 그녀가 얼마나 열심히 공부하는지에 달려있다.
What they found │was│ those born in the autumn were nearly 30% more likely to get asthma.
그들이 발견한 것은 가을에 태어난 아이들이 천식에 걸릴 가능성이 거의 30%나 높았다는 것이다.
Whatever happens to you │belongs│ to you.
너에게 일어나는 어떤 일도 너에게 속한다.

cf. It │is│ doubtful **if this painting is a Picasso.**
이 그림이 피카소의 그림인지는 의심스럽다

1 (대)명사가 꾸밈을 받는 경우 - 명사구

We ⌐have to find⌐ **a new way** of dealing with crime.
우리는 범죄를 다루는 새로운 방법을 찾아야 한다.

Children ⌐need⌐ **a variety of toys** to play with.
아이들은 가지고 놀 다양한 장난감이 필요하다.

2 to 부정사구

I ⌐decided⌐ **to give up** engineering and **become** a pilot.
나는 공학을 포기하고 조종사가 되기로 결심했다.

These days even young schoolchildren ⌐know⌐ **how to use computers.**
요즈음에는 심지어 어린 학생들도 컴퓨터를 사용하는 방법을 알고 있다.

3 동명사구

I ⌐enjoy⌐ **taking pictures** with my smart-phone.
나는 스마트폰으로 사진 찍는 것을 즐긴다.

Do you ⌐mind⌐ **my smoking** here?
여기서 담배를 피워도 될까요?

4 명사절 - that절, if절, whether절, 의문사절 (wh-절)

Most people ⌐believe⌐ **that intelligence plays the key role in children's academic achievement.**
대부분의 사람들은 지능이 아이들의 학업 성취에 중요한 역할을 한다고 믿는다.

I ⌐asked⌐ my father **if he would go down to the schoolyard and play basketball with me.**
나는 아버지께 학교 운동장에 가서 나와 농구를 해주실 수 있는지 물었다.

I ⌐don't know⌐ **whether I should break up with my boyfriend or not.**
내 남자친구와 헤어져야 하는지 말아야 하는지 모르겠다.

We all ⌐know⌐ **how invaluable your advice and help will be.**
우리 모두는 당신의 조언과 도움이 얼마나 소중한지를 알고 있습니다.

I ⌐did⌐ **whatever he asked me to do.**
나는 그가 나에게 하도록 요청한 것은 무엇이든지 했다.

1 (대)명사가 꾸밈을 받는 경우

That is a deep, lasting reward that I could never get in pro ball.

그것은 내가 프로 팀에서는 얻을 수 없는, 깊이 있고 오래 지속되는 보상이다.

Blackmail is the act of trying to obtain money from someone by threatening to do something
unpleasant to them. 공갈은 불쾌한 어떤 짓을 하겠다고 위협해서 누군가로부터 돈을 얻으려는 행동이다.

2 to 부정사구

The purpose of the United Nations is to protect human rights.

UN의 목적은 인권을 수호하는 것이다.

My objective is to improve my English as much as possible.

나의 목표는 가능한 한 많이 영어를 향상시키는 것이다.

The essential role of hand gestures is to mark the points of emphasis in our speech.

손동작의 본질적인 역할은 우리가 말할 때 강조할 부분들을 표시하는 것이다.

3 동명사구

My hobby is reading detective novels.

나의 취미는 탐정소설을 읽는 것이다.

One of the greatest pleasures of this job is meeting people from all walks of life.

이 일의 가장 즐거운 점의 하나는 모든 계층의 사람들을 만난다는 것이다.

4 명사절 – that절, if절, whether절, 의문사절

One reason apologies fail is that the "offender" and the "victim" usually see the event
differently.   사과가 실패하는 한 가지 이유는 "잘못한 사람"과 "피해를 당한 사람"이 사건을 다르게 본다는 것이다.

The question is if the man can be trusted.

문제는 그를 믿을 수 있느냐이다.

The question is what happened to him.

문제는 그에게 무슨 일이 발생했는가 하는 것이다.

5 형용사(구)와 그 친구들 (현재분사, 과거분사)

In recent years, knitting has become increasingly **popular** with the younger generation.

최근에 뜨개질이 젊은 세대에게 점차 인기를 끌게 되었다.

My brother came running into my room.

내 동생이 내 방으로 달려 들어왔다.

He died surrounded by his wife and children.

그는 아내와 자식들에 둘러싸인 채 죽었다.

목적격 보어 자격증 소지자 다 모여!

1 **명사(절)**

The McDonald brothers called their idea a "drive-in" restaurant, and customers could order food from their cars.

McDonald 형제는 그들의 아이디어를 "드라이브인" 식당이라고 불렀고, 고객들은 그들의 차에서 음식을 주문할 수 있었다.

My mother has made me what I am today. 어머니는 오늘의 나를 만드셨다.

2 **형용사**

The news made her so happy.

그 소식은 그녀를 아주 행복하게 했다.

He pulled the door open.

그는 문을 잡아당겨서 열었다.

3 **현재분사**

I felt something crawling up my arm.

나는 무엇인가 내 팔 위로 기어오르는 것을 느꼈다.

Years ago I saw a woman showing her magic powers.

수 년 전에 나는 한 여인이 마술을 선보이는 것을 보았다.

4 **과거분사**

I made myself understood with hand gestures.

나는 손짓으로 나 자신을 이해시켰다.

I had my hair cut short.

나는 짧게 머리를 잘랐다.

5 **원형 부정사**

I saw you put the key in your pocket.

나는 네가 열쇠를 주머니에 넣는 것을 보았다.

Warm water makes the blood **rush** to your skin, and cool water makes the blood **rush** to your organs.

따뜻한 물은 혈액을 당신의 피부로 몰리게 하고, 찬 물은 혈액을 당신의 체내 기관으로 몰리게 한다.

6 to 부정사

She asked me **to stay** a little longer.

그녀는 내게 좀 더 있으라고 요청했다.

Our survival in the everyday world requires us **to perform** thousands of small tasks without failure.

일상에서의 생존은 우리로 하여금 실패 없이 수천 개의 작은 과제들을 수행할 것을 요구한다.

Customer Hey, barman! Please **call me a taxi.**
Barman   Yes, Sir. **You are a taxi.**

A 올바른 문장이 되도록 네모 안에서 알맞은 것을 고르시오.

1 She never remarried and ｜raised / rose｜ her children by herself

2 They will ｜raise / rise｜ at eight tomorrow to head back home.

3 Her books have been ｜lying / laying｜ there for three days.

4 My hen ｜lay / laid｜ two eggs yesterday.

5 He ｜lay / laid｜ his hand on her shoulder.

6 I want the truth. Don't ｜lay / lie｜ to me again

7 She ｜set / sat｜ the teakettle on the stove.

8 Stress can ｜affect / effect｜ your health.

9 Just ｜set / sit｜ back and relax!

10 The servant ｜fell / felled｜ on his knees before the king.

B 빈칸에 가장 적절한 것을 고르시오.

1 This novel sells _____.
   ① good   ② well   ③ very   ④ highly

2 He _____ Mary in the hall.
   ① said   ② told   ③ spoke   ④ talked to

3 I hear he is _____ in bed.
   ① ill   ② illness   ③ sickness   ④ sickly

4 We _____ him a hearty welcome.
   ① gave   ② said   ③ called   ④ spoke

5 He _____ Korea for the United States this morning.
   ① started   ② reached   ③ left   ④ left from

C 밑줄 친 부분을 어법에 맞게 고치시오.

1 His words sounded <u>strangely</u>.

2 They talked <u>it</u> this morning.

3 He looked very <u>happily</u> at that time.

4 Daniel <u>resembles with</u> his father.

5 He didn't <u>return</u> Korea until 2010.

6 The village was <u>strange</u> quiet.

7 Chris is <u>listening music</u> with Jane.

8 We <u>discussed about</u> the matter over tea.

9 Nobody <u>said her</u> how to solve the problem.

10 She <u>married with</u> a widower five years older with two young children.

11 The coach <u>discussed the players</u> who would take free kicks, corner kicks and penalties.

D 밑줄 친 부분 중, 어법상 어색한 것을 골라 바르게 고치시오.

1 You <u>must</u> <u>always</u> <u>keep</u> your room <u>neatly</u>.
　　①　　②　　③　　　　　④

2 <u>A friend of mine</u> told <u>to me</u> an <u>interesting</u> story <u>the other day</u>.
　　①　　　　②　　　③　　　　④

3 He <u>lived</u> <u>happy</u> and <u>died</u> in the arms of his <u>family</u>.
　　①　　②　　③　　　　　④

4 She <u>bought</u> a doll <u>to me</u> and <u>gave</u> me an apple <u>to eat</u>.
　　①　　　②　　③　　　　④

5 Harry entered <u>into</u> the room and <u>sat</u> <u>down</u> in the chair <u>by the window</u>.
　　①　　②　③　　　　④

E 다음 빈칸에 들어갈 단어를 [보기]에서 찾아 알맞은 형태로 고쳐 쓰시오.

| [보기] | say | lend | borrow | speak | tell | talk |

① He always _____ that you'd be rich and famous in the near future.

② Didn't your mom _____ you that I wanted to see you?

③ All the people were busily _____ with their friends.

④ He _____ so softly it was difficult to hear what he _____.

⑤ The local library will _____ books for two weeks without charge.

⑥ Yesterday, I _____ $300,000 to start up the business from the bank.

F 다음에 주어진 사전 뜻풀이를 참조하여 빈칸에 들어갈 단어를 쓰시오.

(A) to plant or scatter seeds in or on the ground

(B) to cut something with a tool consisting of a handle and a metal blade with several sharp teeth

(C) to use a needle and thread to make or repair clothes or to fasten something

① The farmers were _____ the fields and caring for their cattle.

② Last night, my father _____ the logs up into pieces the right size for the fireplace.

③ My mother was _____ a new button on my jacket.

G 다음 글의 밑줄 친 부분 중, 어법상 틀린 것을 바르게 고치시오.

I ① was glad to see him at the wedding reception. After we ② had finished eating , he suggested that I go home with him for some real coffee. It was ③ quite a distance from Devonshire to Anton's house, but we walked all the way because Anton's conversation made long journeys seem ④ shortly. When we reached his house, Anton put me in his most comfortable chair and went to his kitchen ⑤ to make the coffee.

H 다음 두 문장을 해석하시오.

① She looked unconscious.

----

② She looked unconsciously at her watch.

I 다음 글을 읽고, 물음에 답하시오.

One day I was pushing a cart into the hall and ① opened the door extra widely. ② To my horror, the door struck a student ③ standing outside. After determining that she was all right, I ④ asked why she was behind the door ⑤ even though the sign was there. She replied that she was reading it.

1 윗글에서 문장의 목적어에 해당하는 것에 모두 ☐ 표시를 하시오.

2 밑줄 친 부분 중에서 틀린 것을 찾아 바르게 고치시오.

J (A), (B), (C) 의 각 네모 안에서 어법에 맞는 표현을 고르시오. **수능기출**

Mom was an extraordinarily clean person. After feeding my brother and me breakfast, she would scrub, mop, and (A) dust / to dust everything. As we grew older, Mom made sure we did our part by keeping our rooms (B) neat / neatly . Outside, she would tend a small flower garden, which was the envy of the neighborhood. With Mom, everything she touched (C) turned / turning to gold. She didn't believe in doing anything halfway. She often told us that we always had to do our best in whatever we did.

K 다음 글에서 어법상 틀린 것을 모두 골라 바르게 고치시오.

One of the toughest graduate courses my sister took at Johns Hopkins University in Maryland was economics. Once, the professor was discussing about the theory of supply and demand. "I'm selling A's for 1 dollar," he said. "Who wants to buy one?" Everyone rose a hand. "My price just went up to 25 dollars." Three hands came down. The professor continued to rise the price until just one woman's hand remained in the air. "A's now cost 1,000 dollars," he announced. The hand stayed up. "You still want to buy an A?" he asked in astonishment. "Oh, yes," the woman explained him, "My husband bet me 10,000 dollars that I couldn't get an A in economics."

Chapter 02
조동사_ ✏️

1 조동사의 대표주자 Do ✏️ 34

2 특정한 mode를 나타내는 조동사 ✏️ 37

3 Can / Could ✏️ 38

4 May / Might ✏️ 40

5 Must ✏️ 42

6 Will ✏️ 43

7 Would ✏️ 45

8 Shall ✏️ 47

9 Should ✏️ 48

10 Used to ✏️ 52

11 Need / Dare ✏️ 54

●------------ 한눈에 쏙!! 🔓 56

●------------ Grammar Exercises ✏️ 57

 조동사(助動詞)에서 '조(助)'는 도와준다는 의미인데, 조동사는 본동사(main verb)가 없으면 외톨이가 되어서 도저히 험한 세상을 살아갈 수가 없다. 조동사는 본동사를 도와서 의문문, 부정문, 강조문 등을 만든다. 진행형을 만드는 be, 완료형을 만드는 have, 수동태를 만드는 be도 엄밀히 말해서 조동사이다. 또한 조동사는 가능, 허가, 의무, 가능성 등을 나타내기 위해서도 사용된다.

02.1_ ✎

❶ 조동사의 대표 주자 DO

1. 부정문이나 의문문을 만드는 조동사 do

평서문   I study English hard.

부정문   I don't(= do not) study English hard.

평서문	You study English hard.
부정문	You don't(= do not) study English hard.
의문문	Do you study English hard?

평서문	Tarzan studies English hard.
부정문	Tarzan doesn't(= does not) study English hard.
의문문	Does Tarzan study English hard?

평서문	Jane studied English hard.
부정문	Jane didn't(= did not) study English hard.
의문문	Did Jane study English hard?

평서문은 일반동사만으로도 그 뜻을 충분히 나타낼 수 있기 때문에 조동사는 불필요하다. **그렇지만 평서문을 부정문이나 의문문으로 만들기 위해서는 조(助)동사 do(does, did)의 원조(助)를 받아야 한다.**

2. 문장 전체의 뜻을 강조하는 조동사 do

You **did** laugh at me! (= Certainly you laughed at me!)
너는 나를 **비웃었어!**

I **do** solemnly swear that I will faithfully execute the Office of President of the United States.
나는 미합중국의 대통령직을 충실히 수행할 것을 엄숙히 **선서합니다.**

일반동사만으로 그 의미를 전달하기엔 뭔가 부족한 느낌이 들 때는 일반동사 앞에 do(does, did)를 써서 문장 전체의 뜻을 강조할 수 있다.

3. 대동사로 쓰이는 조동사 do

Jane studies English harder than Tarzan **does**.
Jane은 Tarzan보다 더 열심히 영어를 공부한다.

원래의 문장은 Jane studies English harder than Tarzan studies English. 가 되어야 하는데, 같은 말을 반복하면 입만 아프니까 studies English를 대신해서 does를 사용했다. 이때 사용된 does를 대(代)동사라고 한다.

4. 도치문을 만드는데 쓰이는 조동사 do

Never **did** I think that I would master English grammar with this book.
나는 생각지도 못했다, 이 책으로 영문법을 마스터하게 될 것이라는 것을

잠깐!

부정어구가 문장의 앞에 놓일 때, 조동사가 주어 앞으로 튀어 나온다. 도치 구문은 20강에서 자세히 배우니까, 여기에서는 그저 "조동사 do가 도치문을 만들 때도 사용되는구나!"라고만 알고 넘어가자.

p. 422 도치 구문 참조

조동사와 관련해서 반드시 알아둬야 하는 사항이 있는데 정말 하늘이 두 쪽 나도 이것만은 기억하도록 하자. 조동사 다음에는 반드시 동사원형(사전에 나오는 동사 그 모습 그대로!)을 쓴다. 그리고 **조동사 2개를 연달아 쓰면 안 된다.** 아! 너무 중요해서 한 번 더 쓰겠다. **조동사 뒤에는 동사원형을! 조동사 연달아 사용은 NO!**

cf. **일반동사 do**
do가 언제나 조동사로만 쓰이지는 않으며, 당당히 독립을 해서 일반동사로 쓰이는 경우도 많다.

조동사   일반동사
I **do** remember what you **did** last summer.

사전이 있는 친구들은 반드시 do를 찾아보자. 없는 친구는 빌려서라도 찾아보자. **JUST DO IT!** 조동사가 아니라 일반동사로 쓰일 때 얼마나 많은 의미를 나타내는 지 직접 확인해 보자.

사전을 찾아서 확인을 했다면,

❷ 특정한 mode를 나타내는 조동사

이제까지 살펴본 조동사 do는 별다른 의미 없이 맹목적으로 본동사에게 충성을 바치고 있었는데 지금부터 살펴볼 조동사는 나름의 의미를 가지고 본동사를 도와주고 있다.

---

① Bob swam in the 100-meter freestyle.   Bob은 100m 자유형에서 수영했다.
② Bob **can** swim breaststroke.   Bob은 평영을 할 수 있다.

문장 ①에서 우리는 Bob이 수영을 했다는 것을 알 수 있다. 하지만 ②는 어떤가? Bob이 수영을 했는가? 아니면 지금 하고 있는 중인가? ②는 Bob이 수영을 할 수 있다는 '능력'을 알려 주는 문장이지 실제 어떤 행위를 했는지를 말해주는 것은 아니다. 한마디로 '능력 모드(mode)'를 전달해주는 것이다.

아래의 핸드폰에서 벨소리 모드를 조정하면 진동 또는 벨소리를 선택할 수 있는 것처럼 문장에서도 동사 앞에 조동사를 써서 원하는 모드(mode)를 설정할 수 있는 것이다. 이런 조동사에는 can(could), may(might), must, will(would), shall(should), ought to, used to 등이 있다. 조동사의 과거형은 당연히 과거 시제에서 또는 시제 일치를 위해서 쓰인다. (시제 일치는 지금은 일단 넘어가자.) 또한 특별한 이유 없이 조동사의 과거형이 쓰이는 경우가 있는데, 이것은 추측이나 공손함, 그리고 가정법을 나타내기 위한 장치에 불과하니까 왜 과거형을 썼을까하고 너무 고민하지 말자. 가정법은 8강에서 자세하게 다룬다.

●p. 168 가정법 참조

그럼 이런 조동사들의 용법을 하나씩 살펴보자. 이런 조동사를 유식한 말로 **'법조동사(Modal)'**라고 부르는데 이는 **말하는 사람의 판단이나 태도, 확신성 등 심리상태**를 나타낸다.

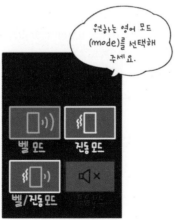

❸ Can / Could

1. 능력   -할 수 있다

Can you speak English? ●--
는 상대방의 '능력'을 묻는 것
이므로 상대방이 기분 나쁠
수 있다.
Do you speak English?
라고 묻는 것이 좋다.

> My brother **can** play the violin, but I **can't**.
> 내 동생은 바이올린을 연주할 수 있지만, 나는 연주할 수 없다.

2. (이론상의) 가능성   -할 가능성이 있다

> Even expert drivers can make mistakes.
> 노련한 운전자들도 실수를 할 수 있다.

3. 허가   -해도 된다

> **Can** I come in?
> 들어가도 되나요?
>
> You **can't** use mobile phones here.
> 당신은 여기에서 휴대 전화기를 사용할 수 없습니다.
>
> Mr. Mays, **could** I please have your autograph?
> Mays씨, 사인 좀 받을 수 있을까요?

4. 가정법, 의문문과 부정문에서의 강한 의문과 부정(추측)   -일 것이다

> **Can** it be true?
> 그것이 사실일까?

This virus **could** be used as a weapon.

이 바이러스는 무기로 사용될 수도 있을 것이다.

It **could** have been a deadly crash.

그것은 치명적인 충돌사고가 될 수도 있었다.

It **cannot** be true.

그것은 사실일 리가 없다.

It **cannot** have been true.

그것은 사실이었을 리가 없다.

5. 관용적 표현

· cannot - too : 아무리 -해도 지나치지 않다

You **cannot** be **too** careful when you drive a car.

운전을 할 때 아무리 주의해도 지나치지 않다.

· cannot but + 동사원형 : -하지 않을 수 없다(= cannot help -ing)

I **cannot (help) but** admit that he was right and I was wrong.

= I **can't help** admit**ting** that he was right and I was wrong.

나는 그가 옳았고 내가 틀렸다는 것을 인정하지 않을 수 없다.

cf.   Could가 언제나 '(실제로) -을 했다'라는 것을 의미하지는 않는다.

① Bob could persuade her.

≠ ② Bob persuaded her.(= Bob was able to persuade her.)

①은 Bob이 누군가를 과거에 설득했다는 의미를 나타내는 것이 아니라 'Bob이라면 설득할 수도 있을텐데.'라는 가정법 문장인 것이다. 따라서 과거의 '능력'을 나타내기 위해서는 ②처럼 써야 한다. 단, 부정의 뜻을 나타낼 때는 같은 의미이다.

Bob couldn't persuade her.
≒ Bob didn't persuade her.

❹ May / Might

1. 허가   -해도 된다

May I use your pen?
펜을 써도 되나요?

2. 불확실한 추측과 사실상의 가능성, 가정법

The report **may** not be true.
그 보고서는 사실이 아닐 것이다.

She **may** have missed the train.
그녀는 기차를 놓쳤을 것이다.

A helmet **might** have saved his life.
헬멧은 그의 생명을 구했을지도 모른다.

3. 기원

May you live long!
오래 사시기를!

May God bless him and keep him in safety in this wild and savage jungle!

그에게 축복을 내려 주시고, 이 거칠고 야만적인 정글에서 그를 안전하게 해 주소서!

● May the Force be with you.
영화 『Star Wars』(스타워즈)
시리즈에 꼭 나오는 대사

4. 양보

However hard you **may** try, you cannot finish this work.

아무리 열심히 노력을 해도, 너는 이 일을 끝낼 수 없다.

5. 관용적 표현

· may[might] well : -하는 것은 당연하다

　　　　　　　 -하기 쉽다(충분히 -할 가능성이 있다)

She **may well** say so.

그녀가 그렇게 말하는 것은 당연하다.

He **may well** marry her.

그는 아마 그녀와 결혼할 것이다.

· may[might] as well : -하는 것이 좋겠다, -한 것이나 마찬가지이다

You **may[might] as well** go home now.

너는 지금 집에 가는 것이 좋겠다.

· may[might] as well A (as B) : B하느니 차라리 A하는 편이 낫다

You **might as well** expect a river to flow backward **as** ask him for money.

그에게 돈을 부탁하느니 차라리 강물이 거꾸로 흐르는 것을 기대하는 편이 낫다.

❺ Must

1. 필요·의무(≒ have to)   -을 해야 한다

> You **must**(≒ have to) see it.
> 너는 그것을 봐야만 한다.
>
> All visitors **must** report to the office.
> 모든 방문객들은 사무실에 알려야 한다.

2. 확실한 추측   -임에 틀림없다

have to도 '확실한 추측'을
나타낼 수 있다.

> He **must** be a thief.
> 그는 도둑임에 틀림없다.
>
> You **must** be in a hurry now.
> 지금 몹시 급하신 모양이네요.
>
> He **must** have been a thief.
> 그는 도둑이었음에 틀림없다.
>
> That **must** have been very exciting.
> 그것은 매우 흥미진진했음에 틀림없다.

3. must vs. have to

> (1) '의무'를 나타내는 경우, 과거(미래)를 나타내거나 다른 조동사와 함
> 께 쓸 때는 must 대신 have to를 써야 한다.
> He **had to** support his family after his father's death.
> 그는 아버지가 돌아가신 후 그의 가족을 부양해야만 했다.

You will **have to** come earlier tomorrow.

너는 내일 일찍 와야만 할 것이다.

(2) must not은 '강한 금지'를 나타내고, don't have to는 '불필요 (= need not)'를 나타낸다.

You **must not** take photos in the museum.

박물관에서 사진을 찍어서는 안 된다.

You **don't have to** come.

너는 올 필요가 없다.

You must not take photos in the museum.

NO PHOTO

(3) must는 말하는 사람(화자)에 의해서 부과된 의무(개인적 견해)를, have to는 타인 또는 법이나 규칙 등에 의해 부과된 (외적인) 의무를 나타낸다는 점에서 미묘한 차이가 있다.

You **must** wash your hands when you come in.

들어와서는 손을 씻어야만 한다.

In many countries, men **have to** do military service.

많은 나라에서 남자들은 병역의 의무를 다해야 한다.

❻ Will

02.6_✎

1. 단순한 미래 -일 것이다

I'**ll** be twenty next year.

나는 내년에 20살이 된다.

John **won't**(= will not) be here tomorrow.

John은 내일 여기에 없을 것이다.

2. 주어의 의지·의도   -할 작정이다

I **will** be there as soon as possible.
가능한 한 빨리 그곳에 가겠다.

Tom **will** help you.
Tom이 너를 도울 것이다.

3. 현재의 고집

The car **won't** start.
자동차가 시동이 걸리지 않는다.

4. 일반적인 경향·습성   -하기 마련이다

A drowning man **will** catch at a straw.
물에 빠진 사람은 지푸라기라도 잡기 마련이다.

A bear **will** not touch a dead body.
곰은 시체를 건드리지 않는 습성이 있다.

5. 현재의 습관적 동작   -하곤 한다

She **will** sit there for hours doing nothing.
그녀는 하는 일없이 몇 시간이고 거기에 앉아 있곤 한다.

6. 가벼운 명령(규칙)

All staff **will** leave the building via the main staircase.

모든 직원은 주 계단을 통해 건물을 빠져 나가십시오.

● 명령문의 부가의문문에 will 을 쓴다.

Don't make a noise, will you?

7. 가벼운 추측

The game **will** be finished by now.

경기는 지금쯤 끝났을 것이다.

❼ Would

02.7_✎

1. will의 과거형   시제 일치를 위해서

Mr. Nam told me that the exam **would** be easy.

← Mr. Nam said to me, "The exam will be easy."

남 선생님은 나에게 (그) 시험이 쉬울 것이라고 말씀하셨다.

2. 정중한 의뢰·부탁   -해 주다

Would you tell me the time, please?

시간 좀 말씀해 주시겠어요?

3. 과거의 고집 -하려고 했다

> The door **would** not open.
> 문이 좀처럼 열리지 않았다.
>
> He **would** not listen to my advice.
> 그는 내 충고를 들으려 하지 않았다.

4. 소망 -하기를 바라다(≒ wish to)

> Those who **would** succeed must work hard.
> 성공하려는 사람은 열심히 공부해야 한다.

5. (과거의) 반복된 동작 -하곤 했다

> When I was young, Dad **would** often come home drunk.
> 내가 어렸을 때, 아빠는 술에 취해서 집에 들어오시곤 했다.

6. 가능성·추측·가정법

> He **would** be about your age or a little older.
> 그는 네 나이쯤이거나 약간 위일 것이다.
>
> He **would** have read this book.
> 그는 이 책을 읽었을 것이다.

7. 관용적 표현

(1) would like to - : -하고 싶어하다, -을 원하다
We **would like** to request that you stop delivery to our home.
저희 집으로의 배달을 중단해주실 것을 요청 드리고 싶습니다.

(2) would rather A than B : B하기보다는 차라리 A하고 싶다
I **would rather** die **than** live without you.
나는 당신 없이 사느니 차라리 죽겠다.

❽ Shall

02.8_✎

1. 말하는 사람의 의지(의지미래)

You **shall** have a sweet.
너는 사탕을 갖게 될게다. ← "내가 너에게 사탕을 주겠다."

He **shall** be punished.
그는 벌을 받게 될 것이다. ← "내가 그에게 벌을 주겠다."

2. 〈상대방의 의사〉를 묻는 의문문

Shall we meet at the theater?
극장에서 만날까요?

Yes, let's.
예, 그럽시다.

3. 법규 또는 그와 같은 성격을 가진 규정, 성경 말씀 등

You **shall** not murder.
살인하지 말지니라.

4. Let's로 시작하는 문장의 부가의문문에서

Let's go to the movie, **shall** we?
영화관에 가자, 그럴래?

❾ Should

1. shall의 과거형 시제 일치를 위해서

He asked me what time he **should** come.
← He said to me, "What time shall I come?"
그는 내게 몇 시에 와야 하는지를 물었다.

2. 의무·당연   -해야 한다

You **should**(≒ ought to) obey your parents.
너는 부모님에게 복종해야 한다.

You **should**(≒ ought to) have done that.
너는 그것을 했어야 했다.   과거사실에 대한 후회나 유감

 I **should**(≒ ought to) have phoned Jane this morning, but I forgot.
오늘 아침에 Jane에게 전화를 했어야 했는데, 잊어버렸다.

- should
  주관적 의무·필요

- ought to
  객관적 의무·필요

3. 추측과 가능성   -일 것이다

- ought to도 추측을 나타낼
  수 있다.

They **should** be home now.   그들은 지금 집에 있을 것이다.

She **should** be back any minute.   그녀는 곧 돌아올 것입니다.

4. 가정

조건절에 쓰인 should는 미래에 대한 강한 의심이나 앞으로 일어날 가능성이 희박
한 일을 가정할 때 쓰인다.

If it **should** rain tomorrow, we would(will) not go hiking.
만일 내일 비가 오면, 우리는 하이킹을 가지 않을 것이다.

If a serious crisis **should** arise, the government would take immediate
action.   만일 심각한 위기가 발생하면 정부는 즉각적인 조치를 취할 것이다.

If these products **should** arrive in a damaged condition, please
contact us immediately.
만일 제품이 손상되어서 도착하게 되면, 즉시 저희에게 연락해 주세요.
이 때 귀결절(주절)의 조동사는 현재형 또는 과거형이 모두 올 수 있다.

5. that절에서 사용되는 should

요즈음에는 should 대신 다른 조동사를 쓰기도 한다.

(1) 주절의 형용사가 말하는 사람의 놀라움, 섭섭함, 그 밖의 **여러 감정과 주관적 판단**을 나타낼 때, 그 종속절에 should가 쓰인다. 이런 형용사에는 strange, surprising, wonderful, curious 등이 있다.

It is **strange** that Jane **should** refuse to see Tarzan.

Jane이 Tarzan을 만나지 않겠다니 이상하다.

I'm **sorry** that you **should** feel uncomfortable.

불편하시다니 유감입니다.

단, 말하는 사람의 감정이나 주관적 판단이 개입되어 있지 않을 때에는 should를 쓰지 않는다.

cf. I'm sorry that your father leaves[left] the company.

너의 아버지가 회사를 떠나신다니[떠나셨다니] 유감이다.

that절의 동사를 인칭과 시제에 맞게 쓰기도 한다.

(2) 주절의 형용사가 당연, 필요 등의 **이성적 판단**을 나타낼 때, 그 종속절에 should를 쓸 수 있다. 이런 형용사에는 natural, necessary, essential, important, better, desirable, imperative, right 등이 있다.

It is **natural** that he (**should**) be prepared for this.

그가 이것에 준비되는 것은 당연하다.

It is **right** that he (**should**) be punished.

그가 벌을 받는 것은 정당하다.

(3) 주절의 동사가 주장, 명령, 제안, 권고, 요구, 필요성, 동의(動議) 등을 나타낼 때, 그 종속절에 should를 쓸 수 있다. 이런 동사에는 ask, command, demand, insist, order, propose, recommend, require, request, suggest, move 등이 있다.

He **commanded** that the army (**should**) advance.

그는 군대가 진격하라고 명령했다.

He **insisted** that I (**should**) go home at once.

그는 내가 당장 집에 가야 한다고 주장했다.

The rule **requires** that this form (**should**) be written in English.

규정은 이 양식이 영어로 기입되어야 할 것을 요구한다.

I **move** that he (**should**) be punished at once.

나는 그가 당장 처벌받아야 한다고 동의(動議)합니다.

주장이나 명령, 요구 등을 나타내는 동사가 단순히 어떤 사실을 나타내는 의미로 쓰였을 때는 그 종속절에 '(should) + 동사원형'이 아니라 인칭과 시제에 맞게 동사가 변형되어 쓰인다. 직설법을 쓰려는 의미!

He insists that his son got an A in English.
그는 아들이 영어에서 A학점을 받았다고 주장한다.
cf. He **insists** that his son **(should)** get an A in English.
그는 아들이 영어에서 A 학점을 받아야 한다고 주장한다.

6. (How, Why, Who 등으로 시작하는) 수사의문문

Who **should** come in but my old friend Tarzan?
내 오랜 친구 Tarzan 말고 누가 들어오겠는가?
→ Tarzan 말고는 올 사람이 없다는 뜻!

7. lest A should B   A가 B하지 않도록

He walked fast **lest** he **(should)** be late for the meeting.
그는 회의에 늦지 않도록 빠르게 걸었다.

❿ Used to

1. 현재와 대조가 되는 과거에 오랫동안 계속되었던 동작의 반복, 습관

I **used to** have bad grades, but now I have good grades.
나는 예전에 성적이 나빴지만, 지금은 성적이 좋다.

I **used to** play the piano a lot when I was younger, but I don't play much anymore.
나는 어렸을 때 피아노를 많이 연주했었는데 (지금은) 더 이상 많이 연주하지 않는다.

I **used to** love her, but now I don't.
나는 그녀를 사랑했었지만 지금은 사랑하지 않는다.

2. 과거에 오랫동안 계속되었던 상태

There **used to** be a big tree there.
거기에 큰 나무가 있었다. → 지금은 없다는 의미

It **used to** be believed that geniuses were born with more brain cells than the rest of us.
천재들은 다른 사람들보다 더 많은 뇌세포를 가지고 태어난다고 믿어졌었다.

닮았지만 뜻이 전혀 다르잖아!

ⓐ I'm **used to** speaking to large groups of people.
　나는 많은 사람들 앞에서 연설하는데 익숙해져 있다.
ⓑ Grapes **are used** to produce wines.
　포도는 포도주를 생산하기 위해서 사용된다.

ⓐ의 'be(get) used to + (동)명사'는 '-하는데 익숙해져 있다'의 의미를 나타낸다.

ⓑ는 동사 use가 수동태로 사용된 문장으로, 'to produce'는 '생산하기 위해서'라는 의미를 나타낸다. (to 부정사의 부사적 용법)

· used to + 동사원형   -하곤 했다
· be used to + (동)명사   -에 익숙하다
· be used to + 동사원형   -하기 위해서 사용되다

used to ~ vs. would

used to ~ 와 would의 차이를 규칙적 습관, 불규칙 습관으로 나눠서 설명한 영문법 책이 있다면 조용히 갖다 버리길 당부한다. used to와 would 사이에는 다음과 같은 공통점과 미묘한 차이점이 있다.

공통점
과거에 반복적(습관적)으로 했으나 상황이 바뀌어 현재는 더 이상 하지 않는 동작을 나타냄

차이점
would는 used to와는 달리 배경으로 과거 시점이 먼저 제시된 후에 써야 하며, '상태동사'와는 결합하지 않는 제약이 있다. 또한 would의 주어 자리에는 무생명체가 올 수 없다.
　한편 used to는 '길고도 막연한 과거'를 전제로 하기 때문에 last month, for three years, three times와 같은 부사구와는 쓰지 않으며, 이런 부사구는 그냥 과거 시제와 결합한다.

There **used to** be a big tree and we **would** rest below it.
한때 큰 나무가 있었고, 우리는 그 밑에서 쉬곤 했었다.

⑪ Need / Dare

need와 dare는 특이하게도 부정문과 의문문에서는 조동사처럼 행동한다. 다시 말해, 그 뒤에 동사원형이 와야 하며, need와 dare 자체의 모습을 변형시킬 수 없다.

하지만 다른 조동사가 그 앞에 올 때나 긍정문에서는 일반동사로 쓰여서 그 뒤에 to 부정사가 와야 하며 과거형은 물론 3인칭·단수·현재 시제에서 -s를 붙일 수 있다. (need**ed**/dar**ed**, need**s**/dare**s**처럼 쓸 수 있다는 말씀!)

	조동사로 쓰인 경우	일반동사로 쓰인 경우
긍정문	X	He needs **to go** now.
		그는 지금 갈 필요가 있다.
		He dares **to insult** me.
		그는 감히 나를 모욕한다.
부정문	He needn't **go** now.	He doesn't need **to go** now.
	그는 지금 갈 필요가 없다.	그는 지금 갈 필요가 없다.
	He dare not **oppose** her.	He didn't dare (**to**) **oppose** her.
	그는 감히 그녀에게 반대하지 못한다.	그는 감히 그녀에게 반대하지 못했다.
의문문	Need he **go** now?	Does he need **to go** now?
	그가 지금 갈 필요가 있나요?	그가 지금 갈 필요가 있나요?
	Dare he **fight**?	Does he dare (**to**) **fight**?
	감히 그가 싸울 수 있을까?	감히 그가 싸울 수 있을까?

이제까지 조동사를 살펴보았는데, 너무 겁먹지는 마시라. 조동사는 어디까지나 일반동사를 도와주는 녀석에 불과하니까. 그저 나올 때마다 관심을 가지고 자꾸 자꾸 읽다 보면 어느 새 몸에 배게 될 것이다.

마지막으로 조동사의 화려한 쇼를 보고 조동사를 마치기로 하자. 아래 표에서 보는 바와 같이 거의 대부분의 조동사는 추측이나 확신을 타나낼 수 있다. 특히 조동사의 과거형은 현재형보다 확신의 정도가 떨어지며 좀 더 공손한 표현이 된다는 것에 유의하면서 살펴보자.

 100%

The report is true.

The report must be true.

The report will be true.

The report would be true.

The report ought to be true.

The report should be true.

The report can be true.

The report could be true.

The report may be true.

The report might be true.

0% The report is not true.

● needn't have p.p. ~
~할 필요가 없었다 (그런데 했다)

didn't need to ~
~할 필요가 없었다 (그래서 하지 않았다)

For Fun

Son   Dad, I'm late for football practice. **Would** you please do my homework for me?

Dad   Son, it just **wouldn't** be right.

Son   That's okay. You **could** at least give it a try, **couldn't** you?

한눈에 쏙!!

조동사

뜻이 있는 조동사 (법조동사)

→ 본동사의 mode를 결정

→ 말하는 사람의 심리적 태도 반영

종류	will, can, may, shall, must, have to, would, might, should
유의할 표현	조동사 + have p.p. had better + 동사원형 cannot but + 동사원형 may well might as well used to need dare

뜻이 없는 조동사 (기본 조동사)

→ 일반동사로도 쓰임

종류	기능
be	진행 표현, 수동태
do	의문문, 부정문, 강조 구문, 도치 구문, 대동사
have	현재완료/과거완료

* 조동사 뒤에는 반드시 동사원형을 써야 한다.

Grammar Exercises

 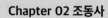

A 올바른 문장이 되도록 네모 안에서 알맞은 것을 고르시오.

1 I'll always do what I can / will can .

2 Entrance without permission not ought / ought not to be allowed.

3 Let's have a little break, will / shall we?

4 She studies hard lest she should / should not fail.

5 Should / Could I have a cup of coffee, please?

6 If you would / used to succeed in life, you must be diligent.

7 I failed the test. I must have / should have studied hard.

8 You need / had better put on some suntan lotion before you go out.

9 Jane wants to be a doctor. She'll must / have to study hard.

10 The boss is shouting at Tom. Tom can't have / must have been late again.

B 빈칸에 가장 적절한 것을 고르시오.

1 When I was a kid, I _____ to build model airplanes.
　① used　　　② needed　　　③ had　　　④ ought

2 He lives in Seoul and so _____ his parents.
　① does　　　② do　　　③ did　　　④ would

3 Little _____ dream that such a thing would happen.
　① did I　　　② I do　　　③ I did　　　④ I didn't

4 When I was young, I _____ often fight with my brother.
　① used　　　② would　　　③ should　　　④ ought to

5 I _____ received the letter yesterday, but it didn't arrive.
　① may have　　② cannot have　　③ must have　　④ should have

C 밑줄 친 부분을 어법에 맞게 고치시오.

1 It is strange that he <u>would</u> say so.

2 Do I <u>must</u> bring food to the party?

3 The streets are wet. It <u>should have rained</u> last night.

4 <u>You'd better not to do</u> such a thing.

5 <u>Should</u> you like some ice cream? — No, thank you.

6 If you want to travel to Brazil, you <u>can</u> have a visa.

7 She doesn't <u>dare complains</u> about her boss.

8 He <u>must have to</u> see a doctor before it is too late.

9 You <u>need not to meet</u> him tomorrow.

10 Many witnesses insisted that the accident <u>takes</u> place on the crosswalk.

D 밑줄 친 부분 중, 어법상 어색한 것을 골라 바르게 고치시오.

1 He studied <u>hard</u> <u>so that</u> he <u>may</u> <u>pass</u> the exam.
               ①   ②   ③ ④

2 I <u>must</u> call my parents <u>because</u> they <u>may started</u> to <u>worry about me</u>.
   ①   ②   ③   ④

3 <u>When</u> I was young, I <u>will</u> often <u>play baseball</u> <u>in the park</u>.
   ①   ②   ③   ④

4 You <u>must not to tell</u> <u>anyone</u> that you saw me. I want <u>to surprise</u> <u>them</u>.
     ①   ②   ③ ④

5 <u>When</u> we <u>were</u> children, we <u>are used to play</u> hide-and-seek <u>every afternoon</u>.
   ①   ②   ③   ④

E 다음 대화의 빈칸에 must, can't 또는 might를 넣어 대화를 완성하시오.

Emma   I'm scared to death. Why are you going to do a parachute jump?

Mattew It really ① _____ be wonderful to look down from the sky.
             I've always wanted to try it.

Emma   But anything could happen. You ② _____ be injured or even
            killed. I wouldn't take the risk.

Mattew Well, your life ③ _____ be much fun if you never take risks.
             You ought to try it. You never know — you ④ _____ enjoy it.

Emma   Enjoy it? You ⑤ _____ be joking!

F 다음 글의 밑줄 친 부분을 문맥에 맞게 고쳐 쓰시오.

In 1589, Kepler entered the University of Tübingen to become a clergyman. He studied religion, and other subjects as well. He was much impressed by the order and exactness of mathematics. He thought that God should have used mathematics in designing the universe. He felt that there were other ways of serving God. One such way was to study the universe by using mathematics. In this way, he became a famous astronomer.

G 다음 글의 밑줄 친 부분 중, 어법상 틀린 것은?

One of the most famous baseball players in the United States during the 1930s was Leo Frangio. He ① was born and raised in New York City. As a boy he ② was used to stay away from school to play baseball. He dropped out of high school ③ to begin playing professional ball. In 1931, as a rookie with the New York Canaries, Leo hit 38 home runs. For the next five years he ④ hit 40 to 45 home runs a year. In 1936 he had his best year, ⑤ hitting 45 home runs with a .365 batting average.

H (A), (B), (C)의 각 네모 안에서 어법에 맞는 표현을 고르시오.

The Empress Josephine was an enthusiastic clothes shopper. At first Napoleon (A) used / was used to pay her dressmaker's bills, though with continually increasing protest. At last he told her that she really must learn moderation, and that in future he (B) will / would only pay her bills when the amount seemed reasonable. When her next dressmaker's bill came in, she was for a moment at her wit's end, but presently she came up with an idea. She went to the War Minister and demanded that he (C) pay / paid her bill out of the funds provided for the war. Since he knew that she had the power to get him dismissed, he did so, and the French lost Genoa in consequence.

1 다음 글의 흐름으로 보아, 밑줄 친 부분 중 어법상 자연스럽지 <u>못한</u> 것은? 수능기출

It is often believed that the function of school is ① <u>to produce</u> knowledgeable people. If schools ② <u>only provide knowledge</u>, however, they may destroy creativity, ③ <u>producing ordinary people</u>. We often ④ <u>hear stories of ordinary people</u> who, if education had focused on creativity, could have become great artists or scientists. Those victims of education ⑤ <u>should receive</u> training to develop creative talents while in school. It really is a pity that they did not.

Chapter 03
동사의 시간 표현 _ ✏️

1 가장 기본적인 시제 : 현재   ✏️   63

2 과거 시제로의 여행   ✏️   67

3 미래 표현   ✏️   68

4 현재완료 표현 : 과거에서 현재까지   ✏️   71

5 과거완료 표현   ✏️   74

6 미래완료 표현   ✏️   74

7 진행 표현   ✏️   75

- - - - - - - - - - - - 한눈에 쏙!!   🔓   78

- - - - - - - - - - - - Grammar Exercises   ✏️   79

모든 언어에는 시간을 나타내는 표현이 있기 마련이다. 과거, 현재, 미래가 바로 그 것이다.

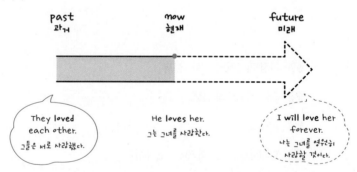

영어의 과거나 현재는 동사의 끝(유식한 말로 '어미(語尾)')을 변화시켜서 나타낸 다. 동사가 어떻게 변화하는지를 일일이 설명하는 것은 독자들을 무시하는 처사이 므로 과감히 넘어가도록 하겠다. 대신 보다 중요한 현재, 과거 시제를 언제 사용하는 지와 함께 다양한 완료·진행 표현을 살펴보도록 하겠다.

미래는? 성미도 급하기는…. 자고로 역사를 알아야 미래를 알 수 있다고 하지 않 았던가! 과거와 현재를 다 배우고 나면 설명해 줄 테니 인내심을 가지고 계속 읽으 시기를….

❶ 가장 기본적인 시제 : 현재

1. 시간과는 상관이 없는 일반적 사실이나 진리, 습성은 현재 시제로 표현한다.

The sun **rises** in the east.
태양은 동쪽에서 뜬다.

The Earth **goes** around the sun.
지구는 태양의 주위를 돈다.

지구가 태양의 주위를 도는 것은 어제, 오늘만의 일도 아니고 그렇다고 내일에만 일어날 일도 아니다. 항상 일어나는 일이기 때문에 가장 기본이 되는 현재 시제가 '총대'를 메는 것이다.

『The Little Prince』(어린 왕자)에는 아래와 같은 아주 멋진 표현도 나온다. 시대를 초월해서 항상 우리 곁에 존재하는 이런 멋진 표현들은 꼭 외워서 이성 친구에게 작업을 걸 때 쓰면 좋을 것이다.

One only **understands** the things that one **tames**.
사람은 자기가 길들인 것만을 이해할 수 있어.

Words **are** the source of misunderstandings.
말은 오해의 씨앗이야.

What **is** essential **is** invisible to the eye.
본질적인 것은 눈에 보이지 않아.

2. 현재의 습관적이고 반복적인 동작은 현재로!

I **work** every day.
나는 매일 일한다.

I **get up** at 6:30 every morning.

나는 매일 아침 6시 30분에 일어난다.

→ 매일 아침 일어나는 것이니까 어제도 그랬고 오늘도 그렇고 내일도 그럴 것이다.
(마치 지구가 매일 자전을 하듯이) 습관은 참 무서운 것이여.

cf. I'm working now.

나는 지금 일하고 있다. → 말하는 순간의 일시적인 동작을 나타낸다

3. 현재의 상태를 현재 시제로 표현하는 것은 너무도 당연하다.

He **lives** in Seoul.

그는 서울에 산다.

She **has** beautiful blue eyes.

그녀는 예쁜 파란 눈을 가지고 있어요.

4. 현재 시제가 언제나 현재를 나타내는 것은 아니다.
일정표와 같은 확정된 미래는 현재 시제로 나타낸다.

미래를 나타내는 부사구

The plane **leaves** at 9 o'clock tomorrow morning.

비행기는 내일 아침 9시에 떠난다.

우리말에서도 무늬는 현재이지만 의미는
미래(내일)인 것이 분명하다.

5. 역사적 사건, 소설, 방송에서 사건을 생생하게 묘사하기 위해서 일부러 현재형을 쓴다.

Suddenly the door **opens** and a masked man **enters**.

갑자기 문이 열리고 복면을 한 남자가 들어온다.

→ 이 장면이 눈에 선하면 작가의 의도는 100% 성공!

Yuna **leaps** high into the air and **comes** down in a sitting position.

Yuna는 공중으로 높이 도약한 후 앉은 자세로 내려온다.

→ TV에서 느린 그림으로 나오는 피겨 스케이팅 동작을 해설자가 설명하는 내용!

　　과거는 심리적으로 멀게 느껴진다. 그래서 비록 과거에 일어난 일이지만 현재 일어나는 일처럼 느끼게 하기 위해서 혹은 역사적인 사건에서 과거의 일이 현재와 무관한 일이 아니라 현재와 심리적으로 밀접한 관련성이 있음을 전하고자 하는 글쓴이의 깊은 뜻을 새겨야 하는 것이다.

6. 단순하게 살자 – 종속절의 확실한 미래는 현재 시제로!

주절의 동사에 이미 미래의 의미가 담겨 있으며 종속절은 그저 먼저 일어나야 하는 (확실한) 배경이나 조건에 불과한 경우에는 종속절에 굳이 미래 표현을 쓰지 않고 현재 시제를 쓴다. 척 보면 현재 시제로 되어 있어도 미래의 의미인 줄 알기 때문이다. 복잡한 세상 단순하고 간편하게 살기 위해서다. (많은 영문법 책에서는 "시간과 조건을 나타내는 부사절에서는 현재 시제가 미래를 나타낸다."라고 대충 설명해 놓았다.)

I'll give her the message when she **comes** back.

그녀가 오면(올 때) 그 메시지를 전해줄게.

I'll lend Tom the money if he **needs** it.

나는 Tom이 돈이 필요하면 그에게 빌려줄 것이다.

I'll stay where you **stay**.

나는 네가 머무는 곳에 머물 것이다.

Keep calling until she **answers**.

그녀가 전화를 받을 때까지 계속 걸어라.

If you **ask** me how I'm doing, I'll say **I'm** doing just fine.
제가 어떻게 지내냐고 물으신다면 저는 그저 잘 지내고 있다고 말할 것입니다.

Whatever they **say**, I'll follow my heart.
그들이 무엇을 말하든, 나는 내 마음을 따를 것이다.

I'll phone you when I**'ve finished** all the work.
일이 다 끝났을 때 전화할게. 현재완료로 미래완료를 표현

I don't know when he will come back.
나는 그가 언제 돌아올지를 모른다.

I don't know if I'll be back this time.
이번에는 내가 돌아올지 모르겠다.

I'm sure I won't understand the concept.
나는 그 개념을 이해하지 못할 것이라고 확신해.

　　주절의 동사에 미래의 의미가 없는 경우, 종속절에서 미래의 의미를 전달하려면 미래 표현을 써주면 된다. 이건 뭐 너무 당연한 것 아닌가?!

If절의 내용이 미래 시간을 나타내는 것이 아니라 요청(request)이나 주어의 의지를 나타낼 때 또는 '먼저 일어나야 하는 조건(condition)'을 나타내는 경우가 아닌 경우에는 If절에서도 얼마든지 will을 쓸 수 있다.

If you'**ll** just wait a moment, I'll find someone to help you.　요청
= Please wait a moment….
잠시만 기다려 주십시오. 당신을 도와줄 사람을 찾아보겠습니다.

If you'**ll** excuse me, I have a terrible headache.　요청
= Please excuse me.　실례하겠습니다. 두통이 심해서요.

If you **will** smoke, get outside, please.　주어의 고집, 의지
담배를 피우시려면, 나가주세요.

I'll break up with her if it **will** make you happy.　결과
그녀와 헤어지는 것이 널 행복하게 한다면 그녀와 헤어지겠다.

❷ 과거 시제로의 여행

03.2_✎

현재 시제를 잘 이해했다면 과거 시제는 그야말로 '누워서 떡 먹기'이다.

1. 100년 전에 있었던 일이든 0.1초 전에 있었던 일이든 다시는 돌아오지 않을 과거에 일어난 일이라는 것은 너무나 분명하다. 따라서 **과거 시제는 과거에 일어났던 일(역사적 사건), 상태, 습관을 나타낼 때 쓰이게 된다.** 동사의 모양이 현재형과 (약간) 달라진다는 점을 빼고는 현재 시제와 다를 바가 없다.

He **lay** down in the grass and cried.　그는 풀밭에 누워 펑펑 울었다.

I **got up** at seven this morning, **brushed** my teeth, **got** dressed and **went** to school.　나는 오늘 아침 7시에 일어나서, 양치질하고, 옷을 입고 학교에 갔다.

2. 이 밖에도 **과거 시제는 과거완료를 대신할 때(과거완료의 대용), 가정법 과거 표현에서 쓰인다.** 가정법이 무엇인지는 한참 뒤에서 본격적으로 설명하기로 하고, 여기에서는 그저 '아! 이런 것도 있구나.'라고만 알고 넘어 가기로 하자.

The train **started** when we got to the station.
= The train had started when we got to the station.
우리가 역에 도착했을 때, 기차는 떠나버렸다.

If he **took** a good rest, he might get well.
그 녀석이 충분히 쉬면 건강해질 텐데.

03.3 _ ✏

❸ 미래 표현

관찰력이 아주 뛰어난 사람이라면 영어의 미래 표현에는 현재 시제나 과거 시제와는 뭔가 다른 점이 있다는 걸 알 것이다. 그게 뭘까? 영어의 미래 표현은 동사의 끝, 그러니까 유식한 말로 동사의 어미 변화를 통해서가 아니라 여러 가지 다양한 장치를 이용해서 이루어진다. 그 장치가 무엇인지 하나씩 살펴보기로 하자.

1. will   -할 것이다, -일 것이다

will vs. be going to
→ p. 77 참조

Jane **will** leave tomorrow.
Jane은 내일 떠날 것이다.

They **won't** come.
그들은 오지 않을 것이다.

---

2. be going to   -할 것이다, -할 작정이다

What **are** you **going to** do tonight?
오늘밤에 뭐 할거니?

She **is going to** have a baby next month.
그녀는 다음 달에 출산할 것이다.

3. 현재진행

현재진행형이 시간을 나타내는 부사구와 함께 쓰이면 앞으로 어떤 일이 일어나게끔 현재 준비가 마련되었음을 암시한다.

I'm **meeting** Tom on Sunday.
난 Tom을 일요일에 만날 거야.

Mariah Carey **is coming** to Seoul next Saturday for her concert.
Mariah Carey가 콘서트를 위해서 다음 주 토요일에 서울에 온다.

4. be (about) to   -할 예정이다, 막 -하려고 하다

His daughter **is to** be married soon.
그의 딸은 곧 결혼한다.

Tarzan **is about to** leave his jungle.
Tarzan은 그의 정글을 떠나려 하고 있다.

5. 미래에 일어날 일이 누가 뭐래도 반드시 그렇게 될 때(확정된 미래)에는 현재시제가 미래의 의미를 나타낸다.

Tomorrow **is** Monday.
내일은 월요일이다.

내일이 월요일인 것은 누구도 막을 수가 없다. 이것을 힘들게 Tomorrow will be Monday.라고 쓴다면 너무 노동력을 낭비하는 것 아닐까?

> The train **leaves** at 8.
> 기차는 8시에 떠난다.

물론 지진이라도 일어난다면 기차가 출발하지 못하겠지만 그렇지 않고서는 기차는 예정(시간표)대로 떠나게 될 것이다. 이럴 때는 현재 시제를 이용해서 미래의 의미를 전달할 수 있다는 말씀이다.

6. 미래진행

현재의 상황으로 보아 특정인의 의지나 의도와 관계없이 그렇게 되기 마련인 미래를 나타낸다.

> The plane **will be** arriving at 8 o'clock.
> 비행기는 8시에 도착할 것이다.
>
> We'**ll be** flying at 35,000 feet.
> 우리는 35,000 피트 상공에서 날게 될 것이다.

확실한 것은 현재 또는 과거뿐이다. 그래서 우리말에서도 이렇게 표현한다.
"넌 죽었어!"

지금까지 우리는 과거 시제, 현재 시제, 미래 표현을 살펴보았다. 이제부터는 우리말과는 조금 다른, 영어에서나 볼 수 있는 조금 더 복잡하고 다양한 표현을 살펴보기로 하자.

❹ 현재완료 표현 : 과거에서 현재까지

1. 현재완료의 4가지 의미

현재가 지금 말하고 있는 시점(위 그림의 A)에서의 상황을 설명한다면 현재완료는 B부터 A때까지의 동작이나 사건의 완료, 경험, 계속, 결과를 표현하게 된다. 즉, **과거에 일어난 일이 현재까지 영향을 미치고 있을 때 현재완료 표현을 사용**하는 데 현재완료는 **'have(has) + 과거분사'**라고 생긴 신분증을 제시해야 만인의 인정을 받는다.

---

(1) 현재를 시점으로 하는 동작의 완료

I **have** just **finished** my homework.
나는 숙제를 막 끝냈다. → 나 이제는 놀아도 된다

숙제를 얼마 전부터 시작해서 지금 막 끝냈다는 의미가 된다. 한편 I finished my homework yesterday.(나는 어제 숙제를 끝냈다.)는 단지 어제라는 과거의 한 시점에 숙제를 끝냈음을 말해주는 것으로, 현재완료에서 나타내는 사건이나 행동의 연속성은 없는 것이다.

→ just, already, yet 등의 부사와 함께 자주 쓰인다

---

since의 쓰임
I haven't seen him since.
(그 후로, 그 이래로: 부사)
I have known him since childhood.
(-이후: 전치사)
I've lost 5 kilos since I started swimming.
(-한 이래: 접속사)
I've had a dog ever since I've owned a house.
(since 뒤에 현재완료 표현도 올 수 있다.)

(2) **과거부터 현재에 이르기까지의 경험**

Have you ever **read** the Bible?
성경책 읽어 본 적 있니?

과거의 어느 특정한 시점에 성경책을 읽어 보았는지를 묻는 것이 아니라, 막연히 과거의 어느 때부터 지금 말하는 시점에 이르는 기간 동안 성경책을 읽어본 경험이 있는지를 묻고 있는 것이다.
→ ever, never, once, before 등의 부사와 함께 자주 쓰인다.

(3) **과거에 시작된 상태 또는 동작의 계속**

We **have lived** here since 2002.
우리는 2002년 이래로 여기에 살아왔다.
Man **has existed** for about 2.5 million years.
인간은 약 250만 년 동안 존재해왔다.

위 문장은 인간이 처음 지구상에 나타난 것이 250만 년 전이고 지금까지도 계속 존재하고 있다는 의미가 되는 것이다.

(4) **과거에 시작된 사건의 결과가 현재까지 영향을 미치고 있을 때**

I've **lost** my car keys.
나는 자동차 열쇠를 잃어버렸다.

위 문장은 과거에 열쇠를 잃어버린 결과, 현재는 열쇠를 가지고 있지 않다는 의미이다. 한편 Jane lost her car keys.는 단순히 과거에 열쇠를 잃어버렸다는 사실만을 말해 준다. 따라서 이 문장만 봐서는 Jane이 열쇠를 찾아서 가지고 있는지, 여전히 없는 채로 있는지는 알 수 없다.

현재완료를 해석할 때 주의할 점은 명백하게 완료, 경험, 결과, 계속이 구분되지는 않는다는 점이다. 따라서 문맥을 잘 따져서 해석하는 것이 필요하다. 현재'완료'라는 복잡한 이름을 썼지만, 현재완료는 '현재'의 상황(상태)을 말해주는 것이다. 따라서 **현재완료도 현재 시제다.**

2. 현재완료 표현에서 주의할 내용

(1) **명백한 과거를 나타내는 부사(구)와는 철천지원수이기 때문에 같은 지붕 밑에서는 살 수 없다.**

I have met her yesterday. (X)

→ I met her yesterday. (O)

● since는 전치사, 접속사, 부사로 쓰이며 since 뒤에 현재완료 표현도 쓸 수 있다.

(2) **의문부사 when과는 절대 같이 놀지 않는다.**

When have you arrived? (X)

→ When did you arrive? (O)

(3) **have(has) gone은 의미상 3인칭하고만 친하다.**

I have gone to Chicago. (X)

나는 Chicago에 가버렸다(?).

He has gone to Chicago. (O)

그는 Chicago로 가고 (여기) 없다.

시를 쓰는 것이 아니라면, 일상적으로 말을 할 때 '나는 가버렸다', '너는 가버렸다'는 말이 안 된다. 말이라는 것은 언제나 '내'가 '너'에게 하는 것이기 때문에···.

❺ 과거완료 표현

현재완료를 자세히 살펴보았으니까 이제 과거완료를 볼까?

과거완료는 과거를 기준으로 해서 그것보다 더 먼 과거부터 기준이 되는 과거 때까지(그림의 C부터 B까지)의 동작이나 사건의 완료, 경험, 결과, 계속을 나타낸다. 신분증은 이렇게 생겼다. → **'had + 과거분사'**

When I arrived at the station, the train **had** already **left**.
내가 역에 도착했을 때, 기차는 이미 떠나버렸다.

The train left before I arrived at the station.
기차는 내가 역에 도착하기 전에 떠났다.

내가 역에 도착한 것도 과거이고 기차가 떠난 것도 과거이지만 자세히 살펴보면 기차가 떠난 것이 더 먼저 일어난 과거임을 알 수 있다. 과거완료는 이처럼 과거보다 더 먼 과거부터 과거의 어느 시점까지 일어난 사건을 표현할 때 쓰인다. 이를 어려운 말로 '대과거'라고 한다. 그러나 의미상 사건의 앞 뒤 관계가 너무나 분명할 때는 굳이 과거형과 과거완료형을 같이 쓰지 않고 단순히 과거형으로 써도 된다.

❻ 미래완료 표현

미래완료는 미래 어느 때까지(그림의 A부터 D까지)의 동작이나 상태의 완료, 경험, 계속, 결과를 나타낸다. 따라서 미래의 어느 시점을 나타내는 부사구와 함께 다닌다.

I **will have finished** my homework by tomorrow.
내일까지는 숙제를 끝내게 될 것이다.

지금부터 숙제를 시작해서 내일까지는 숙제가 완료될 것이라는 의미가 되는 것이다. 눈치가 빠른 독자라면 미래완료가 가지고 다니는 신분증을 금방 알 수 있을 것이다. → **'will + have + 과거분사'**

현재 시제를 완벽하게 이해했다면 과거 시제나 미래 표현도 어려울 것이 없을 것이다. 마찬가지로 현재완료 표현을 제대로 이해했다면 과거완료나 미래완료의 표현을 이해하는 것도 어렵지 않을 것이다.

❼ 진행 표현

03.7_✍

1. 진행 표현의 일반적인 용법

진행 표현은 **'be + -ing'**의 형식을 취한다. be 동사도 하나의 훌륭한 동사이므로 am, is, are를 쓰면 현재진행이 되며 was, were를 쓰면 과거진행이, will be를 쓰면 미래진행이, have(has) been을 쓰면 현재완료진행이, had been을 쓰면 과거완료진행이 되는 것이다. 아휴! 숨차라.

자! 이제 예문을 살펴보도록 하자.

현재진행　She **is** play**ing** the piano now.
그녀는 지금 피아노를 연주하고 있다.

과거진행　She **was** play**ing** the piano yesterday.
그녀는 어제 피아노를 연주하고 있었다.

미래진행　She **will be** playing the piano in two hours.
두 시간이 지나면 그녀는 피아노를 연주하고 있을 것이다.

현재완료진행　She **has been** play**ing** the piano for 2 hours.
그녀는 2시간 동안 피아노를 연주하고 있는 중이다.
→ 피아노를 치고 있는 모습을 보며 하는 말

He **has been** teaching English for 15 years.
그는 15년 동안 영어를 가르쳐 왔다.　반복적인 동작

과거완료진행　She **had been** playing the piano when I came home.
내가 집에 왔을 때, 그녀는 피아노를 (그 전부터) 연주하고 있었다.

미래완료진행　If she plays another hour, she **will have been** playing the piano for 3 hours.　그녀가 한 시간만 더 연주하면, 그녀는 피아노를 3시간 째 연주하고 있는 중일 것이다.

● The old man **was dreaming** about the lions.
소설 『The Old Man and the Sea』(노인과 바다)의 마지막 문장

미래완료진행 표현은 언뜻 보기에도 너무 복잡하기 때문에 회화에서는 그렇게 많이 쓰이지는 않는다.

2. 진행 표현을 쓰지 않는 상태동사

마지막으로 의미상 진행형으로는 잘 쓰이지 않는 동사가 있다는 점도 기억할 만하다. 이런 동사를 '상태동사'라고 하는데 일부러 외우려고 하지는 말자. 왜냐하면 다양한 효과(공손함, 생생한 효과, 일시적인 동작이나 상태)를 나타내기 위해서 진행형으로 쓰는 경우도 무척 많기 때문이다. 이런 동사로는 believe, belong, consist, have, know, like, love, remain, resemble, remember, seem, understand, want 등이 있다

He is having a Ford. (X)

have 동사가 '소유하다'라는 뜻을 가지고 있을 때에는 그 자체가 '계속(상태)'을 나타내고 있으므로 진행형을 쓸 수가 없다. 그래서 간단하게 He has a Ford.라고 해야 맞는 표현이 된다. 하지만 have가 '소유하다' 이외의 뜻으로 쓰일 때는 진행형을 얼마든지 쓸 수 있다.

I'm having breakfast now.
나는 지금 아침 식사 중이다.

"역사를 잊은 민족에게
미래는 없다."
단재 신채호(1880~1936)

지금까지 우리는 동사를 바탕으로 다양한 시간 표현을 살펴보았다. 사람이 현재 시제나 과거 시제, 미래 표현만을 사용해서 세상을 살아간다면 참 무미건조할 것이다. 때로는 흥미진진하게 진행되는 일도 있을 것이고, 과거에 시작된 짝사랑을 아직도 가슴에 품고 있을 수도 있다. 또한 미래에 이루고 싶은 소망도 있을 것이다. 이상에서 배운 여러 가지 표현들을 잘 활용해서, 자유자재로 시간여행을 떠날 수 있는 여러분이 되길 바란다.

아직도 will = be going to라고 배우는 친구들이 있나요?

will과 be going to의 미묘한 차이, 그것을 알려주마!

will

어떤 상황에서 즉흥적으로 주어의 의지를 나타낼 때

W: The phone is ringing. 전화기가 울리고 있어.

M: I'll get it. 내가 받을게.

앞으로 일어날 일에 대해서 미래에 관점을 두고 예측할 때

He's backpacking in China and **will** return in about one month.

그는 중국에서 배낭여행 중이고, 한 달 정도 후에 돌아올 거야.

Bananas **will** be expensive this year.

올해 바나나가 비쌀 것이다.

Your wife **will** have a baby.

당신의 아내는 아이를 갖게 될 것이다.

be going to

말하는 시점 이전부터의 결심을 바탕으로 한, 앞으로 하려고 하는 어떤 일에 대한 현재의 의도를 나타낼 때

W: Do you have any plans tonight?

M: **I'm going to** stop by the mall to get something.

어떤 일이 일어날 것이라는 것을 알 수 있는 현재의 원인이나 징후가 있을 때

Look at those heavy, dark clouds! It**'s going to** rain.

저기 먹구름을 봐! 비가 올 것 같아.

How pale that girl is! I think she**'s going to** faint.

저 소녀는 참 창백하구나! 그녀가 기절할 것 같아.

My wife **is going to** have a baby next week.

내 아내는 다음 주에 아이를 낳을 것이다.

한눈에 쏙!!

과거·현재·미래

past
과거

now
현재

future
미래

① 과거에 있었던 일
② 과거 완료 대용
③ 가정법 과거

① 일반적 사실,
　진리, 습관
② 막연한 과거부터
　막연한 미래를 포괄

① will + 동사원형
② be going to
③ be (about) to
④ 현재진행
⑤ 미래진행
⑥ 현재시제

과거완료·현재완료·미래완료

past
과거

과거완료

now
현재

미래완료

future
미래

현재완료

진행 표현

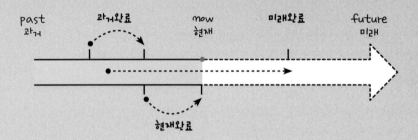

past
과거

now
현재

future
미래

과거진행형　　현재진행형　　미래진행형

과거완료진행형　　현재완료진행형　　미래완료진행형

Ⓐ 올바른 문장이 되도록 네모 안에서 알맞은 것을 고르시오.

1 The students │remained / remains│ silent in class yesterday.

2 The children slept well after they │play / played│ in the park.

3 You can leave as soon as he │comes / will come│.

4 The Statue of Liberty │stands / is standing│ on Liberty Island in New York Bay.

5 I don't know if she │comes / will come│ tomorrow.

6 I │believe / am believing│ that he is honest.

7 I'll │be read / have read│ the Bible five times if I read it again.

8 My uncle │has run / ran│ his own company since 2002.

9 I │saw / have seen│ him on my way to school this morning.

10 After James │has taken / had taken│ a deep breath, he dived into the water.

Ⓑ 빈칸에 가장 적절한 것을 고르시오.

1 A burglar broke into the house while we _____ television.
① watch   ② watching   ③ have watched   ④ were watching

2 When you fell over the cliff, what _____ next?
① happens   ② happened   ③ has happened   ④ was happened

3 His parents _____ in the States in 1999.
① arrive   ② arrived   ③ has arrived   ④ had arrived

4 We _____ to the theater tonight. We've got tickets.
① went   ② have gone   ③ are going   ④ had been going

5 She _____ lunch when we came to her house.
① having   ② is having   ③ was having   ④ will having

C 밑줄 친 부분을 어법에 맞게 고치시오.

1 When has Brian come back from his office?

2 Let's have dinner after we will have finished this work.

3 This time next year I have been teaching English for 5 years.

4 I was watching a horror film when I was hearing a strange noise.

5 After he got on the train, he realized that he has taken the wrong train.

6 How long do you live in this house since he died?

7 I'm standing here for two hours and I feel tired.

8 Yesterday I have lost my wallet.

9 She has met her mother a few days ago.

10 Please stay in your seats until the bell will ring.

D 밑줄 친 부분 중, 어법상 어색한 것을 골라 바르게 고치시오.

1 John and I have known Michael since years.
　　 ①　　②　　③　　　　④

2 If I will meet you next month, I'm going to tell you all about my secrets.
　　　　①　　　　　　②　　③　　　　④

3 I have studied biology for at least five hours before I met you.
　　 ①　　　　　　②　③　　　④

4 Shall you be at home tomorrow evening?
　　 ①　②　③　　④

5 You must remind him, or he'll be forgetting.
　　 ①　②　③　　④

E (A), (B), (C)의 각 네모 안에서 어법에 맞는 표현을 고르시오.

One night I was lying down on my bed when I (A) heard / had heard a strange noise. I knew it couldn't be my parents because they (B) has gone / had gone to a party. They said they would have to sleep over at the party. I (C) have been / had been nervous about being all alone in the house and I knew I wasn't alone because there was a strange noise in my house! What was it? Was it my imagination or was it a ghost? I heard the noise again, coming from the living room. My heart was pounding like a drum!

F 다음 글의 밑줄 친 부분 중, 어법상 **틀린** 것은? 수능기출

Former U.S. President Jimmy Carter, ① who promotes Habitat for Humanity, has toured various countries ② since 1994. In the summer of 2001, he ③ has visited Asan, Korea, to participate in a house-building project. It was part of Habitat for Humanity International's campaign ④ to build houses for homeless people. He worked along with volunteers for the program, which is ⑤ named after him — the Jimmy Carter Work Project 2001.

G (A), (B), (C)의 각 네모 안에서 어법에 맞는 표현을 고르시오.

When people move from one city or country to another, the spread of diseases may result. People often bring in germs that may not (A) be / have been present there before. These new germs can spread quickly and cause previously unknown diseases. If a germ is completely new to a region, people who already live there have no natural protection against it. As a result, they become ill more easily and (B) die / died more often. In turn, newcomers may catch diseases that were not present where they came from. If they (C) go / will go back, they may carry the disease with them and bring about an epidemic there, too.

H 다음 글의 밑줄 친 부분 중, 어법상 **틀린** 것은?

On May 25, 2001 Erik Weihenmayer ① had made history by becoming the first blind person to reach the summit of Mt. Everest in the Himalaya Mountains. Mt. Everest ② is the highest peak in the world. His climb was a testimony of his courage and strength. It ③ required special methods and techniques. Erik's teammates wore bells so Erik ④ could follow them with his ears. Erik also used a special hammer to tap the ice. The pitch of the sound ⑤ helped Erik determine if the path was solid enough to support his steps.

Chapter 04
부정사_ 🖊

1 to 부정사의 명사적 용법   🖊   85

2 to 부정사의 형용사적 용법   🖊   87

3 to 부정사의 부사적 용법   🖊   88

4 to 부정사의 의미상 주어   🖊   91

5 to 부정사의 시간 표현   🖊   94

6 to 부정사의 기타 용법   🖊   96

7 to 없는 부정사(원형 부정사)   🖊   97

●------ 한눈에 쏙!!   🔓   101

●------ Grammar Exercises   ✐   102

사전에 시퍼렇게 등장하는 go를 한 번 보기로 하자. 이 녀석은 3인칭 단수·현재일 경우에는 goes, 과거의 의미를 나타내고 싶으면 went처럼 미리 정해진(定) 꼴을 써야 한다. 하지만 부정사는 인칭과 수, 시제에 따라서 특별히 정해진 모양이 없다. 다시 말해 언제나 (to) go 라고 써야 하는 것이다. 그래서 '부정(不定)사'라는 이름이 붙은 것이다.

go가 쓰인 아래 문장들을 눈여겨보자.

ⓐ I **go** home.   나는 집에 간다.
    She **goes** home.   그녀는 집에 간다.
    She **went** home.   그녀는 집에 갔다.

ⓑ I want **to go** home.   나는 집에 가기를 원한다.

ⓒ My dream is **to go** home.   나의 꿈은 집으로 돌아가는 것이다.

ⓐ에서 go는 주어의 인칭과 시제에 따라 각기 그 모양을 달리하고 있는 동사다. 그런데 ⓑ에서 to go는 동사(서술어)가 아니라 목적어이고 ⓒ에서는 to go가 보어다.

즉, 우리가 잘 알고 있는 일반동사 go에 to를 붙이니까 하루아침에 그 기능이 바뀌는 것이다.

이 세상에 부정사는 딱 두 개밖에 없다. 동사의 원형에 to를 붙인 것(to 부정사)과 to를 붙이지 않은 것(to 없는 부정사 또는 원형 부정사)이 바로 그것들이다. **부정사는 엄밀하게 말하자면 동사는 아니다. 하지만 동사에서 나온 녀석이기 때문에 (의미상) 주어가 있으며 시간과 태를 나타낼 수 있다.**

to 부정사는 어떤 특정한 품사로 미리 정해지지 않고 문맥에 따라 명사처럼, 형용사처럼, 부사처럼 쓰인다. (이제까지 8품사에 부정사도 포함된다고 생각했던 사람들은 구석에 가서 두 손 들고 깊이 반성할 것!)

이제 본격적으로 to 부정사가 문장에서 어떻게 쓰이는지, 어떠한 특성을 지니고 있는지 구체적으로 살펴보기로 하자.

● 부정사(不定詞)
인칭·수·시제에 따라 규정(定)되지 않는(不) 말(詞)

❶ to 부정사의 명사적 용법

우리가 아직 구체적으로 품사를 다루지는 않았지만, 명사는 문장에서 주어, 목적어, 보어로 쓰인다. **to 부정사 역시 문장에서 주어, 목적어, 보어 역할을 훌륭히 해낼 수 있는데, 이러한 업적을 기려 사람들은 'to 부정사의 명사적 용법'이라는 훈장을 수여했다.**

1. 주어 역할

① To master English grammar is difficult.
영문법을 마스터하는 것은 어렵다.

    가주어   진주어
② It is difficult **to master English grammar**.

①에서 To master English grammar는 문장의 주어가 된다. ①을 ②처럼 써도 의미는 같은데 It을 **가주어**, to 부정사구를 **진주어**라고 부른다. 실제로는 ①보다는 ②처럼 더 많이 쓴다. 위 문장에서 to master는 English grammar라는 자체의 목적어를 데리고 다니면서 마치 동사처럼 보이려고 노력하는 것을 알 수 있다. 하지만 위 문장의 동사(서술어)는 is이다. to master는 동사가 아니라 동사처럼 보이려고 노력하는 'to 부정사'라는 사실을 잊지 말자.

2. 보어 역할

My hope is **to master English grammar.**
내 희망은 영문법을 마스터하는 것이다.

All you have to do is **(to) keep silent.**
네가 해야만 하는 전부는 침묵을 유지하는 것이다.

3. 목적어 역할

to 부정사는 5형식 문장에서
목적어 자리에 오지 못하며,
반드시 가목적어-진목적어 구
문으로 써야 한다.

I want **to master English grammar.**
나는 영문법을 마스터하는 것을 원한다.

가목적어   진목적어
I found **it** hard **to study English grammar.**
나는 영문법을 공부하는 것이 어렵다는 것을 알았다.

be + to 부정사

예정
Imagine that it's Saturday and you **are to meet** your friends at the mall at 12:00.
오늘이 토요일이고 12시에 쇼핑몰에서 당신의 친구를 만날 예정이라고 상상해보자.

의무
You **are to stay** here until I return.
내가 올 때까지 여기에 있어야 한다.

가능
Not a sound **was to be** heard in the streets.
거리에서는 아무 소리도 들리지 않았다.

운명
On the day of his departure Evelyn and he were married, but she **was** never **to see** him again.
그가 떠나던 날에 Evelyn과 그는 결혼했지만, 그녀는 다시는 그를 보지 못할 운명이었다.

> **의도[목표]**
> If you **are to succeed,** you must do your best.
> 성공하려면 최선을 다해야 한다.
>
> 여러 가지 의미가 있으므로 일부러 외우려고 애쓰지 말고, 문맥에 맞게 적절히 해석하면 된다.

❷ to 부정사의 형용사적 용법

문장에서 형용사는 명사를 꾸며주는(= 수식하는 = 한정하는 = 범위를 좁혀주는) 역할을 한다. 마찬가지로 to 부정사구가 문장에서 명사(구)를 꾸며줄 수 있는데 이를 'to 부정사의 형용사적 용법'이라고 한다. to 부정사가 명사를 꾸며줄 때는 명사 뒤에서 꾸며준다.

I've got **a new dress** to wear.
나는 입을 새 드레스를 하나 샀다.

New Zealand was **the first country** to give women the vote.
New Zealand는 여성에게 투표권을 부여한 최초의 국가이다.

Hermione was **the last person** to do anything against the rules.
Hermione은 규칙에 어긋나는 일을 할 마지막 사람이었다.

위에서 to do anything against the rules는 명사(구) (the last) person을 꾸며주는 역할을 한다. 즉, 형용사구가 되는 것이다. 위 문장에서 '(남들이 다 규칙을 어기고 나서) 제일 마지막에 규칙을 어길 사람'이라는 의미는 '결코 규칙을 어기지 않는 사람'이라는 의미이다.

또 다른 예를 보자면,

I have no place to live (in).
문법적으로 전치사가 필요하지만 관용적으로 생략하는 경우도 있다.

You have **the right** to remain silent.
당신은 묵비권을 행사할 권리를 가지고 있습니다.

You have **the right** to speak to an attorney, and to have an attorney present during any questioning.
당신은 변호인에게 말할 수 있는 권리를 가지고 있으며, 심문 중에 변호인을 입회시킬 권리가 있습니다.

굉장히 어려운 말 같지만 미국의 꼬맹이들이 '경찰놀이(cops and robbers)'를 하면서 자주 하는 말이다. 물론 경찰이 범인에게 수갑을 채우면서 꼭 해야 하는 말이기도 하다.

04.3 _

❸ to 부정사의 부사적 용법

부사는 문장에서 동사, 형용사, 부사 등을 꾸며주는(= 수식하는 = 한정하는 = 범위를 좁혀주는) 역할을 하는데, to 부정사가 문장 내에서 부사처럼 행동할 때 'to 부정사의 부사적 용법'이라고 한다. 부사적 용법은 다양하게 해석이 되므로 많이 읽어보는 것이 필요하다.

1. 목적

I moved my chair **to be** closer to her.
나는 그녀와 더 가까이 하기 위해서 의자를 당겼다.

He read books **to find** new ideas for his classes.
그는 강의를 위한 새로운 아이디어를 얻기 위해서 책을 읽었다.

Cocoa beans are used **to make** chocolate.
코코아 씨는 초콜릿을 만들기 위해서 사용된다.

You must get up at 5 a.m. **so as to catch** the first train.
너는 첫 기차를 잡기 위해서 오전 5시에 일어나야 한다.

He stopped **to smoke**.

그는 담배를 피우기 위해 (가던 길을) 멈추었다.

cf. He stopped smoking.

그는 담배를 끊었다.

2. 결과

He woke up **to find** himself alone in the house.

그는 잠에서 깨어서 집에 홀로 있는 자신을 발견했다.

He awoke **to find** her gone.

그가 일어나 보니 그녀는 떠난 뒤였다.

Sarah lived **to be** a hundred and twenty-seven years old.

Sarah는 127세까지 살았다. ← 성경의 어느 부분에 나올까요?

My brother worked hard **only to fail**.

나의 형은 열심히 일했지만 결국 실패했다.

3. 감정의 원인

대개 to 부정사 앞에 감정을 나타내는 형용사가 오게 되면 to 부정사가 이끄는 어구가 그 '감정'의 원인이 된다.

I am glad **to meet** you again.

다시 만나게 되어 기쁩니다.

I am sorry **to hear** that.

그것을 듣게 되어서 유감입니다.

I'm very pleased **to see** you.

너를 보게 되어서 무척 기쁘다.

4. 판단의 근거

John must be a fool **to do** such a thing.
그런 일을 하다니 John은 바보임에 틀림이 없다.

to 부정사가 이끄는 어구는 John을 fool(바보)로 판단하는 근거가 된다.

5. 조건

To hear him speak English, you would take him for an American.
그 녀석이 영어를 말하는 것을 들으면, 너는 그를 미국인으로 생각할 것이다.

6. 형용사 및 부사 수식

That table is too heavy **to lift** by yourself.
→ That table is so heavy that you can't lift it by yourself.
저 탁자는 혼자 들기에는 너무 무겁다.

The rope was strong enough **to support** Tarzan.
→ The rope was so strong that it could support Tarzan.
그 밧줄은 Tarzan을 지탱해 줄 만큼 튼튼했다.

7. 독립 부정사
부정사 중에는 관용적 표현으로 문장 전체를 꾸며주는 것이 있는데, 이 녀석의 이름은 '독립 부정사'이다.

To be honest with you, I don't remember what he said.
솔직히 말해서, 나는 그가 말한 것을 기억하지 못한다.

To be frank with you, I don't love you.
솔직히 말해서, 난 널 사랑하지 않아.

To begin with, one must look at the thing logically.
무엇보다도 먼저, 사람은 사건(물)을 논리적으로 바라보아야 한다.

To make a long story short, we found the island and the treasure.
긴 얘기를 간략히 말하자면, 우리는 그 섬과 보물을 발견했다.

To top it all off, I lost my way.
설상가상으로[게다가], 나는 길을 잃었다.

--- ● To top it all (off)
= To make matters worse

지금까지 to 부정사의 세 가지 용법을 살펴보았다. 영어로 된 글을 읽다 보면 to 부정사가 들어간 말이 무수히 많이 나오는데, 읽자마자 해석이 되기 위해서는 위에서 설명한 사항들이 머릿속에서 자동으로 나와야 한다. 그러기 위해서는 다양한 예문을 아주 많이 읽어 두는 것이 필요하다.

이제 to 부정사의 의미상 주어와 시간 표현에 대해 알아보기로 하자.

❹ to 부정사의 의미상 주어

모든 동사에는 주어가 있다. to 부정사는 동사는 아니지만 동사로부터 만들어졌기 때문에 to 부정사가 나타내는 동작의 주인공을 생각해 볼 수 있는데, 이를 'to 부정사의 의미상 주어'라고 한다.

1. 문장의 주어

I want to master English grammar.
나는 원한다 / 마스터하기 / 영문법을

이 문장에서 주어는 당연히 I이다. 그런데 관심을 to 부정사로 돌려보면 to master English grammar의 주인공 역시 I인 것이 확실하다. (여기 I 말고 또 누가 있나?!) 이렇게 문장의 주어와 to 부정사의 주인공이 같을 때는 별도로 표시를 해 주지 않는다. 해석을 해보면 당연히 알 수 있기 때문이다.

2. 문장의 목적어

이 문장을 5형식 문장으로 분석하기도 하지만 'her ~ grammar'를 want의 목적어로 생각해서 3형식 문장으로 보는 것이 더 타당하다.

> I want **her** to master English grammar.
> 나는 원한다 / 그녀 / 마스터하기 / 영문법을

위 문장에서도 주어가 I인 것은 분명하다. 그런데 to master English grammar의 주인공은 I가 아니라 '그녀(her)'인 것을 알 수 있다. 그래서 해석은 '나는 그녀가 영문법을 마스터하기를 원한다.'로 해야 한다. 타동사 want의 목적어 자리에 위치하므로 to 부정사의 의미상 주어를 써야 할 경우에는 **목적격**으로 써야 한다.

3. for + 목적격

그렇다면 다음에 나오는 to 부정사의 의미상 주어는 무엇일까?

> It is difficult Ø to master English grammar.
> 어렵다 / 마스터하기 / 영문법을

의미상 주어가 일반인이거나 불특정인일 경우에는 따로 표시를 하지 않는다. 그래서 해석은 '(우리들이) 영문법을 마스터하는 것은 어렵다.'가 된다. 그렇다면 '우리들'이 아니라 "'그'가 영문법을 마스터하는 것은 어렵다."는 어떻게 써야 할까? 그럴 때는 to 부정사의 의미상 주어를 'for + 목적격'으로 쓰면 된다.

> It is difficult **for him** to master English grammar.
> 어렵다 / 그가 / 마스터하기 / 영문법을

위 문장에서는 to 부정사의 목적어를 주어 자리로 이동시켜서 English grammar is very difficult for him to master. 라고 쓸 수 도 있다. (12강 '형용사' 편에서 다시 나온다.)

위처럼 쓰면 '영문법은 **그가** 마스터하기에는 매우 어렵다.'라고 해서, 다른 사람들에게는 쉬울지는 몰라도 '**그가** 마스터하는 것은 매우 어렵다'는 뜻이 된다. 이때 의미상 주어를 'for + 목적격'으로 나타내는데, 이렇게도 쓰는구나 하고 넘어 가기로 하자.
'for + 목적격'이 쓰인 문장을 몇 개 더 살펴보면….

It is not good **for him** to be alone.   좋지 않다 / 그가 홀로 있는 것

He was waiting **for the door** to be opened.
그는 기다리고 있었다 / 그 문이 열려지기

He was waiting **for the door** to open.
그는 기다리고 있었다 / 그 문이 열리기

It is foolish **for him** to do such things.
어리석다 / 그가 그런 일을 하는 것

여기서 잠깐!
다음과 같이 생긴 구문도 있다.

It is kind of you **to help** me.   친절하다 / 당신 / 나를 돕는 것

It was foolish of her **to pay** any attention to such nonsense.
어리석었다 / 그녀 / 그런 헛소리에 주목하는 것

사람의 성질이나 성격을 나타내는 형용사가 올 때 to 부정사의 의미상 주어로 'of + 목적격'을 쓴다고 하는 영문법 책도 있지만 명백히 틀린 설명이다. 그냥 전치사 of의 쓰임으로 보고 넘어가는 것이 좋다. 'for + 목적격'과는 끊어 읽기도 다르다. 엄밀히 분석하면 아래와 같다.

It is (a) kind (part) of you / (for you) to help me.
It was (a) foolish (part) of her / (for her) to pay any attention to such nonsense.

cf. It is foolish / for him to do such things.

---

❺ to 부정사의 시간 표현

모든 동사는 시간을 나타낼 수 있다. to 부정사는 동사는 아니지만 동사로부터 만들어졌기 때문에 시간을 나타내는 방법이 있다. 이제는 앞서 배웠던 부정사의 용법을 잠시 접어두고, 술어동사와의 시간 관계만을 살펴보기로 하자.

1. 단순 부정사   to + 동사원형
아래의 문장을 한참 쳐다보면 어떤 규칙을 발견할 수 있을 것이다. 무엇일까?

> ① He seems **to be** ill. ← It seems that he is ill.
> 그는 아픈 것처럼 보인다.
> that절(종속절) 속의 시간(현재: is)는 주절의 시간(현재: seems)과 같다.
>
> ② He seemed **to be** ill. ← It seemed that he was ill.
> 그는 아픈 것처럼 보였다.
> that절(종속절) 속의 시간(과거: was)는 주절의 시간(과거: seemed)과 같다.
>
> ③ I expect him **to succeed**. ← I expect that he will succeed.
> 나는 그가 성공할 것을 기대한다.
> 주절의 시간은 현재(expect)인데 that절(종속절)의 시간은 미래(will)를 나타낸다.

주절의 시간과 종속절(that절)의 시간이 일치할 경우 또는 종속절에서 일어나는 일이 시간상으로 주절의 시간보다 나중에 일어나는 일인 경우에는 단순 부정사(to + 동사원형)를 이용해서 단문으로 고칠 수 있다. 즉, **to 부정사가 나타내는 시간은 술어동사가 나타내는 시간과 같거나 그 이후의 일임**을 알려주는 것이다.

2. 완료 부정사   to + have p.p.

> ① He seems **to have been** ill. ← It seems that he was[has been] ill.
> 그는 아팠던 것처럼 보인다.
> that절(종속절) 속의 시간(과거[현재완료]: was[has been])는 주절의 시간(현재: seems)보다 앞서 있다.

② He seemed **to have been** ill. ← It seemed that he had been ill.
그는 아팠던 것처럼 보였다.

that절(종속절) 속의 시간(과거완료. had been)는 주절의 시간(과거. seemed) 보다 앞서 있다

종속절(that절)이 나타내는 시간이 주절이 나타내는 시간보다 앞설 경우에는 완료 부정사(to + have p.p.)를 이용해서 단문으로 고칠 수 있다. 즉, **to 부정사가 나타내는 시간이 술어동사가 나타내는 시간보다 앞선다**는 것을 알려주는 것이다.

자, 이제 우리는 부정사도 시간을 나타낼 수 있음을 알게 되었다. 이제 아래의 두 문장이 구체적으로 어떤 의미 차이가 있는지를 살펴보자.

● 완료 부정사와 현재완료 표현은 그 개념이 다르다. 완료 부정사 뒤에는 과거 시점을 나타내는 부사구가 올 수 있다.

I'm glad **to meet** you.
나는 / 기쁘다 / to meet you (만나게 되어 기쁩니다.) → 처음 만나서 하는 인사

I'm glad **to have met** you.
나는 / 기쁘다 / to have met you (나는 당신을 만난 것이 기쁩니다.)
→ 만나고 헤어지면서 하는 인사

여기서 잠깐!
아래의 문장은 해석을 할 때 특히 유의할 필요가 있다.

We hoped **to have met** you.
= We had hoped **to meet** you.
우리는 당신을 만나 뵙기를 희망했었습니다.

위와 같이 **기대 또는 희망의 의미를 가진 동사의 과거형 다음에 완료 부정사가 오면 과거에 이루지 못한 일**을 나타낸다.

❻ to 부정사의 기타 용법

1. 부정사의 부정(否定)
원칙적으로 부정사 앞에 부정어(否定語) not 또는 never를 놓는다.

Tom worked hard **not to fail** again.

Tom은 다시 실패하지 않기 위해서 열심히 공부했다.

To be or **not to be** — that is the question.

사느냐 죽느냐 그것이 문제로다.

I told him **never to come** back again.

나는 그에게 다시 돌아오지 말라고 말했다.

---

2. 대(代)부정사

W: Do you want to see Grace again?

M: Yes, I want **to**.

M의 to 다음에는 see Grace again이 생략되었다. 앞에서 이미 제시되었으므로 반복해서 쓰는 것은 너무 비경제적이므로…. 이렇게 to 뒤의 동사(구)가 생략되고 to 만 덩그러니 남아있는 형태를 **대부정사**라고 한다.

3. 의문사 + to 부정사

I don't know **what to do**.

나는 무엇을 해야 할지를 모르겠다.

I don't know **how to thank** you enough.

어떻게 당신에게 충분히 감사할 수 있는지를 모르겠습니다. ＊너무 감사하다는 의미

---

❼ to 없는 부정사(원형 부정사)

to 없는 부정사는 다음과 같은 경우에 사용된다.

1. 조동사 다음에

> I **can speak** English well.

조동사 다음에는 동사원형을 쓰라고 배웠는데 엄밀하게 말하면 to 없는 부정사가 되는 것이다.

●원형(原型)

'본래 형태'라는 뜻이며, 원형 부정사는 to 없이 동사의 원형 (사전에 등재된 형태)만 사용되는 부정사를 의미한다.

2. 지각동사 다음에

지각동사(verb of sensation)는 우리의 감각과 관계있는 동사(see, hear, feel, watch, smell, notice 등)를 말한다. 이러한 지각동사 다음에 오는 목적(격) 보어로는 to 부정사가 아니라 반드시 원형 부정사를 써야 한다.

> ⓐ I **saw** him **cross** the street.
> ⓑ I **heard** someone **cry** in the dark.

여기서 잠깐!

지각동사 다음에는 언제나 동사원형만 올까? 절대 아니다! 아래를 보시라.

> ⓒ I **saw** him **crossing** the street.
> ⓓ I **heard** my name **called** behind me.

앞으로 '분사' 편에서 자세하게 다루겠지만 현재분사는 진행이나 능동의 의미가 있을 때 쓰이며 과거분사는 완료나 수동의 의미를 나타낼 때 사용된다. ⓒ에서는 "그(He)가 건너고 있는" 상황(진행)을 설명하기 위해서 현재분사를 썼으며 ⓓ에서는 "내 이름이 (누군가에 의해서) 불려지는" 상황(수동)을 설명하기 위해서 과거분사를 쓴 것이다.

그럼 위의 ⓐ와 ⓒ는 그 의미가 똑같을까? 우리는 문법학자가 될 것이 아니므로 그냥 대충 비슷하다고 생각하고 넘어가자. 사실 뉘앙스에 있어서 약간의 차이는 있다. 그 차이가 너무너무 알고 싶어 좀이 쑤시는 사람은 질문게시판에 질문을 남기시라!

3. 사역동사 다음에

'사역(使役)'은 '일을 시킨다'는 뜻이다. 이런 동사로는 make, have, let이 있다. 아래의 표를 통해서도 알 수 있듯이 사역동사라고 불리는 이 세 녀석들은 각자만의 개성을 자랑한다. 사역동사라도 다 같은 사역동사가 아닌 것이다.

> Don't **let** your children **make** too much noise or jump around.
> 아이들이 너무 시끄럽게 굴거나 뛰어다니게 하지 마세요.
>
> You may take a horse to the water but you can't **make** him **drink**.
> 말을 물가로 데려갈 수는 있지만 물을 마시게 할 수는 없다.
>
> I'll **have** someone **bring** your luggage up right away.
> 당신의 짐을 당장 가져오도록 시키겠습니다.

지각동사에서도 언급을 했지만 **사역동사 다음에 원형 부정사를 쓰라는 의미는 그 자리에 'to 부정사'를 쓰지 말라는 의미**이지 현재분사나 과거분사를 쓸 수 없다는 의미는 아니다.

I can **make** myself **understood** with gestures.
나는 몸짓으로 나 자신을 이해시킬 수 있다.

The stand-up comedian **had** them **laughing** uncontrollably.
그 코미디언은 그들을 주체할 수 없이 웃게 만들었다.

I **had** my purse **stolen** in the subway.
나는 지하철에서 지갑을 도난당했다.

참고!

준사역동사 help가 있다.

Could you **help** me **(to) move** this table?
이 탁자를 옮기는 것을 도와주실 수 있나요?

help는 목적어 다음에 to 부정사가 와도 되고 동사원형이 와도 되는, 그래서 우리가 아무런 부담없이 쓸 수 있는 아주 고마운 동사다. (꾸벅! 감사의 인사를.)

🔔 사역동사, 이름때문에 너무 헷갈려요!

'사역동사'라는 용어는 학생들을 무지 헷갈리게 한다. cause, order, get 등등 무수히 많은 동사들 역시 '-로 하여금 ...하게 하다(일을 시킨다)'는 의미를 나타내지만, 이런 동사들을 '사역동사'라고 부르지는 않는다. 따라서 보다 엄밀하게는 '사역동사'라는 이름 대신에 '목적격 보어로 동사원형을 쓰는 동사'라고 불러야 할 것이다.

대법원에 개명신청을 할 수도 없고···. 이렇게 헷갈리는 이름을 최초로 붙인 사람을 원망하고 넘어가자!

참, 수동태에서도 언급을 하겠지만 워낙 중요한 사항이라 미리 귀띔을 해 둬야 할 것이 있다. 지각동사나 사역동사 make가 사용된 문장을 수동태로 고칠 때는 원형부정사가 to 부정사로 바뀌게 된다.

● **유의해야 할 목적격 보어 형태**

지각동사	O	R
		현재분사
		과거분사
let	O	R
make	O	R
		과거분사
have	O	R
		현재분사
		과거분사
get	O	to 부정사
		현재분사
		과거분사
help	(O)	R
		to 부정사
keep	O	현재분사
		과거분사

'O를 -하게하다'의 의미가 있는 대부분의 동사

| | O | to 부정사 |

They saw him **cross** the street.
→ He **was seen to cross** the street.

4. 관용적으로

(1) **had better + 동사원형** : - 하는 게 좋을거야 (조언, 충고, 경고)
We'd better **be** getting back to the house.
우리는 집으로 돌아가는 것이 좋겠다.
← should보다 의미가 강하므로 아랫사람이 윗사람에게 또는 아주 친하지 않은 사람에게는 쓰지 않는 것이 좋다.

(2) **cannot (help) but + 동사원형** : - 하지 않을 수 없다
= cannot help + -ing, have no choice but to + 동사원형
I could not but **admire** the ingenuity of Mr. Hercule Poirot.
나는 Hercule Poirot 씨의 천재성에 감탄하지 않을 수 없었다.

(3) **do nothing but + 동사원형** : 단지 - 할 뿐이다
She did nothing but **cry**.
그녀는 울기만 했다.

 For Fun A prieSt waS walking down a Street when he Saw a little boy jumping up and down **to try to reach** a doorbell. So the prieSt walked over and preSSed the button for the youngSter. "And now what, my little man?" he aSked. "Now," Said the boy, "run like hell!"

한눈에 쏙!!

준동사

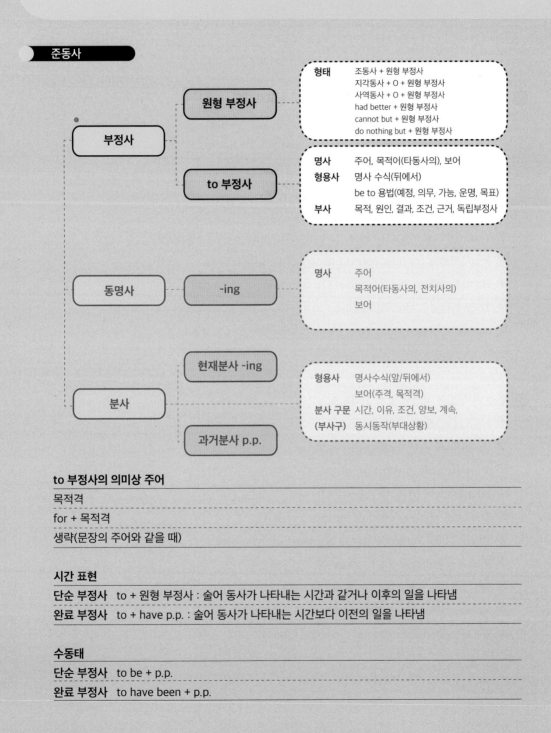

부정사	
원형 부정사	**형태** 조동사 + 원형 부정사 지각동사 + O + 원형 부정사 사역동사 + O + 원형 부정사 had better + 원형 부정사 cannot but + 원형 부정사 do nothing but + 원형 부정사
to 부정사	**명사** 주어, 목적어(타동사의), 보어 **형용사** 명사 수식(뒤에서) be to 용법(예정, 의무, 가능, 운명, 목표) **부사** 목적, 원인, 결과, 조건, 근거, 독립부정사
동명사	
-ing	**명사** 주어 목적어(타동사의, 전치사의) 보어
분사	
현재분사 -ing	**형용사** 명사수식(앞/뒤에서) 보어(주격, 목적격) **분사 구문** 시간, 이유, 조건, 양보, 계속, **(부사구)** 동시동작(부대상황)
과거분사 p.p.	

to 부정사의 의미상 주어
목적격

for + 목적격

생략(문장의 주어와 같을 때)

시간 표현
단순 부정사 to + 원형 부정사 : 술어 동사가 나타내는 시간과 같거나 이후의 일을 나타냄

완료 부정사 to + have p.p. : 술어 동사가 나타내는 시간보다 이전의 일을 나타냄

수동태
단순 부정사 to be + p.p.

완료 부정사 to have been + p.p.

Grammar Exercises ✎

Ⓐ 올바른 문장이 되도록 네모 안에서 알맞은 것을 고르시오.

1 We want something nice | eating / to eat | for a change.

2 I once saw her | swim / swims | in the lake.

3 All you have to do is | do / done | your best.

4 We hope | see / to see | you there tomorrow.

5 The police moved swiftly | preventing / to prevent | a riot.

6 You had better not | smoke / to smoke | to improve your health.

7 It is difficult for him | solves / to solve | the problem.

8 He did nothing but | complain / to complain | of chest pain

9 They found it interesting | live / to live | in a foreign country.

10 She didn't know | to answer / how to answer | the question.

Ⓑ 밑줄 친 부분을 어법에 맞게 고치시오.

1 He has no friends to play.

2 He studied very hard not so as to fail.

3 It is necessary of you to go there.

4 I made them to finish the work by six.

5 The book was too difficult for me to read it.

6 She did hear someone to call her name in the crowd.

7 It is very kind for you to show me the way.

8 We had no choice but laugh at the sight.

9 He seems to visit the British Museum last year.

10 She was kind enough lend me some money.

C 뜻이 통하도록 빈칸에 가장 적절한 것을 고르시오.

1 The movement is said _____ in the 1990s.
   ① started ② to start ③ stating ④ to have started

2 They let their children _____ late on weekends.
   ① stay up ② will stay up ③ to stay up ④ stayed up

3 Could you introduce me to someone _____ after my dog?
   ① looks ② looking ③ to look ④ to have looked

4 We were shocked _____ that a bus had crashed on the rocks.
   ① hear ② to hear ③ heard ④ to be hearing

5 David was seen _____ the shop.
   ① enter ② enters ③ to enter ④ entered

6 Special effects help make the movies _____ more realistic.
   ① seem ② seems ③ seemed ④ to seem

7 Neon billboards use flashing lights _____ the illusion of movement.
   ① created ② create ③ to create ④ creates

8 *City Lights* is universally acknowledged as one of the best movies _____ by
   the legendary actor, director and producer, Charlie Chaplin.
   ① make ② to make ③ was made ④ to be made

9 Bad insects would make it impossible _____ in the world.
   ① live ② lived ③ to live ④ to have lived

10 _____ down the street, and you will see the sign.
   ① Walk ② Walks ③ To walk ④ Walking

D 밑줄 친 부분 중, 어법상 어색한 것을 골라 바르게 고치시오.

1 It is really important of you to say "no" sometimes.
① ② ③ ④

2 To tell the truth, I don't know to talk about that problem.
① ② ③ ④

3 Try to not forget your keys, or you'll not be able to open the door.
① ② ③ ④

4 Every weekend, Jane has her husband to cut the grass in the yard.
① ② ③ ④

5 They ran fast in order to have passed through the gate before it's closed.
① ② ③ ④

E 괄호 안에 주어진 단어를 필요한 경우 적절히 변형하여 문장을 완성하시오.

1 Don't you find it difficult _____ (keep) things organized in such a messy room?

2 John looked nervously at his watch and waited for the door _____ (open).

3 Langdon could not help but _____ (feel) a deep sense of loss at the curator's death.

4 The angry protesters urged the president _____ (postpone) his trips and give more attention to domestic problems.

5 He and his wife were very nearly happy, but not quite, for they had no children. The longing for the treasure of a child had grown stronger and stronger as the years slipped away, but the blessing never came — and was never _____ (come).

F 다음 글의 밑줄 친 부분 중, 어법상 틀린 것은?

One day when John Roebling was standing on a dock beside the river, a boat ① ran into the dock and Roebling's foot was badly hurt. It became infected and two weeks later he died. However, before he died, he asked the city ② to let his son ③ to continue his work. Some people thought Washington Roebling was too young ④ to build the bridge. But finally the city asked him ⑤ to do the job.

ⓖ 다음 글의 밑줄 친 was to와 용법이 같은 문장을 고르시오.

At 2 p.m. on Tuesday, July 22nd, John Corner was to take the plane at Incheon International Airport. He arrived at the airport two hours before boarding time. He checked in at the counter and was given a boarding pass. Then a customs officer wanted to see his passport and his carry-on bag. After an hour's wait, he got on the plane that <u>was to</u> take him to Hong Kong. Soon, the plane took off and flew over the beautiful countryside.

① You <u>are to</u> honor your parents.
② We <u>are to</u> meet them here at six.
③ She <u>was</u> never <u>to</u> see her son again.
④ My office <u>is to</u> be seen from the station
⑤ If you <u>are to</u> succeed, you must work hard.

ⓗ 다음은 Chris가 Daniel에게 쓴 편지이다. 어색한 표현 다섯 개를 찾아 바르게 고치시오.

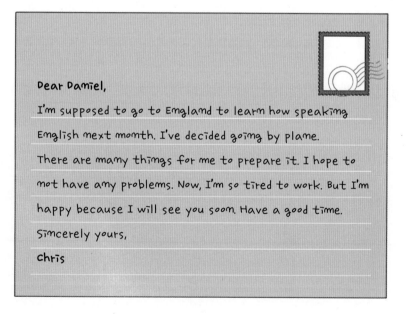

Dear Daniel,

I'm supposed to go to England to learn how speaking English next month. I've decided going by plane.

There are many things for me to prepare it. I hope to not have any problems. Now, I'm so tired to work. But I'm happy because I will see you soon. Have a good time.

Sincerely yours,

Chris

❶ 다음 글의 밑줄 친 부분 중, 어법상 틀린 것은?

In 1953, Maureen Connolly became the first woman ① <u>to win</u> the Grand Slam of tennis — Wimbledon and the Australian, French and U.S. Championships, all in the same year — and she ② <u>did so</u> when she was only 18! Unfortunately, a leg injury from a horseback-riding accident ended her tennis career only a year later, but she never stopped ③ <u>devoting</u> her life to the sport she loved. In 1968, Maureen and her friend co-founded the Maureen Connolly Brinker Tennis Foundation(MCBTF) ④ <u>to bring</u> tennis to boys and girls around the world. Sadly, she did not live ⑤ <u>to have seen</u> the foundation thrive. On May 21, 1969 Maureen lost her battle with cancer.

Chapter 05
동명사_ 🖍️

1 동명사의 기능 .... 🖍️ 108

2 동명사의 의미상 주어 .... 🖍️ 109

3 동명사의 시간 표현 .... 🖍️ 110

4 동명사 vs. to 부정사 .... 🖍️ 111

5 동명사를 포함하고 있는 관용 표현 .... 🖍️ 115

6 정체를 밝혀라! 전치사냐 to 부정사냐? .... 🖍️ 117

●------------------한눈에 쏙!! 🔓 119

●----------------Grammar Exercises 🖍️ 121

동명사는 동사적 특성과 명사적 특성을 가지는 아주 특이한 녀석이다. 외모만큼은 '동사원형 + ing'로 현재분사와 똑같이 생겼다. (현재분사는 다음 시간에 To be continued.)

앞에서 배운 부정사를 제대로 이해했다면 동명사를 이해하기는 그리 어렵지 않다.

05.1_

❶ 동명사의 기능

영어에서 명사는 매우 유용하다. 문장에서 주어, 목적어, 보어로 쓰일 수 있는 막강한 힘이 있기 때문이다. 그래서 동사들은 기회가 되면 명사가 되려고 무진 애를 쓴다. 가장 대표적인 방법은 명사를 만드는 접미사를 자기 몸에 척 갖다 붙이는 것이다.(develop → develop**ment**) 또 다른 방법은 동사원형 앞에 to를 붙여 명사라고 우기는 것이다.(to 부정사의 명사적 용법) 조금 더 간단한 방법으로는 동사원형 뒤에 -ing를 붙여서 '동명사'가 되는 것이다.

동명사는 문장에서 주어, 보어, 타동사나 전치사의 목적어로 쓰인다. 앞에서 다룬 **to부정사의 명사적 용법과 매우 비슷**하다는 것을 알 수 있다.

① **Mastering**(≒ To master) English grammar is very difficult.
영문법을 마스터하는 것은 아주 어렵다.

② **Loving** is **giving** and **taking**.   사랑은 주고 받는 것이다.

③ I like **playing** the guitar.
나는 기타 연주하는 것을 좋아한다.

④ I'm looking forward to **seeing** her again.
나는 그녀를 다시 보기를 고대하고 있다.
→ 여기에서 seeing은 전치사 to의 목적어가 된다. to see라고 쓰면 절대! 안 된다.

● 동명사구가 주어로 쓰일 때 '단수'로 취급한다.

그렇다면 동명사의 부정형은 어떻게 만들까? 간단하다. 동명사 앞에 부정어(否定語) not 또는 never를 붙여주면 된다.

I felt ashamed for **not having** visited him for the last five years.
나는 지난 5년 동안 그를 방문하지 않았던 것에 대해서 부끄러움을 느꼈다.

❷ 동명사의 의미상 주어

동명사 역시 부정사와 마찬가지로 동사에서 나온 녀석이다 보니까 (의미상) 주어가 있다. 부정사의 의미상 주어와 그 개념이 비슷하다.

I am fond of swimming.   나는 수영을 좋아한다.

여기에서 동명사 swimming의 의미상 주어는 문장의 주어 I와 일치한다. 이렇게 문장의 주어와 동명사의 주어가 일치하거나 동명사의 주어가 일반인일 경우는 동명사의 의미상 주어를 따로 밝히지 않는다.

하지만 문장의 주어와 동명사의 의미상 주어가 다른 경우에는 원칙적으로 소유격을 써서 동명사의 의미상 주어를 밝혀준다. 그러나 이런 원칙이 엄격한 것은 아니어서 때로는 목적격을 쓰기도 한다.

① I'm sure of **his** coming.

나는 그가 오는 것을 확신한다.

② She is proud of **her father's[her father]** being rich.

그녀는 아버지가 부자인 것을 자랑스러워한다.

③ Please excuse **my** coming late.

제가 늦은 것을 용서해 주세요.

④ There's no hope of **her** coming.

그녀가 올 가능성이 없다.

⑤ I have no doubt of **this** being true.

나는 이것이 진실이라는 것을 의심하지 않는다.

05.3_✎

❸ 동명사의 시간 표현

to부정사가 자기 나름의 시간을 표현하는 방법이 있었던 것과 마찬가지로 동사에서 나온 동명사 역시 시간을 나타내는 방법이 있다.

1. 단순 동명사   동사원형 + ing

동명사가 나타내는 시간이 술어동사가 나타내는 시간과 같거나 그 이후의 때를 나타낼 때는 단순 동명사를 쓴다. 말 그대로 단순한 형태이기 때문에 동사원형에 -ing 만 붙은 형태이다.

I am ashamed of **being** poor. ← I am ashamed that I am poor.

나는 가난한 것이 부끄럽다.

2. 완료 동명사   having + p.p.

동명사가 나타내는 시간이 술어동사가 나타내는 시간보다 앞설 때는 완료 동명사 (having + p.p.)를 쓴다.

I am ashamed of **having been** poor.
← I am ashamed that I was[has been] poor.
나는 가난했던 것이 부끄럽다.

동명사! 넌 동사니, 명사니?

동명사는 동사의 특성과 명사의 특성을 가지고 있지만 하나의 문장에서는 하나의 특성만 나타낸다.

명사적 특성

관사를 쓸 수 있고, 형용사의 수식을 받을 수 있으며 복수형을 만들 수도 있다.

He conducted research on the survivors of **the atomic bombings** of Hiroshima and Nagasaki.

동사적 특성

부사(구)의 수식을 받으며, 목적어를 수반할 수 있다. 수동형과 완료형을 만들 수 있다.

He was arrested for **stealing** a car.

for stealing a car	(O)	
for stealing of a car	(X)	동사적 특성이 있으므로 stealing 뒤에 바로 목적어를 써야 한다.
for the stealing of a car	(O)	
for the stealing a car	(X)	명사적 특성이 있으므로 the stealing 뒤에 바로 목적어를 쓸 수 없다.

❹ 동명사 vs. to 부정사

05.4 _

영어의 타동사 중에는 동명사 또는 to 부정사 중 어느 하나만을 목적어로 취하는 아주 식성이 까다로운 녀석들이 있다. 다행스럽게도 대다수의 동사는 두 가지 중 어느 것을 목적어로 취해도 무방하다. 그러나 이 때 의미가 변하지 않는 녀석들과 변하는 녀석들이 있다는 것을 주의해야 한다. 이것은 암기하기에는 너무 방대하므로 그냥 읽어보기만 하고 넘어가기로 하자.

stop + -ing
-하는 것을 멈추다

stop + to 부정사
-하기 위해서 멈추다
(to 부정사는 stop의 목적어가
아님!)

01	admit	07	escape	13	suggest
02	avoid	08	finish	14	stop
03	consider	09	imagine	15	cannot help
04	deny	10	mind	16	give up
05	dislike	11	postpone	17	object to
06	enjoy	12	practice		etc.

I **enjoyed** listen**ing** to the music.   나는 음악 듣는 것을 즐겼다.

Would you **mind** open**ing** the window?   창문을 열어주시겠어요?

She **stopped** read**ing** and fell asleep.
그녀는 책 읽는 것을 멈추고 잠이 들었다.

I **object to** be**ing** spoken to like that.
나는 그렇게 (내게) 말 거는 것을 반대한다.

cf. He stopped **to read** the bulletin board.
그는 게시판을 읽기 위해서 (가던 길을) 멈췄다.

01	afford	06	expect	11	plan
02	agree	07	fail	12	pretend
03	choose	08	hope	13	promise
04	decide	09	refuse	14	wish
05	determine	10	manage		etc.

He **pretended to be** asleep. = He pretended that he was asleep.
그는 잠든 척 했다.

They **refused to discuss** the problem.
그들은 그 문제를 토의하는 것을 거절했다.

01	attempt	06	start	11	intend
02	like	07	prefer		①·②에 속하지 않는
03	love	08	continue		무수한 동사들
04	hate	09	cease		
05	begin	10	be accustomed to *doing*[*do*]		

I like sing**ing[to sing]** a song.
나는 노래 부르는 것을 좋아한다.

I love danc**ing[to dance]**.
나는 춤추는 것을 좋아한다.

The teacher continued talk**ing[to talk]** after drinking some water.
선생님은 약간의 물을 마신 후 얘기를 계속했다.

01	forget	03	mean	05	remember
02	go on	04	regret	06	try

여기에 속하는 동사는 많지 않으므로 암기하기로 하자.

I **remember to meet** him this afternoon.
나는 오늘 오후에 그를 만나는 것을 기억하고 있다.

I **remember meeting** him last Saturday.
나는 지난 토요일에 그를 만난 것을 기억한다.

자, 여기까지 읽고 동명사를 목적어로 취했을 때와 to 부정사를 목적어로 취했을 때 각각의 의미 차이를 눈치 챘다면 여러분은 상당한 센스의 소유자이거나 눈치코 치가 아주 빠른 사람일 것이다.

기본적으로 **동명사**는 말하는 시점을 기준으로 **지나간 일(과거)**을 나타내는 반면, **to 부정사**는 **다가올 일(미래)**을 나타낸다. 다음 예문을 통해서 그 차이점을 좀 더 자세히 살펴보자.

Don't **forget to call** when you get there.
거기에 도착 할 때 전화하는 것을 잊지 마라.

I'll never **forget meeting** you.
당신을 만난 것을 잊지 않겠습니다.

---

forget 뒤에 동명사가 오는 경우는 대개 'I'll never forget -ing'의 형식으로 쓴다.

try 뒤에 동명사가 오면 '(시험 삼아) -을 해보다'라는 의미를 나타내며, '(어려운 일을 하려고) 노력(시도)하다'의 의미를 나타낼 때는 to 부정사와 동명사를 모두 쓸 수 있다.

I **tried to talk** to him, but they wouldn't let me in to see him.
나는 그에게 이야기를 하려고 했으나 그들은 그를 보도록 나를 들여보내려고 하지 않았다.

I **tried talking** to him, but he wouldn't agree with anything I said.
나는 그에게 이야기를 해봤지만 그는 내가 말한 것에 동의하려고 하지 않았다.

---

regret 뒤에 to 부정사가 오면 '-하게 되어 유감이다'라는 의미를 나타내며, 동명사가 오면 '-한 것을 후회하다'라는 의미를 나타낸다.

I **regret to tell** you that your son stole my book.
당신 아들이 제 책을 훔쳤다고 말하게 되어 유감입니다.

I **regret telling** you that your son stole my book.
당신 아들이 제 책을 훔쳤다고 말한 것이 유감스럽습니다.

---

mean이 to 부정사를 목적어로 취했을 때는 '-하려고 하다(의도하다)'라는 의미를 나타내며, 동명사를 목적어로 취했을 때는 '(필연적으로) -하는 것이 수반되다, -을 의미하다'라는 의미를 나타낸다.

I didn't **mean to hurt** your feelings.
당신의 감정을 상하게 할 의도는 아니었습니다.

Love **means** never **having** to say you're sorry.
사랑은 미안하다는 말을 하지 않는 것이다.

Knowing a language **means being** able to produce new sentences never spoken before and to understand sentences never heard before.   언어를 안다는 것은 이전에 말해 본 적이 없는 새 문장을 만들어 낼 수 있고 이전에 들어 보지 못한 문장을 이해할 수 있다는 것을 의미한다.

go on이 to 부정사를 목적어로 취했을 때는 '하던 일을 끝내고 이어서 다른 일을 계속하다'라는 의미를 나타내며, 동명사를 목적어로 취할 때는 '하던 일을 계속하다'라는 의미를 나타낸다.

Steven Spielberg's first big hit was *Jaws*, and he **went on to direct** *ET*, and *Jurassic Park*.
스티븐 스필버그의 첫 성공작은 '죠스'였고, 이어 'ET'와 '쥬라기 공원'을 제작했다.

I asked him a question, but he said nothing and just **went on working**.
나는 그에게 질문을 하나 던졌지만, 그는 대답 없이 그저 계속 일만 했다.

❺ 동명사를 포함하고 있는 관용 표현

① **It goes without saying that -** : -라는 것은 말할 필요도 없다.
It goes without saying that time is money.
시간이 돈이라는 것은 말할 필요도 없다.

② **It is no use(good) -ing : -해도 소용없다.**
It's no use(good) crying over your failure.
너의 실패에 대해서 울어 봐도 소용없다.

③ **There is no -ing : -하는 것은 불가능하다.**
There is no knowing what may happen in the future.
미래에 무슨 일이 일어날지 알 수 없다.

④ **feel like -ing : -하고 싶다.**
I feel like having a drink.
술 한 잔 하고 싶다.

⑤ **cannot help -ing : -하지 않을 수 없다.**
She looked so funny that I couldn't help laughing.
그녀가 너무 우스꽝스러워서 나는 웃지 않을 수 없었다.

⑥ **far from -ing : 결코 -하지 않다.**
He is far from being handsome.
그는 잘 생긴 것하고는 거리가 멀다.

⑦ **on[upon] -ing: -하자마자(= as soon as)**
On[upon] seeing her, he fell in love with her.
그녀를 보자마자, 그는 그녀와 사랑에 빠졌다.

⑧ **make a point of -ing : -하는 것을 규칙(습관)으로 하고 있다.**
I always make a point of checking that all the windows are shut before I go out.
나는 외출하기 전에 모든 창문이 잠겼는지 늘 확인하는 것을 습관으로 하고 있다.

⑨ **be worth -ing : -할 가치가 있다.**
His suggestion is worth considering.
그의 제안은 고려해 볼 가치가 있다.

⑩ **be on the point of -ing : 막 -하려고 하다. (= be about to)**
I was on the point of going to bed when you rang.
네가 전화했을 때, 나는 막 잠자리에 들려고 했다.

❻ 정체를 밝혀라! 전치사냐 to 부정사냐?

전치사 to는 기본적으로 전치사 from과 반대되는 개념이다. **(동)명사 자리에 다른 명사(구)를 넣어서 문장이 성립하면 전치사**이다. to 부정사는 기본적으로 문장에서 명사, 형용사, 부사처럼 쓰이며, 부사적 용법으로 쓰일 때는 '목적', '원인', '결과', '판단의 근거' 등을 나타낸다.

---

① Many young people seem to **prefer** surfing the Internet **to** read**ing** books.
많은 젊은이들은 독서보다 인터넷 서핑을 더 좋아하는 것처럼 보인다.

② I am **look**ing **forward to** meet**ing** you there.
나는 그곳에서 당신을 보기를 고대하고 있습니다.

③ I **object to** be**ing** charged for parking.
나는 주차료를 내는 것에 반대한다.

④ One recent poll showed that 80% of Americans **were opposed to** kill**ing** whales.
최근의 한 조사는 미국인들의 80%가 고래잡이에 반대한다는 것을 보여주었다.

⑤ Gonzales has **devoted[dedicated] himself to** provid**ing** people with more access to literature.
Gonzales는 사람들에게 문학에 대한 더 많은 접근을 제공하는 데에 자신을 바쳐왔다.

⑥ In this modern world, people **are not used to** living with discomfort.
현대 세계에서 사람들은 불편하게 사는 데에 익숙하지 않다.
cf. I **used to** give a lot of money to the homeless.
나는 집이 없는 사람들에게 많은 돈을 주곤 했었다.
cf. Radio **was** once widely **used to get** news and information.
라디오는 한 때 뉴스와 정보를 얻기 위해서 널리 이용되었다.

⑦ **When it comes to** talk**ing**, I have observed two basic personality types.
말하는 것에 관해 말하자면, 나는 두 가지 기본적인 성격 유형을 관찰해왔다.

---

⑧ He is painting the house **with a view to** sell**ing** it.
그는 집을 팔기 위해서 그 집에 페인트칠을 하고 있다.

⑨ **What do you say to** eat**ing** out this evening?
오늘 저녁에 외식하는 것은 어때요?

⑩ Green tea has a long list of health benefits, **from** lower**ing** cholesterol levels **to** prevent**ing** tooth decay.
녹차는 콜레스테롤 수치를 낮추는 것으로부터 충치를 예방하는 것에 이르기까지 건강의 이로운 점을 많이 가지고 있다.

⑪ Eating too much sugar can **lead to** be**ing** overweight.
너무 많은 설탕을 섭취하는 것은 과체중을 초래할 수 있다.

⑫ When things go wrong, users sometimes **resort to** delet**ing** and reinstall**ing** a program.
일이 잘못될 때, 사용자들은 때때로 프로그램을 삭제하고 재설치하는 것에 의지한다.

⑬ He **took to** drink**ing** and wasted his money.
그는 술에 빠져서 그의 돈을 낭비했다.

⑭ Vehicles parked inappropriately **are subject to** be**ing** towed at owner's expense.
적절하지 않게 주차된 차량들은 주인의 비용으로 견인된다.

⑮ **In addition to** check**ing** your spelling, you must make sure your grammar is correct.
당신은 철자를 확인하는 것 이외에 문법이 옳은 지를 확인해야만 한다.

---

cf. **다음은 to 부정사!**

be (un)likely to	be reluctant to
tend to	be bound to
be (about) to	be inclined to
be (un)willing to	be liable to

준동사

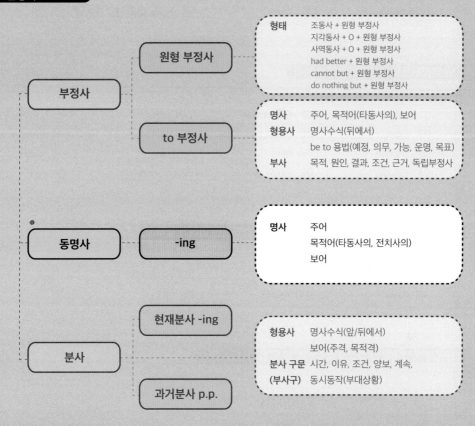

부정사	원형 부정사	형태	조동사 + 원형 부정사 지각동사 + O + 원형 부정사 사역동사 + O + 원형 부정사 had better + 원형 부정사 cannot but + 원형 부정사 do nothing but + 원형 부정사
	to 부정사	명사 형용사 부사	주어, 목적어(타동사의), 보어 명사수식(뒤에서) be to 용법(예정, 의무, 가능, 운명, 목표) 목적, 원인, 결과, 조건, 근거, 독립부정사
동명사	-ing	명사	주어 목적어(타동사의, 전치사의) 보어
분사	현재분사 -ing 과거분사 p.p.	형용사 분사 구문 (부사구)	명사수식(앞/뒤에서) 보어(주격, 목적격) 시간, 이유, 조건, 양보, 계속, 동시동작(부대상황)

동명사의 의미상 주어

소유격이 원칙(목적격도 가능)

시간 표현

단순 동명사	-ing : 술어 동사가 나타내는 시간과 같거나 이후의 일을 나타냄
완료 동명사	having + p.p. : 술어 동사가 나타내는 시간보다 이전의 일을 나타냄

수동태

단순 동명사	being + p.p
완료 동명사	having been + p.p.

1 동명사만을 목적어로 취하는 동사 · 과거 지향

01 admit	06 enjoy	11 postpone	16 give up
02 avoid	07 escape	12 practice	17 object to
03 consider	08 finish	13 suggest	etc.
04 deny	09 imagine	14 stop	
05 dislike	10 mind	15 cannot help	

2 to 부정사만을 목적어로 취하는 동사 · 미래 지향

01 afford	05 determine	09 learn	13 promise
02 agree	06 expect	10 manage	14 refuse
03 choose	07 fail	11 plan	15 wish
04 decide	08 hope	12 pretend	etc.

3 동명사 목적어와 to 부정사 목적어를 모두 쓸 수 있지만 의미가 달라지는 동사

01 forget	03 mean	05 remember	etc.
02 go on	04 regret	06 try	

4 동명사 목적어와 to 부정사 목적어를 모두 쓸 수 있는 동사 · 뉘앙스의 차이는 있다.

위의 1, 2, 3에 소개된 동사를 제외한 나머지 동사들

Boy	I've **decided to stop** studying.
Mom	How come?
Boy	I heard on the news that someone was shot dead in Italy because he knew too much.

Grammar Exercises ✏️

Ⓐ 올바른 문장이 되도록 네모 안에서 알맞은 것을 고르시오.

1 [Stand / Standing] up for your friends is the right thing to do.

2 My uncle has just finished [to write / writing] his second novel.

3 I remember [to see / seeing] him once.

4 She felt like [to cry / crying] when she saw the scene.

5 They suggested [to see / seeing] a doctor.

6 It is no use [to try / trying] to persuade him.

7 We will manage [to get / getting] something to eat.

8 He stopped [to eat / eating] when he found a fly in his food.

9 She regrets not [to learn / learning] a foreign language when young.

10 He is proud of [having never / never having] been scolded by his teacher.

Ⓑ 뜻이 통하도록 빈칸에 가장 적절한 것을 고르시오.

1 She objected _____ treated like a child.
　① being　　　　② to being　　　③ having　　　④ to be

2 It goes without _____ that smoking is harmful to your health.
　① say　　　　　② to say　　　　③ saying　　　④ being said

3 Can you imagine _____ famous as an actor?
　① to become　　② to becoming　③ his become　④ him becoming

4 There is no _____ the project by the end of May.
　① finish　　　　② go finish　　　③ finishing　　④ finished

5 Would you mind _____ the meaning of this word to the students?
　① explain　　　② to explain　　③ explaining　④ having explained

C 밑줄 친 부분을 어법에 맞게 고치시오.

1 The heavy rain prevented me from <u>go out</u>.

2 Don't forget <u>locking</u> the door when you go out.

3 Most workers are afraid of <u>having not</u> enough money for retirement.

4 Your English grammar is good, but you must practice <u>to speak</u>.

5 Remembering people's names <u>are</u> difficult.

6 I am used <u>to make</u> my own breakfast.

7 You should avoid <u>to eat</u> just before you go to bed.

8 The protesters tried <u>enter</u> the Blue House, but the security guards blocked them.

9 I think his movie is worth <u>to watch</u> again.

10 There they offered Jesus wine to drink, mixed with gall; but after tasting it, he refused <u>drinking</u> it.

D 밑줄 친 부분 중, 어법상 어색한 것을 골라 바르게 고치시오.

1 I <u>never</u> dreamed of <u>you are</u> <u>able to</u> find time to <u>write</u>.
    ① ② ③ ④

2 <u>Sorry</u>, <u>but</u> I can't <u>keep</u> <u>to drive</u>. I'm too tired.
    ① ② ③ ④

3 Paul <u>doesn't feel</u> ashamed of <u>having scolded</u> <u>in front of</u> <u>his classmates</u>.
    ① ② ③ ④

4 I <u>could</u> not <u>help</u> <u>follow</u> <u>his advice</u>.
    ① ② ③ ④

5 I <u>left</u> the house <u>this morning</u> <u>without</u> <u>close</u> the windows.
    ① ② ③ ④

E 괄호 안에 주어진 단어를 적절히 변형하여 문장을 완성하시오.

1 Mary is used to _____ (cook) sugar-free meals as her husband is diabetic.

2 The Bank of Korea is expected _____ (keep) interest rates unchanged till the fourth quarter because of inflation.

3 Have you ever considered _____ (study) abroad?

4 Would you mind _____ (give) my message to your sister?

⑤ You should quit _____ (eat) so much if you want to stay slim.

⑥ Sam hopes _____ (be) a high school teacher after he graduates from college.

⑦ We regret _____ (inform) passengers that the 08:55 KTX train is one hour late.

⑧ If you want to pass the exam, it will mean _____ (study) hard.

⑨ Bob tried _____ (lift) the rock, and found it was not very heavy.

⑩ Her husband was waiting for her _____ (arrive) at platform 9.

F 다음 문장에서 어법상 <u>틀린</u> 곳이 있으면 고치시오.

① Our organization is dedicated to improving the quality of life for AIDS orphans in Africa.

_____

② Socrates spent his life to fight for freedom of speech.

_____

③ Successful people aren't reluctant to seek out the wisdom of others.

_____

④ My kids are so picky, and I need to know the best way to get them used to eating healthy foods.

_____

⑤ In this situation, what would Daniel most likely to say to Chris?

_____

G 다음 글을 읽고, 주어진 단어를 적절히 변형하여 빈칸을 채우시오.

[보기]	make	call	spend	give	deal

Can you imagine ① _____ three months on a luxury liner? If so, we'd like you to book a holiday with us. We aim to provide the best possible service for our clients, and we promise ② _____ with all those little worries which can make travel difficult. We don't mind ③ _____ special arrangements to suit your personal needs. So don't miss ④ _____ yourself the treat of a lifetime. We think you should decide ⑤ _____ us now!

H 다음 글의 흐름으로 보아, 밑줄 친 부분 중 어법상 자연스럽지 못한 것은? 수능기출

At the zoo, Simba the lion was very sick. The animal doctor came and tried giving him some red meat ① full of medicine. Poor Simba did not even raise his head. Finally, Simba ② stopped to breathe. The doctor said, ③ with tears in his eyes, "I regret to tell you that Simba is dead." The little children ④ were very shocked to hear it. "I feel like I've lost an old friend. I can remember ⑤ reporting Simba's birth," said a reporter.

I 다음 글의 밑줄 친 부분 중, 어법상 틀린 것은?

I knew a little boy who ① used to bite his finger nails. His mother was always ② trying to get him to stop. One day she told him, "If you ③ keep on biting your nails, you are going to swell up like a balloon and explode." The little boy ④ stopped biting his nails. Not long after, the boy's family invited me for dinner. When I walked in, the little boy looked at me for a while. Suddenly he said, "Mr. Taft! ⑤ You'd better not biting your nails."

J (A), (B), (C)의 각 네모 안에서 어법에 맞는 표현을 고르시오.

Imagine (A) to walk / walking to your car in a parking lot. Suddenly you see two alligators chasing each other. That sight might surprise you. But many people in Florida and Louisiana have gotten used to (B) see / seeing alligators everywhere. Before 1967, hunters killed lots of alligators to get their skins. Then some people began to worry that every single alligator would be killed. So in 1967, a new law put an end to alligator hunting. Soon the number of alligators grew much larger. There were half a million alligators in Florida alone. They were not afraid of (C) came / coming near people. They showed up wherever they wanted.

Chapter 06
분사 _ 🖍

1 형용사로 쓰이는 분사   🖍   126

2 알아두면 유용한 분사의 활용   🖍   129

3 현재분사 vs. 동명사   🖍   131

4 분사 구문   🖍   132

5 독립분사 구문   🖍   135

6 완료분사 구문   🖍   136

7 분사 구문에 관한 몇 가지 자투리   🖍   137

● - - - - - - - - - - 한눈에 쏙!!   🎧   139

● - - - - - - - - - - Grammar Exercises   🖉   140

분사에는 현재분사와 과거분사 두 가지가 있다. 현재분사는 '동사원형 + ing'로 동명사와 생김새가 똑같다. 과거분사는 동사의 과거형과 모양이 같은 것('동사원형 + ed')도 있지만 예외적으로 생긴 녀석들도 많이 있다. 가령 go의 경우라면 gone이 과거분사가 된다. (예: go - went - gone)

현재분사는 **진행**이나 **능동**의 의미를 나타낼 때 쓰이며, **과거분사**는 **수동(태)** 또는 **완료**의 의미를 나타낼 때 사용된다는 점을 반드시 알아두어야 한다. (→ 현재(과거)완료는 3강에서 이미 다뤘고, 수동태는 7강에서 다룬다.)

분사는 비록 '사'로 끝나기는 하지만, 영어의 8품사에 속하지는 않으며 굳이 따지자면 '형용사'로 대접해줄 수 있다.

자, 이제 분사가 문장에서 어떻게 쓰이는지 살펴보도록 하자.

06.1_

❶ 형용사로 쓰이는 분사

1. 명사를 꾸며 주는 분사

Put some eggs into the **boiling** water.　끓는 물에 약간의 달걀을 넣어라.

물이 지금 스스로 끓고 있으니까 **진행(능동)의 의미가 있는 현재분사**(boiling)가 명사 water를 꾸며주고 있다. 형용사가 명사를 꾸며 주듯이 분사도 이처럼 명사를 꾸며 준다는 것을 알 수 있다.

The brightly **colored** kites are flying high in the sky.
밝게 채색된 연이 하늘 높이 날고 있다.

- **타동사의 과거분사**
→ 수동의 의미

자동사의 과거분사
→ 완료의 의미

연이 저 혼자 자신을 색칠한 것이 아니라, 연을 만든 사람에 의해서 색이 칠해진 것이므로 **수동의 의미**가 있는 과거분사(colored)가 명사 kites를 꾸며주고 있다.

The ground is full of **fallen** leaves.
마당은 낙엽으로 가득하다.

나뭇잎이 이미 떨어져서(완료되어) 마당에 쌓여 있는 것이므로 **완료의 의미**가 있는 과거분사(fallen)가 leaves를 꾸며주고 있다.

Tarzan fell in love with a girl (who was) **named** Jane.
Tarzan은 Jane이라고 이름 지어진 소녀와 사랑에 빠졌다.

Do you know the girl (who is) **sitting** on a bench over there?
저기 벤치에 앉아있는 소녀를 아니?

형용사(분사)가 명사를 꾸며줄 때 일반적으로는 명사 앞에 놓이지만, **형용사(분사) 뒤에 다른 어구가 붙어 길어질 경우에는 명사 뒤에 위치한다.** (이 경우 수식을 받는 명사와 분사 사이에 '주격 관계대명사 + be 동사'가 생략된 것으로 봐도 된다. p. 231 에 다시 나온다.)

● cf.
… a farm belonging to him …
= … a farm *that belongs to him* …

2. 보어로 쓰이는 분사

분사는 형용사와 마찬가지라고 했으니까 형용사를 알면 분사도 쉽게 알 수 있다. 뒤에서 형용사를 자세히 배우겠지만 형용사는 명사를 직접 수식(=한정=범위를 좁힘)하기도 하고 명사의 상태나 성질을 설명해주기도 한다. 분사 역시 형용사와 마찬가지로 명사를 수식해 주기도 하고, 명사의 상태나 성질을 설명해 준다. 명사의 상태나 성질을 설명해 준다는 것은 주격 보어나 목적격 보어로 쓰인다는 말과 같은 말이다.

---

① **S** **V** **C 주격 보어**
Bob stood **leaning** against the door.
Bob은 문에 기대어 서 있었다.

② **S** **V** **C 주격 보어**
The mystery remains **unsettled**.
그 미스터리는 해결되지 않은 채로 남아있다.

③ **S** **V** **O** **C 목적격 보어**
I saw Tarzan **crossing** the street.
나는 Tarzan이 길을 건너는 것을 보았다.

④ **S** **V** **O** **C 목적격 보어**
I heard my name **called** behind me.
나는 내 뒤에서 내 이름이 불리는 것을 들었다.

-ing? or -ed?

The game was **exciting**.   People were **excited**.
The result is **disappointing**.   I'm **disappointed** with the result.
The book is **interesting**.   I'm **interested** in the book.
She was **disappointing** her parents.

주어가 어떤 감정이나 자극을 일으킬 때는 현재분사를 쓰고, 주어가 어떤 감정이나 자극을 경험하는 것을 나타낼 때는 과거분사를 쓴다. (기계적으로 사람이 주어면 -ed, 사물이 주어면 -ing를 쓰라고 설명한 책이 있으면 버리는 것이 좋다.)

❷ 알아두면 유용한 분사의 활용

1. the + 분사   명사로 변신!
원칙적으로 the는 명사 앞에 붙이는 것이지 형용사 앞에는 붙이지 못한다. 그런데
the가 형용사와 붙어 버리는 사고(?)를 치면, 할 수 없이 명사로 인정을 받게 된다.
여기에서도 분사가 형용사를 사칭하고 다니는 것을 알 수 있다.

> 복수보통명사로 쓰인 예
> These seats are for **the disabled**.
> 이 자리는 장애인을 위한 것입니다.
>
> 단수보통명사로 쓰인 예
> **The accused** was set free.
> 그 피고인은 석방되었다.
>
> 추상명사로 쓰인 예
> **The unknown** has a mysterious attraction.
> 미지의 것은 신비한 매력을 가지고 있다.

2. 명사 + ed
원래 -ed는 동사에만 붙이는 것이지만 명사 뒤에 -ed를 붙여서 분사(형용사)처럼 만
든 것을 〈유사분사〉라고 한다.

RUDOLPH
the red-nosed
reindeer

> a **one-eyed** man   애꾸눈
> a **four-legged** animal   네발 달린 짐승
> a **good-natured** man   천성이 선한 사람
>
> There lived a **kind-hearted** man who was called Bob.
> Bob이라고 불리는 마음씨 착한 사람이 살았다.
>
> Parker was staring at him **open-mouthed**.
> Parker는 입을 벌린 채 그를 바라보고 있었다.

3. 분사가 형용사 앞에서 '정도'를 나타내는 부사의 역할을 한다.

It is **boiling** hot today. = It is very hot today.
오늘은 찌는 듯이 덥다.

It is **freezing** cold.
얼어붙을 듯이 춥다.

---

4. 분사의 수식

---

① Jane is **much** liked by Tarzan. (O)
② Jane is very liked by Tarzan. (X)
③ I am **very** tired. (O)

예외는 있지만, 원칙적으로 **과거분사는** very가 아닌 **much로 꾸며 주어야 한다.**
한편 ③의 경우는 tired가 워낙 흔하게 쓰이는 과거분사다 보니까 아예 형용사로 취급을 해서 very의 수식을 받게 됐다. 형용사와 분사의 경계가 무너진 것이다! 사전을 찾아보시라! liked는 따로 나와 있지 않지만, tired는 형용사로 시퍼렇게 나와 있다. **반면에 현재분사는 much가 아닌 very로 꾸며준다.**

---

④ The game was **very exciting**.
그 경기는 매우 흥미진진했다.

한편, 어떤 것으로 꾸며줘도 불만 없이 지내는 착한 분사도 있다.

---

⑤ Jane was **very[much] surprised** at the news.
Jane은 그 뉴스를 듣고 매우 (많이) 놀랐다.

---

❸ 현재분사 vs. 동명사

현재분사와 동명사는 그 생김새는 같지만 의미는 확연히 구분된다. 즉, 현재분사가
동작의 진행이나 상태를 나타내는 반면에, 동명사는 어떤 용도나 목적을 나타낸다.

1. 현재분사

a **sleeping** baby = a baby who is sleeping
잠을 자고 있는 아이 능동, 진행의 의미가 있다

She came **running** to meet me.
그녀는 나를 보기 위해서 달려왔다.

Running fast, she was out of breath.
빨리 뛰었기 때문에 그녀는 숨이 찼다.

● 많은 미국인들은 동명사와
현재분사를 구분하지 않고
그저 -ing가 쓰인 표현으로
이해한다.

2. 동명사

a **sleeping** bag = a bag used or intended for sleeping
잠을 자기 위해 사용되는 bag(침낭)

a **walking** stick
= a long wooden stick which a person can lean on while walking
지팡이

a **running** machine = a machine used for running exercises

Walking is good for losing weight.
걷기는 체중을 빼는 데 좋다.

Helping others is an essential part of **finding** happiness.
다른 사람들을 돕는 것은 행복을 찾는데 있어서 필수적인 부분이다.

❹ 분사 구문

분사(가 이끄는 어구)가 접속사와 주어와 동사의 1인 3역을 하면서 주절을 꾸며줄 때, 우리는 분사 구문이라는 배역에 캐스팅 되었다고 말한다. 일단 화려한 데뷔를 보자.

아래의 두 문장은 의미가 똑같으며, 원래의 문장 ⓐ를 분사 구문 ⓑ로 바꾼 것이다.

ⓐ   As I was ill, I couldn't go to school.
ⓑ   Being ill, I couldn't go to school.
    아팠기 때문에 학교에 갈 수가 없었다.

위의 문장 ⓐ는 해석상 아무런 어려움이 없다. 그런데 문장 ②를 보면 분사가 이끄는 어구 Being ill은 주어도, 동사도, 접속사도 없기 때문에 해석하기가 쉽지 않다. 결국 위의 문장 ⓑ에서 Being은 문장 ⓐ의 As, I, was의 역할을 떠맡고 있는 것이다.

이렇게 생긴 구문 ⓑ를 '분사 구문'이라고 하며, 해석은 ⓐ가 ⓑ가 되는 과정을 거꾸로 추적하면 된다.

분사 구문은 문맥에 따라 시간, 이유, 조건, 양보, 계속의 의미를 가지며, 동시동작(부대상황)을 나타내기도 하는데 위의 문장 ⓐ가 쉽게 해석이 되는 것처럼 많은 연습을 통해서 문장 ⓑ도 자연스럽고 빠르게 해석이 되어야 한다.

1. 분사 구문을 만드는 방법

---

①   종속절의 접속사를 살포시 제거한다.
②   종속절의 주어와 주절의 주어가 같을 경우, 종속절(분사 구문)의 주어를 과감히 없앤다.
    만일 주어가 서로 다르면? → 독립분사구문 p. 135를 보세요
③   혼자 살아남은 동사의 원형에 -ing를 붙여 위로해준다.
    단순분사 구문

삭제 삭제 +ing
~~When she~~ arrived at Seoul station, she found her train gone.
→ Arriving at Seoul station, she found her train gone.
서울역에 도착했을 때, 그녀는 기차가 떠난 것을 발견했다.

---

2. 분사 구문의 해석

분사 구문을 해석할 때는 앞 뒤 문맥을 통해서 파악해야 한다. 문장을 보자마자 해석이 가능할 때까지 반복해서 읽어보자.

● 빠른 해석을 위해서는 접속사를 복원하지 말고 그냥 and로 연결하고 직독직해를!

1) **시간**

When I opened the door, I found a letter on the floor.
→ **Opening** the door, I found a letter on the floor.
내가 문을 열었을 때, 나는 바닥에 있는 편지 한 통을 발견했다.

After I put down my newspaper, I walked over to the window.
→ **Putting** down my newspaper, I walked over to the window.
신문을 내려놓은 후 나는 창가로 걸어갔다.

2) **이유**

As she had lots of money, she was able to buy a new car.
→ **Having** lots of money, she was able to buy a new car.
돈이 많이 있었기 때문에 그녀는 새 차를 살 수 있었다.

Because I knew the answer, I quickly put up my hand.
→ **Knowing** the answer, I quickly put up my hand.
정답을 알았기 때문에, 나는 재빨리 손을 들었다.

3) **조건**

If you turn to the left, you will find the bank.
→ **Turning** to the left, you will find the bank.
왼쪽으로 돌면, 은행을 발견하게 될 것이다.

If it is driven carefully, the car will go 20 kilometers to the liter of petrol.
→ **Driven** carefully, the car will go 20 kilometers to the liter of petrol.
조심해서 운전하게 되면, 그 자동차는 1리터의 기름으로 20km를 간다.

4) **양보**

Though she was living near his house, she didn't know him.
→ **Living** near his house, she didn't know him.
비록 그의 집 근처에 살고 있었지만, 그녀는 그를 알지 못했다.

Though he had failed twice, he wanted to try again.

→ **Having failed** twice, he wanted to try again.

두 번 실패했지만 그는 다시 시도하기를 원했다.

5) **계속**

Usually I run to school and arrive just as class begins.

→ Usually I run to school, **arriving** just as class begins.

나는 대개 학교까지 뛰어가는데 수업이 시작할 때 도착한다.

Firefighters rushed into the building and they searched for anyone who might still be trapped inside.

→ Firefighters rushed into the building, **searching** for anyone who might still be trapped inside.

소방관들이 건물 안으로 들어가서 안에 갇혀 있을지도 모르는 누군가를 찾았다.

양보(讓步)절

"비록 -이지만"의 의미를 가지고 있는 (al)though가 접속사로 쓰인 부사절

부대(附帶)상황

주된 상황에 덧붙이는 상황(두 가지 동작이 (거의) 동시에 일어나는 상황)

6) **동시동작(부대상황)**

Romeo smiled brightly and (he) hugged Juliet.

→ **Smiling** brightly, Romeo hugged Juliet.

환하게 웃으며, Romeo는 Juliet을 껴안았다.

He gathered her in his arms and (he) whispered words of courage into her ear.

→ He gathered her in his arms, **whispering** words of courage into her ear.

그는 그녀를 끌어안고 용기의 말을 속삭였다.

7) **전치사 with가 들어있는 분사 구문   with + (대)명사 + 분사(보어)**

여기에서 (대)명사와 분사는 의미상 주어와 술어의 관계이다. with는 '-하면서, -한 채' 등으로 해석하면 된다.

He was looking at the picture **with** his arms **folded**.

그는 팔짱을 낀 채 그림을 보고 있었다.

She is sitting on the rock **with** her hair **blowing** in the wind.

그녀는 바람에 머리를 휘날리며 바위에 앉아 있다.

❺ 독립분사 구문

종속절의 주어와 주절의 주어가 다르면 분사 구문의 주어를 없앨 수 없다. 만일 이런 경우에 주어를 제거하면, 무엇을 제거했는지 도저히 알 수 없기 때문이다. 따라서 반드시 살려줘야 하는데 이런 분사 구문을 독립분사 구문이라고 한다.

> 주어일치 X
>
> As it was hot, we went swimming.
>
> 주어 살리기
>
> → It being hot, we went swimming.
> 날씨가 무더워서, 우리는 수영을 하러 갔다.

한편, 종속절의 주어와 주절의 주어가 일치하지는 않지만, 분사 구문의 (의미상) 주어를 굳이 밝히지 않아도 되는 경우에는 주어를 생략할 수 있는데 이러한 구문을 비(무)인칭 독립분사 구문이라고 한다. 대개는 관용구로 알아두면 된다.

> ⓐ Generally **speaking**, man is stronger than woman.
> ⓑ → If we speak generally, man is stronger than woman.
>   일반적으로 말해서, 남자가 여자보다 힘이 더 세다.

ⓑ를 분사 구문으로 만들면 'We speaking generally, man is stronger than woman.'이라고 해야 하지만(독립분사 구문), 일반 주어 We는 흔히 생략할 수 있고, 없어도 해석상 큰 문제가 없으므로 We마저 생략하고 Generally speaking, man is stronger than woman.이라고 쓴다. (We를 생략한 대가로 generally가 앞으로 나왔다.)

이러한 비인칭 독립분사 구문을 몇 가지 살펴보고 넘어가도록 하자.

> Frankly speaking   솔직히 말해서
> Provided[Providing] (that) -   만약 -라면
> Strictly speaking   엄격히 말해서
> Judging from -   -로 판단하건대
> Considering (that) -   -을 고려하면

given은 형용사, 전치사, 접속사, 명사로도 쓰인다. (사전을 꼭 찾아보자!)

| Given (that) - | -을 고려하면, -이라고 가정하면, -이 주어질 때(-이 주어지면) |
| Put simply | 간단히 설명하면(표현하면) |

06.6 _ ✎

❻ 완료분사 구문

이제까지 우리는 분사 구문의 시간 표현을 살펴보지 않았지만, 주절과 종속절의 시간 관계를 고려하면 좀 더 풍부한 의미를 전달할 수 있다.

As Tarzan had lost his knife, he had to get new one.
→ Having lost his knife, Tarzan(he) had to get new one.
칼을 잃어버렸기 때문에, Tarzan은 새 것을 마련해야만 했다.

위 문장에서 종속절의 시간(had lost : 대과거)은 주절의 시간(had : 과거)보다 앞서 있다. 이처럼 종속절이 나타내는 시간이 주절의 시간보다 앞서는 경우에는 분사 구문을 만들 때 'having + 과거분사'로 써야 하는데, 이를 **완료분사 구문**이라고 한다. 다시 말해서, 완료분사 구문이 쓰였다는 것은 **분사 구문이 나타내는 시간이 (술어)동사가 나타내는 시간보다 앞섰음**을 분명히 보여주는 것이다.

한편 주절과 종속절의 시간이 같을 경우에는 단순히 '-ing'로 써 주는데, 이렇게 해서 만들어진 분사 구문을 단순분사 구문이라고 한다. 앞에서 배운 동명사의 시간 표현과 아주 비슷하다.

단순분사 구문
Feeling lonely, she married him.
← As she felt lonely, she married him.
그녀는 외로움을 느꼈기 때문에 그와 결혼했다.

완료분사 구문
Having failed twice, he decided to give up.
← As he had failed twice, he decided to give up.
그는 두 번 실패했기 때문에 포기하기로 결심했다.

❼ 분사 구문에 관한 몇 가지 자투리

1. 분사 구문의 부정
분사(구문) 앞에 부정어(否定語) not 또는 never를 놓는다. '부정사의 부정', '동명사의 부정' 편을 떠올려보자!

As I didn't know the answer, I kept silent.
→ **Not knowing** the answer, I kept silent.

정답을 몰랐기 때문에, 나는 조용히 있었다.

2. being 또는 having been의 생략
진행이나 수동의 의미가 있는 분사 구문에서 being(having been)은 생략한다. 왜? 둘 다 분사니까 정신이 산만하다. 그래서 지우는 거다.

As she was tired with the work, she soon fell asleep.
→ (Being) **Tired** with the work, she soon fell asleep.
일로 지쳤기 때문에, 그녀는 곧 잠이 들었다.

As he was raised in a farm, he knows how to milk cows.
→ (Having been) **Raised** in a farm, he knows how to milk cows.
농장에서 자랐기 때문에 그는 우유를 짜는 법을 안다.

3. 접속사를 생략하지 않는 경우
분사 구문의 의미를 확실히 해주기 위해서 접속사를 없애지 않고 분사 구문 그대로 두는 경우도 많이 있다. 이렇게 글을 쓰는 사람을 만나면 "해석하기 쉽게 해주셔서 고맙습니다." 라고 인사하는 것을 잊지 않도록 하자.

Though I failed to get her love, I didn't give up trying.
→ **Though failing** to get her love, I didn't give up trying.
비록 그녀의 사랑을 얻는 데 실패했지만, 나는 포기하지 않았다.

똑똑한 독자라면 이제까지 살펴본 부정사, 동명사, 분사가 어딘지 모르게 매우 닮았다는 점을 눈치 챘을 것이다. 이들은 모두 동사에서 나온 녀석들이기 때문에 동사가 가지는 특질을 공유한다. 즉, (의미상) 주어가 있고, 시간을 나타내며 능동/수동을 표현한다. 또한 그 뒤에 목적어, 보어, 부사구 등을 취할 수도 있다. 그래서 이 셋을 동사에 준한다고 해서 '준(準)동사'라고도 한다. 따라서 어느 하나를 완벽하게 이해했다면 나머지 두 개도 쉽게 이해할 수 있다.

For Fun

"I was relaxing in my favorite chair last Sunday," said Pete to Owen, "reading the newspaper, watching a ball game on TV and listening to another on the radio, drinking a beer, eating a snack, and scratching the dog with my foot — and my wife has the nerve to accuse me of just sitting there doing nothing!"

한눈에 쏙!!

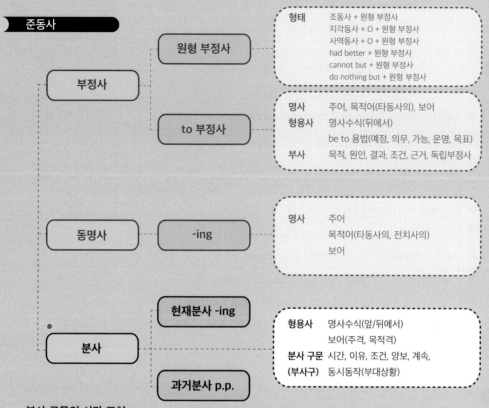

분사 구문의 시간 표현

단순분사 구문 종속절이 나타내는 시간과 주절이 나타내는 시간이 같을 때

완료분사 구문 종속절이 나타내는 시간이 주절이 나타내는 시간보다 앞서는 경우

수동태

단순분사 구문 (Being) p.p.

완료분사 구문 (Having been) p.p.

be 동사가 흔히 생략되기 때문에 과거분사로 시작되는 문장이 만들어 진다.

독립분사 구문

종속절의 주어와 주절의 주어가 다른 경우, 종속절의 주어를 밝혀준다.

비인칭 독립분사 구문

분사 구문의 의미상 주어가 일반 주어인 경우 일반 주어는 생략한다.

Ⓐ 올바른 문장이 되도록 네모 안에서 알맞은 것을 고르시오.

1 He is looking for the losing / lost book.

2 A girl naming / named Susan was missing.

3 The game was very excited / exciting.

4 The boring / bored movie made me sleepy.

5 *Gone with the Wind* is a novel writing / written by Margaret Mitchell.

6 She was surprising / surprised at the news.

7 This manual is very confusing / confused.

8 He is interesting / interested in science.

9 The exciting / excited boy ran into the house.

10 I found the hotel crowding / crowded with tourists.

11 The journey from childhood to adulthood is like a ship traveling / traveled through rough waters.

Ⓑ 뜻이 통하도록 빈칸에 가장 적절한 것을 고르시오.

1 Who is the lady _____ with my sister?
   ① talk   ② talks   ③ talking   ④ talked

2 He cut himself, _____ in the morning.
   ① shaves   ② shaved   ③ shaving   ④ to shave

3 _____ into Korean, the poem lost some of its beauty.
   ① Translated   ② Translates   ③ Translating   ④ To translate

4 The horror film wasn't very _____ .
   ① frighten   ② frightened   ③ frightening   ④ to frighten

5 _____ what to do, the little boy called for help.
   ① Not to know   ② Not knowing   ③ Not known   ④ Had not known

C 밑줄 친 부분을 어법에 맞게 고치시오.

1 She ran with her long hair **streams** out behind her.

2 **Not to know** what to say, I remained silent.

3 Mom cleaned the livingroom, **to watch** TV.

4 **Realized** his problem, I was able to understand him.

5 The boy **held** a magazine is my brother.

6 **Being** fine yesterday, they went on a picnic.

7 There **was** nothing to do in the afternoon, I went to the movies.

8 **Judged** from his appearance, he must be a foreigner.

9 My son can play the piano with his eyes **closing**.

10 **Walk** along the street, I came across an old friend of mine.

11 People are surprised to see blankets **using** to prevent ice from melting.

D 밑줄 친 부분 중, 어법상 어색한 것을 골라 바르게 고치시오.

1 He <u>seems</u> <u>to be</u> a very <u>kind-heart</u> man <u>to say</u> such words.
　　 ①　　②　　　　　③　　　　④

2 <u>Having hurt</u> <u>in the accident</u>, the driver <u>was taken</u> <u>to hospital</u>.
　 ①　　　　　②　　　　　　　③　　　④

3 She <u>ran out of</u> the house <u>with</u> <u>tears</u> <u>run</u> down her cheeks.
　　　 ①　　　　　　　②　　③　　④

4 I <u>felt</u> completely <u>humiliating</u> when my boss <u>shouted</u> <u>at me</u> in front of my colleagues.
　 ①　　　　　　②　　　　　　　　③　　④

5 <u>Looked</u> out of his window, Mr. Thomson <u>saw</u> someone <u>breaking</u> into a <u>neighbor's</u> house.
　 ①　　　　　　　　　　　　　②　　　　③　　　　④

E 다음 괄호 안에 주어진 단어를 적절히 변형하여 문장을 완성하시오.

1 You have a customer _____ (wait) for you at the entrance.

2 Much of the wine _____ (produce) in France is loved all over the world.

3 Be quiet in this room. Don't wake up the _____ (sleep) baby.

4 It was such an _____ (excite) story that it was impossible not to keep turning the pages!

5 Lots of _____ (excite) shoppers rushed to the store to get the discount.

6 James is so good to me but he is _____ (bore).

F 다음 빈칸에 들어갈 말로 [보기]에서 골라 쓰시오. (필요하면 형태를 바꾸시오.)

[보기]	send	face	run	step	satisfy	wait

1 "Hello, Mr. Allen," she said, _____ into the living room.

2 The bride looked _____ with the diamond ring.

3 You should not leave your engine _____ as you wait here.

4 I'm sorry to have kept you _____ so long.

5 Raise your arms above you with your palms _____ upwards.

6 I want this parcel _____ by air mail.

G 우리말과 같은 뜻이 되도록 아래의 속담을 완성하시오.

1 A d_____ man will catch at a straw.
물에 빠진 사람은 지푸라기라도 잡기 마련이다.

2 A problem s_____ is a problem h_____ .
슬픔은 나누면 반이 된다.

3 A r_____ stone gathers no moss.
구르는 돌에는 이끼가 끼지 않는다.

4 A w_____ pot never boils.
지켜보고 있는 냄비는 끓지 않는다.

5 B_____ dogs seldom bite.
짖는 개는 좀처럼 물지 않는다.

6 Easier s_____ than d_____ .
말하는 것은 행동하는 것보다 쉽다.

7 Nothing v_____ , nothing g_____ .
모험하지 않으면 얻는 것도 없다.

8 U_____ we stand, d_____ we fall.
뭉치면 살고 흩어지면 죽는다.

9 What's d_____ cannot be u_____ .
한 번 일어난 일은 되돌릴 수 없다.

10 Well b_____ is half d_____ .
시작이 반이다.

H 다음 밑줄 친 ① ~ ⑤ 중 잘못된 부분을 찾아 바르게 고치시오.

I crossed the street to avoid meeting him, but he saw me and came ① <u>ran</u> towards me. It was no use ② <u>pretending</u> that I had not seen him, so I waved to him. I never enjoy ③ <u>meeting</u> Franz Kromer. No matter ④ <u>how</u> busy you are, he always insists on coming with you. I had to think of a way of ⑤ <u>keeping</u> him from following me around all morning.

I 다음 밑줄 친 부분을 어법에 맞게 고치시오.

The manager of a store was passing the packing room, and saw a boy ① <u>stood</u> against a box, ② <u>whistle</u> cheerfully. "I beg your pardon, but aren't you George?" asked the manager. "Yes, I am," the boy answered politely. "How much are you ③ <u>pay</u> a week?" the manager asked. "One hundred dollars, sir." "Here's your salary. You are ④ <u>fire</u>!"

　⑤ <u>Believed</u> that he had made a wise decision, the manager asked the foreman, "When did we hire that lazy boy?" "We never hired him; he just delivered a package from another store," the foreman said.

J 다음 글을 읽고, 어법상 잘못된 곳을 골라 바르게 고치시오.

More than 70 percent of Earth is covered with water. The world's oceans contain about 97 percent of all water on Earth. Only about 3 percent of the water on Earth is fresh water. Examples of fresh water are rivers, lakes, and freezing water finding in ice caps and glaciers. The atmosphere contains only one-thousandth of 1 percent of Earth's water. All water on Earth enters the air, or atmosphere in a process calling the water cycle. Because of the water cycle, there is always the same amount of water on Earth. There is as much water on Earth today as there ever has been — or ever will be.

(A), (B), (C)의 각 네모 안에서 어법에 맞는 표현을 고르시오. 수능기출

(A) Situating / Situated at an elevation of 1,350m, the city of Kathmandu, which looks out on the sparkling Himalayas, enjoys a warm climate year-round that makes (B) living / to live here pleasant. Kathmandu sits almost in the middle of a basin, forming a square about 5km north-south and 5km east-west. It was the site of the ancient kingdom of Nepal. It is now the capital of Nepal and, as such, the center of (C) its / it's government, economy, and culture.

Chapter 07
수동태_ 🖊

1 수동태는 왜 쓰는 것일까? 　　　　　　　　🖊　146

2 능동문 vs. 수동문 　　　　　　　　　　　🖊　147

3 문장의 형식과 수동태 　　　　　　　　　🖊　148

4 주의해야 할 수동태 　　　　　　　　　　🖊　150

5 명령문과 의문문의 수동태 　　　　　　　🖊　153

6 by가 사용되지 않는 수동태 　　　　　　　🖊　155

7 수동태에 대해 알아야 할 마지막 세 가지 　🖊　157

● - - - - - - - - - - - - - 한눈에 쏙!! 　　　　　🔓　158

● - - - - - - - - - - - - - Grammar Exercises 　🖉　160

❶ 수동태는 왜 쓰는 것일까?

아마 ②번처럼 기사를 써야 눈에 확 띄게 될 것이다. 물론 '김연하'를 대문짝만하게 쓴다면 독자의 시선을 더 끌게 될 것이다. 이처럼,

1) 때린 사람(유식한 말로 '동작주')보다 맞은 사람('동작대상')이 더 유명할 때
2) 맞은 사람에게 우리의 관심이 더 많이 쏠릴 때
3) 때린 사람을 정확히 모르거나 알 필요가 없을 때(일반인일 때)
4) 문장을 쓰다보니까 수동태로 쓰는 것이 자연스러울 때
5) 동작주를 밝히는 것이 껄끄러워서 밝히고 싶지 않을 때

수동태(문)를 쓰는 것이다.

아직도 수동태가 무엇인지 감이 잘 오지 않는 독자를 위해서 다시 한 번 설명을 할 테니까 눈을 크게 뜨고 잘 보기 바란다.

ⓐ ~~Bob punched~~ ~~my brother.~~   Bob이 내 동생을 때렸다.

ⓑ ~~My brother~~ was punched by Bob.   내 동생이 Bob한테 맞았다.

ⓐ처럼 동작하는 주체(여기서는 때린 사람, Bob)를 주어로 가지면 능동문(태), ⓑ 처럼 동작 받는 대상(여기서는 맞은 사람 즉, 능동태의 목적어)을 주어로 삼고 동사는 'be + 과거분사'의 형식을 취하면 수동문(태)이 된다. 수동태에서는 흔히 능동태의 주어가 'by + 행위자(동작주)'가 되어서 끝에 따라 붙는다. 결국 수동문(태)이라는 것은 (능동문의) 주어의 입장이 아니라 목적어의 입장에서 세상을 바라보는 것이라고 할 수 있다.

이제 수동태가 무엇인지 감이 잡혔을 것이다.

정리!

대한민국의 고등학생이라면 누구나 꼭 기억해야 할 사항!
글을 읽다가 만나는 〈be + (타동사의) 과거분사〉는 무조건 수동의 의미를 가진다.

❷ 능동문 vs. 수동문

능동태   Mr. Nam praised us.

수동태   We were praised by Mr. Nam.

① 능동태의 목적어(us)를 수동태의 주어로 가져온다. (주어가 되니까 목적격 us가 주격 We로 예쁘게 화장하고 나온다.)

② **(술어)동사를 「be + 과거분사」로 만든다. (이때 be 동사의 시제는 당연히 능동문의 시제를 따른다.)** 매우 중요!

③ 능동태의 주어를 「by + 행위자」로 고쳐서 문장의 맨 뒤로 쫓아 버린다.

자, 이젠 수동문(태)이 나타내는 시간을 잠깐 생각해 보자.

간단한 문장을 수동문(태)로 고치는 것은 아주 잘 하면서도, 능동문이 조금만 복잡하게 생기면 손을 못 대는 친구들이 있다. 능동문에는 12가지의 시간 표현이 있으므로(시제가 아니라!!), 이론적으로는 수동문(태)도 12가지가 가능하다. 하지만 미래진행이나 완료진행형의 수동문(태)는 너무 길고 복잡하기 때문에 잘 사용되지 않는다.

수동문(태)의 시간 표현은 be 동사의 변화로 나타내게 된다.

현재수동
am(is, are)

과거수동
was(were)

미래수동
주어 + will(be going to) be + p.p. + (by + 목적격)

완료수동
have(has, had) been

진행수동
am(is, are, was, were) being

너무 복잡한가? No Way! 수동문(태)는 언제나 'be + 과거분사'라는 것을 기억하기만 하면 된다. 다만 be 동사를 적절히 변형시켜서 나타내고자 하는 시간을 나타내기만 하면 되는 것이다.

❸ 문장의 형식과 수동태

07.3_

눈치가 빠른 독자는 이미 알았겠지만, 수동태는 목적어가 있어야 만들 수가 있다. 따라서 목적어가 없는 1형식과 2형식 문장은 수동태를 만들고 싶어도 만들 방법이 없다. 3형식 문장은 목적어가 달랑 하나니까 앞에서 설명했던 방식으로 수동태를 만들어 주면 된다. 그렇다고 해서 모든 타동사를 수동태로 바꿀 수 있는 것은 아니다. have, resemble, become(어울리다)과 같은 소유나 상태를 나타내는 타동사는 수동태로 고칠 경우 어색한 문장이 되고 만다. 다음 문장을 통해서 얼마나 어색한지 살펴보자.

Bob resembles his father. → His father is resembled by Bob. (X)

도대체 Bob이 아버지를 닮기 위해서 한 일이 뭐가 있을까? 전혀 없다! 이처럼 주어가 목적어에 미치는 능동적인 힘이 약할 때는 수동태 문장으로 만들 수 없다. 또한 목적어로 쓰인 to 부정사나 동명사를 문장의 주어 자리로 보내서 수동태 문장을 만들지 않는다.

그렇다면 목적어를 두 개나 거느리고 있는 4형식 문장의 경우에는 수동태를 어떻게 만들까?

Tarzan gave Jane a book.
ⓐ Jane **was given** a book by Tarzan.
ⓑ A book **was given** (to) Jane by Tarzan.

위의 문장과 같은 경우에는 간접목적어 Jane이나 직접목적어 a book 가운데 어느 것이나 주어로 삼아 수동태를 만들 수 있다. 위의 문장 ⓑ는 4형식 문장을 3형식으로 고친 문장(Tarzan gave a book to Jane.)을 수동태로 고친 것으로 생각해도 된다. 이때 전치사 to는 생략할 수 있다.

그런데 4형식 문장이라고 하더라도 간접목적어를 수동태의 주어로 가지고 오지 못하고 직접목적어만을 문장의 주어로 써야 하는 문장도 있다. 대개 4형식 문장을 3형식으로 바꿀 때 간접목적어 앞에 for를 사용하는 동사들이 여기에 해당되는데 일부러 외우지는 말자. 해석을 해보면 어색하다는 것을 직관적으로 알 수 있다.

Tarzan bought Jane a hat.
ⓐ Jane was bought a hat by Tarzan.　　　(X)
ⓑ A hat **was bought** for Jane by Tarzan.　(O)

● be denied ~
~을 받지 못하다
~이 거부되다

위의 문장 ⓑ는 4형식 문장을 3형식으로 고친 문장(Tarzan bought a hat for Jane.)을 수동태로 바꾼 것이다. 이때 전치사 for는 생략할 수 없다.

자, 그렇다면 5형식 문장은 어떻게 수동문(태)으로 고칠까? 당연히 목적어를 주어 자리로 가져오고 'be + 과거분사'의 형태를 취하면 된다. 다만, 목적격 보어를 주어 자리로 가져와서는 안 된다는 점을 꼭 기억하자. 다시 한 번 강조하는데, 수동문의 주어는 능동문의 목적어가 되는 것이다!

They elected him (as) Secretary-General of the United Nations.
그들은 그를 UN 사무총장으로 선출했다.

→ He **was elected** (as) Secretary-General of the United Nations.
→ Secretary-General of the United Nations was elected him by them. (X)

❹ 주의해야 할 수동태

1. 조동사가 있는 문장의 수동태

위에서 배운 미래수동태를 생각하면 쉽게 유추할 수 있다. 일단 조동사는 그대로 두고 'be + 과거분사'를 써주면 된다.

We must do it at once.
→ It **must be done** at once (by us).
* 수동태의 맨 뒤에 따라 다니는 'by + 행위자'는 행위자가 일반인을 나타낼 때는 가차없이 생략될 수 있다.

2. '전치사를 동반한 동사'가 있는 문장의 수동태

1) 〈동사 + 전치사〉가 타동사 역할을 하는 문장의 수동태
    〈동사 + 전치사〉를 단순히 하나의 덩어리라고 생각하고 수동태로 고치면 된다.
    She laughed at him. 그녀는 그를 비웃었다.
    → He **was laughed at** by her.

    That truck ran over my dog. 저 트럭이 내 개를 치었다.
    → My dog **was run over** by that truck.

2) 〈동사 + 명사 + 전치사〉가 타동사 역할을 하는 문장의 수동태
위의 경우와 마찬가지로 〈동사 + 명사 + 전치사〉를 하나의 타동사
처럼 생각하고 수동태로 고친다. 이 구문이 위의 1)과 구분되는 특
이한 점은 명사가 형용사의 꾸밈을 받을 경우, '형용사 + 명사'를
주어로 해서 또 하나의 수동태를 만들 수 있다는 점이다.

They **made good use of** the computer.
그들은 컴퓨터를 잘 이용했다.
→ The computer **was made good use of** by them.
→ **Good** use **was made of** the computer by them.

They **paid no attention to** her.　그들은 그녀에게 주목하지 않았다.
→ She **was paid no attention to** by them.
→ **No** attention **was paid to** her by them.

3. 지각동사와 사역동사가 사용된 문장의 수동태
목적격 보어로 원형 부정사를 써야 하는 동사(지각동사·사역동사 make)가 있는 문
장을 수동태로 만들 때는 원형 부정사를 to 부정사로 바꾼다.

They **saw** him **enter** the building.
그들은 그가 건물로 들어가는 것을 보았다.
→ He **was seen to enter** the building (by them).

They **made** her **work** all day.　그들은 그녀가 하루 종일 일하게 했다.
→ She **was made to work** all day (by them).

- 목적격 보어로 현재분사가 쓰인 경우에는 수동태 문장에서도 그대로 현재분사를 쓴다.

- 사역동사 let과 have는 수동태를 만들지 않는다.

4. 목적어가 절인 수동태

1) **주절의 시간과 that절의 시간이 같을 때**
i) They say that he is a detective.　사람들은 그가 탐정이라고 말한다.
S V O

위 문장에서 목적어는 that he is a detective가 된다. 목적어의 길이에 상관없이 우리가 앞에서 배운 대로 수동태를 만들어 본다면 That he is a detective is said by them.이 된다. 여기에서 긴 주어를 문장의 뒤로 보내고 빈자리에 가주어 It을 써주면 수동태가 완성된다.

ii) It is said that he is a detective (by them).
여기에서 다시 that절의 주어 he를 문장의 주어로 삼아 수동태를 만들 수도 있다.

iii) He is said to be a detective.
문장 iii)은 복문 ii)를 **단순 부정사 구문**으로 바꾼 것이다.
(단순 부정사 p. 94 참조)

이 과정을 한눈에 보기 좋게 나타내면 다음과 같다.
They say **that he is a detective**.
↳That he is a detective is said (by them). 머릿속에서
↳It is said that he is a detective. 가주어-진주어 구문
↳He is said to be a detective.
that절의 주어를 문장의 주어로-단순부정사 구문

be told that ~
~을 듣다

2) **주절의 시간보다 that절의 시간이 앞설 때**
자, 그렇다면 다음의 문장은 어떻게 고쳐질 수 있을까?

iv) They say **that he was a detective**.
위 문장이 문장 i)과 다른 것은 문장 iv)에서는 that절이 나타내는 시간(과거: was)이 주절이 나타내는 시간(현재: say)보다 앞섰다는 점이다.

위에서 설명한 순서대로 수동태로 만들어 보면,
↳ⓐ That he was a detective is said (by them).
↳ⓑ It is said that he was a detective.
↳ⓒ He is said to have been a detective.

ⓐ의 긴주어를 문장의 뒤로 보내고 빈자리에 가주어 It을 써주면 수동태 ⓑ가 만들어진다. 여기에서 that절 속의 주어 he를 문장의

주어 자리로 보내면 ⓒ가 된다. 어디서 많이 본 모습이지 않은가?
바로 완료 부정사 구문에서 이미 보았던 형태이다. 종속절(that절)
이 나타내는 시간이 주절이 나타내는 시간보다 더 빠르므로 완료
부정사 'to have p.p.'를 쓴 것이다.

여기에서 단순 부정사, 완료 부정사의 개념을 모르는 친구들은 '4강 부정사' 부분을
다시 한 번 읽어볼 것!

❺ 명령문과 의문문의 수동태

1. 명령문의 수동태
명령문의 수동태는 사역동사 let을 이용하여 만든다. 많이 쓰이지는 않으니까 읽어
만 보고 '아, 이런 것도 있구나' 하고 넘어가면 된다.

Do it right now.　그것을 당장에 해라.
→ **Let** it **be done** right now.

Don't touch it.　그것을 만지지 마라.
→ **Let** it **not be touched**.
→ **Don't let** it **be touched**.

---

2. 의문문의 수동태
의문문을 수동태로 고치는 요령은 간단하다. 우선 편의상 의문문을 (머릿속에서) 평
서문으로 고친 후에, 이 평서문을 다시 수동태로 고친 후 그것을 다시 의문문으로
만들어 주면 된다.

---

1) **의문사가 없는 의문문**
Did Mr. Nam make that cake?　Mr. Nam이 저 케이크를 만들었나요?

단계 1
의문문을 (편의상) 평서문 형식으로 고친다.
Mr. Nam made that cake.

단계 2

고쳐진 평서문을 수동태로 고친다.

That cake was made by Mr. Nam.

단계 3

고쳐진 수동태를 의문문으로 만든다.

Was that cake made by Mr. Nam?

2) **의문사가 주어인 의문문**

Who made that cake?   누가 저 케이크를 만들었나요?

단계 1

의문문을 (편의상) 평서문 형식으로 고친다.

Who made that cake.

단계 2

고쳐진 평서문을 수동태로 고친다.

That cake was made by whom.

단계 3

고쳐진 수동태를 의문문으로 만든다.

Who(m) **was that cake made** by?

= By whom **was that cake made**?

3) **의문사가 목적어인 의문문**

What did Mr. Nam make?   Mr. Nam이 무엇을 만들었나요?

단계 1

의문문을 (편의상) 평서문 형식으로 고친다.

Mr. Nam made what.

단계 2

고쳐진 평서문을 수동태로 고친다.

What was made by Mr. Nam.

단계 3

고쳐진 수동태를 의문문으로 만든다.

What was made by Mr. Nam?

＊ 이 경우는 단계 2에서 이미 의문문의 모양을 갖추었으므로 '?'만 달아주면 된다.

4) **의문부사가 쓰인 의문문**

When did Mr. Nam make that cake?

Mr. Nam이 언제 저 케이크를 만들었나요?

단계1

의문문을 (편의상) 평서문 형식으로 고친다.

Mr. Nam made that cake when.

단계2

고쳐진 평서문을 수동태로 고친다.

That cake was made by Mr. Nam when.

단계3

고쳐진 수동태를 의문문으로 만든다.

When was that cake made by Mr. Nam?

❻ by가 사용되지 않는 수동태

07.6 _✎

The hotel **is located** twenty kilometers south of Seoul.

그 호텔은 서울에서 남쪽으로 20km 떨어진 곳에 있다.

Fifteen people **were injured** in a collision between a tourist bus and a truck on Highway 1 this morning.

오늘 아침 1번 고속도로에서 관광버스와 트럭의 충돌로 15명이 부상당했다.

수동태의 공식 <S + be + p.p. + (by + 행위자)>에서 전치사 'by + 행위자'가 언제나 쓰이는 것은 아니다. 행위자가 중요할 것 같으면 애초에 능동문을 쓰면 되는 것이다. 따라서 'by + 행위자'는 생략되는 경우도 많이 있고, 'be + p.p.' 뒤에 다른 전치사들이 사용되는 문장들도 무척 많다. 나올 때마다 "아, 이렇게도 쓰는구나!"라고 생각하고 가볍게 넘어가도록 하자. 아래에는 대표적인 전치사를 적어놓은 것이며 여기에 나온 것만을 절대적으로 써야 하는 것도 아니다.

be interested in   -에 흥미(관심)가 있는

My sister is interested in cooking.   내 여동생은 요리에 관심이 있다.

be covered with -로 덮여있는

The mountain is covered with snow.

그 산은 눈으로 덮여 있다.

cf. The players were soon covered in mud.

선수들은 곧 진흙 범벅이 되었다.

cf. Much of the country is covered by forest.

국토의 대부분이 숲으로 덮여 있다.

be filled with -로 가득 차 있는

The room is filled with smoke.　방은 연기로 가득 차 있다.

be satisfied with -에 만족하는

He is satisfied with his grade.　그는 그의 학점에 만족하고 있다.

be known to -에게 알려진

Her privacy was known to everybody.

그녀의 사생활은 모든 사람들에게 알려졌다.

be known for ~
~로 유명한

●

be known as -로서 알려진

Bach is known as the father of classical music.

Bach는 고전음악의 아버지로 알려져 있다.

be known by -을 보면 아는

A man is known by the company he keeps.

사람은 사귀는 사람들을 보면 알 수 있다.

be concerned about -을 걱정하고 있는

More people are concerned about their health.

더 많은 사람들이 건강에 대해 걱정하고 있다.

be surprised at -에 놀란

I was surprised at the news.　나는 그 소식을 듣고 놀랐다.

We were surprised (to hear) that he was absent from school.

우리는 그가 학교에 결석했다는 것을 듣고 놀랐다.

be married to -와 결혼 상태에 있는

Kevin Kline has been married to actress Phoebe Cates since 1989.

Kevin Kline은 1989년 이래로 배우 Phoebe Cates와 결혼 상태에 있다.

> Barack Obama is married to Michelle Obama.
> Barack Obama는 Michelle Obama와 결혼했다.

❼ 수동태에 대해 알아야 할 마지막 세 가지

첫째, 영어의 능동문과 수동문이 우리말의 능동문, 수동문과 언제나 1:1로 대응되지는 않는다. 따라서 영어의 수동문을 우리말로는 능동문으로 번역을 해야 자연스러운 경우도 있고, 그 반대의 경우도 있음을 기억할 필요가 있다.

둘째, be 동사 대신 get, become 등이 쓰여서 수동태 행세를 하는 경우도 있음을 기억해 두자.

> My car **got(= was) stolen** on the weekend.
> 주말에 내 자동차를 도난당했다.
>
> I **got tired of** this work.
> 저는 이 일에 지쳤어요.
>
> Bob is **getting married** to Maggie next Sunday.
> Bob은 다음 주 일요일에 Maggie와 결혼한다.

셋째, 능동태를 수동태로 수동태를 능동태로 고치는 문제는 가급적 풀지 말자. 능동문이 나오면 나오는 대로, 수동태 문장이 나오면 그냥 있는 그대로 해석을 하고 넘어가자. 애써 문장을 바꾸는 수고를 하지 말자. 사람이 말을 할 때, 그냥 나오는 대로 말하지 능동문으로 말할까 수동문으로 말할까 따져가면서 말하지는 않는다! 능동태는 능동태 나름의 존재 의미가 있고, 수동태는 수동태 나름의 존재 의미가 있는 것이지, 능동태에서 수동태가 나오는 것이 아니다! 그리고 수동태에서 쓰이는 과거분사는 그냥 형용사라고 생각하고 쉽게 해석을 하자.

He is **happy**.는 쉽게 해석하면서 He is **known** as a scientist.에서는 왜 막힐까? **known**을 그냥 "알려진"이라는 형용사라고 생각하면 그만이다. 이렇게 쉬운 것을….

한눈에 쏙!!

수동태

능동문의 목적어의 관점에서 세상을 보는 방식

수동태를 쓰는 이유

1) 능동문의 주어(동작주)가 불분명하거나 밝힐 필요가 없을 때
2) 능동문의 주어가 너무나 분명해서 밝힐 필요가 없을 때
3) 능동문의 주어를 숨기고 싶을 때
4) 능동문의 주어보다 목적어를 더 드러내고 싶을 때
5) 앞 문장의 주어를 이어받아서 문장을 쓰고 싶을 때

문장의 형식과 수동태

능동태 → 수동태

능동태	주어 + 타동사 + 목적어

수동태 주어 + be p.p. + (by + 목적격)

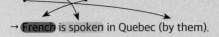

They speak French in Quebec.

→ French is spoken in Quebec (by them).

4형식 문장

보통 간접목적어(I·O)와 직접목적어(D·O)를 수동태의 주어로!

He taught us English.
　　　　　 I·O　 D·O

→ English was taught to us by him.

→ We were taught English by him.

직접목적어만을 수동태의 주어로 쓰는 동사: buy, sell, write 등

John bought Cindy a dress.

→ A dress was bought for Cindy (by John).

5형식 문장(지각·사역 동사)

원형 부정사를 목적격 보어로 취하는 경우 원형 부정사를 to 부정사로!

They saw him enter the building.

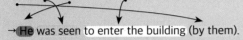

→ He was seen to enter the building (by them).

동사구

동사구를 하나의 동사로 생각해서 수동태 전환

목적어가 that절인 문장

It + be p.p. + that + S + V

S + be said to V

S + be said to have p.p.   that절의 시간이 주절이 나타내는 시간보다 앞설 때

When a snail crossed the road, he was run over by a turtle. Regaining consciousness in the emergency room, he **was asked** what caused the accident. "I really can't remember," the snail replied. "You see, it all happened so fast."

Ⓐ 올바른 문장이 되도록 괄호 안의 단어를 알맞은 형태로 바꾸어 문장을 완성하시오.

1 Everybody _____ (shock) at the terrible news yesterday.

2 The Korean language has _____ (teach) at the university for over 15 years.

3 Not much has _____ (say) about the accident since that time.

4 A new book will _____ (publish) by that company next year.

5 The secretary _____ (introduce) to her new boss yesterday.

6 A prize will _____ (give) to whoever solves this problem.

7 When the manager arrived, the problem had already _____ (solve).

8 A new opera house _____ (build) in the center of the city next year.

9 We did a lot of work for the company, but we _____ (not, pay).

10 Let the switch not _____ (touch).

Ⓑ 뜻이 통하도록 빈칸에 가장 적절한 것을 고르시오.

1 Those pencils were bought _____ Mike by his uncle.
① to　　　　② for　　　　③ of　　　　④ with

2 All roads in this area _____ to everyone.
① has closed　② has been closed　③ have closed　④ have been closed

3 She doesn't mind _____ by her friends.
① laughing at　② to be laughed at　③ having laughed at　④ being laughed at

4 This book can _____ from the library.
① not borrow　② not be borrowed　③ be not borrowing　④ be not borrowed by

5 I had my purse _____ in the bus.
① steal　　② stolen　　③ was stolen　　④ stole

C 밑줄 친 부분을 어법에 맞게 고치시오.

1 He is remembered the girl's name now.

2 By whom the window was broken?

3 Where did the hostages take after the hijacking?

4 The National Gallery was broken by three days ago.

5 The beggar was laughed by the boys.

6 Tom was given to first prize for his new film.

7 Our plan is being considering by the members of the committee.

8 The thief was made empty out his pockets by the police officer.

9 She denied admission to Harvard.

10 A lot of olive oil is used to cooking in Greece.

D 괄호 안의 말을 이용하여 주어진 우리말과 같은 뜻이 되도록 빈칸을 채우시오.

1 그가 도서관에 들어가는 것이 목격되었다. (see)

= He _____ _____ _____ enter the library.

2 모두들 그 영화가 훌륭하다고 말한다. (say)

= It _____ _____ _____ the film is excellent.

3 나무를 더 일찍 심었어야 했는데 그러지 못했다. (plant)

= The trees should _____ _____ _____ earlier.

4 어제 한 외국인이 나에게 말을 걸었다. (speak to)

= I _____ _____ _____ _____ a foreigner yesterday.

5 어제 나는 치아를 하나 뽑았다. (pull)

= Yesterday I had one of my teeth _____ out.

E 아래의 게시판에서 잘못된 곳이 있으면 찾아서 바르게 고치시오.

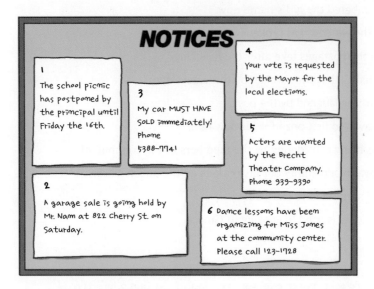

NOTICES

1
The school picnic has postponed by the principal until Friday the 16th.

3
My car MUST HAVE SOLD immediately! Phone 5388-7741

2
A garage sale is going hold by Mr. Nam at 822 cherry St. on Saturday.

4
Your vote is requested by the Mayor for the local elections.

5
Actors are wanted by the Brecht Theater company. Phone 939-9390

6 Dance lessons have been organizing for Miss Jones at the community center. Please call 123-1728

F 다음 문장에서 어법상 틀린 곳이 있으면 고치시오.

1 The movie was lasted about an hour and a half.

2 It was occurred to me that my back pain was resulted from the wallet in my back pocket.

3 Mr. Nam was paid respect by a standing ovation and thunderous applause.

4 My passport expired and I am waiting for a new one.

5 General Douglas MacArthur appointed the Supreme Allied Commander to receive the Japanese surrender.

G 다음 글의 밑줄 친 부분이 'Roberto는 그가 들은 대로 했다.' 라는 의미가 되도록 괄호 안의 단어를 적절히 변형하여 쓰시오.

"Be careful!" Roberto shouted, but no one heard him. Suddenly the old man stumbled and fell. "Are you hurt?" Roberto asked. The old man was red-faced. He looked angry. "Help me up," he said. "And get me my cane." <u>Roberto did (he, as, tell)</u>, but the old man did not seem pleased. He didn't even say, "Thank you."

H 다음 각 네모 안에서 어법에 맞는 표현을 고르시오.

Today, English ① speaks / is spoken all over the world and has many different forms or varieties. In fact, many different dialects ② can be heard / can hear even within the British Isles. The oldest form of English ③ speak / was spoken by the Anglo-Saxons about 1,500 years ago, but it was very different from the English we know. It would be difficult for us ④ to understand / to be understood it today! Since then, English has been changed due to its contact with other cultures. Today, many people ⑤ learn / are learnt English as a second or foreign language.

I 다음 글의 밑줄 친 부분 중, 어법상 틀린 것은?

On April 16, 1975, I ① had born with no arms and no legs. My mother ② wasn't allowed to see me on the day when she gave birth to me. After one month, she could see me at last. Everybody was worried about her, but she wasn't ③ shocked at all. ④ "How cute you are!" my mother said when she saw me for the first time. She ⑤ looked so happy to see me. In those days parents hid handicapped children from the public, but my parents didn't. They took me out with them all the time.

Chapter 08
가정법_✏️

1 조건문과 가정문의 구별   166

2 가정법 과거   168

3 가정법 과거완료   169

4 가정법 현재   170

5 나도 가정법이다!   172

6 If가 사라진 가정법   174

7 혼합 가정   177

•--------- 한눈에 쏙!!   179

•---------Grammar Exercises   181

 자, 드라마에 많이 나오는 위의 상황에서 아들이 해야 하는 일은 다음 중 무엇일까?

① 끝까지 어머니를 설득한다.
② 어머니 눈에 흙을 뿌리고, 당장 결혼한다.

　위 만화에서 어머니가 진정으로 하고 싶었던 말은, 아들의 결혼을 절대로 허락할 수 없다는 것이지, 눈에 흙이 들어가면 허락하겠다는 뜻은 아닐 것이다. 이처럼 말하는 사람이 진정으로 하고 싶은 이야기를 '겉 다르고 속 다르게' 표현하는 방식을 '가정법'이라고 한다. 가정법이 아닌, 우리가 평소에 쓰는 말은 '직설법'이라고 한다.

08.1 _✎　❶ 조건문과 가정문의 구별

조건문(직설법)과 가정문에는 어떤 차이가 있을까? 가정문은 불가능한 일이나 당장 할 수 없는 일에 대한 가정, 상상, 소망, 후회, 질책, 아쉬움, 추측 등의 심리 상태를 반영하는 문장이다. 반면에 조건문은 어떤 일에 대한 사실적인 표현으로 조건만 충족되면 실현 가능한 일을 나타낼 때 사용한다. 아래 예문을 통해 구체적으로 살펴보면 이해하기가 쉬울 것이다.

1. 조건문(직설법)

If that shirt **isn't** expensive, **I'll buy** it.
저 셔츠가 비싸지 않으면 나는 그것을 구입할 것이다.

가격이 비싼지의 여부를 알 수 없는 상황. 말 그대로 비싸지 않으면 사겠다는 의미이다.

2. 가정문(가정법)

If that shirt **were** not expensive, **I would buy** it.
저 셔츠가 비싸지 않으면, 나는 그것을 구입할 텐데.

실제로 가격이 비싸기 때문에 살 수 없는 안타까운 상황에서 가격이 비싸지 않았으면 하는 (현재 사실과 반대되는) 소망이나 안타까움을 드러내는 문장이다. 가정법 문장은 인칭이나 시제, 수와 관계없이 특정한 동사 형태를 써야 한다.

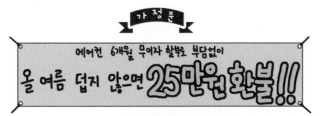

이 광고주는 여름이 덥지 않으면 정말로 25만원을 주려는 의도를 가지고 이 광고문을 만든 것일까?

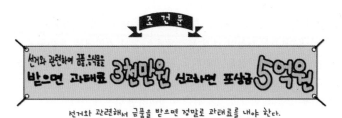

선거와 관련해서 금품을 받으면 정말로 과태료를 내야 한다.

내 친구 '최미녀'는 전혀 미녀가 아니다. 이름만 '미녀'다. 이렇게 이름하고 그 본질이 꼭 맞지 않는 것들이 세상에는 참 많다. 영어의 가정법을 살펴보면 그 이름들이 참 묘하다. 가정법네 집에는 세 명의 자식들(가정법 과거, 가정법 과거완료, 가정법 현재)이 있다. 자, 이제 가정법과 '최미녀'가 무슨 관계가 있는지 세 녀석들을 하나씩 불러보자.

08.2_✎

❷ 가정법 과거

노래 중에 이런 노래가 있다.
"내가 만일 시인이라면, 그대 위해 노랠 하겠네. ♫"라는 노랫말이 있다. 이것을 영어로 옮기면 다음과 같다.

> If I **were** a poet, I **would sing** a song for you.

이 문장을, "내가 시인이었다면, 나는 너를 위해 노래했을 것이다."라고 해석하는 친구가 있다면, 삐이익! 틀린 거 알죠? 이 문장은 "내가 시인이라면 너를 위해 노래를 할 텐데."처럼 현재로 해석을 해야 한다. 이 말은 사실은 '나는 시인이 아니라서, (시인이라면 들려줄 수 있는 멋진) 노래(시)를 너에게 들려줄 수 없다.'는 안타까움을 나타내는 표현이다. 이처럼 현재의 상황을 얘기하고 있는데, 왜 가정법 과거라는 이름이 붙었을까? 다시 한 번 '최미녀'를 생각해보자. '최미녀'가 그 이름을 얻은 것은 그 외모와는 전혀 상관이 없다.

마찬가지로 가정법 과거는 그 의미가 과거와 상관이 있어서 가정법 과거라는 이름을 얻은 것이 아니라, 위 문장에서처럼 동사의 과거형(were)이 보이니까 단순하게 가정법 과거라고 지은 것이다.

가정법 과거는 '과거'하고는 아무런 상관이 없다. 이름만 '과거'다. 가정법 과거는 그저 현재 사실과 반대되는 가정, 상상, 후회, 질책, 아쉬움, 추측 등을 나타날 때 쓰는 표현이다.

또 한 가지, 위 문장을 자세히 살펴보면 I 다음에 was가 아니라 were가 쓰였다. 오타가 절대 아니다. 가정법 과거 문장에서 be동사 자리에는 인칭이나 수에 관계없이 were를 쓴다는 사실을 기억하자. 물론 1, 3인칭 단수일 때 was를 쓰는 것도 허용된다.

말이 너무 많았다. 이상의 것을 간단히 정리하면 다음과 같다.

가정법 과거 신분증!

> If + 주어 + 동사의 과거형 ~ , 주어 + 조동사의 과거형 + 동사원형 ~

하나의 예문을 더 만들어 보자. 형 라이트가 동생 라이트에게 했을지도 모르는 말 "내가 새라면 너에게 날아갈 수 있을 텐데."를 영어로 옮겨보자.

정답은 If I were a bird, I could fly to you. 금방 나왔나요? 참 잘했어요. 짝짝짝.

가정법 과거의 특수한 형태

> 가정법 과거는 조건절의 생긴 모습에서 그 이름이 나왔을 뿐, 의미와는 별로 상관이 없다고 했다. 다음에 소개되는 형식은 생긴 모습은 가정법 과거처럼 생겼지만 그 의미는 **실현가능성이 없는 미래의 일**에 대한 가정 (상상)을 나타낸다. (현재 시제가 미래의 의미를 나타낼 수 있다는 것을 기억해보자.)
>
> If + S + were to + 동사원형 ~ , S + 조동사의 과거형 + 동사원형 ~

If the sun **were to** rise in the west, I **would change** my mind.
해가 서쪽에서 뜨면, 결심을 바꾸겠다.

If I **were to** be born again, I **would like** to be a man rather than a woman.
만일 내가 다시 태어난다면, 나는 여자가 아닌 남자가 되고 싶다.

❸ 가정법 과거완료

08.3_✏

가정법 과거완료는 과거 사실과 반대되는 가정, 상상, 후회, 질책, 아쉬움, 추측 등을 나타낼 때 쓰는 표현이다. 가정법 과거에서 장황하게 설명을 했으므로 더 이상의 말은 필요 없을 것이다.

영어 문장을 읽다가 아래처럼 생긴 구문이 나오면 반갑게 아는 척을 하자.

가정법 과거완료 신분증!

> If + 주어 + had + p.p. ~ , 주어 + 조동사의 과거형 + have + p.p. ~

If I **had studied** harder, I **could have passed** that exam.

= As I didn't study harder, I didn't pass that exam.

내가 좀 더 열심히 공부했더라면, 그 시험에 합격했을 텐데.

오, 가정법 과거완료군!

위의 문장을 자세히 보면, '내'가 과거에 열심히 공부하지 않았기 때문에 그 시험에 합격하지 못했음을 알 수 있다. 이와 같이, 가정법 과거완료는 '만약 - 했다면, - 했을 텐데.'와 같이 **과거 사실에 대한 후회나 안타까움을 표시하는 방법**이다.

자, 그러면 우리가 어디선가 많이 들어봤을 "클레오파트라의 코가 좀 더 낮았더라면 세계의 역사는 변했을 것이다."를 영어로 옮기면 어떻게 될까?

정답은 짠! → If Cleopatra's nose **had been** shorter, the whole face of the world **would have been** changed.

여기서 잠깐!

가정법 과거완료의 If절에 언제나 'had p.p.'를 쓰는 것이 아니다. 조동사의 의미를 살리고 싶다면, '조동사 과거형 + have p.p.'를 쓰면 된다.

이 표현은 Charles Dickens의 소설 『Great Expectations』 (위대한 유산)를 한참 읽다보면 나온다.

> If I **could have killed** him, even in dying, I **would have done** it.
>
> 만일 내가 그를 죽일 수 있었다면, (내가) 죽어가면서라도, 나는 그렇게 했을 것이다.

❹ 가정법 현재

가정법 현재는 인칭이나 시제와 관계없이 동사의 원형을 술어동사로 사용하는 형식을 가리킨다. 가정법 현재는 아래와 같은 경우에 사용되며 앞에서 배운 가정법 과거(완료)와는 생긴 모습이 많이 다르다. 역시 무지하게 헷갈리는 이름이다.

과거 → 가정법 과거완료
현재 → 가정법 과거

1. 주절에 명령, 제안, 요구, 간청, 주장, 권고, 필요성, 동의(動議) 등을 나타내는 동사가 사용될 때

다음과 같은 동사가 이끄는 종속절(that절)에서는 '(should) + 동사원형'을 사용한다.

01 ask	05 order	09 request
02 command	06 propose	10 suggest
03 demand	07 recommend	11 move
04 insist	08 require	etc.

She **insisted** that he **stay** at her house instead of a hotel.
그녀는 그가 호텔 대신에 그녀의 집에 머물러야 한다고 고집했다.

● p. 50 참조

He **suggested** that she **spend** a romantic weekend together in another city.
그는 그녀가 다른 도시에서 함께 낭만적인 주말을 보내는 것을 제안했다.

Most states in the United States **require** that drivers **be** at least sixteen.
미국의 대부분의 주는 운전을 하려면 적어도 16세가 되어야 할 것을 요구하고 있다.

We **requested** that he **subscribe** to our magazine.
우리는 그가 우리의 잡지를 구독하도록 요청했다.

2. 주절에 주어의 요구, 요청, 필요성 등을 나타내는 형용사가 사용될 때

주어의 요구나 요청, 또는 필요성 등의 주관적 판단을 나타내는 형용사가 보어로 사용된 'It is + 형용사 + that ~ ' 구문에서도 위의 1번과 마찬가지로 동사원형을 사용한다.

01 natural	04 imperative	07 desirable
02 necessary	05 important	08 right
03 essential	06 better	etc.

It is **necessary** that he (should) **arrive** tomorrow.
그가 내일까지 도착할 필요가 있다.

It is **essential** that he (should) **be** prepared.
그가 준비되는 것이 중요(필요)하다.

3. 현재 또는 미래에 대한 불확실한 상상이나 의심을 나타낼 때

다음과 같은 형태로 사용되는데 요즈음에는 미국의 여러 동네에서 If절에 동사원형 대신 동사의 현재형을 많이 쓴다.

If절에 동사원형을 쓰는 가정법 현재는 관용적 표현이나 고어 표현, 격식을 중요시하는 법률 등을 제외하고는 거의 사용되지 않으며, 직설법 현재(동사의 현재형)가 사용된다.

> If + 주어 + 동사원형(현재형) ~ , 주어 + 조동사의 현재형 + 동사원형 ~

> If it **rain(s)** tomorrow, I'll stay at home.
> 내일 비가 오면 집에 있을 것이다.

❺ 나도 가정법이다!

1. I wish + 가정법 과거   -라면 좋을 텐데 (현재 이루어질 수 없는 소망)

> **I wish** I **were** rich. = I'm sorry I'm not rich.
> 내가 부자라면 좋을 텐데.

2. I wish + 가정법 과거완료   -이었더라면 좋았을 텐데 (과거에 어떤 것을 이루지 못했던 것에 대한 아쉬움)

> **I wish** I **had been** there. = I'm sorry I was not there.
> 내가 거기에 있었다면 좋을 텐데.

3. as if[though] + 가정법 과거   마치 -처럼

> He talks **as if[though]** he **were** a doctor.
> 그는 마치 자기가 의사인 것처럼 말한다.

4. as if[though] + 가정법 과거완료   마치 -이었던 것처럼

He talks **as if[though]** he **had been** there.

그는 마치 자기가 거기에 있었던 것처럼 말한다.

- •as if[though] 뒤에 직설법도 쓸 수 있으며, 생활영어에서는 like를 많이 쓴다.

위의 구문에서 주절의 시간이 과거가 되면 어떻게 해야 할까? 아래에서 보는 바와 같이, 주절이 나타내는 시간과 같은 때의 가정을 나타낼 때는 가정법 과거를, 주절이 나타내는 시간보다 앞선 때의 가정을 나타낼 때는 가정법 과거완료를 쓰면 된다.

I wish**ed** I **were** rich.

나는 (내가 말하던 당시에) 부자라면 하고 **바랐다.**

I wish**ed** I **had been** rich.

나는 (내가 말하던 당시 그 이전에) 부자였으면 하고 **바랐다.**

He talk**ed as if** he **were** a doctor.

그는 (그가 말하던 당시에) 마치 자기가 의사인 것처럼 **말했다.**

He talk**ed as if** he **had been** a doctor.

그는 (그가 말하던 당시 그 이전에) 마치 자기가 의사였던 것처럼 **말했다.**

5. It's (high) time + 가정법 과거   -할 시간이다

It's time you **went** to bed.

= 네가 잠자리에 들었을 시간이다. = 이제 잘 시간이다.

이 표현은 어떤 일을 진작 했어야 하는 상황에서 하고 있지 않을 때에 재촉하면서 쓰는 표현이다.

6. If only + 가정법 과거(완료)   -한다면(했다면) 좋(았)을 텐데

> **If only** she **could** love me!
> 그녀가 나를 사랑한다면 얼마나 좋을까!
>
> **If only** I **had met** her then.
> 그때 내가 그녀를 만났다면 좋았을 텐데.

이 구문에서는 주절(귀결절) 전체가 생략되었다. 이처럼 주절이 없어도 충분히 의미를 전달할 수 있으면 조건절(If절)만으로도 험한 세상을 헤쳐 살아갈 수 있다.

TOP 5
Regrets of the **Dying**

by Brommie Ware

1
I wish I'd had the courage to live a life true to myself, not the life others expected of me.

2
I wish I hadn't worked so hard.

3
I wish I'd had the courage to express my feelings.

4
I wish I had stayed in touch with my friends.

5
I wish I had let myself be happier.

08.6_ ✎

❻ If가 사라진 가정법

아래에 나오는 문장들은 위에서 배운 것과 똑같은 모습은 아니지만 가정법으로 쓰이는 형식들이다.

1. If가 어디로 갔지?

Were I rich, I could travel around the world.
= If I were rich, I could travel around the world.
내가 부자라면 온 세상을 여행할 수 있을 텐데.

Had I studied harder, I would have passed the exam.
= If I had studied harder, I would have passed the exam.
내가 더 열심히 공부를 했다면, 시험에 합격했을 텐데.

가정법 문장에서 맨 처음 등장하는 If는 과감히 생략할 수 있다. 이 때 주어와 조동사(were, had, should)의 순서를 살짝 바꿔주어야 한다. 세상에 공짜는 없으니까!

2. If의 대타들
이가 없으면 잇몸으로 사는 법! If가 없어도 다양한 녀석들이 If를 대신해서 타석에 들어설 수 있다. 이 때 대타들의 신분은 귀결절(주절)을 보고 판단한다. "이 놈은 가 정법 과거(완료) 구문의 대타구먼."

1) 명사구
A wise man would have acted differently.
= If he had been a wise man, he would have acted differently.
그가 현명했다면, 다르게 행동했을 것이다.
→ 가정법에 쓰이는 조동사는 주로 과거형이다. 따라서 If가 없더라도 조동사의 과거형이 쓰였으면 일단은 가정법 문장인지 의심해 봐야 한다.

2) 부정사
To hear him speak English, you would take him for an American.

= If you heard him speak English, you would take him for an American.

그가 영어를 말하는 것을 들어보면, 너는 그를 미국인으로 생각할 것이다.

3) **분사**

Having had a car, she might have picked you up at the airport.

= If she had had a car, she might have picked you up at the airport.

그녀가 차가 있었다면 공항에서 너를 태워줄 수 있었을 것이다.

4) **부사구**

① but for = without : - 이 없(었)다면

= if it were not for - (가정법 과거)

= if it had not been for - (가정법 과거완료)

가정법 과거

But for water, nothing could live.

= **Without** water, nothing could live.

= **If it were not for** water, nothing could live.

만일 물이 없다면, 아무 것도 살 수가 없다.

가정법 과거완료

But for your help, I could not have succeeded.

= **Without** your help, I could not have succeeded.

= **If it had not been for** your help, I could not have succeeded.

너의 도움이 없었다면, 나는 성공하지 못했을 것이다.

unless는 가정문에서는 쓰이지 않고, 직설법(조건문)에서만 쓰인다.

② unless(= only if - not) : 만약 -이 아니면, -한 조건을 제외하면

Let's have dinner out **unless** you're too busy.

= Let's have dinner out if you're not too busy.

네가 아주 바쁘지 않으면 저녁은 나가서 먹자.

③ otherwise : 만약 그렇지 않으면(않았다면)

He wore a helmet; **otherwise** he would have been injured.

그는 안전모를 착용했다. 그렇지 않다면 그는 부상당했을 것이다.

3. 조건절의 생략

> I **would have arrived** sooner, but I had a flat tire.
> 나는 더 일찍 도착했어야 했는데 (도중에) 펑크가 났다.

글을 읽다 보면 밑도 끝도 없이 위와 같이 생긴 문장이 튀어나올 수도 있는데, 어떻게 해석을 해야 할 지 당황하지 말고 가정법의 조건절(If절)이 생략된 것이 아닌지 의심해 보도록 하자.

자, 그럼 아래의 문장은 어떻게 해석이 될까?

> A child **could have seen** through her.
> 어린아이도 그녀의 마음을 꿰뚫어 볼 수 있었을 것이다.

위 문장은 어느 탐정 소설에 나오는 문장으로 탐정이 여자에게 질문을 하는데 여자가 거짓말을 너무 서투르게 하는 상황 다음에 나오는 문장이다. 여자가 얼마나 거짓말을 어수룩하게 했는지 이 문장만 봐도 알 수 있을 것이다. 생략된 조건절은 "아이가 질문을 했다면" 정도가 될 것이다.

그럼 소설 『Sherlock Holmes』의 어느 한 장면에서 Mrs. Hudson의 다음 대사의 속뜻은 무엇일까?

> You **could have knocked** me down with a feather.
> 당신은 깃털로도 저를 쓰러뜨릴 수 있었을 거예요.

❼ 혼합 가정

08.7_✎

혼합 가정은 말 그대로 서로 다른 가정법을 섞어 쓴 것을 의미한다. 즉, If절에는 가정법 과거완료를, 주절에는 가정법 과거를 써서, 〈(과거에) -했다면, (지금은) -일 텐데〉로 해석한다.

혼합 가정문의 주절에는 주로 ●--
now 같은 현재 시점을 표현하
는 말이 나오는 경향이 있으므
로 주의 깊게 살펴보자.

If he **had taken** my advice, he **would be** happy now.
그가 내 충고를 받아들였다면 지금은 행복할 텐데.

한 문장만 더 살펴보자. 아래에 나오는 문장은 전문용어도 나오기 때문에 무척 어렵게 느껴지지만 가만히 살펴보면 방금 배운 '혼합 가정문'이라는 것을 알 수 있다.

If Madame Curie **had** not **happened** to leave a photographic plate in a drawer with a chunk of pitchblende, the world today **would** not **know** about radium.
Curie 부인이 서랍 안에 인화지 (a photographic plate)와 역청우란광 조각 (a chunk of pitchblende)을 함께 놓지 않았다면 오늘날 우리는 라듐에 대해서 알지 못할 것이다.

한 가지 더!
If절에 가정법 과거를 쓰고, 주절에 가정법 과거완료를 쓸 수도 있을까? 가능하다!
(현재 시제는 시간과 무관한 것을 나타낼 때 쓴다는 점을 떠올려 보자.)

If he **didn't** love her, he **would have broken** up with her.
만일 그가 그녀를 사랑하지 않는다면, 그는 그녀와 헤어졌을 것이다.

자, 열심히 공부했으니까 이제 팝송을 한 곡 들어보기로 하자.

♫ If I **had** to live my life without you near me, the days **would** all **be** empty, ♫ the nights **would seem** so long ♪

한눈에 쏙!!

가정법

말하는 사람의 내면의 심리 상태를 반영한 것으로 사실과 반대되는 가정, 상상, 소망, 후회, 질책, 아쉬움, 추측 등을 나타낸다. 가정법 과거는 현재(= 말하는 시점)에 관한 이야기이며, 가정법 과거완료는 과거에 대한 이야기이다.

가정법의 형태

1 **가정법 과거**
   If S + 동사의 과거형(were) ~ ,   S + 조동사 과거형 + 동사원형

2 **가정법 과거완료**
   If S + had p.p. ~ ,   S + 조동사 과거형 + have p.p.

3 **가정법 과거의 특수한 형태**
   If S + were to + 동사원형 ~ ,   S + 조동사 과거형 + 동사원형
   If S + should + 동사원형 ~ ,   S + 조동사 과거형(현재형) + 동사원형 (조동사 참조)

4 **혼합 가정**
   If S + had p.p. ~ ,   S + 조동사 과거형 + 동사원형

5 **가정법 현재**
   현재 이루어져 있지 않는 어떤 사항을 요청, 명령, 요구, 주장, 제안, 권고하는 술어동사(ask, demand, insist, move, order, propose, recommend, request, require, suggest 등)가 이끄는 종속절에서 또는 그와 비슷한 의미의 형용사가 보어로 사용된 It is … that ~의 구문에서 '(should) + 동사원형'을 쓴다. (단, 사실(fact)을 전달할 때는 직설법을 쓴다.)

유의할 가정법

1 **as if(though)**
   동사의 과거형(주절의 시간과 일치)   마치 -처럼
   had p.p. (주절의 시간보다 앞선 경우)   마치 -였던 것처럼

2 **I wish**

동사의 과거형(주절의 시간과 일치)　　　-라면 좋을 텐데

had p.p. (주절의 시간보다 앞선 경우)　　-이었더라면 좋았을 텐데

3 **It's (high) time**

동사의 과거형　　　　　　　　　　　　-할 시간이다

* 조건절의 If는 생략할 수 있으며, 이때 주어와 조동사를 도치시킨다.

* If절이 없이도 가정법을 나타낼 수 있다.

If you **had** three apples and four oranges in one hand and four apples and three oranges in the other hand, what **would you have**?

Ⓐ 올바른 문장이 되도록 괄호 안의 단어를 알맞은 형태로 바꾸어 문장을 완성하시오.

1 She insisted that he _____ (pays) the debt at once.

2 It's about time you _____ (eat) something.

3 If I _____ (am) you, I would tell her the truth.

4 I would buy a new car if I _____ (have) enough money.

5 He would call on me if he _____ (know) my address.

6 Had he been awake, he _____ (hear) the noise.

7 If he _____ (takes) your advice, he would not have failed.

8 If you _____ (come) earlier, you wouldn't have missed the party.

9 If the sun _____ (rise) in the west, he would break his word.

10 If I had caught that plane, I _____ (will) be dead now.

Ⓑ 뜻이 통하도록 빈칸에 가장 적절한 것을 고르시오.

1 If he had known about the dance, he _____ the ball.
① might attend　　② would attend　　③ will attend　　④ might have attended

2 If it _____ for the doctor's careful treatment, she could have died.
① were not　　② has not been　　③ had not been　　④ wouldn't have been

3 You _____ people anywhere at any time if you had a mobile phone.
① will contact　　　　　　② could contact
③ would have contacted　　④ should have contacted

4 We have to leave to survive; _____ we might starve to death.
① provided　　② but for　　③ unless　　④ otherwise

5 She looked at him _____ she had never seen him before.
① as though　　② even if　　③ but for　　④ if

C 밑줄 친 부분을 어법에 맞게 고치시오.

1 The chairman suggested that the meeting was postponed.

2 If you could invent anything, what is it?

3 If you helped him, he would have succeeded.

4 If he will win the game tomorrow, he will be a champion again.

5 He talks as if he was a famous singer in his teens.

6 If he went to a doctor, he would feel better now.

7 You won't catch the bus unless you don't run.

8 It is necessary that we prepared for the final exam.

9 This is a very puzzling problem! I wish I have known the answer.

10 Had I not been wearing my seat belt, I would not have been here today.

D 밑줄 친 부분 중, 어법상 어색한 것을 골라 바르게 고치시오.

1 If it had not been for your advice, he could not succeeded.
   ①   ②   ③   ④

2 Now I wish I can speak English as fluently as you.
   ①   ②   ③   ④

3 If I'd been more ambitious, I could get a promotion.
   ①   ②   ③   ④

4 If she will die tomorrow, what would her children do?
   ①   ②   ③   ④

5 I'll lend you my book as well as you promise to bring it back on time.
   ①   ②   ③   ④

E 주어진 우리말과 같은 뜻이 되도록 빈칸을 채우시오.

1 내가 돈을 저축했더라면, 지금과 같은 빈털터리는 되지 않았을 텐데.

= If I _____ _____ my money, I would _____ _____ as

broke as I am now.

2 그녀는 자신이 진짜 모델인 것처럼 거리를 걸었다.

= She walked along the street _____ _____ she _____ a

real model.

3 그녀가 내게 돌아올 수 있다면 얼마나 좋을까!

= ＿＿＿＿＿＿＿＿ ＿＿＿＿＿＿＿＿ she could come back to me!

4 바다가 마르면 그녀를 다시 만날 것이다.

= If the ocean ＿＿＿＿＿＿＿＿ ＿＿＿＿＿＿＿＿ dry up, I would meet her again.

F 다음 글의 밑줄 친 부분 중, 어법상 틀린 것은?

① <u>Born in Pisa</u> on February 15, 1564, Galileo showed an unusual talent for science at a very early age. His father believed that science would never ② <u>make his son rich</u>. So he suggested that ③ <u>Galileo became a cloth-dealer</u>. But Galileo ④ <u>had no interest</u> in business. He persuaded his father ⑤ <u>to let him study</u> medicine and philosophy at the University of Pisa.

G 다음 글을 읽고, 빈칸에 들어갈 알맞은 한 단어를 쓰시오.

Have you ever heard of the Brooklyn Bridge? Perhaps you have, because it is one of the world's most famous bridges. It has played an important role in the development of New York City. The bridge was a triumph of engineering and of courage at the time it was built. In fact, ＿＿＿＿＿＿＿＿ the skill and determination of two men, a father and son, the bridge would never have been built.

H 빈칸 (A)와 (B)에 가장 적절한 것끼리 짝지은 것을 고르시오.

If animals got awards, the male emperor penguin ＿＿＿(A)＿＿＿ the prize for Best Dad. Not many males among animals take an active role in hatching and raising their young. For two months the father penguin holds his egg on top of his feet. ＿＿＿(B)＿＿＿ away, the egg will freeze, killing the growing chick inside. The attentive dad bravely endures the harsh Antarctic climate. He won't leave the egg to eat, so a male penguin loses up to half his body weight.

	(A)	(B)
①	would take	If it rolls
②	would take	If it rolled
③	would take	If it will roll
④	would have taken	If it rolls
⑤	would have taken	If it rolled

I 빈칸 (A)와 (B)에 가장 적절한 것끼리 짝지은 것을 고르시오. 수능기출

Many people went outside around August 27 this year to observe the close encounter between Earth and Mars. On August 27, ____(A)____ to Earth than ever in human history, the one-way travel time of light was just 3 minutes and 6 seconds. Thus, if you had turned a light toward Mars that day, ____(B)____ Mars in 186 seconds. Mars was so bright that even the lights of the city didn't get in the way. If you missed this astronomical show, you're really out of luck. Mars will not be this close again until the year 2287.

	(A)	(B)
①	Mars was closer	it had reached
②	Mars was closer	it would have reached
③	when Mars was closer	it reached
④	when Mars was closer	it would have reached
⑤	when Mars was closer	it had reached

J 글의 흐름으로 보아 빈칸에 들어갈 표현을 쓰시오.

The numbers used by the ancient Romans were really letters that stood for certain numbers; V was 5, X was 10, and C was 100. But in the 10th century, a number system from the East came to Europe — along with the zero. In this number system, a digit stands for a different number depending on its "place" in the number. For instance, the 2 in 200 stands for a different quantity from the 2 in 120. But this system wouldn't work at all _____ the zero, for the 200 would be just 2 and the 120 would be 12. That's why the zero is the most powerful and important number ever invented!

Ⓚ (A), (B), (C) 의 각 네모 안에서 어법에 맞는 표현을 고르시오.

The media can provide important community information in the form of warnings. For example, the media can warn of the danger of an approaching hurricane or tornado. These warnings provide up-to-the-minute information on the location of the bad weather and alert people (A) [take / to take] the necessary precautions. (B) [Unless / Without] such warnings, there would be a greater danger of loss of life and property. Warnings may also be given for other hazards such as air or water pollution. Periodically, the media raises questions about water quality, suggesting that the water we drink (C) [should not be / is not] safe.

Ⓛ 다음 빈칸에 적절한 단어를 넣어 글을 완성하시오.

Dear Helen,

If you _____ a tear in my eye, I would not cry for fear of losing you. I wish I _____ a tear in your eye so I could start in your eye, live on your cheek, and die on your lips.

If a star _____ every time I think of you, the sky _____ be empty tonight.

Please remember if I could rearrange the alphabet, I _____ put U and I together.

Sincerely.

Chapter 09
일치_ ✏️

1 주어를 찾아라!   ✏️   188

2 단수 동사를 사랑하는 주어   ✏️   190

3 복수 동사를 사랑하는 주어   ✏️   193

4 단수 동사, 복수 동사를 모두 사랑하는 주어   ✏️   194

5 시제 일치란?   ✏️   195

6 시제 일치의 예외   ✏️   196

●------------------한눈에 쏙!!   🔓   199

●------------------Grammar Exercises   ✏️   201

❶ 주어를 찾아라!

주어가 자신을 수식해주는 어구와 함께 등장할 경우, 주어와 동사 사이에 있는 잡다한 것에 현혹되어서는 안 되며 무엇이 주어인지를 잘 판단해야 한다. 주어를 제대로 파악하기만 하면 동사 찾기는 그야말로 식은 죽 먹기다.

　주어가 다음과 같은 모습을 하고 있는 경우, B가 주어가 되고 A는 주어(몸통)에 달라붙은 번잡한 꼬리에 불과하다. 따라서 동사는 B에 일치시켜야 한다.

1. B with A　A를 가지고 있는 B

A girl with lots of pimples **is** shopping now.
여드름투성이의 한 소녀가 지금 쇼핑을 하고 있다.

2. B as well as A　A뿐만 아니라 B(도)

Tom as well as his friends **is** happy.
Tom의 친구들뿐만 아니라 Tom도 행복하다.

3. Not only A but (also) B   A뿐만 아니라 B(도)

Not only the father **but also his sons were** satisfied with the result.
아버지뿐만 아니라 그의 아들들도 결과에 만족했다.

4. A or B   A 또는 B

A staple **or several paper clips are** needed to keep the papers together.
서류를 묶기 위해 스테이플이나 몇 개의 클립이 필요하다.

5. Not A but B   A가 아니라 B

Not you **but he is** wrong.
네가 아니라 그 녀석이 틀렸다.

6. Neither A nor B   A도 아니고 B도 아닌

Neither Joan **nor her friend eat(s)** sushi.
Joan도 그녀의 친구도 회를 먹지 않는다.

7. Either A or B   A와 B 중 하나

Either the jugglers **or the tightrope walker performs** next.
저글러들 또는 줄타기 곡예사가 다음에 공연한다.

❷ 단수 동사를 사랑하는 주어

아래에 나오는 것들이 주어로 쓰였을 때는 단수 동사를 쓴다. 이 녀석들은 그 의미를 슬쩍 보면 복수 동사를 써야 할 것 같지만 사실은 단수 동사를 써야만 하는 것이다. 앞으로 이런 주어를 만나면 속지 않도록 정신을 바짝 차리도록 하자.

1. 부정대명사

01 another	06 either	11 much	16 one
02 anybody	07 everybody	12 neither	17 somebody
03 anyone	08 everyone	13 nobody	18 someone
04 anything	09 everything	14 no one	19 something
05 each	10 little	15 nothing	etc.

Everyone was looking at him.　모두들 그를 보고 있었다.

Everything in the store costs less than 20 dollars.
상점 안에 있는 모든 물건은 20달러 미만이다.

Everybody has his[their] own story.
모든 사람은 그(들) 자신의 이야기를 가지고 있다.

Every country has a national flag.　모든 국가는 국기를 가지고 있다.

Every child needs love and attention.
모든 아이는 사랑과 관심이 필요하다.

Each (man) knows what to do.　각자 무엇을 해야 할지 알고 있다.

Each of us keeps a diary.　우리들 각자는 일기를 쓰고 있다.

Anyone who wants to come **is** welcome.
오고 싶은 사람은 누구나 환영이다.

Nobody here knows the answer.　여기에 있는 누구도 정답을 알지 못한다.

부정대명사를 인칭대명사로 ●--
받을 때 복수형을 쓰기도 한다.

Nothing travel**s** faster than light.

어떤 것도 빛보다 빠르지는 않다.

cf. I have three sons but **none** of them **live(s)** nearby.

나는 아들이 셋 있지만 어느 누구도 가까이 살지 않는다.

All은 사물을 나타낼 때에는 단수 동사를 쓰고, 사람을 나타낼 때는 복수 동사를 쓴다.

All were silent.

모든 사람들이 조용히 했다.

All was silent.

만물이 고요했다.

2. 학문(과목)명, 나라 이름, 질병 이름, 책 제목 등

Mathematics is my favorite subject.

수학은 내가 가장 좋아하는 과목이다.

The United States of America import**s** many Korean products.

미국은 많은 한국 제품을 수입한다.

Measles is an infectious illness that gives you a high temperature and red spots on your skin.

홍역은 고열과 피부에 붉은 반점을 수반하는 전염병이다.

Great Expectations **was** written by Charles Dickens.

위대한 유산은 Charles Dickens에 의해 집필되었다.

Bad news travel**s** quickly.   나쁜 소식은 빨리 퍼진다.

3. A and B 의 형식이 단일 개념을 나타낼 때

Curry and rice is my usual lunch.
카레라이스는 내가 점심으로 즐겨먹는 것이다.

Rock and roll was influenced by American jazz.
록앤롤은 미국 재즈의 영향을 받았다.

All work and no play makes Jack a dull boy.
공부만 하고 놀지 않으면 바보가 된다.

Slow and steady wins the race.
느리지만 꾸준히 하는 것이 경주에서 이긴다.

4. (일정한 정도·양을 나타내는) 시간·거리·금액

Two hours is a very long time to stand at attention.
두 시간은 시중을 들며 서 있기에는 아주 긴 시간이다.

Five miles is a long distance for a child to walk.
5마일은 아이가 걷기에는 먼 거리이다.

Sixty dollars seems like a lot to spend on a gift.
선물 하나 사는데 60달러를 쓰는 것은 좀 많아 보인다.

* 동명사구, to 부정사구, What
절, That절 등이 주어로 쓰이
면 단수 동사를 쓰는 것이 원
칙이다.

* 도치 구문에서 주어와 동사를
잘 살펴야 한다.

* 관계대명사절의 동사는 선행
사와 일치시킨다.

5. 기타

1) **Many a + 단수명사 : 많은 ~**
Many a man wants to marry her.
많은 남자들이 그녀와 결혼하기를 원한다.

2) **More than one** + 단수동사

More than one publisher **is** interested in the novel.

한 명 이상의 출판업자들이 그 소설에 관심을 가지고 있다.

cf. More than one of the people **are** against the plan.

그 사람들 중 한 명 이상이 그 계획에 반대한다.

❸ 복수 동사를 사랑하는 주어

1. 집합명사

The audience **were** greatly moved.

관중들은 크게 감동 받았다.

관중 한 명 한 명에 초점을 두었기 때문에 복수 동사를 썼다.

cf. The audience **was** very small.

관중은 아주 적었다.

관중 전체를 하나의 단위로 보았기 때문에 단수 동사를 썼다.

• **집합명사**
→ p. 311 참조

2. a number of + 복수명사

A number of houses **were** destroyed.

많은 집들이 파괴되었다.

• 'The number of + 복수명사'는 단수 동사로 받는다.

The number of auto accidents increases during bad weather.

날씨가 좋지 않은 기간에는 교통사고 수가 증가한다.

3. glasses, trousers, pants, trunks, jeans, shorts, pajamas, socks, scissors 등

이런 명사들은 복수형으로만 쓰이며 따라오는 동사도 복수형으로 써야 한다.

These **trousers are** dirty.
= This pair of trousers is dirty.   이 바지는 더럽다.

Where **are** my **glasses**?   내 안경이 어디 갔지?
비록 한 개의 안경이지만 복수형을 써야 한다. 안경알이 두 개라서 그렇다는 사람도 있기는 하다.

cf. Aunt Marge reached for her glass of wine.
Marge 고모는 와인잔을 집으려고 손을 뻗었다.
위 문장에서 glass는 '유리잔'의 의미로 쓰였다.

❹ 단수 동사, 복수 동사를 모두 사랑하는 주어

all[more, most, some, half, none, part, plenty, 분수…] + of
위의 어구가 다른 명사와 결합해서 주어가 되는 경우, 뒤의 명사가 수(복수)를 나타낼 때는 복수 동사를 사용하고, 양(단수)을 나타낼 때는 단수 동사를 사용한다.

All of the snow **has** melted.   눈이 모두 녹았다.

All of the leaves **have** fallen.   모든 나뭇잎들이 떨어졌다.

Most of the children at this school **are** under 10 years old.
이 학교에 있는 아이들의 대부분은 10세 이하이다.

Most of the work **is** done by robots.
그 일의 대부분은 로봇에 의해 이루어진다.

Some of us **are** going out tonight.   우리들 중 일부는 오늘밤 나갈 것이다.

Half of the apple **is** rotten.   그 사과의 반은 썩었다.

Half of the apples **are** rotten.   그 사과 중 절반은 썩었다.

Two-thirds of the boys **are** still playing baseball.

소년 들 중 2/3가 여전히 야구를 하고 있다.

None of my friends **live(s)** near my house.

내 친구들 중 아무도 내 집 근처에 살지 않는다.

None of the work **was** done.　어떤 일도 끝나지 않았다.

❺ 시제 일치란?

주절의 동사와 종속절의 동사는 논리적으로 시간 관계가 일치해야 하는데 이를 시제의 일치라고 한다. 주절의 동사가 현재(완료) 또는 미래일 경우, 종속절에는 어떤 시간 표현이 와도 무방하다.

Tarzan **thinks** that Jane **loves** him.

Tarzan은 Jane이 자기를 사랑한다고 생각한다.

Tarzan **thinks** that Jane **loved** him.

Tarzan은 Jane이 자기를 사랑했다고 생각한다.

Tarzan **thinks** that Jane **will love** him.

Tarzan은 Jane이 자기를 사랑할 거라고 생각한다.

하지만 주절의 동사가 과거(완료)가 되면 종속절의 동사는 다음과 같이 변한다.

Tarzan **thought** that Jane **loved** him.

Tarzan은 Jane이 자기를 사랑한다고 생각했다.

Tarzan **thought** that Jane **had loved** him.

Tarzan은 Jane이 자기를 사랑했다고 생각했다.

> Tarzan **thought** that Jane **would love** him.
>
> Tarzan은 Jane이 자기를 사랑할 것이라고 생각했다.

마지막 문장 'Tarzan thought that Jane **would love** him.' 에서 **would love**가 나타내는 것은 '미래'이다. 비록 형태상으로는 조동사의 과거형을 썼지만 이것을 '과거'로 번역할 수는 없다. 이는 단지 '시제 일치'를 위한 형식적인 변형에 불과하다. 따라서 시제 일치의 적용을 받은 문장을 우리말로 옮길 때는 그 논리적인 관계를 꼭 유념해야 한다.

시제 일치를 아주 간단히 표현하면 "주절의 시제가 과거일 때 종속절의 시제는 과거 또는 과거완료가 되어야 한다." 이를 도표로 정리하면 아래와 같다.

시제 일치의 원칙을 배우긴 했지만 실제 영어 문장에서는 아래에서 설명된 것처럼 예외가 더 많이 쓰인다.

⑥ 시제 일치의 예외

1. 종속절이 일반적 진리를 나타낼 때

> Galileo maintained that the earth **is** round.
>
> Galileo는 지구가 둥글다고 주장했다.

2. 종속절이 현재에도 변하지 않는 습관이나 성질 또는 현재에도 유효한 사실을 나타낼 때

She **said** that she take**s** a walk every morning.
그녀는 매일 아침 산책을 한다고 말했다.

I asked him what his name **is**.
나는 그에게 이름이 뭐냐고 물어보았다.

cf. 엄격하게 시제 일치를 지켜서 I asked him what his name was.
라고 쓸 수도 있다.

3. 비교 표현
과거와 현재를 대비하여 비교하는 비교 구문에서는 당연히 시제 일치가 적용될 수 없다.

When I was your age, I **studied** harder than you **are** studying now.
내가 네 나이였을 때, 나는 지금 네가 공부하는 것보다 더 열심히 공부했다.

4. 역사적 사실
역사적 사실은 주절의 시제와 관계없이 과거 시제로 나타낸다.

He says, "King Sejong invented the Korean alphabet in 1443."
→ He said that King Sejong **invented** the Korean alphabet in 1443.
그는 세종대왕이 1443년에 한글을 창제했다고 말했다.

5. 가정법에서
종속절에 나오는 가정법의 형식은 주절의 시제에 영향을 받지 않는다.

He said to me, "I wish I were a bird."
→ He **told** me that he wish**ed** he **were** a bird.
그는 자신이 새이기를 바란다고 내게 말했다.

He says that he would buy a car if he had more money.
→ He **said** that he **would** buy a car if he **had** more money.
그는 돈이 좀 더 있으면 차를 사겠다고 말했다.

For Fun

Teacher	Ellen, give me a Sentence Starting with 'I'.
Ellen	I iS~.
Teacher	No, Ellen. Always Say, '**I am**'.
Ellen	All right~. I am the ninth letter of the alphabet.

제대로 영문법

한눈에 쏙!!

수의 일치

주어가 단수인지 복수인지를 따지는 것이므로 핵심명사를 파악하는 것이 중요하다. 다만, 형식이 아니라 의미에 따라 수를 일치시키는 경향이 늘고 있다는 것도 알아두자.

1 B가 주어

B with A   A를 가지고 있는 B

B as well as A   A뿐만 아니라 B도(= not only A but also B)

A or B   A 또는 B

neither A nor B   A도 아니고 B도 아닌(일상체에서는 복수 취급)

either A or B   A와 B 중 하나

2 단수 동사를 쓰는 주어

부정대명사(everything, everybody, something, anything, something, each, no one 등)

학문(과목)명, 국가명, 질병명, 책 제목

'A and B'가 단일 개념을 나타낼 때

일정한 정도나 양을 나타내는 시간, 거리, 금액

many a + 단수명사

more than one + 단수명사

the number of + 복수명사

one of + 복수명사

동명사구, 부정사구, 명사절

집합명사(하나의 덩어리로서의 '크기'나 '구성'을 나타낼 때)

3 복수 동사를 쓰는 주어

집합명사(audience, family, committee, class 등) (개체가 전제가 되는 경우)

a number of + 복수명사

all[more, most, some, half, none, part, plenty, 분수…] + of + 명사: 명사가 '수(복수)'를 나타낼 때는 복수 동사를, '양(단수)'을 나타낼 때는 단수 동사를 쓴다.

glasses, trousers, pants, trunks, jeans, shorts, pajamas, socks, scissors 등

시제 일치

주절의 시제가 현재 → 종속절에는 모든 시간 표현이 올 수 있음

주절의 시제가 과거 → 종속절에는 과거 또는 과거완료

시제 일치의 예외

일반적 사실이나, 진리, 현재의 습관 → 언제나 현재 시제로

역사적 사실 → 언제나 과거 시제로

종속절에 나오는 가정법 → 주절의 시제에 영향을 받지 않음

Ⓐ 올바른 문장이 되도록 네모 안에서 알맞은 것을 고르시오.

① Both of the statues on the shelf [is / are] broken.

② Everybody in the class [has / have] done the homework well.

③ Two years [is / are] a long time to spend away from your spouse.

④ Watering plants [is / are] especially important in summer.

⑤ One of my teachers [has / have] written a letter of recommendation for me.

⑥ Fish and chips [is / are] his favorite dish.

⑦ Always remember that behind every successful person [is / are] a lot of small failures.

⑧ I learned that water [froze / freezes] at a temperature of 0℃.

⑨ Not only the students but also their teacher [has / have] been called to the principal's office.

⑩ Many a company [is / are] trying to employ men of talent.

⑪ We learned the Korean War [broke / had broken] out in 1950.

Ⓑ 다음 빈칸에 알맞은 말을 [보기]에서 찾아 쓰시오. (중복 사용 가능)

[보기]	am	are	is	have	has

① The police _____ not made any arrests yet.

② Three-fifths of the students _____ staying in their classroom.

③ Be careful! Grandma's scissors _____ very sharp.

④ Economics _____ the social science that deals with problems of scarcity.

⑤ You and I _____ supposed to clean the room before Mom gets home.

C 밑줄 친 부분을 어법에 맞게 고치시오.

1 It is believed that *Romeo and Juliet* <u>were</u> first printed in 1597.

2 The number of cars <u>have</u> greatly increased.

3 A lot of furniture <u>are</u> being made abroad today.

4 He is one of the professors who <u>studies</u> dinosaurs.

5 Juan or Julian <u>prepare</u> the conference room each week.

6 Measles <u>are</u> a dangerous disease that can be fatal.

7 Fifty percent of the students <u>is</u> in favor of changing the policy.

8 A high percentage of the population <u>are</u> voting for the new school.

9 At the foot of the mountain <u>was</u> two enormous orchards, both owned by the same woman.

10 Trial and error <u>are</u> the method used by children learning their first language.

D 밑줄 친 부분 중, 어법상 어색한 것을 골라 바르게 고치시오.

1 Each <u>year</u> <u>a great number</u> of people <u>is</u> exposed to <u>fires</u>.
　　　　① 　　　　② 　　　　　　③ 　　　　④

2 Being born without arms and legs <u>haven't stopped</u> <u>him</u> from <u>living</u> life <u>to the fullest</u>.
　　　　　　　　　　　　　　　① 　　　　② 　　　　③ 　　　④

3 This bridge <u>between</u> Manhattan and Brooklyn <u>have linked</u> people from <u>the two parts</u>
　　　　　① 　　　　　　　　　　　② 　　　　　　　③

of New York City <u>for over</u> a hundred years.
　　　　　　④

4 <u>Neither</u> the teacher <u>nor</u> the students <u>seems</u> <u>to understand</u> this assignment.
　　① 　　　　　② 　　　　　③ 　　　④

E 다음 빈칸에 들어갈 수 있는 단어를 [보기]에서 찾아 알맞은 형태로 고쳐 쓰시오.

[보기]	have	make	break	be

1 She is one of the few women who ＿＿＿＿＿＿ climbed K2, the World's Most Feared Mountain.

2 This is one of those books that ＿＿＿＿＿＿ read by everybody.

③ One of the things that really _____ me angry is people who don't answer their cellphone right away.

④ I've got one of those Korean cars that never _____ down.

⑤ What I am most interested in _____ your immediate personal reactions.

F 다음 문장에서 어법상 **틀린** 곳이 있으면 고치시오.

① One of the most common problems with roommates has to do with space.

② Identical twins who were separated at birth was reunited by chance.

③ Among the most cherished memories of my childhood is the time spent with my father.

④ The things in your life that doesn't matter should not consume your time and energy.

⑤ During the time when the swine flu was at their peak, more people died from a strain of influenza virus.

G 다음 글의 밑줄 친 부분 중, 어법상 **틀린** 것은?

Abraham Lincoln, the president of the United States, ① was a lawyer before becoming President and had a reputation for ② being extremely honest. Many of his political accomplishments ③ includes helping other people overcome adversity. These deeds certainly ④ support how dedicated Mr. Lincoln ⑤ was to the people of his country.

H 다음 글에서 어법상 **잘못된** 부분이 포함된 문장을 찾아 바르게 고치시오.

Some physically challenged people are great athletes. ① With hard work and strong wills, they go beyond their physical challenges and make their dreams come true. ② Kacey McCallister is one of more than 50,000 physically challenged people in the United States who playing sports. ③ He lost both legs in a car accident when he was six. ④ But he doesn't let his physical disability stop him from doing the things he loves. ⑤ He has learned to play many sports such as basketball and baseball.

I 밑줄 친 부분 중, 어법상 어색한 부분을 고르시오.

King Croesus was planning to go to war. He thought he should get advice from an oracle. (A) But which one? At that time, there were many oracles. They (B) were supposed to be able to read people's minds and also predict the future. But the king didn't know which oracle he could believe. He decided to test them. He sent seven men to visit seven oracles. At a fixed time, (C) each oracle were asked the same question, "What is the king doing now?" (D) Back in his palace, the king was cooking a lamb and turtle soup in a black pot. Who could guess that a king would be doing a thing like that?

① (A)　　② (B)　　③ (C)　　④ (D)　　⑤ 어색한 부분 없음

J (A), (B), (C)의 각 네모 안에서 어법에 맞는 표현을 고르시오.

The misuse of antibiotics (A) is / are reducing their effectiveness. Antibiotics are often prescribed and taken even when they're not necessary. In fact, researchers estimate that as (B) many / much as 50 percent of antibiotic prescriptions are inappropriate. Many people fail to take antibiotics correctly, and they often don't complete a full course of medication. When a course of medication is not finished, the bacteria that (C) remain / remains in the body can grow stronger. As a result, some infections once curable with antibiotics are becoming deadly.

K 다음 밑줄 친 부분 중 어색한 것이 있다면 그 부분은? 수능기출

The fact that someone is (A) interested enough to give help to poor villagers (B) often work wonders. The villagers become interested in helping themselves. They become (C) less discouraged when they realize that they themselves can (D) help make their own lives better.

① (A)　　② (B)　　③ (C)　　④ (D)　　⑤ 어색한 부분 없음

Chapter 10

화법 _ 🖍

1 평서문의 화법 전환   🖊 207

2 의문문의 화법 전환   🖊 209

3 명령문의 화법 전환   🖊 210

4 감탄문의 화법 전환   🖊 211

5 기원문의 화법 전환   🖊 212

6 복잡하게 생긴 문장의 화법 전환   🖊 213

●- - - - - - - - - 한눈에 쏙!!   🔓 215

●- - - - - - - - - Grammar Exercises   🖊 216

위의 그림을 보면 말을 전달하는 삼순과 희진의 IQ를 의심해 볼 만하다. 국어 점수가 20점만 넘는 사람이라면, 네모 칸 안의 단어를 어떻게 고쳐야 하는지 쉽게 알 수 있을 텐데 말이다.

삼식이가 말한 '너'는 삼순양 입장에서는 '나'가 되고, 어제 말한 '내일'은 바로 '오늘'이 되어야 한다. 다른 사람의 말을 전달할 때는 제대로 전달해야하는데, 이처럼 다른 사람의 말을 또 다른 누군가에게 전달해주는 방식을 '화법'이라고 한다. 화법에는 다른 사람의 말을 (이왕이면 목소리나 몸짓까지도!) 그대로 전달해주는 〈직접화법〉과 내용만을 전달해주는 〈간접화법〉이 있다.

직접화법　　Tarzan said, "I lost my short pants."
타잔은 "난 반바지를 잃어버렸어."라고 말했다.

간접화법　　Tarzan said that he had lost his short pants.
Tarzan은 반바지를 잃어버렸다고 말했다.

영어의 직접화법을 간접화법으로 고칠 때, 가장 중요한 점은 먼저 상황을 생각해 보는 것이다. 다시 말해서, 화법 전환에는 엄격한 규칙이 있는 것이 아니라 그때그때 상황에 맞게 바꿔주면 되는 것이다. 상황에 맞게 적당하게 고치는 것, 이것이 바로 화법 전환의 규칙이다. 자 그럼 이제부터 다양한 문장들의 직접화법을 간접화법으로 고쳐보자.

❶ 평서문의 화법 전환

ⓐ Tarzan said, "I lost my short pants."

전달동사 · 피전달문 · 인용부호

타잔은 "난 반바지를 잃어버렸어."라고 말했다.

↓

ⓑ Tarzan **said** that he **had lost** his short pants.

Tarzan은 반바지를 잃어버렸다고 말했다.

직접화법을 간법화법으로 표현할 때 **의미상 오해의 여지가 없으면 대과거(had lost) 대신 그냥 편하게 과거형(lost)을 써도 된다.**

직접화법 → 간접화법

1. 전달동사를 상황에 맞게 바꿔준다.
   say(said) → say(said), say(said) to → tell(told)로 고친다.
2. ⓐ에 있던 콤마(,) 와 인용부호(" ")를 과감히 없애준다.
3. 접속사 that으로 전달문과 피전달문을 연결해준다.
   (that은 생략 가능)
4. 피전달문의 인칭대명사를 전달해주는 사람의 입장에서 적당하게 바꿔준다.
5. 시제를 일치시킨다. **아주 중요!**
6. 피전달문의 지시대명사 및 장소나 시간을 나타내는 부사를 상황에 맞게 논리적으로 바꿔준다.

this	→	that
here	→	there
now	→	then
ago	→	before
today	→	that day
tonight	→	that night
tomorrow	→	the next day, the day after
yesterday	→	the previous day, the day before
last week	→	the week before
next month	→	the following month

4와 6의 내용은 앞에 제시된 그림의 상황을 생각해 보면 너무나 당연하다. 논리적으로 적절하게 바꿔준다는 말이 무슨 말인지 다시 한 번 살펴보자.

Jane said to me, "I want to go shopping tomorrow."

→ ⓒ Jane told me that she wanted to go shopping **the next day**.
→ ⓓ Jane told me that she wanted to go shopping **tomorrow**.

만일 Jane이 한 말을 10일쯤 후에 다른 사람에게 전달해준다면 ⓒ와 같이 전달해야 할 것이다. 하지만 Jane이 오늘 한 말을 다른 누군가에게 오늘 전달해 준다면 ⓓ처럼 바꿔줘야 논리적으로 맞는 것이다. '상황에 맞게'라는 말, 이해가 가죠?

자, 그렇다면 5의 시제 일치는 무슨 말일까? 전달동사의 시제가 현재가 된다면 피전달문의 시간 표현은 변하지 않는다. 하지만 전달동사(주절의 시제)가 과거가 되면 피전달문(종속절)의 시간도 논리적으로 바꿔줘야 하는데, 이를 시제의 일치라고 한다.

p. 195 참조

자, 아래의 화법전환을 살펴보기로 하자.

Jane says, "I **will** marry Tarzan."
↓
Jane says that she **will** marry Tarzan.

대개는 다른 사람이 이미 한 말을 전달해 주겠지만 현재 말하고 있는 내용을 전달해 주는 경우도 있을 수 있다. 이처럼 전달동사의 시제가 현재(says)일 때는 피전달문의 시간(will)은 변하지 않고 그대로 will이 된다. 하지만 아래의 화법전환에서

ⓐ　　Tarzan said, "I have 10 dollars **now**."
　　　Tarzan은 "난 지금 10달러를 가지고 있어."라고 말했다.

ⓑ　　Tarzan said that he had 10 dollars **then**.
　　　Tarzan은 자기가 그 때 10달러를 가지고 있다고 말했다.

ⓐ의 have가 왜 ⓑ에서 had가 되었을까?

Tarzan이 '가지고 있다'고 말을 하던 그 시점이 말을 누군가에게 전달해 주는 시점에서는 이미 지나간 시간(과거)이 되었기 때문에 과거형으로 고쳐준 것이다.

따라서 ⓑ의 문장을 'Tarzan은 자기가 10달러를 가졌었다고 말했다.' 라고 해석을 하면 논리적으로 잘못된 것이다. 과거형으로 썼다고 단순히 과거로 번역을 하면 안 되는 것이다. 아래의 예문을 보면 더 확실히 알게 될 것이다.

Tarzan said to me, "I **will** marry Jane."

Tarzan은 "나는 Jane과 결혼할거야."라고 나에게 말했다.

↓

Tarzan told me that he **would** marry Jane.

Tarzan은 자기가 Jane과 결혼할거라고 나에게 말했다.

위 문장 역시 피전달문의 미래 표현(will)을 논리적으로 알맞게 과거 시제(would)로 바꿨다. 하지만 '미래에 결혼을 하겠다'는 의미는 언제나 똑같다.

평서문의 화법 전환을 완벽하게 이해했다면 다음에 나오는 의문문, 명령문, 기타 복잡한 문장들의 화법 전환은 하나도 어려울 것이 없다. 자, 다른 화법 전환에 대해 알아보자.

❷ 의문문의 화법 전환

순서

1   전달동사를 ask로 고쳐준다.

2   콤마(,) 와 인용부호(" ")를 없앤다.

3   의문사가 있으면 의문사를 의문사가 없으면 if나 whether를 접속사로 사용한다.

4   피전달문을 평서문의 어순(S+V)으로 고친다.

1. 의문사가 있는 의문문

He said to her, "What is your father like?"

그는 그녀에게 "당신 아버지는 어떤 분이세요?"라고 말했다.

↓

He asked her **what** her father was like.

그는 그녀에게 그녀의 아버지가 어떤 분이냐고 물었다.

2. 의문사가 없는 의문문

He said to me, "Do you love me?"

그는 나에게 "넌 날 사랑하니?"라고 말했다.

↓

He asked me **if[whether]** I loved him.

그는 나에게 내가 그를 사랑하는지 물었다.

10.3_

❸ 명령문의 화법 전환

> 순서

'시키다'라는 의미가 있는 동사 뒤에 '목적어 + to 부정사'를 쓴다는 것을 배운 적이 있다. 몇 쪽에 있을까?

1	전달동사는 피전달문의 내용에 따라 적절하게 고친다.

      충고(조언)   →   advise

      부탁(요청)   →   ask

      명령   →   tell, order

2   콤마(,) 와 인용부호(" ")를 없앤다.

3   피전달(명령)문의 동사를 to 부정사로 고친다.

The doctor said to me, "Stay in bed for a few days."

의사는 내게 "며칠 동안 누워 계세요."라고 말했다.

↓

The doctor advised me **to stay** in bed for a few days.

의사는 내게 며칠 동안 누워 있으라고 조언했다.

She said to me, "Don't forget to remember me."

그녀는 내게 "저를 기억하는 것을 잊지 말아요."라고 말했다.

↓

She told me **not to forget** to remember her.

그녀는 내게 자신을 잊지 말라고 말했다.

❹ 감탄문의 화법 전환

10.4 _ ✏️

순서

1 전달동사는 문맥에 따라 say, exclaim, cry out, shout 등으로 고친다.

2 콤마(,)와 인용부호(" ")를 없앤다.

3 시제를 일치시킨다.

4 감탄문을 그대로 사용할 수도 있고, 감탄문을 very를 사용하여 평서
   문으로 고친 후 평서문의 화법 전환 요령대로 고쳐도 괜찮다.

He said, "WHAT A NICE DRESS (IT IS)!"   그는 "옷 참 멋지다!"라고 말했다.

→ He **exclaimed** what a nice dress (it was).   그는 옷이 정말 멋지다고 외쳤다.
  감탄문을 그대로 이용한 경우

→ He **said** that it was a **very** nice dress.   그는 그것이 매우 멋진 옷이라고
  피전달문(감탄문)을 평서문 It is a very nice dress.로   말했다.
  일단 고친 다음 이것을 다시 간접화법으로 고친다

●감탄문의 모습

**What a(n) (+ 형용사) +
단수명사**

: What an honest man!

**What (+ 형용사) + 셀 수
없는 명사/복수명사**

: What beautiful weather!

: What lovely flowers!

: What idiots!

**What + 목적어 + 주어 +
동사**

: What a beautiful smile
  you have!

How+형용사

: How nice!

How + 형용사(부사) +	She said to me, "HOW COLD (IT IS)!"

**How + 형용사(부사) +
주어 + 동사**
: How hot it is!
: How beautifully you sing!

How + 주어 + 동사
: How you've grown!

She said to me, "HOW COLD (IT IS)!"
그녀는 내게 "아, 추워!"라고 말했다.

→ She **exclaimed** to me how cold it was.
그녀는 내게 춥다고 외쳤다.
→ She **told** me that it was **very** cold.
그녀는 내게 매우 춥다고 말했다.

He said, "HURRAH! I'VE WON THE GAME."
그는 "만세! 내가 게임에서 이겼어."라고 말했다.

→ He **shouted with joy** that he had won the game.
그는 게임에서 이겼다고 기뻐서 소리 질렀다.
→ He **exclaimed with delight** that he had won the game.
그는 게임에서 이겼다고 기뻐서 외쳤다.

피전달문이 기쁜 내용이거나 Hurrah! Bravo! 등의 감탄어구가 있을 때, 전달동사 다음에 with delight[joy, pleasure] 등의 부사구를 덧붙인다.

10.5 _ ❺ 기원문의 화법 전환

기원문은 기도하는 말 또는 누군가를 축복해 주는 말이다. 전달동사로 pray(기도하다) 또는 express one's wish(소망을 표하다.) 정도를 쓰면 무난하다.

순서

1 전달동사는 pray, express 등을 사용한다.

2 콤마(,) 와 인용부호(" ")를 없앤다.

3 피전달문을 주로 that절로 쓴다.

She said to me, "(May) God bless you!"

그녀는 내게 "신이 너를 축복하시기를!"이라고 말했다.

→ She **prayed** that God **might** bless me.

그녀는 신이 나를 축복하길 기도했다.

→ She **expressed her wishes** that God **might** bless me.

그녀는 신이 나를 축복하기를 바란다는 그녀의 바람을 표현했다.

기원문에서는 흔히 조동사 may/might를 쓴다.

❻ 복잡하게 생긴 문장의 화법 전환

10.6 _ ✏️

1. and나 but으로 연결된 비교적 덜 복잡한 문장(중문)의 화법전환

and나 but 다음에 접속사 that을 시퍼렇게 써 줌으로써 그 뒤에 오는 문장 역시 피전달문임을 분명히 해준다.

He said to her, "I'm from Korea, and I'm a Taekwondo instructor."

그는 그녀에게 "전 한국에서 왔고 태권도 사범입니다."라고 말했다.

↓

He **told** her that he was from Korea **and that** he was a Taekwondo instructor.

그는 그녀에게 자신이 한국에서 왔고 태권도 사범이라고 말했다.

2. 여러 문장들이 잇달아 나오는 길고 복잡한 문장(혼합문)의 화법전환

각각의 피전달문을 앞에서 배운 대로 화법전환을 해준 다음에 and로 연결시켜 주기만 하면 끝.

Tarzan said to her, "I love you. Will you marry me?"

Tarzan은 그녀에게 "난 널 사랑해. 나랑 결혼할래?"라고 말했다.

↓

Tarzan **told** her that he loved her **and asked if** she would marry him.

Tarzan은 그녀에게 자신이 그녀를 사랑하며 그녀가 자신과 결혼할 수 있는지를 물었다.

"Words are the source of misunderstanding."

For Fun

Ann	She **told me that you told her the secret I told you not to tell her.**
Kate	The mean thing! **I told her not to tell you I told her.**
Ann	Well, **don't tell her that I told you she told me.**

한눈에 쏙!!

직접화법과 간접화법

직접화법 다른 사람이 한 말을 그대로 다른 사람에게 전달하는 방식
간접화법 다른 사람이 한 말을 상황에 맞게 자신의 말로 다른 사람에게 전달하는 방식

평서문의 화법 전환

1 전달동사 고치기(say → say, said → said, say[said] to → tell[told])
2 콤마(,) 와 인용부호(" ") 없애기
3 접속사 that으로 전달문과 피전달문 연결
4 피전달문의 시제, 대명사, 부사 등을 상황에 맞게 고치기

의문문, 기원문, 명령문, 감탄문, 복합문의 화법 전환

1 **의문문**
   전달동사 ask로 고치기
   의문사를 접속사로 사용, 의문사가 없으면 if/whether를 사용
   피전달문을 평서문의 어순(주어+동사)으로 고침
   시제 일치

2 **기원문**
   전달동사 pray, express one's wish 등을 사용

3 **명령문**
   전달동사 충고, 조언 → advise   부탁, 요청 → ask   명령 → tell, order
   피전달문의 동사를 to 부정사로 고침. 부정문의 경우 'not to 부정사'

4 **감탄문**
   전달동사 문맥에 따라 say, exclaim, shout 등을 사용
   감탄문을 그대로 사용하거나 very를 이용한 평서문으로 고친 후 시제 일치

5 **복합문**
   중문 and나 but 뒤에 바로 that으로 연결
   복합문 각 문장에 맞게 화법 전환 후 and로 연결

Grammar Exercises

Ⓐ 빈칸에 알맞은 단어를 넣어 만화를 완성하시오.

Ⓑ 밑줄 친 부분을 어법에 맞게 고치시오.

① He told his wife that she didn't understand <u>my work</u>.

② Please tell me <u>what do</u> you want.

③ She shouted with joy that her friend <u>has passed</u> the exam.

④ Jane asked me <u>was I</u> alone.

⑤ Yesterday my sister said there <u>is</u> a letter for me.

⑥ The captain ordered us <u>fasten</u> our seat belts.

⑦ He asked me <u>what the matter is</u> with me.

⑧ She advised Mary <u>didn't</u> listen to him.

⑨ He <u>said</u> me if I could help him.

⑩ She said that if she had gone to sleep earlier, she <u>would wake</u> up earlier.

C 두 문장이 같은 의미가 되도록 빈칸에 알맞은 말을 쓰시오.

1 She said to me, "I'm learning Chinese."

→ She told me that _____ learning Chinese.

2 "I've missed the train," Ted said.

→ Ted said that he _____ the train.

3 He said, "I won't meet Jane until tomorrow."

→ He said that he _____ meet Jane until _____ day.

4 She said to me, "What are you going to do?"

→ She asked me _____ .

5 My mother said to me, "Clean your room."

→ My mother ordered me _____ .

6 She says, "I'll go to Chicago when I'm seventeen."

→ She says that _____ go to Chicago when she is seventeen.

7 Tommy said to me, "What a nice pen it is!"

→ Tommy exclaimed to me what a nice pen _____ .

8 Tom said he had been working for three hours.

→ Tom said, " _____ working for three hours."

9 Jane said, "I must buy a new car."

→ Jane said that _____ buy a new car.

10 Meg said to him, "You look pale. Are you sick?"

→ Meg told him that _____ .

11 Yesterday Dave told her that he would be busy today.

→ Yesterday Dave said to her, "I'll be busy _____ ."

12 Dave told me that he had quarreled with my brother that morning.

→ Dave said to me, "I quarreled with _____ brother _____ morning."

13 He told her that he would take her to the zoo the next day.

→ He said to her, "I'll take _____ to the zoo _____ ."

14 Dave told me that he would give that package to his brother.

→ Dave said to me, "I'll give _____ package to _____ brother."

D 다음 빈칸에 들어갈 말을 [보기]에서 찾아 쓰시오.

> [보기]　congratulated　apologized　advised　suggested　promised

1　"I'll definitely be at your house before 7 o'clock, Dave," said Susan.

　→ Susan _____ Dave she would be at his house before 7 o'clock.

2　"I wouldn't eat too much if I were you, Dave," said Susan.

　→ Susan _____ Dave not to eat too much.

3　"How about going for a walk?" said Susan.

　→ Susan _____ going for a walk.

4　"I'm terribly sorry for being late," said Susan.

　→ Susan _____ for being late.

5　"Good job, Dave! You've passed the exam!" said Susan.

　→ Susan _____ Dave on passing the exam.

E 다음 만화를 보고 말풍선을 완성하시오.

F 다음 글의 밑줄 친 부분 중, 어법상 틀린 것은?

　One of the guests turned to ① a man by his side to criticize the singing of the woman ② who was trying to entertain them. "What a terrible voice!" The guest asked him ③ who was she. "She's my wife," was the answer. "Oh, I beg your pardon. Of course, it isn't her voice, really. It's the stuff ④ that she has to sing. I wonder ⑤ who wrote that awful song." "I did." was the answer.

Chapter 11
관계사 _ 🖍

❶ 관계대명사 who, whose, whom   🖍 221

❷ 관계대명사 which, whose(of which), which   🖍 224

❸ 관계대명사 that   🖍 226

❹ 선행사를 겸하는 관계대명사 what   🖍 227

❺ 관계대명사의 제한적 용법 vs. 비제한적 용법   🖍 228

❻ 관계대명사의 생략   🖍 230

❼ 유사 관계대명사   🖍 231

❽ 관계부사   🖍 233

❾ 복합 관계사   🖍 236

● ----------------- 한눈에 쏙!!   🔓❶ 240

● ----------------- Grammar Exercises   ✏ 242

 자, 이제 영어로 돌아와서 생각을 해보자.

   ⓐ   The boy is my cousin.
   ⓑ   He(= the boy) is playing the piano.

   위의 문장을 가만히 들여다보면 **The boy는 결국 He와 같은 대상임을 알 수 있다.** (관계대명사를 이용해서 한 문장을 만들 때, 가장 먼저 해야 할 일은 두 문장에서 같은 낱말(공통된 요소)이 무엇인지를 찾는 것이다!)
   위 문장을 위의 **방법** 1처럼 한다면 The boy is my cousin and he is playing the piano. 가 될 것이다. 얼마나 단순 무식한가! **방법** 2를 따르면,

---

   The boy who is playing the piano is my cousin.

이 된다. 이 문장을 보면 난데없이 who가 들어와 있음을 알게 되는데, 이것이 바로 오늘 배우게 될 관계대명사이다. 이 문장에서 who는 두 문장(ⓐ와 ⓑ)을 연결시켜 줌과 동시에 문장 ⓑ의 대명사 He의 역할까지도 떠맡고 있음을 알 수 있다.
   관계대명사는 문장과 문장을 연결하는 접속사의 역할과 대명사의 역할을 동시에 감당해 내는 대명사이다. 관계대명사가 이끄는 절은 앞에 나오는 단어(대개 명사)를 꾸며주는 형용사절이 되며, 앞에 나오는 말을 유식한 말로 선행사(先行詞)라고 한다. 말이 어려워 선행사이지 한자 뜻을 보면 단순히 '(관계대명사) 앞에 있는 말'

이라는 뜻이 된다.

　조심할 것은 **선행사 뒤에 바로 관계대명사가 바로 이어지지 않고 선행사와 관계대명사가 떨어져 있는 문장도 얼마든지 있다**는 점이다. 여기에서 관계대명사는 언제나 who가 되는 것은 아니며, 선행사의 종류와 연결되는 문장에서의 대명사의 격(역할)에 따라 아래와 같이 다양하게 쓰인다.

선행사와 격에 따른 관계대명사

격 선행사	주격	소유격	목적격
사람	who	whose	who(m)
사물·동물	which	whose, of which	which
사람·동물·사물	that	-	that
선행사 포함	what	-	what

❶ 관계대명사 who, whose, whom

11.1 _✎

두 문장을 연결할 때, 선행사가 사람이고 이어지는 (형용사)절에서 관계대명사가 주어의 역할을 하면 who, 소유격의 역할을 하면 whose, 목적어의 역할을 하면 whom을 사용한다.

1. who - 주격

관계대명사 + _____
주격 + 동사
소유격 + 명사
목적격 + 주어 + 타동사
목적격 + 주어 + 자동사 + 전
치사

I met a boy. + He can speak three languages.

↓

I met a boy who · can speak three languages.

나는 3개 국어를 말하는 아이를 만났다.

This book is about a girl. + She falls in love with a beast.

↓

This book is about a girl who · falls in love with a beast.

이 책은 야수와 사랑에 빠지는 소녀에 관한 것이다.

I met a boy. + I think (that) he is very diligent.

나는 매우 부지런하다고 생각하는 한 소년을 만났다.

↓

I met a boy who I think · is very diligent.

2. whose - 소유격

Children must be taken care of. + Their parents are dead.

↓

Children whose · parents are dead must be taken care of.

부모를 잃은 아이들은 돌봐져야 한다.

This film is about a man. + His wife falls in love with another man.

↓

This film is about a man whose • wife falls in love with another man.

이 영화는 아내가 다른 남자와 사랑에 빠지게 되는 한 남자에 관한 것이다.

3. whom – 목적격

뒤에서 또 다루겠지만 목적격 역할을 하는 관계대명사 whom은 문장에서 생략이 가능하다. 다만 관계대명사 앞에 전치사가 올 때는 생략할 수 없다. whom 뒤에는 '주어 + 동사'가 따라오기 때문에 비록 whom이 생략되더라도 쉽게 알아볼 수 있다. 구어체에서는 목적격 관계대명사 whom 대신 who를 쓰기도 한다.

(1) **타동사의 목적격**

I married a girl. + I met her on the subway.

→ I married a girl who(m) I met • on the subway.

나는 지하철에서 만난 여자와 결혼했다.

The woman is now dating another man. + You are going to marry her.

→ The woman who(m) you are going to marry • is now dating another man.

네가 결혼하려는 그 여자가 지금 다른 남자와 데이트를 하고 있다.

(2) **전치사의 목적격**

This is the man. + I've been looking for him.

→ This is the man (whom) I've been looking for • .

= This is the man for whom I've been looking.

이 사람은 내가 찾고 있는 남자다.

The man was very rude. + I spoke to him.

→ The man (whom) I spoke to · was very rude.
= The man to whom I spoke was very rude.
　　내가 말을 걸었던 남자는 매우 무례했다.

❷ 관계대명사 which, whose(of which), which

선행사가 사물이나 동물이고 이어지는 (형용사)절에서 관계대명사가 주어의 역할을 하면 which, 소유격의 역할을 하면 whose[of which], 목적어의 역할을 하면 which를 사용한다.

1. which - 주격

I want a watch. + It is waterproof.
↓
I want a watch which · is waterproof.
　　나는 방수가 되는 시계를 원한다.

I know a shop. + It sells really beautiful flowers.
↓
I know a shop which · sells really beautiful flowers.
　　나는 정말 예쁜 꽃을 파는 가게를 알고 있다.

2. whose[of which] - 소유격

The house has now been repaired. + Its roof was damaged.

↓

The house whose ・ roof was damaged has now been repaired.
The house the roof of which was damaged has now been repaired.
지붕이 손상된 집은 이제 수리되었다.

= The house of which the roof was damaged has now been repaired.

● 문장이 좀 번잡하다. 그냥 간단하게,
The house with a damaged roof has been repaired.
처럼 쓰는 것이 훨씬 깔끔하고 싶다.

선행사와 관계대명사의 순서를 바꿔도 상관없다. 정관사 the가 나왔음에 주의!

3. which - 목적격

(1) 타동사의 목적격

The money has disappeared. + I left it on the table.

→ The money (which) I left ・ on the table has disappeared.
탁자에 둔 돈이 없어졌다.

Do you like the new dress? + I bought it yesterday.

→ Do you like the new dress (which) I bought ・ yesterday?
내가 어제 산 새 드레스 맘에 드니?

(2) 전치사의 목적격

The ladder began to slip. + I was standing on it.

→ The ladder (which) I was standing on ・ began to slip.
= The ladder on which I was standing began to slip.

내가 서 있던 사다리가 미끄러지기 시작했다.

Each habitat is the home of numerous species. + Most of them depend on that habitat.

→ Each habitat is the home of numerous species, most of which depend on that habitat.

각각의 서식지는 다양한 종들이 사는 곳인데, 대부분의 종들은 그 서식지에 의존한다.

most of which가 하나의 덩어리로 depend의 주어 역할을 한다.

11.3 _ ✏️

❸ 관계대명사 that

관계대명사 that
소유격 No!
전치사 뒤 No!
선행사, that ~ No!
('~ 선행사, 삽입구, that ~'
은 OK)

that은 사람, 동물, 사물 등을 모두 선행사로 삼을 수 있다. 그렇다고 아무 생각 없이 관계대명사 문제가 나올 때마다 that을 쓰면 곤란하다. that은 소유격이 없고, 전치사 뒤에서 쓰이지 못하며 아래에서 또 설명하겠지만 제한적 용법만 있고 비제한적 용법으로는 사용되지 않는다. 특히 선행사가 형용사의 최상급, 서수, the only, all, any, every, the same, the very 등의 수식을 받을 때나 의문대명사 who로 시작하는 의문문에서는 관계대명사로 that을 주로 쓴다. (절대적이지는 않다.)

She was the only person that(who) ・ sent me a Christmas card.
그녀는 내게 성탄절 카드를 보낸 유일한 사람이었다.

I gave her all the money that I had ・.
나는 내가 가진 모든 돈을 그녀에게 주었다.

Who is the gentleman that ・ is talking with Jane?
Jane과 얘기하고 있는 저 신사는 누구니?

'사람 + 사물'이 선행사가 될 때는 who를 쓸까 which를 쓸까 고민하지 말고 편안한 마음으로 that을 쓴다. 또한 선행사가 관계사절 속 be 동사의 보어가 되는 경우에도 관계대명사 that이 쓰인다.

The car and the driver that ・ fell into the river have not been found yet.

강에 빠진 자동차와 운전사는 아직 발견되지 않았다.

Bob is not the man that he was ・.

Bob은 과거의 그가 아니다.

❹ 선행사를 겸하는 관계대명사 what

11.4 _✐

관계대명사 what은 선행사를 이미 포함하고 있기 때문에 (the thing(s) which -, all that -, that which - 정도의 의미), 그 앞에 선행사가 따로 나오지 않는다. 해석은 '-한[인] 것' 정도로 하며, 명사절을 이끌기 때문에 다음과 같이 문장에서 주어, 목적어, 보어 역할을 한다.

엄밀히 말하면 what은 '관계대명사절을 품은 명사'다.

주어	What ・ is essential is invisible to the eye. 본질적인 것은 눈에 보이지 않는다.
목적어	Non-governmental organizations watch and influence what governments do ・ at home or abroad. 비정부기구(NGO)는 정부가 국내 또는 해외에서 하는 일들을 감시하고 영향을 미친다.
전치사의 목적어	I'm sorry for what I said ・ to you the other day. 제가 요전에 당신에게 말씀드린 것에 대해 죄송하게 생각합니다.
보어	This is what I propose ・ to you. 이것이 제가 당신에게 제안하는 것입니다. cf. You must do **what** you believe **is right**. 너는 네가 생각하기에 옳은 것을 해야만 한다.

what 뒤에 명사가 올 수 있는데, 이때의 what을 특별히 '관계형용사'
라고 부른다.

① I gave her **what** money(= all the money) I had.
나는 그녀에게 내가 가진 모든 돈을 주었다.

② **What** money I have comes from my father.
내가 가진 돈은 아버지에게서 나온다.

③ I'll give you **what** help I can.
= I'll give you any help that I can (give).
제가 드릴 수 있는 어떤 도움이라도 드리겠습니다.

11.5 ❺ **관계대명사의 제한적 용법 vs. 비제한적 용법**

ⓐ Bob married a girl (whom) he met on a bus.
Bob은 버스에서 만난 소녀와 결혼했다.

ⓑ Bob married a very attractive young lawyer from Seoul,
whom he met on a bus.
Bob은 서울 출신의 매우 매력적인 변호사와 결혼했는데,
그는 그녀를 버스에서 만났다.

ⓒ Bob's brother who lives in Chicago is a professor.
시카고에 사는 Bob의 동생은 교수다.

ⓓ Bob's brother, who lives in Chicago, is a professor.
Bob의 동생은 시카고에 사는데, (그는) 교수다.

문장 ⓐ에서 관계사절이 없으면, 'Bob married a girl'의 의미가 너무 막연하다. 남자인 Bob이 여자랑 결혼하는 것은 너무나 당연하지 않은가!! 이런 문장은 상대방에게 새로운 정보를 주지 않기 때문에 별 의미가 없다. 그래서 관계사절이 선행사 뒤에서 선행사(a girl)의 범위를 좁혀서 그 의미를 구체적으로 만들어 주는데 이러한 관계대명사의 용법을 **제한적(한정적) 용법**이라고 한다.

하지만 문장 ⓑ는 관계사절이 없어도 충분한 정보를 제공해 주며, whom 이하는 단지 부가적인 정보만을 제공할 뿐이다. 이와 같은 관계대명사의 용법을 **비제한적 용법**이라고 한다. 큰 특징은 관계대명사 앞에 콤마(,)가 있으며 해석을 앞에서부터 순차적으로 한다는 점이다. 또한 <접속사 + 대명사>로 바꿔 쓸 수 있다.

문장 ⓒ는 'Chicago에 사는(who lives in Chicago)'으로 Bob의 동생(Bob's brother)을 제한하고 있다. 따라서 Bob에게는 Chicago 이외의 다른 도시에 살고 있는 남동생이 있을 수도 있다. 한편 문장 ⓓ는 'Bob의 동생은 교수다'라는 문장에 '그리고 그는 Chicago에 산다'라는 문장을 삽입한 형식에 불과하다. ⓒ와 달리 ⓓ의 경우에 Bob에게는 다른 남동생이 없다. ⓓ에서 콤마(,)와 콤마(,) 사이에 있는 내용은 부가적인 정보만을 제공해 주고 있으며 바쁠 때는 아예 해석을 하지 않고 넘어가도 큰일 나지 않는다. 이때의 콤마는 괄호의 역할을 한다.

한편, 관계대명사 that과 what은 비제한적 용법으로 쓰이지 않는다.

ⓔ The doctors saw that he had cancer, which was far advanced
    to operate.
    = The doctors saw that he had cancer, and(but) it was far
      advanced to operate.
    의사들은 그가 암에 걸린 것을 발견했는데 그것은 수술하기에는 너무
    진전되어 있었다.

ⓕ Tarzan said that he didn't know Jane, which was a lie.
    Tarzan은 Jane을 모른다고 말했는데 그것은 거짓말이었다.

위의 두 문장 ⓔ와 ⓕ도 역시 비제한적 용법이다. ⓕ에서 좀 특이한 것은 which의 선행사가 명사가 아니라 앞 문장 전체라는 것이다. 관계대명사 which는 비제한적 용법으로 쓰일 때 선행사로 명사뿐만 아니라 형용사, 구, 절 등도 섭렵하는 식욕이 왕성한 녀석임을 기억하자.

ⓖ   Lisa, who is living in New York, often e-mails me.
       Lisa는 뉴욕에 살고 있는데, 내게 종종 이메일을 쓴다.

ⓖ에서는 콤마(,)와 콤마(,)사이에 있는 내용은 부가적인 정보만을 제공하므로 생략을 해도 충분히 의미 전달이 가능하다. 관계대명사 앞에 콤마(,)가 있으므로 역시 비제한적 용법으로 쓰인 것이다.

눈치가 빠른 학생이라면 '제한을 받을 필요가 없는' **고유명사는 제한적 용법의 선행사가 될 수 없다**는 것을 알아챘을 것이다.

11.6

❻ 관계대명사의 생략

1. 타동사나 전치사의 목적어로 쓰일 때
관계대명사가 타동사나 전치사의 목적어일 때는 과감하게 생략할 수 있다. 단, 제한적 용법에서만 생략이 가능하고 비제한적 용법에서는 생략하지 않는다.

The man (whom) she is going to **marry** • works for a bank.
그녀가 결혼하려고 하는 그 남자는 은행에서 일한다.

What's the name of the hotel (which) you stayed **at** • ?
네가 묵었던 호텔의 이름이 뭐니?

cf. What's the name of the hotel **at** *which* you stayed?

단, 전치사가 맨 뒤에 있다가 관계대명사 앞으로 달려온 경우에는 목적격이라는 이유만으로 생략하면 안된다! (대)명사를 사랑하는 전치사가 애인을 찾아 먼길을 달려 왔는데 생략해 버리면 너무나 슬플 것이다. 그래서 이런 경우에는 **관계대명사를 생략하면** 아니! 아니! 아니 되오!

2. <주격 관계대명사 + be 동사>의 생략

주격 관계대명사는 원칙적으로 생략할 수 없지만 be 동사와 함께라면 동반 퇴장할 수 있다. 물귀신 작전!! 이때는 뒤에 남은 형용사구가 선행사(명사)를 꾸며주는 구문을 만든다.

The girl (who is) standing in the corner is my cousin.
구석에 서 있는 저 소녀는 내 사촌이다.

That is the building (which was) designed by Andrea Palladio.
저것은 Andrea Palladio가 디자인한 건물이다.

- I met a girl (who) I think is amazing.
원칙적으로 주격 관계대명사를 써야 하지만, 생략하는 원어민들도 많다.

❼ 유사 관계대명사

유사(類似)는 '서로 비슷하다'는 의미이다. 앞에서 배운 관계대명사와 생김새는 다르지만 관계대명사의 역할을 흉내내는 녀석들이 있는데, 이들을 '유사 관계대명사'라고 부른다. 외워 둘 필요까지는 없고, 그냥 '이런 것도 있군!' 정도로 생각해 두고 넘어가자.

1. as
선행사 앞에 same이나 such가 붙는 경우, 또는 앞에 나오는 so, as와 상관적으로 쓰일 때 as는 관계대명사와 비슷한 역할을 한다.

동일 종류   I use **the same** dictionary **as** you do.
나는 네가 사용하는 것과 똑같은 (종류의) 사전을 사용한다.

cf.
동일 물건   I lost **the same** dictionary **that** you use now.
나는 네가 지금 사용하는 것과 똑같은 사전을 잃어버렸다.

요즈음은 구별 없이 쓰기도 한다.

> **Such** advice **as** he was given has proved almost worthless.
> 그가 얻은 조언은 거의 쓸모 없는 것으로 판명되었다.
>
> The bus might be late, **as** happened yesterday.
> 어제 그랬던 것처럼 버스가 아마 늦을 것이다.
>
> **As** many people **as** came were welcomed.
> 온 사람은 모두 환영받았다.

As many people as came
were welcomed.
는 옛날식 표현이고 현대 영
어에서는,
All the people who came
were welcomed.
처럼 쓴다.

2. but
관계대명사 역할을 하는 but은 부정문 다음에서 사용되며, but이 이끄는 절은 긍정문의 형식을 취하지만 부정의 뜻으로 해석한다. 이 때 but은 〈that - not〉 정도의 의미가 된다.

> There is no rule **but** has exceptions.
> 예외 없는 규칙은 없다.
>
> = There is no rule **that** does **not** have exceptions.

3. than
비교급 구문과 유사하며, than은 두 개의 문장을 연결시키는 역할을 한다.

> Usually, filmmakers shoot **more** film **than** is needed.
> 대개 영화 제작자들은 필요한 것보다 더 많은 필름을 촬영한다.
>
> Their performances achieved **more than** they had expected.
> 그들의 공연은 그들이 기대했었던 것 이상을 달성했다.
>
> She worries **more than** is necessary.
> 그녀는 필요 이상으로 걱정한다.

❽ 관계부사

관계대명사를 제대로 이해했다면 관계부사는 '누워서 떡 먹기'이다. 관계대명사가 접속사와 대명사의 역할을 겸한다면 **관계부사는 접속사와 부사(구)의 역할을 동시에 수행한다.** 관계대명사와 마찬가지로 관계부사의 경우도 선행사에 따라 그 종류가 정해진다. 관계부사 역시 제한적 용법과 비제한적 용법이 있다.

선행사	관계부사		
시간	when	=	at[on, in] which
장소	where	=	in[at, on] which
방법	how	=	in which
이유	why	=	for which

1. 관계부사의 의미

관계부사를 살펴보기 전에 먼저 앞에서 배운 내용을 복습해보자.

This is **the house**. + I live in **it**.

위의 두 문장을 먼저 관계대명사를 이용해서 한 문장으로 만들면,

→ This is the house **which** I live in. = This is the house in **which** I live.

이 된다. 이번에는 약간 달리 생각해서 위의 문장을 아래처럼 써보자.

This is the house. + I live **here**(= in it).
↓
This is the house **where**(= in which) I live.
이것은 내가 사는 집이다.

여기에서 관계부사 where는 부사 here, 또는 부사구 in it의 역할과 접속사의 역할을 동시에 하고 있음을 알 수 있다. 결국 관계부사는 〈전치사 + 관계대명사〉의 의미를 갖는 것이다.

 여기서 잠깐!
선행사가 장소를 나타낸다고 해서 무조건 관계부사를 써야 하는 것은 아니다.

> cf. This is the place **which** I've long wanted to visit.
> 이곳은 내가 오랫동안 방문하고 싶었던 장소이다.
>
> This is <u>the place</u>. + I've long wanted to visit <u>it</u>.

to visit의 목적어가 <u>it</u>(= 선행사 <u>the place</u>)이기 때문에 목적격 관계대명사를 써야 한다.

2. 관계부사의 생략
선행사가 문맥상 쉽게 추론할 수 있는 the time, the place, the reason인 경우에는 일상체에서 관계부사를 생략할 수 있으며, 선행사를 생략하기도 한다. 특히 **how의 경우는 관계부사나 선행사 중 하나를 생략해야 한다.** (습관적으로 그러니까 왜 생략하는지 너무 심하게 따지지는 말자!)

> Now is the time (when) I need you most.
> 지금은 내가 너를 가장 필요로 하는 때다.
>
> This is (the place) where my father was born.
> 이곳은 내 아버지가 태어나신 곳이다.
>
> I don't like how she talks.
> = I don't like the way (that) she talks.
> = I don't like the way in which she talks.
> 나는 그녀가 말하는 방식을 좋아하지 않는다.
>
> the way how ~ (X) I don't like <u>the way how</u> she talks. (X)
> 둘 중 하나를 생략해야 한다. (비슷한 단어의 반복 사용을 피하기 위해서)

3. 관계부사의 비제한적 용법

관계부사(when, where) 역시 관계대명사와 마찬가지로 비제한적 용법이 있어서 관계부사 앞에 콤마(,)를 찍어 주고 해석은 앞에서부터 차례로 한다. 물론 <접속사 + 부사>로 바꿔 쓸 수 있다.

I went to Disneyland, **where** I met my old friend.

= I went to Disneyland, **and** I met my old friend **there**.

나는 Disneyland에 갔는데 거기에서 내 옛 친구를 만났다.

My daughter was born in 2002, **when** the World Cup was held in Korea.

내 딸은 2002년에 태어났는데, 그 해에 월드컵이 한국에서 개최되었다.

---

4. that은 관계부사를 대신해서 쓰이기도 한다.

I remember the day **when** she arrived.

= I remember the day **that** she arrived.

나는 그녀가 도착한 날을 기억한다.

관계대명사 / 관계부사

관계대명사냐 관계부사냐 그것이 문제로다!

관계대명사 뒤에는 (주어나 목적어로 쓰이는) **대명사가 빠진 문장**이 따라오며, **관계부사 뒤에는 부사(구)가 빠진 문장**이 따라온다. 선행사를 관계대명사가 이끄는 절로 보내서 문장이 성립되는 지를 판단하면 관계대명사/관계부사를 결정할 수 있다. 또한 관계대명사는 관계부사와는 달리 언제나 격 (주격, 소유격, 목적격)이 있다.

❾ 복합 관계사

복합 관계사는 관계대명사나 관계부사의 끝에 -ever가 붙은 것으로, **그 자체로 선행사를 포함**하고 있으며, 명사절 또는 부사절을 이끈다.

복합 관계대명사	명사절	양보의 부사절
whoever	anyone who - -하는 사람은 누구나	no matter who - 누가 -할[일]지라도
whomever	anyone whom - -은 누구를, 누구에게	no matter whom - 누구를 -할지라도
whichever	anything that - -하는 것은 어느 것(쪽)이든	no matter which - 어느 것을 -할지라도
whatever	anything that - -하는 것은 무엇이나	no matter what - 무엇을[이] -할지라도

복합 관계부사	시간·장소의 부사절	양보의 부사절
whenever	at any time when - -할 때는 언제나	no matter when - 언제 -할지라도
wherever	at any place where - -하는 곳은 어디나	no matter where - 어디에서[로] -할지라도
however	-	no matter how - 아무리 -할[일]지라도 어떻게 -할지라도

1. 명사절을 이루는 경우

Everyone who drinks this water will be thirsty again, but **whoever** (= anyone who) drinks the water (that) I give him will never thirst.
이 물을 먹는 자마다 다시 목마르려니와 내가 주는 물을 먹는 자는 영원히 목마르지 아니하리니. *- John 4:13 -*

You cannot marry **whomever**(= anyone whom) you want.

너는 네가 원하는 누구하고도 결혼할 수 없다.

Whatever (= Anything that) happens here should be kept between us.

여기에서 일어나는 어떤 일도 우리끼리만 간직해야 한다.

Do **whatever**(= anything that) you like.

네가 좋아하는 것은 무엇이든지 해라.

We have to do our best in **whatever**(= anything that) we do.

우리는 우리가 하는 어떤 일에서도 최선을 다해야 한다.

Here are 5 books. You can take **whichever**(= any one that) you like.

여기에 5권의 책이 있다. 너는 네가 좋아하는 어떤 것이든지 가져도 된다.

2. 양보의 부사절을 이루는 경우

Whoever(= No matter who) you are, you will be punished.

네가 누구이든 너는 처벌받을 것이다.

Whichever(= No matter which) you may choose, you will be satisfied.

무엇을 선택하더라도 만족하게 될 것이다.

Whatever(= No matter what) happens to you, I'll always love you.

네게 무슨 일이 생기더라도, 나는 언제나 너를 사랑할 것이다.

Whatever(= No matter what) you say, I will not believe it.

네가 무슨 말을 하든, 나는 그것을 믿지 않을 것이다.

Whenever(= No matter when) you arrive, you will be welcome.

네가 언제 도착을 하든지 너는 환영받을 것이다.

Wherever(= No matter where) you may go, I will follow you.

네가 어디를 가든지, 너를 따라가겠다.

• no matter how[where / what]
아무리[어디서 / 무엇을]
-하든지 간에

However(= No matter how) hard you may try, you will not succeed.
아무리 노력을 해도, 너는 성공하지 못할 것이다.

However(= No matter how) busy you are, you need to find the time to rest.
네가 아무리 바쁘다 하더라도, 너는 휴식을 취할 시간을 찾을 필요가 있다.

However(= No matter how) you deal with it, the problem isn't going away.
네가 어떤 방식으로 그것을 다루더라도, 그 문제는 사라지지 않을 것이다.

However 뒤에는 형용사, 부사, 절이 온다.

cf. **Whatever** career you choose, money will come with success.
= No matter what career you choose, money will come with success.
어떤 직업을 네가 선택하든지 성공하면 돈이 생긴다.

이런 경우는 '**복합 관계형용사**'라고 부른다.

3. 시간·장소의 부사절
아래의 경우에는 강조의 의미가 있다.

Come and see me **whenever**(= (at) any time when) you want.
네가 원하는 때 언제라도 와서 나를 만나라.

My roof leaks **whenever**(= every time) it rains.
내 지붕은 비가 올 때마다 샌다.

Sit **wherever**(= (at) any place where) you like.
마음에 드는 곳이면 어디라도 앉아라.

명사절은 문장 내에서 주어, 목적어, 보어 역할을 한다. 따라서 명사절을 지우면 문장이 성립할 수 없다.

부사절은 종속절이므로 지워도 주절만으로 그 의미를 충분히 파악할 수 있다.

For Fun

In a darkened theater **where** a suspenseful mystery story was being staged, a member of the audience suddenly stood up and cried, "Where is the murderer?"

A threatening voice behind her replied, "Right in back of you, if you don't sit down!"

관계대명사

1 선행사의 종류와 격변화

선행사 \ 격	주격	소유격	목적격
사람	who	whose	who(m)
사물·동물	which	whose, of which	which
사람·동물·사물	that	-	that
선행사 포함	what	-	what

2 관계대명사에는 제한적 용법과 비제한적 용법이 있다.

3 관계대명사 that을 쓰는 경우

선행사가 형용사의 최상급, 서수, all, any, every, the only, the very, the same 등의 수식을 받을 때

의문대명사 Who로 시작하는 의문문

선행사가 '사람 + 사물(동물)'일 때

관계부사

선행사	관계부사		
시간	when	=	at[on, in] which
장소	where	=	in[at, on] which
방법	how	=	in which
이유	why	=	for which

복합 관계대명사	명사절	양보의 부사절
whoever	anyone who - -하는 사람은 누구나	no matter who - 누가 -할[일]지라도
whomever	anyone whom - -은 누구를, 누구에게	no matter whom - 누구를 -할지라도
whichever	anything that - -하는 것은 어느 것(쪽)이든	no matter which - 어느 것을 -할지라도
whatever	anything that - -하는 것은 무엇이나	no matter what - 무엇을[이] -할지라도

복합 관계부사	시간·장소의 부사절	양보의 부사절
whenever	at any time when - -할 때는 언제나	no matter when - 언제 -할지라도
wherever	at any place where - -하는 곳은 어디나	no matter where - 어디에서[로] -할지라도
however	-	no matter how - 아무리 -할[일]지라도 어떻게 -할지라도

A 올바른 문장이 되도록 네모 안에서 알맞은 것을 고르시오.

1 The people who / which live next door have four children.

2 Do you know a shop who / which sells good cheese?

3 A widow is a woman who / whose husband has died.

4 A truck ran over a boy and his dog who / that were crossing the street.

5 I'll never forget the mountain in this picture which / whose top was covered with snow.

6 He said that he had seen me before, that / which was a lie.

7 You can have anything that / what you like.

8 Saul had four sons, one of them / whom was Jonathan.

9 I can't give you that / what you want.

10 The woman who / whom I thought was her sister was actually her mother.

B 다음 빈칸에 알맞은 말을 [보기]에서 찾아 쓰시오. (중복 사용 가능)

[보기]	who	whose	whom	that	what

1 Where is the cooker _____ I left on this table?

2 Marie Curie is one of the scientists _____ we all respect.

3 The first people _____ lived in _____ is now Mexico arrived before 8000 B.C.

4 Tobacco is a plant _____ leaves are used for the production of cigarettes and cigars.

5 Human cells contain many small structures outside the nucleus, called mitochondria, _____ are crucial to cell function.

C 밑줄 친 부분을 어법에 맞게 고치시오.

1 Here is the address <u>which you wanted it</u>.

2 The girls <u>that I worked</u> gave me flowers for my birthday.

3 He kept silent, <u>that</u> irritated his teacher.

4 She moved to New York, <u>when</u> she studied music.

5 This is the hospital <u>which</u> my father works.

6 The club admits <u>whomever</u> pays the entry fee.

7 I know the man <u>he</u> teaches English at Tom's school.

8 <u>Whenever</u> happens, I won't change my mind.

9 This is the city <u>where</u> I was born in.

10 We must sometimes do <u>that</u> we don't like to do.

11 Subjects sat in front of a computer screen, <u>which</u> appeared a series of numbers.

D 뜻이 통하도록 빈칸에 가장 적절한 것을 고르시오.

1 I can remember the time _____ phones were still rare.
① as   ② since   ③ until   ④ when

2 I don't know the reason _____ she says nothing about the accident.
① how   ② what   ③ why   ④ when

3 I don't like the way _____ he speaks.
① that   ② what   ③ how   ④ whom

4 She asked for more money _____ was necessary.
① which   ② that   ③ but   ④ than

5 _____ you may say, I'll never believe you.
① Whoever   ② Whatever   ③ Whomever   ④ However

6 There is no mother _____ loves her children.
① as   ② which   ③ but   ④ when

E 빈칸에 알맞은 단어를 넣어 문장을 완성하시오.

1 _____ his problem is, he has no right to behave like that.

2 _____ you are, I can't help you if you don't identify yourself.

3 _____ busy she is with her work, she usually comes home before 9 p.m.

4 _____ happens, try to do your best.

5 _____ much she eats, she never gets fat.

6 _____ you go, you'll find McDonald.

7 _____ you want is fine with me.

8 _____ I see her, I feel nervous.

9 Take _____ you want.

10 This present is for _____ wants it.

F 다음 주어진 두 문장을 한 문장으로 만들 때 빈칸에 알맞은 말을 쓰시오.

1 Tell me the reason. He refused the job offer for the reason.

→ Tell me _____ he refused the job offer.

2 September 10th is the day. My mother came back from America on that day.

→ September 10th is the day on _____ my mother came back from America.

3 At the corner, you'll find the place. Vendors sell hot dogs there.

→ At the corner, you'll find _____ vendors sell hot dogs.

4 That's the way. I composed my first symphony in the way.

→ That's _____ I composed my first symphony.

G 아래의 영영사전 풀이를 읽고, 이에 해당하는 단어를 쓰시오.

1 c_____ : a person who expresses opinions about the good and bad qualities of books, music, etc.

2 p_____ : someone whose job is to fit and repair pipes, water tanks, and other equipment used for supplying and storing water

3 t_____ : the long soft piece of flesh attached to the bottom of your mouth that you use for tasting, swallowing, speaking, etc.

H 다음 중 밑줄 친 that의 성격이 나머지와 다른 하나를 고르시오.

Halloween is a special day ⓐ that American children love. On this day, October 31, children make their own costumes. Some children wear costumes ⓑ that represent spooky characters such as ghosts, monsters, witches, and skeletons. In the past, people believed ⓒ that these spooky characters would scare away the evil spirits. Nowadays, however, Halloween is just for fun, and any kind of costume can be worn. Children often like to dress up like characters ⓓ that they see on TV or in current popular movies.

I 다음 글의 빈칸에 들어갈 가장 적절한 관계사를 각각 쓰시오

In general, ways of living have a great influence on one's way of thinking. Russians ① _____ have lived in New York for a long time are very much different from those ② _____ live in Moscow. However, Koreans stick to their own ways of living ③ _____ they live. This is a characteristic of the Korean people. The pride they take in their race and country is deep among Korean people. They do love their country. That's ④ _____ the Korean people have kept their identity for a long time in spite of foreign invasions.

J (A), (B), (C)의 각 네모 안에서 어법에 맞는 표현을 고르시오.

What are you proud of (A) ⌈ what / that ⌋ you've achieved in your life? Perhaps this is the question that I have set for myself. I used to be proud of my work. Now I can surely say that I have done nothing to be proud of. Lots of people around me think of me as a Santa Claus driving a bus instead of a sleigh (B) ⌈ who / which ⌋ has devoted his life to selflessly helping the poor. In fact, I have dedicated my life to helping other people, but I didn't do any of my work out of selflessness. I did it to enrich my own life, to deepen the quality and meaning of my own experience. Because I'm the most selfish man in the world, (C) ⌈ it / which ⌋ is nonsense to call me 'a Santa Claus driving a bus'.

다음 글의 밑줄 친 부분 중, 어법상 틀린 것은?

Schubert spent his whole life ① <u>in poverty</u>. But he had one noble purpose in life. That was ② <u>to write down</u> the beautiful musical thoughts which seemed to flow from his brain in an endless rush of melody. As ③ <u>one of</u> the most productive composers, Schubert wrote music ④ <u>as freely</u> as one would write a friendly letter. He just produced ⑤ <u>which</u> was in him, and brought us a rich treasure of music.

Chapter 12
형용사 _ 🖊️

❶ 형용사의 한정적 용법   248

❷ 형용사의 서술적 용법   251

❸ 얼마나 많아요?   252

❹ 형용사를 포함한 중요 구문   254

❺ the + 형용사   257

❻ 나도 형용사 할래!   258

●----- 한눈에 쏙!!   260

●----- Grammar Exercises   262

어려운 문법책을 보면 형용사의 종류를 여러 가지로 나누어서 설명하고 있다. 하지만 형용사가 어떻게 분류되는지는 중요한 문제가 아니다. 형용사가 문장에서 어떠한 의미로 어떻게 쓰이는지가 사실은 더 중요하다. 형용사는 문장에서 한정적 용법과 서술적 용법으로 사용된다. 대부분의 형용사는 한정적 용법과 서술적 용법으로 모두 사용되지만 어느 한 가지 용법만을 고집하는 식성이 까다로운 형용사가 있음을 유의해야 한다.

12.1 ❶ 형용사의 한정적 용법

세상의 절반인 모든 남자들(men)을 한 곳에 모아 놓고 두 가지 범주로만 나누어 본다고 가정해 보자. 잘생긴(handsome) 남자는 왼쪽에 그렇지 않은 남자는 오른쪽에 서도록 한다면 처음의 엄청나게 큰 무리가 적당히 나뉘게 될 것이다. 여기에서 다시 키가 크고(tall) 잘생긴 남자를 골라낸다면? 키가 크고 잘 생기고 부자인(rich) 남자를 골라낸다면? 이런 식으로 계속 나가다 보면 최종에 가서는 이 책의 필자를 만나게 될 것이다.

이처럼 형용사는 명사의 범위를 좁혀주는 역할을 하는데, 이를 형용사의 '한정적' 용법이라고 한다. 명사를 꾸며주는(유식한 말로 '수식'하는) 형용사는 대개 명사 앞에 오지만 다른 어구와 함께 쓰여 길어지는 경우에는 명사 뒤에 온다.

修飾 (닦을 수, 꾸밀 식)
한자는 이렇게 쓰지만, 무언가를 화려하게 꾸며주는 것이라고 생각하지 말고, **'범위를 좁혀주는 역할'**을 하는 것으로 기억하자.

1. 두 개 이상의 형용사가 나올 때의 어순

여러 개의 형용사가 등장해서 하나의 명사를 수식할 때, 절대적이지는 않지만 대개 지켜야 하는 순서가 있다. 물론 현실에서는 아래에 소개된 모든 형용사가 동시에 쓰이는 일은 없다. 암기가 취미인 학생들이 아래의 순서를 외운다면 말릴 생각은 없지만, 외운다고 해서 영어 실력이 크게 오르지는 않을 것이다.

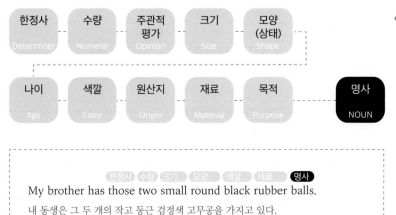

● 한정사(관사, 지시형용사, 인칭대명사의 소유격 등)는 하나만 써야 한다.

한정사 수량 크기 모양 색깔 재료 명사
My brother has those two small round black rubber balls.
내 동생은 그 두 개의 작고 둥근 검정색 고무공을 가지고 있다.

우리말에서도 "큰 돌다리"라고 하지 "돌 큰 다리"라고 하지는 않는다. 수식 받는 명사의 속성과 밀접한 관련이 있는 형용사가 명사 가까이에 오는 것(a big stone bridge)이 아무래도 자연스럽다.

● 대등한 형용사는 순서를 바꿀 수도 있고, and 또는 콤마(,)로 연결할 수 있다.

2. 형용사가 명사 뒤에 오는 경우

  (1) **형용사(분사)가 다른 어구와 함께 와서 길어지는 경우**

They found a box **filled with gold coins**.
그들은 금화로 가득찬 상자를 발견했다.

Don't try to remove something **stuck between your teeth** in front of others.
다른 사람들 앞에서 이 사이에 낀 것을 제거하려고 하지 마시오.

(2)　-thing, -body 등으로 끝나는 명사를 수식할 때

I want something cold to drink.
나는 마실 찬 것을 원한다.

We need somebody competent.
우리는 능력 있는 사람이 필요하다.

(3)　-able, -ible로 끝나는 형용사가
최상급, every, all 등의 꾸밈을 받는 명사를 수식할 때

He tried every means possible.
그는 가능한 모든 수단을 시도했다.

She has the most beautiful voice imaginable.
그녀는 상상할 수 있는 가장 아름다운 목소리를 가졌다.

(4)　관용적인 표현에서
the sum total　　　　　　총계
things Korean　　　　　　한국의 것들(풍물)
authorities concerned　　관계 당국
China proper　　　　　　중국 본토

3. 한정적 용법으로만 쓰이는 형용사
명사를 꾸며 주기만 하는 형용사라서 서술적 용법으로는 쓸 수 없다.

drunken　elder　fallen　live　main　mere　only　very　wooden　등

Bob is my elder brother.
Bob은 나의 형이다.

Bob is elder. (X)

❷ 형용사의 서술적 용법

형용사는 명사를 수식해 주기도 하지만 (대)명사를 설명해 주기도 한다. 대개의 경우 주격 보어 또는 목적격 보어로 쓰이는데 이를 형용사의 서술적 용법이라고 한다.

---

(1) **주격 보어로 쓰인 경우**

He seems **happy**.   He = happy
그는 행복해 보인다.

He became **angry**.   He → angry
그는 화가 났다.

(2) **목적격 보어로 쓰인 경우**

The judge thought him **innocent**.   him = guilty
그 판사는 그가 유죄라고 생각했다.

My wife made me **happy**.   me → happy
내 아내는 나를 행복하게 했다.

(3) **서술적 용법으로만 쓰이는 형용사**

    afraid   alike   alive   alone   asleep   astray
    awake   aware   content   unable   worth   등

The baby is **asleep** now.   He is an asleep baby. (X)
그 아기는 지금 잠들어 있다.

No five fingers are **alike**.   She is alike her mother. (X)
다섯 손가락은 서로 같지 않다.

cf. She is like her mother. (O)

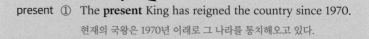
present ① The **present** King has reigned the country since 1970.
현재의 국왕은 1970년 이래로 그 나라를 통치해오고 있다.

② The prime minister was **present** at the conference.
수상은 회의에 참석했다.

right ① He had his **right** arm broken.
그는 오른팔을 부러뜨렸다.

② His opinion is totally **right**.
그의 견해는 전적으로 옳다.

late ① The **late** Mr. Johnson will be remembered in our heart forever.
고(故) Johnson 씨는 우리의 가슴에 영원히 기억될 것이다.

② He was **late** at the meeting.
그는 모임에 늦었다.

12.3

❸ 얼마나 많아요?

1. many — 셀 수 있는 명사(가산명사)의 복수형 앞에 쓴다.

일상 회화에서는 주로 **의문문**이나 **부정문**에서 many [much]를 쓰며, **긍정문**에서는 a lot of 나 plenty of 를 쓴다.

How **many** brothers and sisters do you have?
너는 형제자매가 어떻게 되니?

Does she have **many** friends?
그녀는 많은 친구를 가지고 있니?

2. much — 셀 수 없는 명사(불가산명사) 앞에 쓴다.

I don't have **much** free time.
나는 여유 시간이 많지 않다.

How **much** money do you have?
너는 돈을 얼마나 가지고 있니?

3. few vs. little

	약간의	거의 없는	많은	
가산 (수)	a few	few	not a few quite a few	a lot of lots of plenty of
불가산 (양·정도)	a little	little	not a little quite a little	

● some / any 의 용법
→ p. 345 참조

I have **a few** friends.
나는 몇 명의 친구가 있다.

I have **a little** money.
나는 약간의 돈을 가지고 있다.

I have **few** friends.
나는 친구가 거의 없다.

I have **little** money.
나는 돈이 거의 없다.

4. 수사를 포함한 주의해야 할 표현

(1) 막연히 많은 수를 나타낼 때는 수의 단위를 나타내는 명사의 복수형
을 쓴다.

dozens of -   scores of -   hundreds of -
thousands of -   millions of -

Hundreds of people came to watch the game.
수백 명의 사람들이 경기를 보러 왔다.

It is estimated that **hundreds of thousands of** people were killed during his regime.
그의 통치 기간 중에 수십만 명의 사람들이 살해된 것으로 추정된다.

cf. Over ten thousand fans came to watch the game.
1만 명이 넘는 팬들이 그 경기를 보러 왔다.

(2) **every + 서수 + 단수명사 : -마다(= every + 기수 + 복수명사)**

The World Cup is held **every fourth year**.
= The World Cup is held **every four years**.

(3) **<수사 + 명사>가 형용사처럼 쓰이면 단수형을 쓴다.**

There are three **three-year-old** cats on the roof of a **three-story** building.

3층짜리 건물의 지붕에 세 살 된 고양이 세 마리가 있다.

cf. The cat is <u>three years</u> old.　그 고양이는 세 살이다.

cf. He entered races for <u>14 and 15-year-olds</u>.
그는 14-15세들을 위한 경주에 출전했다.

❹ 형용사를 포함한 중요 구문

1. <It is + 형용사 + of 목적격 + to 부정사> 구문

(1) **성질형용사**	careful careless foolish good honest kind
	nice rude silly stupid wise wrong 등

주어 뒤에 성질(성격)을 나타내는 형용사가 사용되는 경우, to 부정사는 '판단의 근거'를 나타내며, 'It is + 형용사 + of 목적격 + to 부정사'로 쓸 수 있다.

> You are very kind to help me. → It is very kind **of you** to help me.
> 나를 돕다니 너는 참 친절하다.

- - ● <It is + **형용사** + of **목적격** + to **부정사**> 구문에서 'of 목적격'이 to 부정사의 의미상 주어는 아니다.

> (2) **to 부정사의 의미상 주어를 문장의 주어로 쓸 수 없는 형용사**
>
> difficult   easy   essential   hard   important   impossible
> strange   etc.

to 부정사의 의미상 주어가 문장의 주어가 될 수는 없지만 to 부정사의 목적어가 문장의 주어 자리로 오는 것은 가능하다.

> It is difficult **for him** to master English grammar.
> 그가 영문법을 마스터하는 것은 어렵다.
>
> → He is difficult to master English grammar. (X)
> → English grammar is difficult for him to master. (O)

문장의 의미를 잘 생각해보면 어려운 것은 '그가 영문법을 마스터하는 것'이지 사람(He) 그 자체가 아니기 때문에 to 부정사의 의미상 주어를 문장의 주어로 쓸 수 없는 것이다. 다시 말해서, 위 문장은 아래 문장에서 나온 것이다.

> S〔_____〕 V〔___〕
> For him to master English grammar is difficult.
> 그가 영문법을 마스터하는 것은 어렵다.

> cf.   It is hard (for us) to please him.   → He is hard to please. (O)
> 그를 만족시키기는 어렵다.

2. <It is + 형용사 + that> 구문

p. 50 should 참조

(1) 주절의 형용사가 당연, 필요 등의 이성적 판단을 나타낼 때 that이 이끄는 종속절에 '(should) + 동사원형'을 쓰는 형용사로는 advisable, crucial, desirable, essential, important, natural, necessary, proper, vital 등이 있다.

It is **necessary** that she **(should) arrive** tomorrow.
그녀는 내일 도착해야 한다.

(2) 화자의 주관적인 감정(놀라움, 섭섭함 등)을 나타내는 형용사가 쓰일 때 that이 이끄는 종속절에 'should + 동사원형'을 쓴다.

It is **strange** that he **should** not have passed the exam.
그가 시험에 합격하지 못하다니 이상하다.

I am **sorry** that she **should** leave immediately.
그녀가 당장 떠나야 한다니 유감스럽다.

cf. I'm sorry that you are sick.

(3) likely, certain, sure 등의 형용사는 that절의 주어를 문장 전체의 주어로 삼을 수 있다.

It is **likely** that she will come.
= She is likely to come.
그녀가 올 것 같다.

be sure to - 반드시 -하다

I'm **sure** that he will succeed.
= He is sure to succeed.
나는 그가 성공할 것을 확신한다.

제대로 영문법

❺ the + 형용사

원칙적으로 관사는 명사와 놀아야 하는데, 형용사가 the와 붙어 다니는 경우가 있다. 이때는 그 형용사를 명사로 인정해 준다. <the + 형용사>는 문맥에 따라 복수 보통명사, 단수 보통명사, 추상명사로 쓰인다.

● p. 129 참조

1. 복수 보통명사

the rich	부자들(= rich people)	the poor	가난한 사람들(= poor people)
the old	노인들	the young	젊은이들
the wounded	부상자들	the dying	죽어가는 사람들

The poor get poorer; **the rich** get richer.
가난한 사람들은 점점 더 가난해지고, 부자들은 점점 더 부유해진다.

It is impossible for **the old** not to envy **the young**.
노인들이 젊은이들을 부러워하지 않는 것은 불가능하다.

The screams and groans of **the wounded** turned the deck of the Fuwalda to the likeness of a madhouse.
부상자들의 비명과 신음 소리는 Fuwalda 호의 갑판을 광란의 도가니로 만들었다.

● 소설 『Tarzan of the Apes』의 한 장면

2. 단수 보통명사
문맥상 복수명사로 쓰이기도 한다.

the deceased 고인(들)	the living 생존자(들)	the accused 피고인(들)

Who last saw **the deceased** alive?

누가 마지막으로 고인이 살아있는 것을 보았죠?

> 탐정소설에서 탐정이 제일 먼저 묻는 질문!

The accused has the right to present witnesses for his or her case.

피고인은 자신의 사건에 증인들을 출석시킬 권리가 있다.

The charges against **the accused** are as follows.

피고인의 죄는 다음과 같다.

3. 추상명사

the true 진(眞)   the good 선(善)   the beautiful 미(美)   the evil 악(惡)

Beauty contains qualities of **the true** and **the just**.

아름다움은 진실과 정의로움의 자질들을 포함한다.

❻ 나도 형용사 할래!

명사의 범위를 좁혀주는 역할을 하는 다음 단어들도 모두 형용사로 인정해 줄 수 있다. 어려운 말로 '한정사(determiner)'라고 한다.

1. 소유형용사

my book   your book   their books ...

2. 지시형용사

this book   that book   those books   these books   both sides   either side ...

3. 의문형용사

Which smart phone do you use?
너는 어떤 스마트폰을 사용하니?

Whose smart phone is this?
이것은 누구의 스마트폰이니?

4. 관계형용사

● p. 228 참조

I gave her what money(= all the money) I had.
나는 그녀에게 내가 가진 모든 돈을 주었다.

형용사의 종류를 술술 암기하는 것이 중요한 것은 아니다. 이러한 표현들을 자유 자재로 구사하는 것이 더 중요하다.

For Fun

You certainly do keep your car **nice** and **clean**.

Julia

It's an even deal. My car keeps me **clean**, too.

John

한눈에 쏙!!

형용사의 한정적 용법과 서술적 용법

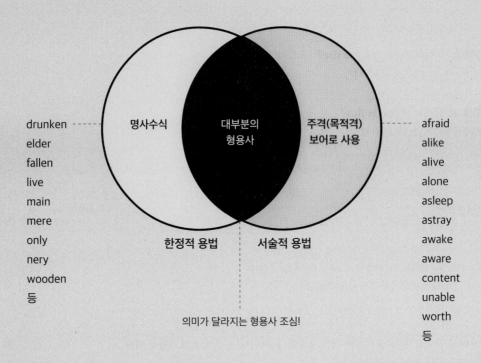

drunken
elder
fallen
live
main
mere
only
nery
wooden
등

명사수식

대부분의
형용사

주격(목적격)
보어로 사용

afraid
alike
alive
alone
asleep
astray
awake
aware
content
unable
worth
등

한정적 용법

서술적 용법

의미가 달라지는 형용사 조심!

한정적 용법의 형용사가 명사 뒤에서 수식하는 경우

1   형용사가 다른 어구와 함께 쓰여 길어지는 경우
2   -thing, -body 등으로 끝나는 명사를 수식하는 경우
3   -able, -ible로 끝나는 형용사가 최상급, every, all 등의 한정을 받는 명사를 수식하는 경우
4   관용적인 표현

	약간의	거의 없는	많은	
가산 (수)	a few	few	not a few quite a few	a lot of lots of plenty of
불가산 (양·정도)	a little	little	not a little quite a little	

dozens of	–	수십의
hundreds of	–	수백의
thousands of	–	수천의
every fourth year = every four years	–	매 4년 마다

형용사를 포함한 중요 구문

1 **It is + 형용사 + of 목적격 + to 부정사**

careful, careless, foolish, good, honest, kind, nice, rude, silly, stupid, wise, wrong 등
성격(성질)을 나타내는 형용사가 오는 경우 'of + 목적격'의 대명사를 주어 자리로 보낼 수 있다.

It is very kind of him to help her.

↓

He is very kind to help her.

difficult, easy, essential, hard, important, impossible, strange 등이 쓰이는 경우
to 부정사의 의미상 주어를 문장의 주어 자리로 보낼 수 없다.
(to 부정사의 목적어는 주어 자리로 보낼 수 있다.)

It is difficult for him to master English grammar.

↓

English grammar is difficult for him to master.

2 **It is + 화자의 주장, 요구, 명령 등을 나타내는 형용사 + that절**

종속절에 '(should) + 동사원형'을 쓴다.

3 **the + 형용사**

복수 보통명사, 단수 보통명사, 추상명사로 쓰임

A 올바른 문장이 되도록 네모 안에서 알맞은 것을 고르시오.

1. Mr. Nam told us to be quiet / quietly .

2. He entered the room quiet / quietly since the baby was sleeping.

3. You will find this chair comfortable / comfortably .

4. James was so drunk / drunken that he couldn't control his body at all.

5. She looked very happy / happily in her new dress.

6. My brother speaks alike / like an American.

7. Frankly speaking, she can speak a little / a few Spanish.

8. I made a little / a few mistakes, but I don't believe the audience noticed.

9. I had a hard / hardly time doing my homework last night.

10. It is necessary that you buy / bought a travel insurance when you travel by plane.

B 뜻이 통하도록 빈칸에 가장 적절한 것을 고르시오.

1. The price of the book was _____.
   ① over   ② high   ③ enough   ④ expensive

2. Koreans are hardworking, honest and _____ people.
   ① industry   ② industrial   ③ industrious   ④ industrialized

3. He was hopeful for the people to recover from _____ crisis.
   ① economic   ② economical   ③ economist   ④ economiacally

4. The man remains champion for the fifth _____ year.
   ① success   ② succeed   ③ successful   ④ successive

5. You have to try every means _____ to overcome the current situation.
   ① imagine   ② imaginary   ③ imaginable   ④ imaginative

C 어법상 틀린 곳을 찾아 바르게 고치시오.

1. There were five 10-years-old boys in the classroom.

2. There is an alive fish in the basket.

3. It may sound strangely, but it is true.

4. She is difficult to solve these problems.

5. She was wearing a red beautiful coat.

6. Almost problems have a solution.

7. Please give me cold something to drink.

8. I am very interesting in your advertisement.

9. Rich are in a position to help those who are in need.

10. By the end of the lecture, nearly half the people were sleep.

11. I need few milk to make this cake.

D 괄호 안에 주어진 단어를 적절히 배열하여 문장을 완성하시오.

1. My father has a (red, Korean, small) car.

   → _____

2. I rent a (furnished, large, new) house.

   → _____

3. I've just bought a (beautiful, coffee, wooden) table.

   → _____

4. There is a (soft, wonderful, woolen) rug on the floor.

   → _____

5. She gave me a (wooden, small, square) box.

   → _____

E 괄호 안에 주어진 단어를 차례로 이용하되 알맞은 말을 넣어 대화를 완성하시오.

Sophie　Are you going to the Mike and Harry's party?

Nathan　Yes, I am. ① (it / sure / be / a good party) _____

Sophie　Will there be a lot of people?

Nathan　Yes, ② (it / likely / be / pretty crowded) _____

Sophie　I don't know that part of town. Is the house easy to find?

Nathan　No, it isn't. Take a map or ③ (you / unlikely / find / it).

F 다음 괄호 안에 있는 단어를 적절히 변형시켜 대화를 완성하시오.

Rachel　That was an ① _____ (excite) film, wasn't it?

Thomas　Oh, do you think so? I'm ② _____ (surprise) you liked it. I thought it was rather ③_____ (disappoint).

Rachel　Well, I was ④ _____ (puzzle) once or twice. I didn't understand the whole story. It was ⑤ _____ (confuse) in places. But the end was good.

Thomas　I was ⑥ _____ (bore) most of the time. I didn't find it very ⑦ _____ (interest).

G 다음 괄호 안에 있는 단어를 문맥에 맞게 알맞은 형태로 바꾸시오.

This ① _____ (comfort) hotel with its pleasant gardens is ideal for people who want a quiet holiday, yet it is only a short distance from the highly popular attractions of the area. There are ② _____ (love) views from every room. The atmosphere is very ③ _____ (friend), and the staff are always ④ _____ (help). A holiday here is very good value for the money. You can eat your meals at the hotel, where the food tastes ⑤ _____ (marvel). Or you can of course try some of the excellent local restaurants.

H (A), (B), (C)의 각 네모 안에서 어법에 맞는 표현을 고르시오.

Uncle Henry sat upon the doorstep and looked (A) anxious / anxiously at the sky, which was even grayer than (B) usual / usually . Dorothy stood in the door with Toto in her arms, and looked at the sky too. Aunt Em was washing the dishes. From the far north they heard a low wail of the wind, and Uncle Henry and Dorothy could see where the long grass bowed in waves before the coming storm. There now came a (C) sharp / sharply whistling in the air from the south, and as they turned their eyes that way they saw ripples in the grass coming from that direction also.

I (A), (B), (C)의 각 네모 안에서 어법에 맞는 표현을 고르시오.

The Knights Templar might be called soldier-monks. In 1118, (A) most / almost twenty years after the First Crusade ended and the Holy City of Jerusalem was reclaimed for Christianity, nine knights from France came to Jerusalem and asked the king of Jerusalem, Baldwin II, for permission to form a new order. The purpose of the order was to keep the roads and highways (B) safe / safely for the incredible number of pilgrims making the perilous journey from Europe to Jerusalem. The crusaders had (C) few / little strongholds in the Holy Land and traveling pilgrims were in danger of attack by roving bands of Muslims. The king was so impressed with the devoted knights that he gave them an entire wing of his palace for their quarters.

Chapter 13

부사 _

❶ 부사의 역할   269

❷ 부사의 위치   271

❸ 주의해야 할 부사의 용법   273

❹ 부사의 비교급, 최상급   276

❺ 의문 부사   277

❻ 형용사와 부사에 관한 비밀 한 가지   278

●‑‑‑‑‑‑‑‑‑‑‑‑ 한눈에 쏙!!   279

●‑‑‑‑‑‑‑‑‑‑‑‑ Grammar Exercises   281

 우리는 앞에서 형용사가 명사를 수식(범위를 좁혀주는 역할) 한다고 배웠다. 다음에서 배우게 될 부사 역시도 다른 품사를 수식하는데, 형용사와는 달리 주로 동사, 형용사, 부사, 그리고 문장 전체를 수식한다.

　여기에서 꼭 기억하고 넘어가야 할 것은 형용사는 주격 보어나 목적격 보어로 사용될 수도 있지만, **부사는 원칙적으로 보어로 사용되지 않는다.** 다음 문장에서 형용사 happy 대신 부사 happily를 쓰면 틀린 문장이 된다. (부사(구)가 보어 자리에 절대로 올 수 없는 것은 아니다!)

The game is over.
에서 over의 품사는 '부사' 다.

Bob seems happy.
Bob은 행복해 보인다.

Bob made his daughter happy.
Bob은 그의 딸을 행복하게 했다.

---

cf.　They were chatting happily on the phone.
　　　그들은 전화로 행복하게 대화하고 있었다.

　한편, 부사는 문장에서 생략되어도 전체 문맥을 파악하는 데 크게 어렵지 않다. 문장의 형식이 달라지는 것도 아니다. 따라서 부사(구)가 너무 길고 복잡해서 해석이 곤란해지는 문장을 만나게 되면, 확 지워버리고 읽어도 큰 지장은 없게 된다.

1형식	They were chatting **happily**.　그들은 행복하게 대화하고 있었다.
	They were chatting **on the phone about the upcoming Christmas**.
	그들은 다가오는 성탄절과 관련해서 전화로 대화하고 있었다.

  그럼에도 우리는 일상생활에서 다양한 형태의 부사를 자주 쓴다. 그것은 문장에서 양념 같은 역할을 하기 때문이다. 아무리 좋은 재료를 가지고 음식을 만들어도 양념이 없으면, 맛있는 음식이 될 수 없는 것처럼 부사는 문장을 더 맛깔스럽게 해주는 역할을 한다. 아, 물론 명사를 수식하는 형용사도 그런 역할을 한다.
  이제 부사의 용법에 대해 구체적으로 살펴보기로 하자.

❶ 부사의 역할

1. 동사 수식

He **runs** fast.

그는 빨리 달린다.

He **went** upstairs to get dressed.

그는 옷을 입기 위해서 위층으로 올라갔다.

2. 형용사 수식

He is very old.

그는 나이가 많이 들었다.

She looked surprisingly well.

그녀는 아주 (놀랄 만큼) 건강해 보였다.

3. 다른 부사(구·절) 수식

Usain Bolt can run **very fast**.

Usain Bolt는 매우 빨리 달릴 수 있다.

He was born **soon** after his father died.

그는 아버지가 돌아가신 직후에 태어났다.

4. 문장 전체 수식(문장부사)

Frankly, I didn't love Jane.

솔직히 말하자면, 나는 Jane을 사랑하지 않았다.

Happily, he did not die.

다행스럽게도 그는 죽지 않았다.

5. (대)명사 수식

대개 형용사가 명사를 수식하지만 부사가 형용사의 권위에 도전하는 경우가 가끔 있다.

Only gentlemen were invited.

신사 분들만 초대되었다.

전치사 + 추상명사 = 부사
p. 392 참조

Even a child can understand it *with ease*.

심지어 어린애도 그것을 쉽게 이해할 수 있다.

❷ 부사의 위치

문장에서 위치가 고정된 다른 품사들과는 달리 부사는 문장에서 그 위치가 비교적 자유롭다. 하지만 원칙이 없는 것은 아니다.

1. 빈도부사

빈도부사(always, often, seldom, never, scarcely, hardly, nearly, usually, sometimes 등)는 일반동사 앞, be 동사나 조동사 다음에 위치한다.

2. 여러 개의 부사가 나올 때 - 순서가 절대적인 것은 아니다!

일부러 외우려고 애쓰지 말고 평소에 문장을 많이 접해서 저절로 알 수 있도록 하자.

(1) **일반적인 순서**
방법(양태) → 장소 → 시간

〔방법(양태)〕 〔장소〕 〔시간〕
We've lived peacefully in this house for almost ten years.
우리는 이 집에서 거의 10년 동안 평화스럽게 살아왔다.

〔방법(양태)〕 〔장소〕 〔시간〕
She sang wonderfully at the concert last night.
그녀는 어제 밤 콘서트에서 멋지게 노래했다.

(2) **동사가 '왕래발착(往來發着)'을 나타낼 때**
장소 → 방법(양태) → 시간

〔장소〕〔방법〕〔시간〕
I came home safely last night.
나는 간밤에 집에 안전하게 돌아왔다.

〔장소〕〔방법(양태)〕〔시간〕
He went to Seoul by train yesterday.
그는 어제 기차로 서울에 갔다.

(3) **시간·장소의 부사(구)**
작은 단위 → 큰 단위

〔작은단위〕〔큰단위〕
I usually get up at six in the morning.
나는 대개 아침 여섯 시에 일어난다.

● 빈도부사
어떤 일이 얼마나 빈번하게 일어나는 지를 말해주는 부사로,
대개 의문문 How often ~? 의 대답에 쓰인다.

빈도부사의 위치를 기계적으로 암기하지 말고, 문장에서 not이 들어갈 위치를 생각해 보자. I cannot... He is not...

● How often do you...?

100%	always
	usually
	frenquently
	often
	sometimes
	occasionally
	rarely
	seldom
	hardly ever
0%	never

Chapter 13. 부사   271

I was born at five on the morning of February 28, 1971.
나는 1971년 2월 28일 오전 5시에 태어났다.

3. 〈타동사 + 부사〉에서

목적어가 명사면 부사의 앞이나 뒤 어디에나 올 수 있지만 **목적어가 대명사일 경우에는 반드시 타동사와 부사 사이에 위치해야** 한다.

Take off your shoes in the temple. = **Take your shoes off** in the temple.
사원 내에서는 신발을 벗으시오.

I will **pick you up** at six. → I will pick up **you** at six. (X)
여섯 시에 너를 태우러 갈게.

cf. He **took off his shoes** and **sat on them**.

4. 도치 구문을 만드는 부사(구)

부정어(구)가 문장의 앞에 오 •
면 '조동사'의 도움을 받아 도
치시킨다.

장소를 나타내는 부사(구) 또는 부정의 의미를 갖는 부사(구)가 문장의 맨 앞에 위치할 경우, 도치 구문을 만든다. 도치가 되면 주어와 (조)동사의 위치가 서로 바뀌게 된다.

Never have I seen such a smart child.
= I have never seen such a smart child.
나는 그렇게 영리한 아이를 본 적이 없다.

No sooner had she left the office than they called her back.
그녀가 사무실을 나가자마자 그들은 그녀를 다시 불렀다.

In the doorway was standing a man with a gun.
문에 총을 든 남자가 서 있었다.

Obama 미국 대통령은 취임 선서 때 '부사'의 위치가 잘못되어 선서를 두 번 해야만 했다. (대법원장이 잘못 읽어줘서…)

❸ 주의해야 할 부사의 용법

1. very / much

형용사나 부사의 원급, 현재분사를 수식할 때는 very를 쓰고 비교급(최상급)이나 과거분사를 수식할 때는 much를 쓴다. 하지만 널리 사용되어 거의 형용사로 굳어진 과거분사(tired, pleased, satisfied, delighted 등)는 very의 수식을 받는다.

This book is **very useful** to learn English.
이 책은 영어를 배우는데 매우 유용하다.

They will arrive **very soon**.
그들은 매우 빨리 도착할 것이다.

The game was **very exciting**.
경기는 매우 흥미진진했다.

Today is **much more humid** than yesterday.
오늘은 어제보다 훨씬 습하다.

Mr. Nam was **much liked** by his students.
학생들은 남 선생님을 많이 좋아했다.

He was **very satisfied** with the result.
그는 결과에 대단히 만족했다.

2. already / yet / still

(1) already는 긍정문에서는 '이미, 벌써'의 뜻이고, 의문문이나 부정문에서는 '그렇게 빨리, 벌써'라는 놀람의 의미를 나타낸다.

I've **already** finished my homework.
나는 이미 숙제를 끝냈다.

She has got up **already**.
그녀는 이미 일어났다.

Did he come back **already**?
그는 벌써 돌아왔습니까?

Is it 6 o'clock **already**?
벌써 6시야?

You're not leaving **already**, are you?
벌써 출발하지는 않는 거죠? 출발하나요?

(2) **yet은 부정문에서는 '아직'의 뜻이고, 의문문에서는 '이미, 벌써'라는 뜻을 나타낸다.**

You don't need to start **yet**.
너는 아직 출발할 필요는 없다.

I didn't receive a letter from him **yet**.
나는 그로부터 아직 편지를 받지 못했다.

Have you read his book **yet**?
벌써 그의 책을 다 읽었나요?

still의 다양한 의미
① 아직(도)
② 그럼에도
③ 그렇기는 해도
④ 훨씬(비교급 수식)
⑤ 움직임이 없는(정지한)

(3) still은 긍정문, 의문문에서 '아직도, 여전히'라는 계속의 의미를 나타낸다.

She **still** loves me very much.
그녀는 아직도 나를 아주 많이 사랑하고 있다.

제대로 영문법

Is it **still** raining?

아직도 비가 오고 있습니까?

Are you **still** here?

너 아직도 여기 있니?

3. ago / before

ago는 현재를 기준으로 '전에', before는 과거의 어느 시점을 기준으로 '그 전에'의 뜻으로 쓰인다.

Chopsticks were developed about 5,000 years **ago** in China.

젓가락은 중국에서 약 5천 년 전에 개발되었다.

Bob said that he had met her a week **before**.

Bob은 한 주 전에 그녀를 만났다고 말했다.

4. too / either

too는 긍정문에서, either는 부정문에서 '...도 또한, 역시'의 의미로 쓰인다.

She had some cake, and I had some, **too**.

그녀는 케이크를 조금 먹었고 나도 또한 조금 먹었다.

Have a nice day!   You, **too**!

좋은 하루 되세요!   당신도요!

He is not a doctor. I'm not, **either**.

그는 의사가 아니다. 나도 역시 아니다.

If you don't go, I will not go, **either**.

당신이 가지 않으면, 나도 역시 가지 않을 것이다.

5. enough

enough가 형용사로서 명사를 꾸며 줄 때는 명사의 앞에 와도 되고, 뒤에 와도 된다. 하지만 enough가 '충분히'의 뜻으로 부사로 쓰일 때는 반드시 부사나 형용사 뒤에서 꾸며줘야 한다.

형용사	I didn't have **enough time** to practice. 나는 연습할 충분한 시간을 갖지 못했다. There'll be **time enough** to relax when you finished it. 네가 그것을 끝냈을 때 쉴 충분한 시간이 있을 것이다.
부사	We are **fortunate enough** to enjoy a work environment free of noise pollution. 우리는 소음 공해가 없는 작업환경을 즐길 정도로 충분히 운이 좋습니다.

13.4 _ ✎

❹ 부사의 비교급, 최상급

부사의 최상급에는 원칙적●- -
으로 정관사(the)를 쓰지 않
는다.

	원급	비교급	최상급
규칙변화	fast early slowly	faster earlier more slowly	fastest earliest most slowly
불규칙변화	well badly much little far	better worse more less farther / further	best worst most least farthest / furthest

Jane sings **as well as** Laura does.　[원급 : 동등비교]
Jane은 Laura만큼 노래를 잘 한다.

I got to the railway station **earlier** than Jane.

나는 Jane보다 일찍 기차역에 도착했다.

Can you speak **more slowly**, please?

조금 더 천천히 말씀해 주시겠어요?

She sings badly, but I sing **worse**.

그녀는 노래를 못하지만 나는 더 못한다.

He likes swimming **best** of all.

그는 수영을 가장 좋아한다.

The gull sees **farthest** who flies highest.

가장 높이 나는 갈매기가 가장 멀리 본다.

❺ 의문부사

13.5 _ ✑

When(시간), Where(장소), Why(이유), How(방법)는 의문문을 만들며, 다른 문장의 일부가 될 때는 명사절이 되며 '의문사 + 주어 + 동사'의 어순을 취한다.

When and where did you meet your husband?

언제, 어디에서 당신은 남편을 만났나요?

의문부사   접속사

Where were you when you got your best ideas?

네가 최고의 아이디어를 얻었을 때 너는 어디에 있었니?

How was information shared in the past?

과거에 정보는 어떻게 공유되었는가?

We know little about **how** information was shared in the past.

우리는 어떻게 정보가 과거에 공유되었는지 거의 알지 못한다.

● How many(수)
　How much(양)
　How often(빈도)
　How far(거리)

❻ 형용사와 부사에 관한 비밀 한 가지

가끔 생긴 모습은 비슷하지만 품사와 의미가 달라서 해석할 때 헷갈리게 만드는 나쁜 단어가 있다. 가령 late(형 늦은), late(부 늦게), lately(부 최근에)와 같은 단어들은 문장에서 종종 헷갈리게 만드는데, 엄격하게 말하면 이런 것들은 문법 사항은 아니다. 그저 나올 때마다 단어 하나 더 외운다고 생각하고 넘어가도록 하자.

The bus was ten minutes **late**.
버스가 10분 늦었다.

We went to bed very **late**.
우리는 아주 늦게 잠자리에 들었다.

Have you heard from Tom **lately**?
최근에 Tom한테 소식 들었니?

He hardly worked **hard**.
그는 거의 열심히 일하지 않았다.

헷갈리는 형용사와 부사

hard	-	hard	-	hardly
어려운, 단단한, 딱딱한		열심히, 세게, 단단하게		거의 -하지 않다
high	-	high	-	highly
높은		높게		매우
fast	-	fast		
빠른		빠르게		
well	-	well		
건강한		잘		

한눈에 쏙!!

부사

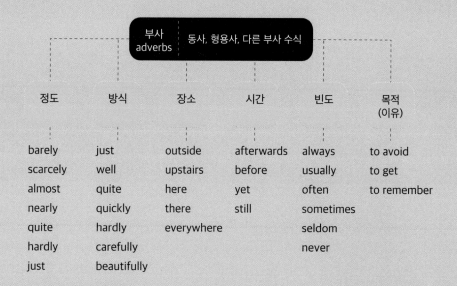

도치 구문을 만드는 부사(구)

· 부정어가 문장의 앞에 올 때

Little did he know that he was fueling his son with a passion that would last for a lifetime.
그는 자신이 그의 아들에게 평생 지속될 열정을 주입하고 있다는 것을 거의 알지 못했다.

No sooner had she left the office than they called her back.
그녀가 사무실을 떠나자마자 그들은 그녀를 다시 불렀다.

· (장소·방향의) 부사구가 앞에 올 때

In the doorway was standing a man with a gun.
문간에 총을 든 남자가 서 있었다.

Between the two wine glasses was a small empty box.
두 개의 와인잔 사이에 작은 빈 상자 하나가 있었다.

Take off your shoes in the temple.	타동사 + 부사 + 명사
Take your shoes off in the temple.	타동사 + 명사 + 부사
I'll **pick you up** at six.	타동사 + 대명사 + 부사

For Fun

John Says I'm **pretty**.
Andy Says I'm ugly.
What do you think, Peter?

Mary

I think
you're **pretty** ugly.

Peter

제대로 영문법

A 올바른 문장이 되도록 네모 안에서 알맞은 것을 고르시오.

1 You write so ｜careless / carelessly｜! Look at these mistakes!

2 The driver of the car was ｜serious / seriously｜ injured.

3 He fell and hurt himself quite ｜bad / badly｜.

4 This book is ｜enough / too｜ difficult for me to read.

5 If you don't go, I'll not go, ｜too / either｜.

6 Have you ever seen a koala ｜ago / before｜?

7 This bridge is ｜very / much｜ longer than that one.

8 She ｜hard / hardly｜ knows the people in the room.

9 I've ｜yet / already｜ been to Chicago; I was there last year.

10 This picture was painted ｜short / shortly｜ after Elizabeth's death.

11 ｜Late / Lately｜, I've been oversleeping and getting to work ｜late / lately｜.

B 뜻이 통하도록 빈칸에 가장 적절한 것을 고르시오.

1 He lost his job a year ago, and he is _____ unemployed.
① yet   ② still   ③ already   ④ until

2 Do something when you think of it and do not _____ until tomorrow.
① put it off   ② put it on   ③ put off it   ④ put on it

3 A week _____ last Christmas I was in my office.
① away   ② ago   ③ before   ④ early

4 Many foreign investors have _____ begun to recognize its attractiveness.
① yet   ② still   ③ already   ④ either

5 If I'm hungry, I eat until I'm not hungry _____ .
① yet   ② still   ③ more   ④ anymore

C 어법상 틀린 곳을 찾아 바르게 고치시오.

1 Everyone on the team played extreme well.

2 Each man tried earnest to win the prize.

3 He was so tired that he could hard keep his eyes open.

4 The old couple lived happy together.

5 The summer festival is coming nearly.

6 I've not heard from him late.

7 The seal balanced the ball steadily than the clown did.

8 Susan learns languages quickly incredibly.

9 You won't pass the exam if you don't study enough hard.

10 I have usually a shower before breakfast.

D 밑줄 친 부분 중, 어법상 틀린 것을 골라 바르게 고치시오.

1 This amount is very higher than the original goal of one million won.
        ① ②   ③   ④   ⑤

2 Don't use a password that is so difficult for you to remember that you
               ①   ②   ③

will forget it if you don't write down it.
④   ⑤

3 I'm enough old for Mom to tell me the truth, but when I confront her,
       ①   ②   ③   ④

she makes up excuses.
⑤

4 No sooner had she reached home when she went to her mirror, and said,
   ①   ②   ③

"Mirror, mirror upon the wall, who is the fairest of them all?"
④   ⑤

E 주어진 단어를 알맞은 위치에 넣어 각 대화를 완성하시오.

1 Leah   What do you do on Sunday morning? (usually)

   Andrew   Nothing much. I sleep until noon. (almost always)

2 Nicole   Do you go bicycling? (ever)

   Christopher   Yeah, I go bicycling on Saturdays. (often)

3 Ben   How often do you play sports? (usually)

   Mark   Well, I play tennis. (twice a week)

4 Ellen   What do you do after class? (usually)

   Luke   I go out with my classmates. (about three times a week)

5 Victoria How often do you exercise? (usually)

   John   I exercise. (seldom)

F 자연스러운 대화가 되도록 네모 안에서 알맞은 단어를 고르시오.

Catherine   Is it true you saw a ghost last night?

William   Yes, I did. I went to bed ① late / lately , and I was sleeping ② bad / badly . I suddenly woke up in the middle of the night. I went to the window and saw a ghost walking across the lawn.

Catherine   Was it a man or a woman?

William   A woman in a white dress. I had a ③ good / well view from the window, but she walked very ④ fast / faster . She wasn't there very ⑤ long / longer . I'd ⑥ hard / hardly caught sight of her before she'd gone. I'd ⑦ near / nearly missed her.

Catherine   Don't you think you've been working too ⑧ hard / hardly ? You've been looking a bit pale ⑨ late / lately .

William   I saw her, I tell you.

Catherine   It isn't very ⑩ like / likely that ghosts actually exist, you know. I suspect you were imagining it.

G (A), (B), (C)의 각 네모 안에서 어법에 맞는 표현을 고르시오.

Sometimes the questions of a fool are (A) hard / hardly to distinguish from those of a genius. It's the answers that tell them apart. Stephen Hawking, the Cambridge University physicist, has (B) late / lately been weighing a question that you might hear from the village fool: why can we remember the past, yet not the future? At a scientific conference last week on "Particles, Strings, and Cosmology," he proved that time runs forward. The difference between Hawking and an ordinary man reaching that conclusion is (C) sure / surely that when Hawking does, and explains why, he reveals deeper truths of modern physics.

ⓗ (A), (B), (C)의 각 네모 안에서 어법에 맞는 표현을 고르시오. 수능기출

Possibly the most effective way to focus on your goals is to (A) write them down / write down them . Although this may sound like an obvious first step, it is a step that many people ignore. As a result, their goals often remain unfocused, and therefore unrealized. Go to a fairly quiet place where you are not likely to (B) disturb / be disturbed . Make a list of every goal you have. Include goals about finances, relationships, and your career. Be as (C) specifically / specific as possible.

ⓘ (A), (B), (C)의 각 네모 안에서 어법에 맞는 표현을 고르시오.

As he was driving back to his house, Fairbanks saw a man with a familiar face walking along the road in the heat. He stopped (A) offering / to offer him a ride, which the stranger accepted. Unable to remember the man's name, Fairbanks invited him in for a drink, and in the course of conversation attempted to elicit some clues as to his visitor's identity. The man seemed to know many of Fairbanks' friends and was (B) evident / evidently well acquainted with the estate. (C) Eventual / Eventually Fairbanks' secretary entered the room and Fairbanks whispered, "Who's this man? I just can't remember his name." "That," replied the secretary, "is the butler you fired last month for getting drunk."

ⓙ 다음 글의 밑줄 친 부분 중, 어법상 틀린 것은?

The next time you find yourself in an argument, rather than ① defend your position, see if you can see the other point of view first. It's interesting to consider that when you disagree with someone, the person you are disagreeing with is every bit as ② certainly of his or her position as you are of yours. Yet we always take sides — ours! This is our ego's way of refusing ③ to learn anything new. It's also a habit that creates a lot of stress. Rather than ④ automatically defending your own position, see if you can learn something new. Don't try to correct your friend. Don't tell him or her to see how he or she is wrong. Let your friend ⑤ have the satisfaction of being right. Practice being a good listener.

Chapter 14

비교 구문 _ ✏️

❶ 비교급, 최상급을 만드는 방법   ✏️   286

❷ 원급의 용법   ✏️   288

❸ 비교급의 용법   ✏️   290

❹ 최상급의 용법   ✏️   296

●-------- 한눈에 쏙!!   🔓❶   300

●-------- Grammar Exercises   ✏️   302

인간은 늘 남들과 비교하면서 세상을 산다. 사실 행복의 지름길은 남과 비교하지 않으며 사는 것임을 알고는 있지만, 그것이 마음처럼 쉽게 되는 일도 아닐 것이다. 여러분들이 이 책으로 영문법을 공부하는 이유도 따지고 보면 더 빨리(faster) 최고의(the best) 영문법 실력을 쌓기 위해서 일 것이다. 자, 누구보다도 센스가 있는 여러분들이라면 이번 강에서 배울 내용이 무엇일지 감을 잡았을 것이다. 그것은 바로 비교급·최상급!

영어의 8품사 중에서 형용사와 부사만이 누리는 특권이 하나 있는데, 그것은 이 두 개의 품사만이 그 어미(語尾)의 변화로 정도의 차이를 나타낼 수 있다는 것이다. 어형 변화로 나타내는 정도의 차이를 비교라고 하는데 비교를 나타내는 형용사(부사)의 어형으로는 원급(사전에 나오는 원래의 모양), 비교급, 최상급이 있다. 부사의 비교급은 13강에서 다뤘으므로 여기에서는 형용사를 중심으로 살펴보도록 하자.

14.1_✎ ❶ 비교급, 최상급을 만드는 방법

형용사의 비교급과 최상급은 앞에서도 언급된 것처럼 어미를 변화시켜서 만드는데, 규칙변화와 불규칙 변화가 있다.

1. 규칙변화

(1)   원급에 -er, -est를 붙인다.

원급	비교급	최상급
old	older	oldest
tall	taller	tallest
weak	weaker	weakest

(2)   -e로 끝나면 -r, -st를 붙인다.

원급	비교급	최상급
wise	wiser	wisest
large	larger	largest
simple	simpler	simplest

(3)   〈자음 + y〉로 끝나면 y를 i로 고친 후 -er, -est를 붙인다.

원급	비교급	최상급
happy	happier	happiest
busy	busier	busiest
heavy	heavier	heaviest

(4)   〈단모음 + 단자음〉으로 끝나면 자음 하나를 더 겹쳐 쓰고
-er, -est를 붙인다.

원급	비교급	최상급
big	bigger	biggest
fat	fatter	fattest
hot	hotter	hottest

(5)   3음절 이상의 형용사(일부 2음절 이상의 형용사)와 분사에서 나온
형용사에는 more, most를 붙인다. 기계적으로 암기하지 말고 평소
에 문장을 자주 접해서 자연스럽게 익히자!

원급	비교급	최상급
beautiful	more beautiful	most beautiful
important	important	important
comfortable	comfortable	comfortable
interesting	interesting	interesting
boring	boring	boring

2. 불규칙 변화

불규칙 변화는 무조건 암기!

원급	비교급		최상급	
good / well	better		best	
bad / ill	worse		worst	
many / much	more		most	
little	less		least	
old	older	나이든, 늙은	oldest	
	elder	연장자인	eldest	
late	later	더 늦은, 나중에	latest	시간: 최근의
	latter	후자의	last	순서: 마지막의
far	farther	거리	farthest	
	further	정도	furthest	

elder than ~ (X)
older than ~ (O)
형제자매 간의 서열을 나타낼 때 elder/older를 모두 쓸 수 있다.

14.2

❷ 원급의 용법

1. 동등비교 : 둘의 정도가 같음을 비교한다.

as + 원급 + as 표현에서 형용사 원급만 오는 것이 아니라 문맥상 부사도 얼마든지 올 수 있다.

(1) **A ... as + 원급 + as B** : A는 B만큼 ... 하다

Tom is **as old as** Jane.
Tom은 Jane만큼 나이를 먹었다.

I can't kick the ball **as powerfully as** I did in the past.
나는 예전에 그랬던 것만큼 세게 공을 찰 수 없다.

(2) **A ... not as(so) + 원급 + as B** : A는 B만큼 -하지 않다

Tom is **not as(so) old as** Jane.
Tom은 Jane만큼 나이를 먹지(는) 않았다.

2. ... times as + 원급 + as : ...배 -하다

This house is **three times as large as** mine.
= This house is **three times larger than** mine.
이 집은 내 것보다 세 배 더 크다.

3. 원급이 사용된 중요한 표현들 몇 가지

(1) **as 원급 as possible**(= as 원급 as one can) : 가능한 한 -하게

The rabbit ran **as fast as possible**.
그 토끼는 가능한 한 빨리 뛰었다.

You must learn **as much as you can** while you are young.
너는 젊을 때 가능한 한 많이 배워야 한다.

(2) **as 원급 as can be** : 더할 나위 없이 -한

I am **as happy as can be**.
나는 더할 나위 없이 행복하다.

(3) **not so much A as B** : A라기보다는 차라리 B인

He is **not so much** a novelist **as** a poet.
그는 소설가라기보다는 차라리 시인이다.

(4) **as good as** - (= no better than) : -와 같은, -와 다를 바 없는

He is **as good as**(= **no better than**) a beggar.
그는 거지나 다를 바 없다.

cf. My eyesight isn't as good as yours.
내 눈은 너만큼 좋지 않다.

(5) **as many[much] as -** : **-만큼이나 많은(많이)**

The World Health Organization(WHO) says that **as many as** 6,000 people are dying of AIDS everyday.
세계보건기구(WHO)에 의하면 매일 6천 명의 사람들이 AIDS로 숨지고 있다.

Jane doesn't work **as many hours as** I do, but she makes just **as much money as** I do.
Jane은 나만큼 많이 일하지는 않지만 나만큼 많은 돈을 번다.

❸ 비교급의 용법

1. 우등 비교
둘을 비교하여 한 쪽이 다른 쪽보다 정도가 높다는 것을 나타낸다.

I'm eight years **older than** you.
나는 당신보다 8살이 많습니다.

My brother is **more intelligent than** Bob.
내 동생은 Bob보다 더 총명하다.

2. 열등 비교

둘을 비교하여 한 쪽이 다른 쪽보다 정도가 낮다는 것을 나타낸다.

A ... less + 원급 + than **B**   A는 **B** 보다 덜 -하다

Night diving is obviously **less simple than** diving during the day.
야간 잠수는 명백히 주간 잠수보다 덜 단순하다.

---

3. 의미는 비교급이지만 than이 아닌 to를 쓰는 비교 표현

(1)   **superior to**(= better than) : -보다 월등한

Chris is **superior to** me in science.
Chris는 과학에서 나보다 더 뛰어나다.

(2)   **inferior to**(= worse than) : -보다 열등한

I am **inferior to** her in science.
나는 과학에서 그녀에게 뒤떨어진다.

(3)   **senior to** - : -보다 손위의, **junior to** - : -보다 어린

She is three years **senior to** me.
= She is three years older than I.
그녀는 나보다 세 살 위다.

(4)   **prefer A to B** : B보다 A를 더 좋아하다

Many young people **prefer** surfing the Internet **to** reading books.
많은 젊은이들은 독서보다 인터넷 서핑을 더 좋아한다.

● senior[junior] to - 보다는 older[younger] than - 이 더 많이 쓰인다.

4. 알아두면 더 행복해지는 비교 구문

두 명 중에서 일등을 해도 일●--
등은 일등이다. 그래서 두 명
을 놓고 서로 비교할 때는 최
상급에서 써주는 정관사 the
를 비교급 앞에서도 과감히
사용하는 것이다.

(1) **the + 비교급 + of the two : 둘 중에서 더 -한**

Bob is **the better of the two**.
두 명 중 Bob이 더 낫다.

cf. 비교급 뒤에 <이유>를 나타내는 어구(because, for)가 오면, 비
교급에 the를 붙이고 '그 만큼 더 -' 로 해석한다.

Obama studied **the harder because** he got an A plus.
Obama는 A+를 받았기 때문에 그만큼 더 열심히 공부했다.

(2) **The + 비교급..., the + 비교급 - : ...하면 할수록, 그만큼 더 -하다**

The more, the better.   다다익선(多多益善)

The sooner, the better.   빠르면 빠를수록 더 좋다.

The more bystanders there are, **the less** likely people are to
help a person in distress.
방관자들이 많으면 많을수록, 사람들은 어려움에 빠진 사람을 덜 돕는다.

(3) **비교급 + and + 비교급 : 점점 더 -한**

It is getting **warmer and warmer**.
점점 더 따뜻해지고 있다.

More and more people are using the Internet.
점점 더 많은 사람들이 인터넷을 사용하고 있다.

(4) **동일인이나 동일물의 성질 비교에는 -er을 쓰지 않고 형용사(부사)
앞에 more를 쓴다.** 이 때 more는 rather(차라리, 오히려) 정도의
의미가 된다.

Emma is **more** wise than intelligent.
Emma는 지적이라기보다는 (차라리) 현명하다.

(5) 비교급의 의미를 더 강하게 표현하고 싶을 때는 아래와 같은 부사의 도움을 받는다.

(very) much,　far,　even,　still,　a lot　등

Jupiter is **very much bigger** than Earth and has **much more** mass.
목성은 지구보다 훨씬 더 크며, 훨씬 더 큰 질량을 가지고 있다.

Ramses was taller than Bakhen, but lighter and **much less** experienced.
Ramses는 Bakhen보다 컸지만 몸무게는 덜 나갔으며 경험이 훨씬 더 부족했다.

5. 〈비교급 + than -〉을 포함한 관용적 표현

(1) no more than : 단지 -뿐(= only)

I have **no more than** 5 books.
나는 단지 5권의 책을 가지고 있다.

5권보다 '0권 더(no more)' 가지고 있는 것이므로 딱 5권을 가지고 있다는 의미이며, 가지고 있는 것이 적다는 주관적 감정을 나타낸다. (I have / no more than 5 books.)

(2) no less than = as many[much] as - : -만큼이나 많은(많이)

I have **no less than** 20 books.
나는 20권이나 되는 책을 가지고 있다.

20권보다 '0권 덜(no less)'가지고 있는 것이므로 딱 20권을 가지고 있다는 의미이며, 가지고 있는 것이 많다는 주관적 감정을 나타낸다. (I have / no less than 20 books.)

> (3) **not more than = at most : 기껏해야, 많아야**
>
> I have **not more than** 10 books.
> 나는 기껏해야 10권의 책을 가지고 있다.

10권 이상은 '가지고 있지 않은(have not)'것이므로, 최대 10권까지는 가지고 있다는 의미이다. 다시 말해서 10권이 상한선이 되는 것이다. (I have not / more than 10 books.)

> (4) **not less than = at least : 적어도**
>
> I have **not less than** 30 books.
> 나는 적어도 30권의 책을 가지고 있다.

30권보다 적게는 '가지고 있지 않은(have not)' 것이므로, 최소 30권 이상을 가지고 있다는 의미이다. 다시 말해서 30권이 하한선이 되는 것이다. (I have not / less than 30 books.)

> (5) **A is no less ... than B / A is not less ... than B :**
> A는 B만큼 ...하다 / A는 B에 못지않게 ...하다
>
> She is **no less** beautiful **than** Jane.
> Jane이 미인인 것처럼 그녀도 미인이다.
>
> She is **not less** beautiful **than** Jane.
> 그녀는 Jane 못지않게 아름답다.
>
> (6) **A is no more B than C is (D) :**
> C가 D가 아닌 것처럼 A는 B가 아니다
>
> A whale is **no more** a fish **than** a horse is (a fish).
> 말이 물고기가 아니듯이 고래는 물고기가 아니다.

Science is built up with facts, as a house is with stones. But a collection of facts is **no more** a science **than** a heap of stones is a house.

집이 돌로 지어지는 것처럼 과학은 사실들로 만들어진다. 하지만 돌을 그저 쌓아 놓은 것이 집이 되지 않는 것처럼 사실들의 수집이 과학은 아니다.

John Stuart Mill은 그의 책 『On Liberty(자유론)』에서 다음과 같은 명언을 남겼다.

"If all mankind minus one were of one opinion, and only one person were of the contrary opinion, mankind would be **no more** justified in silencing that one person **than** he, if he had the power, would be in silencing mankind."

"한 명을 뺀 모든 인류가 같은 의견을 가지고 있고, 단지 한 사람만이 반대 의견을 가지고 있다면 그가 힘을 가지고 있다고 해서 인류를 침묵시키는 것이 정당화되지 않는 것과 마찬가지로 인류가 그 한 사람을 침묵시키는 것은 정당화되지 않을 것이다."

(7) **know better than to - :**
- 하지 않을 만할 분별이 있다(-할 만큼 어리석지 않다)

He **knows better than to** do such things.
그는 그런 일들을 하지 않을 분별력이 있다.

cf. You should have done better than to cheat a friend.
너는 친구를 속이는 짓 따위는 하지 말았어야 했다.

❹ 최상급의 용법

우리는 아직 관사에 대해 자세히 배우지는 않았지만 미리 좀 살펴보면, 세상에서 하나밖에 없는 명사 앞에는 정관사(the)를 붙인다. 최상급에 해당되는 것 역시 세상에서 유일무이(唯一無二)한 것이므로 정관사 the를 붙이는 것이 원칙이다. However, 원칙에는 항상 예외가 있다는 것을 기억하길...

1. 최상급의 형식과 의미

(1) **the + 최상급 + of + 복수명사 : -중에서 가장 -하다**

Daniel is **the cleverest of the boys**.
Daniel은 소년들 중에서 가장 영리하다.

He is **the tallest of all students** in his class.
그는 반에서 가장 큰 학생이다.

(2) **the + 최상급 + in + 장소(집단) : -에서 가장 -하다**

Seoul is **the largest city in Korea**.
서울은 한국에서 가장 큰 도시이다.

She was **the most talkative girl in the class**.
그녀는 반에서 가장 수다스러운 소녀였다.

2. 최상급 앞에 the를 쓰지 않는 경우

(1) **부사의 최상급일 때**

Usain Bolt runs **fastest** of all the runners.
Usain Bolt는 모든 선수들 중에서 가장 빨리 달린다.

(2) **비교할 대상이 없는 동일인, 동일물의 성질, 상태를 표시할 때**

This lake is **deepest** at this point.
이 호수는 이 지점이 가장 깊다.

3. 문맥에 따라 양보의 의미를 갖는 최상급 표현

The wisest man can make mistakes.
= Even the wisest man can make mistakes.

가장 현명한 사람도 실수를 저지를 수 있다.

4. 관용적 표현

Cristiano Ronaldo is **by far** the best player in the world.
Cristiano Ronaldo는 단연 세계 최고의 선수다.

Bob is **the last** man to tell a lie.
Bob은 거짓말을 할 사람이 아니다.

That doesn't matter **in the least**.
그것은 전혀 문제가 되지 않는다.

To the best of my knowledge, Daniel is reliable.
내가 아는 한에서는, Daniel은 믿을 만하다.

● 최상급을 강조할 때는
　by far를 쓴다.

Make the most of this opportunity.

이 기회를 최대한 잘 이용해라.

Last but not least, I'd like to thank my wife for her support.

마지막으로, 그렇지만 중요한 말씀을 드리자면, 저를 지지해준 아내에게 감사의 말을 전하고 싶습니다.

5. 최상급을 의미하는 여러 가지 표현

최상급	Time is **the most precious** thing of all.
원급 =	**Nothing** is **so(as) precious as** time.
비교급 =	**Nothing** is **more precious than** time.
비교급 =	Time is **more precious than anything else**.
	시간은 모든 것 중에서 가장 귀하다.

마지막으로 다음 문장의 의미 차이를 천천히 음미하면서 비교 구문 공부를 마치도록 하자.

He likes her better than (he likes) **me**.

그는 나를 좋아하는 것보다 그녀를 더 좋아한다.

He likes her better than **I** (like her).

그는 내가 그녀를 좋아하는 것보다 더 그녀를 좋아한다.

 당연히 알고 있는 내용이겠지만 그래도 다시 한 번….

His salary is smaller than **his wife**. (X)

His salary is smaller than **his wife's (salary)**. (O)

그의 월급은 아내의 월급보다 적다.

비교되는 대상은 '그의 월급'과 '아내의 월급'이지 '그의 월급'과 '아내'가 아니다.

The grass is always **greener** on the other side of the fence.

For Fun

"OURS IS A GOOD RESTAURANT," said the manager. "If you order an egg, you get **the freshest** egg in the world. If you order hot coffee, you get **the hottest** coffee in the world, and —"

"I believe you," said the customer. "I ordered a small steak."

한눈에 쏙!!

비교급, 최상급 만들기

기본형태	원급 + -er/-est		rich	richer	richest
특수형태	자음 + y	y → i + -er/-est	happy	happier	happiest
	단모음 + 단자음	자음 하나를 더 쓰고 + -er/-est	fat	fatter	fattest
	3음절 이상	more/most를 단어 앞에	beautiful	more beautiful	most beautiful
	불규칙 변화	무조건 암기	good(well)	better	best
			bad(ill)	worse	worst
			many(much)	more	most
			little	less	least

원급의 용법

A as + 원급 + as B	–	A는 B만큼 …하다
three times as + 원급 + as	–	세 배만큼 …한
not so much A as B	–	A라기 보다는 차라리 B인
as many[much] as	–	-만큼 많은[많이]

A + 비교급 + than B	-	우등 비교	A는 B보다 더 ...하다
A + less + 원급 + than B	-	열등 비교	A는 B보다 덜 ...하다
prefer A to B	-		B보다 A를 더 좋아하다
be superior to ...	-	↔ be inferior to	... 보다 월등하다
the 비교급, the 비교급	-		-하면 할수록 더 -하다
비교급 강조	-		much, far, even, still, a lot 등
no more than	-		단지 -뿐(= only)

the 최상급 + of + 복수명사	-	- 중에서 가장 ...하다
the 최상급 + in + 장소	-	...에서 가장 -하다
the last ... to 부정사	-	가장 -할 것 같지 않은
not ... in the least	-	전혀 ... 아니다
make the most of ...	-	...을 최대한 활용하다

Ⓐ 올바른 문장이 되도록 네모 안에서 알맞은 것을 고르시오.

① Ann is much older as / than her husband.

② Jim is taller / the taller of the two boys.

③ Mr. Carter is braver / more brave than wise.

④ She always dresses in the last / latest fashion.

⑤ He was born in the later / latter half of the 19th century.

⑥ The sooner we finish the project, the good / better .

⑦ My grandmother is elder / older than my grandfather.

⑧ I think he is the worse / worst player on the team.

⑨ She can speak English very / much better than her brother.

⑩ I know that my handwriting is bad, but my brother's is worse / worst .

Ⓑ 밑줄 친 부분을 어법에 맞게 고치시오.

① Which country is <u>small</u>, Singapore or Vatican City?

② Which waterfall is <u>high</u>, Niagara Falls or Angel Falls?

③ Which city is <u>crowded</u>, Hong Kong or Seoul?

④ Which lake is <u>large</u>, Lake Victoria or Lake Superior?

⑤ Which mountain is <u>tall</u>: Mount McKinley, Mount Everest, or K2?

⑥ What is <u>long</u> river in the world?

⑦ Which country is <u>popular</u> with tourists: Spain, France or Korea?

⑧ What is <u>delicious</u> food in your refrigerator right now?

⑨ Who is <u>fast</u> runner in the world?

⑩ Which country is <u>rich</u>, Japan or the U.S.A?

C 어법상 틀린 부분을 찾아 바르게 고치시오.

1. Susan is taller person in her family.

2. Gradually he felt his eyesight was not so better as before.

3. The poisonous snake of all is the Australian tiger snake.

4. Skating is more interesting than any other sports.

5. Gary treats his clients more professional than Roger does.

6. A basketball court is the biggest than a tennis court.

7. The newly released software is vastly superior than the former one.

8. Today's methods for growing vegetables are far most advanced than those of 100 years ago.

9. Don't you think it's easy to learn how to drive a car than to ride a motorbike?

10. She doesn't have as many free time as Joe.

D 밑줄 친 부분 중, 어법상 틀린 것을 골라 바르게 고치시오.

1. What matters is not <u>so much</u> <u>what</u> you say <u>than</u> <u>how you say it.</u>
                     ①   ②   ③   ④

2. The <u>more specialized</u> a page is, <u>fewer results</u> this search engine will <u>be able to</u>
           ①   ②   ③

   find <u>for you.</u>
       ④

3. It was <u>disappointing</u> that <u>as little as</u> 10 delegates <u>came to</u> the international
   ①   ②   ③   ④

   <u>conference.</u>
   ⑤

4. When students choose <u>to learn</u> a <u>language</u>, they are interested in learning
   ①   ②

   <u>to speak</u> that language as <u>fluent</u> as <u>possible.</u>
   ③   ④   ⑤

E 괄호 안에 주어진 단어를 적절히 배열하여 문장을 완성하시오.

1 This room is (as / twice / as / large) that one.

→ _____

2 Busan is (second / in / largest / city / the / Korea).

→ _____

3 Please let me have your answer (possible / as / as / soon).

→ _____

4 He is (the / man / betray / last / to) her confidence.

→ _____

5 Global warming is (serious / most / of / one / problems / the) in the world now.

→ _____

F 주어진 단어를 적절히 변형하여 대화를 완성하시오.

Katie   Look! These jackets are nice. Which one do you like ① _____ (well)?

Anna   Let me see. Hmm, I like the wool one ② _____ (well).

Katie   Really? Why?

Anna   It looks ③ _____ (warm) and has ④ _____ (many) pockets than the leather one.

Katie   Well, I prefer the leather one. It's ⑤ _____ (attractive) than the wool one.

Anna   Hmm. There's no price tag.

Katie   Yes, here it is. It's $99. It's ⑥ _____ (cheap) than the one at Sears. Would you like to try it on?

Anna   Yeah, thanks.

G 아래의 밑줄 친 부분을 우리말로 옮기시오.

The American economy now exhibits a wider gap between rich and poor than it has at any other time since World War Ⅱ. The most basic reason, put simply, is that America itself is ceasing to exist as an economic system separate from the rest of the world. One can no more meaningfully speak of an "American economy" than of a "California economy." America is simply turning into a region of the global economy. → _____

H 다음 밑줄 친 부분을 어법에 맞게 고쳐 쓰시오.

Different types of metal are used in making wire. You can have copper wire, aluminum wire, even steel wire. Each of these metals has a different resistance; how well the metal conducts electricity. The lower the resistance of a wire, (A) it conducts electricity well. Copper is used in many wires because it has a lower resistance than many other metals. The wires in your walls, inside your lamps and elsewhere are usually copper. A piece of metal can be made to act like a heater. When an electrical current occurs, the resistance causes friction and the friction causes heat. (B) The higher the resistance, it can get hotter. So, a coiled wire high in resistance, like the wire in a hair dryer, can be very hot.

(A) _____

(B) _____

I 다음 글의 밑줄 친 부분 중, 어법상 틀린 것은?

According to a recent study, children as ① younger as 10 and 11 years old already have notions about the ideal body. An analysis of more than 4,000 students revealed that young girls' happiness with their body image is directly linked to ② how thin they are. Boys, on the other hand, were ③ happiest when they were neither too lean, nor too heavy. Given ④ that dissatisfaction with body image is strongly linked with an increased risk for eating disorders, the researchers were particularly concerned to find that the perception of perfection began at such a young age. Overall, 7.3% of the girls included in the study reported that they didn't like the way they looked, but that increased proportionately ⑤ as girls' weight went up.

J 다음은 지역별 CO_2 배출 현황에 관한 도표이다. 도표의 내용과 일치하지 <u>않는</u> 것을 고르시오.

CARBON DIOXIDE EMISSIONS FROM THE USE OF FOSSIL FUELS (2015, %)

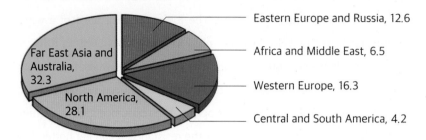

Far East Asia and Australia, 32.3
North America, 28.1
Eastern Europe and Russia, 12.6
Africa and Middle East, 6.5
Western Europe, 16.3
Central and South America, 4.2

① Far East Asia and Australia produced the most carbon dioxide emissions in 2015.

② Central and South America produced less carbon dioxide than any other part of the world.

③ The percentage of CO_2 emissions from Western and Eastern Europe plus Russia was two times as high as that from North America.

④ Eastern Europe and Russia emitted three times as much carbon dioxide as Central and South America.

⑤ CO_2 emissions from North, Central and South America were equal to those from Far East Asia and Australia.

K 괄호 안에 주어진 단어를 알맞은 형태로 바꾸어 문장을 완성하시오.

Lots of people believe that their memory gets (A)_____ (bad) as they get (B)_____ (old). But this doesn't have to be true for you. Both physical exercise and mental exercise will help your memory. Physical exercise improves circulation of the blood. This helps your brain function (C) _____ (good). Keep your body active by walking, going to the gym, swimming, or riding your bike. Your brain, like your muscles, also needs exercise to stay in shape. Try to challenge yourself by doing mental exercises. Do crossword puzzles, read a lot, and play games that require thinking such as chess. All of these mental exercises will help improve your memory. Remember, memory is like a muscle. (D)_____ (much) you use it, (E)_____ (good) it gets.

Chapter 15
명사 _ ✏️

1 보통명사   ✏️   310

2 집합명사   ✏️   311

3 물질명사   ✏️   314

4 추상명사   ✏️   315

5 고유명사   ✏️   315

6 셀 수 없는 명사의 수량을 나타내는 도우미   ✏️   316

7 명사의 변신은 무죄!   ✏️   318

8 명사의 성 · 수 · 격   ✏️   321

9 소유격의 다양한 의미   ✏️   325

한눈에 쏙!!   🎧   328

Grammar Exercises   ✏️   331

명사는 말 그대로 사물의 '이름(名)'을 가리키는 단어다. 영어를 잘하는 사람은 동사를 많이 알고 있는 사람이다. 그런데 정말로 영어를 잘하는 사람은 명사를 많이 알고 있는 사람이다. 다른 품사와 달리 명사는 계속 만들어지고 있으며 사전에도 계속 추가되고 있다. 만일 서기 3030년 쯤 사는 우리 후손들도 종이 사전을 보게 된다면 그 두께가 장난이 아닐 것이다.

명사는 크게 셀 수 있는 명사(가산명사)와 셀 수 없는 명사(불가산명사)로 나눌 수 있다. 이 부분은 은근히 까다롭다. a car(자동차)와 같은 셀 수 있는 명사는 반 토막을 내면 타고 다닐 수 없고 더 이상 자동차가 아니지만, water(물), salt(소금)와 같은 셀 수 없는 명사는 반으로 갈라서 나눠 먹을 수 있고, 여전히 물과 소금이다. money(돈)도 나눌 수 있다. 엄마가 돈을 주시면서 동생과 나눠 쓰라고 하면, 지폐를 반으로 찢을 사람은 없을 것이다. 잔돈으로 바꿔서 동생에게 줄 것이다. 그래서 money는 셀 수 없는 명사로 보는 것이 타당하다. 결론적으로 말하자면, 영어 원어민들이 세면 '셀 수 있는 명사'고 세지 않으면 '셀 수 없는 명사'다.

셀 수 있는 명사	셀 수 없는 명사
① 보통명사 ② 집합명사	③ 물질명사 ④ 추상명사 ⑤ 고유명사

food / fuːd / noun

1 [U] things that people or animals eat:

사전을 찾아보면 셀 수 있는 명사에는 [C]가, 셀 수 없는 명사에는 [U]가 붙어있는 것을 확인할 수 있다. 물론 [C, U]로 되어 있는 것은 셀 수 있는 명사도 되고, 셀 수 없는 명사도 된다는 것을 의미한다. 아래에서 더 자세히 살펴보겠지만, '셀 수 있는 명사(Countable noun)'와 '셀 수 없는 명사(Uncountable noun)'의 **경계는 명확하지 않다.** 특히 우리말의 수 개념과 영어의 수 개념이 꼭 일치하지는 않기 때문에 더욱 어렵게 느껴진다. 따라서 기계적으로 암기하려고 하지 말고 평소에 영어로 된 글을 많이 읽어서 자연스럽게 익히는 것이 필요하다.

셀 수 있는 명사는 당연히 복수형을 만들 수 있으며, 관사(한정사)와 함께 쓸 수 있다. 셀 수 없는 명사는 셀 수 없으므로 부정관사 a(n)를 붙일 수 없고, 복수형도 만들 수 없다. 다만 정관사는 붙일 수 있다. 이것도 대략적인 설명이며 개별 명사에 따라서 예외도 많다. 한 번 더 강조하는데, 평소에 영어로 된 글을 많이 읽어서 자연스럽게 익히는 것이 가장 좋다.

셀 수 있는 명사	셀 수 없는 명사
~~book~~	salt
a book	the salt
the book	~~a salt~~
books	~~salts~~
Three books	~~Three salts~~
How many ~ ?	How much ~ ?

자, 본격적으로 명사에 대해서 살펴보기 전에 퀴즈를 풀어보고 넘어가기로 하자.

quiz time !

1   I'm going to buy some new shoe / shoes from a shoe / shoes
     store.

2 Bob has got brown | eye / eyes |.

3 Jane has got short black | hair / hairs |.

4 The tour guide gave us some | information / informations | about the city.

5 I'm going to buy some new | chair / chairs |.

6 I'm going to buy some new | furniture / furnitures |.

7 It's difficult to get a | work / job | at the moment.

8 Did you have | good weather / a good weather | on your trip?

9 I'm going to make a table. First I need some | wood / woods |.

10 I want to write a poem. I need some | paper / papers |.

자, 그럼 본격적으로 명사를 해부해 보자! 반복해서 말하지만 아래의 분류는 어디까지나 편의상의 분류이며, 그 경계를 마구 넘나들기 때문에 그 소속을 따지는 것이 별로 의미가 없는 경우도 많다.

15.1

❶ 보통명사

산에는 많은 나무들이 있다. 소나무, 참나무, 밤나무, 전나무 등 그 종류는 엄청나게 많이 있다. 어쩌면 소나무 한 종류만 보더라도 셀 수 없을 정도로 많이 있고 그 중에 완전히 똑같은 것은 하나도 없다. 키가 큰 것, 작은 것, 구부러진 것 등등. 어찌 보면 세상에 존재하는 모든 것들은 모두 고유한 것이라고 할 수 있을 것이다. 하지만 이 모든 것들을 우리는 간단히 '나무'라고 부른다. 이처럼 공통된 이름으로 부를 수 있는 명사를 **보통명사**라고 한다. 보통명사는 그 경계가 분명하며, 절반 또는 그 이상으로 쪼갰을 때 그 기능을 상실하는 특성이 있다.

보통명사에는 관사를 붙일 수 있으며 복수형을 만들 수 있다.(a car, the car, cars 등) 또한 일정한 모양은 없지만 단위 구분이 확실한 명사(day, week 등)도 보통명사로 취급한다. 하지만 다음과 같은 보통명사도 있으니 주의해야 한다.

1. 고유명사처럼 보이는 보통명사

the sun, the earth, the moon, the universe 등은 세상에 하나밖에 없는 것이지만 고유명사로 취급하지 않고 보통명사로 취급한다. 그래서 the를 붙이고 소문자로 쓴다. 물론 고유명사로 쓰고 싶을 때는 대문자로 쓸 수도 있다.

2. 복수형으로만 사용되는 보통명사

아래의 사물들은 늘 복수형으로 쓰며 복수 동사로 받아야 한다.

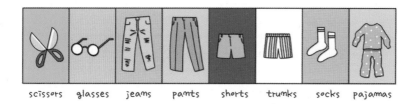

scissors   glasses   jeans   pants   shorts   trunks   socks   pajamas

---

Your **jeans are** on the sofa.

네 청바지는 소파 위에 있다.

A pair of **jeans is** on the sofa.

청바지 한 벌이 소파 위에 있다.

Harry pushed his round (horn-rimmed) **glasses** up the bridge of his nose.

Harry는 그의 둥근 (뿔테) 안경을 콧등 위로 밀어 올렸다.

That new pair of **pants** look**s** great!

저 새 바지는 멋져 보인다!

---

❷ 집합명사

여러 사람이나 사물이 모여서 하나의 통합체를 이룬 명사를 집합명사라고 한다. 이 통합체를 하나의 단위로 보게 되면 단수로 취급해서 부정관사를 붙일 수 있고 단수 동사와 함께 쓴다. 물론 복수형도 만들 수 있다.

The audience **was** very small.

청중은 매우 적었다.

---

audience를 하나의 단위로 보았기 때문에 단수동사(was)를 썼다.

> Our class **is** very large.
> 우리 반은 학생이 아주 많다.

학급 (구성원) 전체를 하나로 보았기 때문에 단수 동사(is)를 썼다.

staff: 직원
(미) 단수 취급
(영) 복수 취급

집단에 초점 : 단수 취급   각 구성원에 초점 : 복수 취급

> There **are** three **families** in the house.
> 그 집에는 세 가족이 산다.

family는 하나의 집합체가 되지만 그러한 집합체가 여럿일 경우에는 그 집합체를 복수형으로 쓸 수 있으며(families) 복수동사(are)를 수반한다.

한편 집합명사는 그 집합체를 구성하는 개체 하나 하나를 염두에 두고 의미 표현을 하는 경우가 있는데 이럴 경우에는 복수 동사와 함께 쓰인다.

> The audience **were** greatly excited.
> 청중은 매우 흥분했다.

청중의 구성원 한 명 한 명에게 초점을 두었기 때문에 복수동사(were)를 썼다.

> Our class **are** all diligent.
> 우리 반은 모두들 부지런하다.

반(class)자체가 부지런한 것이 아니라 반을 구성하는 한 명 한 명이 부지런하다는 의미가 되기 때문에 복수동사(are)를 썼다.

다음은 알아두면 좋은 집합명사이다.

The police are looking for a missing child.
경찰은 미아를 찾고 있다.

Cattle are bred for their milk or meat.
가축은 우유나 고기를 위해 사육된다.

There is little furniture in my room.
내 방에는 가구가 거의 없다.

People say that honesty is the best policy.
정직이 최상의 정책이라고들 한다.

A lot of people speak English.
많은 사람들이 영어를 말한다.

• (the) police :
복수 취급, the를 언제나 써야 하는 것은 아님

• Furniture :
단수 취급, 부정관사 쓸 수 없음

people의 다양한 쓰임

The English are a conservative people.
영국인은 보수적인 민족(국민)이다.

The English-speaking peoples of the world have played a key role throughout history.
전 세계의 영어를 사용하는 민족들은 역사에서 중요한 역할을 해왔다.

The government of the people, by the people, for the people, shall not perish from the earth.
국민의, 국민에 의한, 국민을 위한 정부는 지구상에서 멸망하지 않을 것이다.

❸ 물질명사

일정한 형태를 가지지 않는 물질, 재료, 액체, 기체, 원소 등을 나타내는 명사로 셀 수 없는 명사이기 때문에 원칙적으로 부정관사와 함께 쓰지 않으며 a lot of, much, (a) little, a great deal, some, any, no 등을 써서 많고 적음을 나타낸다. 물질명사는 흔히 단수로 취급되어 단수동사와 같이 쓰며 구체적인 수량을 나타낼 때는 조수사 도우미들(a piece of -, two pieces of - 등)의 도움을 받는다. 물질명사는 절반 또는 그 이상으로 쪼개도 개별화되지 않으며 동일 종류의 부분들로 나뉘는 특성이 있다.

Water becomes **ice** when it is very cold.
매우 추울 때 물은 얼음이 된다.

I need **some money**.
나는 약간의 돈이 필요하다.

Would you like **some cheese**?
치즈 좀 먹을래?

Would you like **a piece of cheese**?
치즈 한 조각 먹을래?

---

cf.   집합적 물질명사(집합명사의 성질 + 물질명사의 성질)
       ex) baggage, luggage, clothing, furniture, machinery 등

       He bought many furnitures. (✗)
       He bought much[many pieces of] furniture. (O)

❹ 추상명사

15.4 _⟋

kindness, happiness, love, honesty, advice 등 사람이나 사물의 성질, 상태, 동작과 같은 추상적 의미를 가지는 셀 수 없는 명사를 말한다. 많은 추상명사는 동사나 형용사로부터 만들어 졌다. 만일 우리가 아프리카의 어느 부족이 사용하는 말을 배워서 사전을 하나 만든다고 했을 때, 가장 고생하게 될 단어는 추상명사가 될 것이라는 것은 쉽게 상상이 갈 것이다. 추상명사는 원칙적으로 관사와 함께 쓰이지 않으며 복수형도 만들 수 없다. 양을 나타내는 경우에는 little, much, any, some, no 등을 쓴다.

> **Necessity** is the mother of **invention**.
> 필요는 발명의 어머니이다.
>
> **Sleep** is necessary for good **health**.
> 잠은 건강을 위해서 필요하다.

❺ 고유명사

15.5 _⟋

장소, 사람, 기타 사물에 주어진 특정한 명칭을 말하며 고유한 존재이시기 때문에 첫 글자를 대문자로서 써서 예의를 표해준다. 고유명사에는 원칙적으로 관사를 붙이지 않으며 복수형을 쓸 수 없다.

> **Seoul** is the capital of **Korea**.   서울은 한국의 수도이다.

하지만 고유명사 가운데 정관사를 필요로 하는 것들이 있는데(복수형 고유명사, 강, 바다, 산맥, 사막, 운하, 해협, 반도, 배, 기차, 공공시설, 호텔, 신문, 잡지 등의 이름 앞에) 이런 것들은 정관사까지 포함해서 하나의 고유명사가 된다고 생각해 두면 차라리 속이 편할 것이다. 아래의 것들을 일부러 외우지는 말자. 정신건강에 해롭다. 그저 평소에 영어로 된 책을 많이 읽는 것이 가장 좋은 학습 방법이다. 관사와 관련해서는 17과에서 다시 설명이 나오므로 여기에서는 Pass!

● the United States
the Netherlands
the People's Republic of China
the Thames
the Sahara Desert
the Pacific Ocean
the Korean Peninsula
the British Museum
the Korea Herald
the University of Texas
cf. Texas University

❻ 셀 수 없는 명사의 수량을 나타내는 도우미

1. 막연히 많고 적음을 말해주는 표현

a lot of(= lots of)　some　any　much　(a) little　etc.

cf. send **an** email / get 10 ● emails

I got **some[much] mail** yesterday.
나는 어제 약간의[많은] 메일을 받았다.

I bought **some furniture**.
나는 약간의 가구를 샀다.

I've got **some money**.
나는 약간의 돈이 있다.

There isn't **much money** in the box.
상자 안에는 돈이 많이 있지 않다.

2. 조수사(단위 명사)

a piece of advice[news / information]　　a drop of water　etc.

I ate **one piece of toast**.
나는 토스트 한 조각을 먹었다.

Many **drops of water** make an ocean.
많은 물방울이 대양을 만든다.

3. 불가산 명사를 담는 그릇

a cup of coffee   two cans of soda
four cartons of milk   a bottle of wine   etc.

I had **two cups of tea**.
나는 차 두 잔을 마셨다.

I got **two boxes of candy** from my dad.
나는 아빠로부터 캔디 두 상자를 받았다.

4. 척도단위

a gallon of oil   a kilo of sugar   etc.

How **many gallons of oil** was spilled in the Gulf of Mexico?
멕시코 만에 얼마나 많은 기름이 유출되었습니까?

5. 물체의 형체에 근거를 둔 명사

a sheet of paper   a bar of chocolate   a slice of meat   etc.

He was caught by the police for stealing **a loaf[slice] of bread**
and was sent to prison.
그는 빵 한 덩어리[조각]를 훔쳐서 경찰에 붙잡혔고 교도소에 보내졌다.

Chris handed me **a bar of chocolate**.
Chris는 나에게 초콜릿 하나를 건네주었다.

❼ 명사의 변신은 무죄!

이처럼 어떤 명사를 만났을 때 이것이 어떤 종류의 명사인지를 따지는 것은 무척 힘들기도 할 뿐만 아니라 별로 의미가 없다. 다만 셀 수 있는 명사인지 셀 수 없는 명사인지는 잘 알아두어야 한다. 그러므로 어떤 명사를 보고 이 명사 앞에 있는 관사 때문에 머리를 쥐어 짤 필요는 없다. 그냥 쓰이는 대로 이해하고 넘어가면 되지 힘들게 따질 필요가 없는 것이다. 앞에서 여러 명사를 설명하면서 '원칙적으로' 라는 말을 많이 사용했다.

하지만 기억하시라! 원칙은 깨지라고 있는 것이라는 것을. 즉, 원칙이 마구 깨져버리기 때문에 우리는 일일이 명사를 종류대로 외울 필요가 없다. 그냥 '아, 이렇게도 쓰이는구나.' 정도로 생각하고 넘어가면 된다. 자, 그럼 이제부터 여러 명사들의 화려한 변신 show를 감상하기로 하자.

1. 고유명사의 보통명사화

I want to be **an Edison**.
나는 Edison과 같은 사람이 되길 원한다.

A Mr. Brown came to see you.
어떤 Brown 씨라는 사람이 너를 보러왔다.

My father is **a Johnson**.
내 아버지는 Johnson 집안 사람이다.

I'm reading **a Shakespeare**.
나는 Shakespeare의 작품을 읽고 있다.

The Bakers are kind to others.
Baker 씨 부부(가족)는 다른 사람들에게 친절하다.

There are **five Kims** in our class.
우리 반에는 김씨 성을 가진 사람이 다섯 명 있다.

2. 물질명사의 보통명사화

물질의 종류, 제품, 개체, 구체성을 나타낼 때 물질명사는 보통명사처럼 행동한다.
즉, 물질명사에 a(n)를 붙이거나 복수형으로 쓸 수도 있다는 말씀이다.

There was **a big fire** in the neighborhood.
근처에 큰 화재가 있었다.

Two coffees, please.
커피 두 잔(two cups of coffee) 주세요.

3. 추상명사의 보통명사화

추상명사가 구체적인 행위나 종류를 나타낼 때는 보통명사로 취급한다.

She was **a beauty** when young.

그녀는 젊었을 때 미인이었다.

He has done me **a kindness**.

그는 내게 친절한 행동을 했다.

He did me **many kindnesses** over the years.

그는 수 년 동안 내게 많은 친절을 베풀었다.

I had **a** strange **experience** yesterday.

나는 어제 이상한 경험을 했다.

---

4. 보통명사의 추상명사화

The pen is mightier than **the sword**.

펜(文)은 칼(武)보다 더 강하다.

He forgot **the judge** in **the father**.

그는 아버지라는 정(父情) 때문에 재판관이라는 책임을 망각했다.

---

5. 보통명사의 고유명사화

my father, my mother 등 자기 가족을 가리키는 경우에는 고유명사와 비슷한 자격이 생겨 관사 없이 사용되고 대문자로 시작한다.

Mother wants me to study English hard.

어머니(my mother)는 내가 영어를 열심히 공부하기를 원하신다.

Yesterday, I went fishing with **Father**.　　어제, 나는 아버지와 낚시를 갔다.

---

6. 보통명사의 물질명사화

대개 보통명사가 음식으로 쓰일 때는 물질명사가 되어 부정관사나 복수형을 쓰지 않는다.

Father caught a chicken, and we had **chicken** for dinner.
아버지가 닭 한 마리를 잡았고, 우리는 저녁으로 닭고기를 먹었다.

"I can smell **boy**!" said the monster.
"(잡아먹을 수 있는) 사내아이 냄새가 나는군!"이라고 그 괴물이 말했다.

7. 보통명사의 집합명사화

Then **the whole town** went out to meet Jesus.
그때 온 마을 사람들이 예수를 보러 나갔다.

The whole village was invited to the party.
온 마을 주민들이 그 파티에 초대받았다.

❽ 명사의 성 · 수 · 격

1. 명사의 성

영어에서 명사의 성은 그다지 중요하지는 않다. 다만 명사를 대명사로 받을 때 약간의 주의가 필요하기는 하다.

명사의 성은 남성, 여성, 중성(무성), 통성 등 4가지로 구분된다.

(1) **남성과 여성형이 전혀 다른 경우**

        bull   황소   cow   암소

        gentleman   신사   lady   숙녀

(2) **남성에 접미사를 붙이는 경우**

        actor   남자 배우   **actress**   여자 배우

        hero   남자 영웅   hero**ine**   여걸, 여장부

(3) **남성 또는 여성을 나타내는 다른 (대)명사를 붙이는 경우**

        boyfriend   남자친구   **girl**friend   여자친구

        hegoat   숫염소   **she**goat   암염소

국가를 나타내는 명사는 지리적 단위를 의미할 때는 중성 it으로 받으며, 정치·경제적 단위를 나타낼 때는 여성형인 she를 쓴다.

2. 명사의 수

셀 수 있는 명사의 복수형을 만드는 방법에는 명사의 끝에 -(e)s를 붙여서 만드는 규칙변화(bus - buses)와 불규칙 변화(child - children)가 있다. 또한 단수와 복수의 형태가 동일한 명사(deer - deer, sheep - sheep)들도 있다. 규칙 변화를 하는 명사의 경우에도 명사의 끝 모양에 따라 복수형을 만드는 방법이 다양하며 예외도 있다.

fish의 경우에는 복수형도 fish인데, 종류가 다른 물고기들을 가리킬 때는 fishes라고 쓴다. 또한 명사 가운데는 series, species처럼 단수와 복수의 형태가 같은 것들도 있다. 명사의 불규칙 복수형을 일부러 외우려고 애쓰지 말고 명사를 만날 때마다 복수형이 무엇일지 호기심을 가지고 사전을 열심히 찾아보면 된다.

평소에 영어로 된 글을 많이 읽는 것이 무엇보다 중요하다. 한편 명사의 복수형이 단수형과 전혀 다른 의미를 갖는 단어들도 꽤 있다. 이것은 영문법의 영역이라기보다는 어휘 영역에 속하는데, 뾰족한 방법이 없다. 무조건 암기해야 한다.

arm	팔	**arm**s	무기
good	선, 미덕	**good**s	상품, 제품
custom	관습, 풍습	**custom**s	세관
quarter	1/4	**quarter**s	숙소

3. 명사의 소유격

명사가 한 문장에서 다른 낱말과 갖는 문법상의 관계를 격(格)이라 하는데, 가장 간단한 인칭 대명사 I를 예로 든다면 I, my, me는 각각 주격, 소유격, 목적격이 된다. 대명사의 경우에는 그 생긴 모습이 각기 다르지만 명사의 경우 주격과 목적격은 생긴 모양이 같다.

소유격은 명사에 's를 붙여서 만든다. 그러나 -s로 끝나는 단어(규칙 복수명사, 일부 고유명사)의 경우는 '만 붙인다. 그런데 -s로 끝나지만 그 뒤에 's를 붙이는 경우도 많은데, 이 부분은 원어민들도 헷갈려 한다. 글을 쓰면서 일관성만 유지하면 된다고 편하게 생각하고 넘어가자.

> I'd like to meet **Mary's** new boyfriend.
> 나는 Mary의 새 남자친구를 만나보고 싶다.

the girl's friend	그 소녀의 친구
a week's holiday	일주일의 휴가
a girls' school	여학교
Jesus' sermon	예수님의 설교
Charles's bike	Charles의 자전거
Mr. Jones's house	Jones 씨의 집

BRIDGET JONES'S DIARY

4. 무생물의 소유격

무생물의 소유격은 흔히 'of + 명사'로 표현할 수 있다. 즉, the book's title 대신 the title of the book이라고 쓰는 것이 좋다. 하지만 관용적으로 '를 쓰는 경우도 많이 있다.

> And now over to Peter Barnes for **tomorrow's weather**. Peter?
> 자, 이제 Peter Barnes로부터 내일의 날씨를 듣겠습니다. Peter?
>
> Let's go to bed and get **a good night's sleep**.
> 가서 푹 자자.
>
> **today's paper** 오늘자 신문   **for heaven's sake** 제발

5. 이중소유격

〈소유격 + 명사〉는 a(n), this, that, these, those, some, no, any, which 등과 함께 쓰일 수 없기 때문에 약간의 변형을 가해 〈a(n) [this, that, ...] + 명사 + of + 소유대 명사(또는 명사 's)〉의 형태로 써야 하는데 이를 이중소유격이라고 한다.

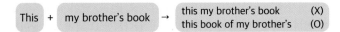

book(책)의 입장에서 보면 this와 my brother's가 동시에 자신을 한정하는 것이 여간 부담스러운 것이 아니다. 그래서 이러한 표현은 쓰지 않고 of를 중간에 넣어서 앞뒤로 꾸밈을 받는 것을 고집한다.

Daniel is my friend.
Daniel은 내 친구다.

Daniel is **a friend of mine**. a my friend (X)
Daniel은 (여러 명의 친구들 중에서) 나의 한 친구다.

It is **no business of yours**.
그건 네 일이 아냐.

He is **a friend of my father's**.
그분은 아버지의 친구다.

이 규칙이 절대적인 것은 아니어서 **소유의 의미가 아니라 '사람(관계)'을 나타낼 때는 of 뒤에 목적격으로 쓸 수 있다.**

Would you take **a picture of me**?
사진 좀 찍어주시겠어요?

He is **a cousin of my father**.
그분은 아버지의 사촌이다.

---

6. 소유격 뒤의 명사 생략

앞에 나온 명사의 반복을 피하기 위해 또는 생략된 것이 무엇인지 문맥상 금방 알 수
있을 때는 소유격 뒤의 명사를 과감히 생략할 수 있다.

I had my hair cut at the **barber's**.　= barber's shop
나는 이발소에서 이발했다.

Mary's hair is longer than **Ann's**.　= Ann's hair
Mary의 머리는 Ann의 머리보다 더 길다.

⑨ 소유격의 다양한 의미

15.9 _ ✍

일부러 외우지는 말고 차근차근 해석해 보면 저절로 알 수 있다.

1. 소유관계

Tarzan's pants look so nice.
Tarzan의 옷은 참 멋지다.

Did you damage Mr. Orr's property?
너는 Orr씨의 물건을 망가뜨렸니?

개별 소유와 공동 소유를 나타내는 방법은 간단하다. 개별 소유일 경우에는 각각의
소유주에게, 공동 소유일 경우에는 뒷 부분에 한 번만 소유격을 표시해 준다.

George's and Mary's desks were repaired.
George의 책상과 Mary의 책상은 수리되었다.　개별소유

Susan and John's car was broken.
Susan과 John의 자동차가 고장 났다.　공동소유

2. 주어-동사 관계

The Pope's arrival in the Philippines caused a lot of excitement.
교황의 필리핀 도착은 커다란 흥분을 일으켰다.

Columbus' voyage was made in 1492.
Columbus의 항해는 1492년에 이루어졌다.

In most states, 18 year-olds can marry without their **parents' consent**.
대부분의 주에서는 18세가 되면 부모의 동의 없이 결혼할 수 있다.

3. 동사-목적어 관계

Many people opposed **the prisoner's release**.
많은 사람들은 그 죄수의 석방을 반대했다.

4. 주어-보어 관계

Everyone's happiness is a Utopian dream.
만인의 행복은 유토피아적인 꿈이다.

The country's beauty is beyond description.
그 나라의 아름다움은 말로 표현할 수가 없다.

5. 기원 / 출처 / 저(작)자

Shakespeare's works have been loved for a long time.
Shakespeare의 작품은 오랫동안 사랑 받고 있다.

You must not believe **the girl's story**.
너는 그 소녀의 이야기를 믿어서는 안 된다.

6. 수식과 설명

Today was **a** lovely **summer's day**.
오늘은 참 멋진 여름날이었다.

He teaches at **a women's college**.
그는 여대에서 강의를 한다.

After he finishes his **bachelor's degree**, he's planning to get
a **master's** (degree) in computer science.
그는 학사학위를 딴 후에 컴퓨터 공학 석사학위를 딸 계획이다.

7. 도량 / 척도

My car needs **30 dollars' worth** of gasoline to cover 200km.
내 자동차는 200km를 달리는데 30달러에 상당하는 휘발유를 필요로 한다.

We just have **two weeks' worth** of supplies.
우리는 단지 2주일 동안 사용할 물품을 가지고 있다.

한눈에 쏙!!

셀 수 있는 명사 vs. 셀 수 없는 명사

셀 수 있는 명사(가산 명사) ----- 보통명사 / 집합명사
정관사, 부정관사, 수사 등과 함께 쓰인다.
복수형을 만든다.
How many로 시작하는 의문문 가능

셀 수 없는 명사(불가산 명사) ----- 물질명사 / 추상명사 / 고유명사
부정관사, 수사 등과 함께 쓰이지 않는다.
복수형을 만들지 못한다.
How much로 시작하는 의문문 가능

* 셀 수 있는 명사와 셀 수 없는 명사는 그 경계를 서로 넘나든다.
* 불가산명사의 보통명사화: 관사 사용이 가능

명사의 기능

· 주어
· 목적어 (타동사 또는 전치사의)
· 보어

명사의 특징

· 수 단수/복수
· 성 남성/여성/중성/통성
· 인칭 1, 2, 3인칭
· 격 주격, 소유격, 목적격
· 수식어구와 결합

명사의 소유격

· 무생물의 소유격 'of+명사'로 표현
· 이중 소유격 a book of Bob's
· 소유격 뒤의 명사 생략

명사의 변신

· an Edison 에디슨과 같은 사람
· a big fire 대형 화재
· a beauty 미인

1 **보통명사**

관사를 붙일 수 있으며 복수형 가능

a book, books, the sun 등

jeans, socks, glasses 등 → 복수형으로 사용, 복수 동사와 결합

2 **물질명사**

단수동사와 함께 쓰임

money, cheese, salt 등

a lot of, much, little 등으로 양을 표시

3 **집합명사**

집합 전체의 개념일 때는 단수동사 사용, 구성원 개개인을 말할 때는 복수동사 사용

audience, class, committee, country, crew, crowd, family, jury, team 등

the police, cattle → 항상 복수 취급

4 **추상명사**

무관사이며 복수형 불가

kindness, happiness, necessity 등

5 **고유명사**

무관사이며 복수형 불가

정관사를 붙이는 일부 명사들: 강, 바다, 사막, 배, 신문 등

Now the Lord God had formed out of the ground all the wild animals and all the birds in the sky. He brought them to the man to see what he would name them; and whatever the man called each living creature, that was its name.

여호와 하나님이 흙으로 각종 들짐승과 공중의 각종 새를 지으시고 아담이 무엇이라고 부르나 보시려고 그것들을 그에게로 이끌어 가시니 아담이 각 생물을 부르는 것이 곧 그 이름이 되었더라. (창 2 : 19)

CROSSWORD PUZZLE

Down

1 a solid food made from milk

2 a sweet cooked food made of flour, fat, sugar and eggs

3 a colored liquid used for writing or printing

4 a soft yellow food made from cream or milk

6 if you drink too much of it, you can't sleep

7 a food made by mixing flour and water and then baking it

Across

3 water that has frozen and become hard

5 the liquid that comes from fruit or vegetables

8 an alcoholic drink made from grain

9 the gas surrounding the Earth, which people breathe

10 a valuable yellow metal used for making jewelry

정답

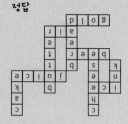

Teacher   Tommy, name five things that contain milk.
Tommy   Butter, cheese, ice cream, and two cows!

For Fun

A 올바른 문장이 되도록 네모 안에서 알맞은 것을 고르시오.

1 The police [has / have] arrested the suspect.

2 There [is sand / are sands] in my shoes.

3 How [many / much] money did your bike cost?

4 I have lots of [work / works] to do this week.

5 She has got very long [hair / hairs].

6 Too [many informations are / much information is] sometimes bad.

7 Every time I see her, she's wearing blue [jean / jeans].

8 Could I borrow your [telephone's / telephone] book for a minute?

9 There [is / are] a lot of [furniture / furnitures] in this room.

10 You should ask him for some [advice / advices] about getting a computer.

B 어법상 틀린 부분을 찾아 바르게 고치시오.

1 Bad news don't make people happy.

2 Elizabeth journey took her to six continents.

3 I have got too much works and not enough free time.

4 Tom's eyesight was bad and he had to have new glass.

5 I brush my tooth with toothpaste.

6 A friend of me has offered me a job in his restaurant.

7 You can't sit here. There isn't any rooms.

8 I need some papers to write on.

9 They offered me the job because I had a lot of experiences.

10 You'd better put on your best black trouser for the interview.

11 Someone broke a bottle and there was glasses on the floor.

C 다음은 어떤 단어에 대한 사전의 뜻풀이이다. 빈칸에 공통으로 들어갈 가장 적절한 단어를 고르시오. [수능기출]

1 a group of similar things that one has deliberately acquired, usually over a period of time

Robert's _____ of prints and paintings has been bought over the years.

2 the act of asking for money from people to give to charity

We need to take up a _____ for the homeless.

3 stories, poems, or articles in one book

Two years ago he published a _____ of short stories about children.

① gallery   ② series   ③ volume   ④ collection   ⑤ production

D 다음 빈칸에 공통으로 들어갈 단어를 쓰시오.

1 A hexagon is a six-sided _____ .

2 The chairman's bonus payment could well reach six _____s this year.

3 He was the dominant _____ in Korea in the 1990s .

4 A small _____ appeared in the doorway.

5 Now in the sixties, she still has a fabulous _____ .

E 다음 네모 안에서 적절한 단어를 골라 우편엽서의 내용을 완성하시오.

Dear Michael,

Greetings from Bali! ① Life / A life is wonderful here. Everyone walks at a nice slow pace. ② Time / A time slows down here. It's ③ experience / an experience I won't forget for a long time. Now I'm sitting on the beach writing to you. The breakfast in the hotel restaurant is so enormous that I don't need to have lunch. I've just brought ④ orange / an orange to eat later. I've been trying all the different ⑤ fruit / fruits grown in this part of the world, and they're all delicious. That's all for now.

Love,
Kevin

F 다음 네모 안에서 적절한 단어를 골라 대화를 완성하시오.

Ellen　What are you doing, Dylan?

Dylan　I'm writing ① essay / an essay .

Ellen　Oh, you've got ② computer / a computer . Do you always write your ③ essay / essays on your computer?

Dylan　Yes, but I'm not doing very well today. I've been working on my plan for about three ④ hour / hours now.

Ellen　You've got lots of books to help you, though. I haven't got as ⑤ many / much books as you. That's because I haven't got ⑥ many / much money. Quite often I can't even afford to buy ⑦ food / a food .

Dylan　Really? That can't ⑧ many / much fun.

Ellen　I'd like to get ⑨ job / a job I can do in my spare time and earn ⑩ a / some money. I've got ⑪ a few / a little ideas, but what do you think I should do?

Dylan　Just follow your heart!

G 다음 글을 읽고, 어법상 어색한 단어를 모두 골라 바르게 고치시오.

All the family member gather together for many reasons. Sometimes they celebrate birthdays, weddings and graduations, and sometimes they celebrate special holidays. On these holidays, people do not work and spend a great times with their families. The holidays are different because each country or family has their own traditions.

H (A), (B), (C)의 각 네모 안에서 어법에 맞는 표현을 고르시오.　평가원 기출

My father used to have a great build when he was younger. But a lot of beer (A) have / has gone down since then and now he is very fat. He insists on sitting around the house in his swimming (B) trunk / trunks . When my friends come over, I'm embarrassed. My mother doesn't like it, either. Every now and then she says, "Harold, go and put on a robe." But he pays no attention. My father is wonderful and I love all 220 pounds of him, but do you think he should sit in the living room in his swimwear when I have (C) company / a company ?

I 다음 사전 뜻풀이를 참조하여 (A)와 (B)에 들어갈 단어를 쓰시오.

(A) the total amount of something, especially when it is large or increasing

(B) the amount of space needed for a particular purpose

As dams age, they lose some of their storage capacity as silt builds up along the reservoir bed, cutting the (A) _____ of water that physically fits in the reservoir. Reservoirs with less (B) _____ for precipitation are more susceptible to overflowing. One solution to the problem could be to decrease the amount of water in the reservoir to provide more space for rainwater.

J 다음 글의 밑줄 친 부분 중, 어법상 틀린 것은?

Here are a few tips to keep in mind when you write an essay for a college class and turn it in. First, if the page minimum is ten pages, do not turn in ① a paper that is nine pages plus one paragraph long. Also, messing around with font ② sizes to get more pages is not ③ a good idea; professors know how to do this better than you do. Second, professors have an awful lot of papers to grade, so poorly attached papers can result in ④ missing pages. Attach your paper with a binder clip or (preferably) a staple; paper clips come loose too easily. Finally, put your name and the page number on ⑤ each pages in case your pages get separated.

Chapter 16
대명사 _ 🖊

1 인칭대명사   🖊   337

2 지시대명사   🖊   340

3 부정대명사   🖊   342

4 의문대명사   🖊   349

● -- 한눈에 쏙!!   🔓   351

● -- Grammar Exercises   🖉   353

👉 간단한 예를 들어보자. 대명사가 없다면 우리는 문장을 아래와 같이 써야 할 것이다.

> Terry said that Terry was going to give Terry's children Terry's children's breakfast instead of Terry's wife.

하지만 대명사의 도움을 받는다면 다음과 같이 깔끔한 문장을 만들 수 있다.

> Terry said that **he** was going to give **his** children **their** breakfast instead of **his** wife.
>
> Terry는 그의 아내 대신에 그의 아이들에게 그들의 아침을 줄 것이라고 말했다.

대명사는 보통 ① 인칭대명사 ② 지시대명사 ③ 부정대명사 ④ 의문대명사 ⑤ 관계대명사로 분류된다. 관계대명사는 11강에서 살펴보았으므로 여기에서는 4가지만 살펴보도록 하자.

인칭대명사 소유 / 재귀	지시대명사	부정대명사	의문대명사	관계대명사

❶ 인칭(人稱)대명사

인칭대명사는 말 그대로 사람(인)을 지칭하는(가리키는) 대명사이다.

아래의 표는 초등학교 때부터 배워서 익히 알고 있는 내용이다. 우리가 구구단을 알고 있는 것처럼 아래의 내용도 머릿속에서 자동으로 나와야 한다.

인칭	격 수		주격	목적격	소유격	소유대명사	재귀대명사
1인칭	단수		I	me	my	mine	myself
	복수		we	us	our	ours	ourselves
2인칭	단수		you		your	yours	yourself
	복수						yourselves
3인칭	단수	남성	he	him	his		himself
		여성	she	her		hers	herself
		중성	it		its	-	itself
	복수		they	them	their	theirs	themselves

1. 일반사람을 가리키는 we, you, they

막연히 일반사람을 나타내며 대부분의 경우 애써 해석하지 않아도 된다.

We have a great deal of snow in Seoul.

서울에는 무척 많은 눈이 내린다.

You should honor your parents.

(너는) 부모님을 공경해야 한다.

They(= People) say it's going to rain tomorrow.

내일 비가 올 거라고들 한다.

2. 소유대명사의 용법

> This book is **mine**. = This is my book.
> This watch is **hers**. = This is her watch.

소유대명사는 위의 mine이나 hers와 같이 <(대)명사의 소유격 + 명사>를 대신한다. 해석은 '~의 것'으로 하면 된다.

3. 재귀대명사의 용법

(1) **재귀용법** : 동사(구)의 목적어가 주어와 동일한 경우.

Did you enjoy **yourself** at the party?
파티에서 잘 즐겼니?

The police said that he killed **himself** by hanging **himself** with a belt.
경찰은 그가 허리띠로 목을 매 자살했다고 말했다.

cf. He killed him.
그는 그를 죽였다. He와 him은 다른 사람

(2) **강조용법** : 주어 또는 목적어를 강조하기 위해 쓰이며 생략되어도 문장이 성립한다.

I **myself** want to see him.
나는 그를 보기를 원한다.

The President **himself** visited the hospital.
대통령 자신이 그 병원을 방문했다.

(3) **관용적 용법** : 숙어처럼 사용되므로 암기해야 한다.

He did his homework **for himself**.
그는 스스로 숙제를 했다.

He went there **by himself**.
그는 혼자서 거기에 갔다.

She was **beside herself** by rage.
그녀는 분노로 제정신이 아니었다.

The door opened **of itself**.
문이 저절로 열렸다.

Money is not bad **in itself**.
돈은 그 자체로 나쁜 것은 아니다.

Between ourselves, I don't like him.
우리끼리 얘기지만, 나는 그 녀석을 좋아하지 않아.

(4)　**재귀대명사가 쓰이지 않는 경우** : 공간을 나타내는 전치사 뒤에서

He looked **around[about]** him.
그는 그의 주변을 살폈다.

He kept the door open **behind** him.
그는 그의 뒤쪽으로 문을 열어 놓았다.

cf. She looked at **herself** in the mirror.
그녀는 거울 속의 자신을 바라보았다.

● in spite of oneself 자신도
　모르게, 무심코

4. It의 용법

(1)　**앞에서 언급된 명사, 구, 절을 가리키는 it**

I bought a <u>watch</u> and gave **it** to my girlfriend.
나는 시계를 하나 사서 그것을 여자친구에게 줬다.　it = the watch that I bought

(2)　**비인칭 주어 it** : 날씨, 명암, 시간, 요일, 계절, 거리를 나타낸다.
　　이때 it은 해석하지 않는다.

It is raining.
비가 오고 있다.

It is ten o'clock sharp.
정각 10시다.

(3) **가주어(형식주어), 가목적어(형식목적어) it**

It is difficult to learn English.
영어를 배우는 것은 어렵다.

I made **it** a rule to go swimming every other day.
나는 격일로 수영하러 가는 것을 규칙으로 삼았다.

(4) **It is _ that ~ 강조구문 :**
강조하고 싶은 말을 It is[was]와 that 사이에 넣는다.

It was Tom **that(who)** broke the window.
유리창을 깬 것은 (바로) Tom이었다.

❷ 지시대명사

1. this vs. that

(1) this(these)는 공간적·시간적·심리적으로 가까운 것을, that(those)은 공간적·시간적·심리적으로 멀리 떨어져 있는 것을 가리킨다.

What is **this**? / What is **that**?
이게 뭐니? / 저게 뭐니?

We went to the opera yesterday. **That** was wonderful.
우리는 어제 오페라를 보러 갔다. 그것은 멋졌다.

We're going to the opera tonight. **This** will be wonderful.
우리는 오늘밤에 오페라를 보러 갈 것이다. 이것은 멋질 것이다.

(2) **앞으로 나올 낱말, 구절, 문장을 미리 가리키는 지시대명사 - this**

Listen to **this**! You mean everything to me.
이 말 잘 들어! 너는 내 전부야.

Always keep **this** in mind: Honesty is the best policy.
항상 이 말을 명심해 : 정직이 최선의 방책이야.

(3) **명사의 반복을 피하기 위해 사용되는 지시대명사 - that(those)**

The digestive system of the goat is different from
that of the sheep or the cow.   that = the digestive system
염소의 소화 체계는 양이나 소의 것과는 다르다.

The ears of a rabbit are longer than **those** of a dog.
토끼의 귀는 개의 그것들보다 더 길다.   those = the ears

(4) **this(후자 = the latter), that(전자 = the former)**
this는 문장에서 더 가까이 있는 것을 that은 더 먼 곳에 있는 것을 가리킨다.
Dogs are said to be more faithful than cats; **these** attach
themselves to places, **those** to persons.
개는 고양이보다 더 충실한 동물이다. 고양이는 장소에 애착을 느끼고, 개는
사람에게 애착을 느낀다.

2. those who - : -하는 사람들

Heaven helps **those who** help themselves.
하늘은 스스로 돕는 자를 돕는다.

● those who ~ 의 단수형인
'-하는 사람' 은 주로
He who ~ 로 표현한다.

3. 지시대명사 such

> **Such** is his behavior that everybody doesn't like him.
> 그의 행동이 그러해서 모두들 그를 좋아하지 않는다.
>
> Juveniles are not adults and should not be treated as **such**.
> 청소년들은 성인이 아니며 그렇게 취급되어서는 안 된다.

❸ 부정(不定)대명사

부정대명사의 한자를 잘 살펴볼 필요가 있다. '부정(不定)'이라는 말은 '(가리키는 대상이) 특정하게 정해지지 않은'의 의미이다.

부정대명사에는 다음과 같은 것이 있다.

01	all	12	anyone	23	nothing
02	both	13	anybody	24	few
03	each	14	anything	25	more
04	some	15	someone	26	most
05	any	16	somebody	27	many
06	none	17	something	28	much
07	either	18	everybody	29	several
08	neither	19	everyone	30	little
09	one	20	everything	31	enough
10	other	21	none		
11	another	22	nobody		등

1. all

All은 사람을 뜻할 때는 복수 취급을 하며, 물건이나 상황을 나타낼 때는 단수 취급이 원칙이다.

> **All were** happy.   모두들 행복했다.

All I want **is** money.　　　　　　　내가 원하는 전부는 돈이다.

all이 포함된 명사구

all 뒤에 복수명사가 오는 것은 당연하고, 불가산명사도 올 수도 있다.
all of 뒤에 오는 명사 앞에는 반드시 정관사 또는 소유격을 써야 한다.

All **the** cups and saucers were broken.
All **cells** need energy to live.
All **your** wishes are granted.
I lost **all (of) my** money.
I lost **all (of) the** money.

2. both(둘 다), either(둘 중 어느 하나[한 쪽]), neither(둘 중 어느 것도 아닌)

Both of them are kind.
그들 둘은 친절하다.

Either of you has to be blamed.
너희들 중 하나는 비난받아야 한다.

Neither of the two men was[were] present.
두 사람 중 어느 누구도 참석하지 않았다.

참고!

Both A and B	A와 B 둘 다
Either A or B	A와 B 중 하나
Neither A nor B	A도 아니고 B도 아닌

3. every-(모든), each(각각의, 각각)

every-는 셋 이상의 사람이나 사물을 한꺼번에 일컬을 때 쓰며, each는 둘 이상의 사람이나 사물에 따로따로 초점을 둘 때 쓴다. 이 녀석들은 단수동사와 함께 쓰인다는 점을 꼭 기억해야 한다.

> **Every** dog **has** his day.
> 모든 개는 그의 날이 있다? → (쥐구멍에도 볕 들 날이 있다.)
>
> **Everybody has** his[their] own way of doing things.
> 모든 사람은 일을 하는 자신만의 방식을 가지고 있다.
>
> **Each** person on the team **gets** a small trophy.
> 그 팀원 각각은 작은 트로피를 받는다.
>
> **Each** of the violinists brought **his** violin.
> 바이올린 연주자 각자는 자신의 바이올린을 가져왔다.

성차별 문제 때문에 부정대명사(Everybody 등)를 인칭대명사로 받을 때 복수형을 쓰기도 한다.

부분부정

all, both, every-, whole, entire, always, entirely, necessarily 등과 부정어가 결합하면 〈전부(모두)가 -인 것은 아니다〉는 뜻의 부분부정을 나타낸다.

All that glitters is **not** gold.
반짝인다고 모두 금은 아니다.

Not every man can be a poet.
모든 사람이 시인이 될 수 있는 것은 아니다.

The rich are **not always** happy.
부자가 언제나 행복한 것은 아니다.

4. some, any

(1) 원칙적으로 some은 긍정문에 any는 의문문, 부정문, 조건문에 주로 쓰인다.

> If you want a beer, there are **some** in the fridge, bottom shelf.
> 맥주를 원한다면, 냉장고 맨 아래 칸에 약간 있어.

> Most people were standing, but **some** were sitting.
> 대부분이 사람들은 서 있었지만, 일부는 앉아 있었다.

> I've had close friends, but I don't have **any** now.
> 나는 가까운 친구들이 있었지만 지금은 아무도 없다.

> Do **any** of you have any questions about what I've just said?
> 너희들 중 누구든 내가 말한 것과 관련해서 어떤 질문이라도 있니?

- Anyone did not know it. (X) → No one knew it. (O) Any- 는 부정어 앞에 올 수 없다.

some과 any는 대명사뿐만 아니라 한정사로도 많이 쓰인다.

> There are **some** letters for you.
> 너에게 온 몇 개의 편지가 있다.

> Do you have **any** brothers or sisters?
> 형제가 있으세요?

- some + 복수 명사 / 셀 수 없는 명사 : 약간의, 얼마간의
some + 단수 명사 : (정확하지는 않지만) 어떤

any + 복수 명사 : 얼마간의, 어느 정도,
any + 단수 명사 : 어떤 -라도, -은 누구라도

(2) 한편 any가 긍정문에서 쓰일 수도 있는데, 이 경우에는 '어떤 -라도'의 의미를 갖는다.

> You can buy stamps in **any** post office.
> 너는 어떤 우체국에서도 우표를 살 수 있다.

(3) 권유와 부탁할 때 또는 긍정의 대답을 예상할 때에는 의문문에도 some을 쓴다. 이런 경우는 엄밀하게 말하자면 의문문이라 할 수는 없다.

We need more beer. Could you get **some**?

우린 맥주가 더 필요해요. 몇 병만 가져다 줄 수 있어요?

Would you like **some** more coffee?

커피 좀 더 드시겠어요?

Could I have **some** bread?

빵 좀 먹을 수 있을까요?

5. most vs. most of

부정대명사 most는 '대부분, 대다수(= the majority)'의 의미를 나타내며, 한정사로도 쓰인다.

Some people were friendly, but **most** were not.

일부 사람들은 친절했지만 대부분은 친절하지 않았다.

Most of **the** students were satisfied with the program.
Most of **my** students were satisfied with the program.
Most of **this** work is done by hand.

cf.　Most students were satisfied with the program.

Your body loses water through the skin, but most water is lost as urine.

당신의 몸은 피부를 통해 물을 배출하지만 대부분의 물은 소변으로 배출된다.

한정사 most 뒤에는 복수명사나 셀 수 없는 명사가 바로 오지만, most of 뒤에 명사를 쓰기 위해서는 명사 앞에 the, this, my 같은 한정사를 써야 한다.

6. One

(1) **일반 사람을 나타낸다.**

In general, **one**'s memories of any period necessarily weaken as **one** moves away from it.
일반적으로 어느 시기의 사람의 기억은 그 시기로부터 멀어짐에 따라 희미해진다.

(2) **앞에 나온 셀 수 있는 명사(구)를 가리킨다.**

I've lost my watch. I need to buy **one**. `one = a watch`
나는 시계를 잃어버렸다. (새 것을) 하나 살 필요가 있다.

Keep your current customers happy and you will get new **ones**. `ones = customers`
현재의 고객들을 행복하게 해라. 그러면 새 고객들을 얻게 될 것이다.

cf. Do you need my book? | Yes, I need it. `it = the book`
너 내 책이 필요하니? | 그래, 그것이 필요해.

● 부정대명사 one을 쓰지 않는 경우

① 앞의 명사가 셀 수 없는 명사일 때
I like red wine, but I don't like white one. (X)
② 소유격 뒤에서
This is Bob's smartphone and that is my one. (X)

7. another(다른 것, 하나 더)

I don't like this tie. Show me **another**.
이 타이가 맘에 들지 않아요. 다른 것을 보여주세요.

May I have **another** candy?
사탕 하나 더 먹어도 되나요?

To know is one thing, and to teach is **another**.
아는 것과 가르치는 것은 별개의 것이다.

● After all, tomorrow is **another** day.
소설 『Gone with the Wind』(바람과 함께 사라지다)의 마지막 대사

8. 관용 표현

(1) one / the other (둘 중 하나와 나머지를 가리킬 때)

Here are two books. One is mine and the other is my brother's.
여기에 2권의 책이 있다. 하나는 내 것이고 다른 하나는 동생의 것이다.

(2) one / the others (셋 이상에서 하나와 나머지 모두)

There are ten books. One is mine, the others are hers.
10권의 책이 있다. 하나는 내 것이고 나머지는 그녀의 것이다.

(3) one / another / the third(= the other) 셋을 하나씩 열거할 때)

I have three sons. One is a farmer, another (is) a doctor,
and the third (is) a teacher.
나에게는 세 아들이 있다. 하나는 농부이고 다른 하나는 의사이고
세 번째는 교사이다.

(4) some / the others (두 개 이상의 것과 두 개 이상인 나머지 모두)

There are ten books. Some of them are for beginners
and the others for advanced.
10권의 책이 있다. 일부는 초급자를 위한 것이고
나머지들은 상급자를 위한 것이다.

(5) some / others (많은 수의 것을 막연히 몇 개씩 열거할 때)

Some of them came from Seoul, others from Tokyo,
and (still) others from New York.
그들 중 일부는 서울에서 다른 사람들은 도쿄에서
또 다른 사람들은 뉴욕에서 왔다.

④ 의문대명사

16.4 _✐

의문대명사에는 who[whose, whom], what, which가 있다.

1. who / what
초등학생도 아는 내용이므로 설명은 PASS!

Who is she? She is Mary. She is my sister.
그녀는 누구니? 그녀는 Mary야. 그녀는 내 여동생이야.

Whose book is this?
이것은 누구 책이니?

Who(m) do you like?
너는 누구를 좋아하니?

Who(m) did you go with? = With **whom** did you go?
너는 누구랑 갔니?

What is she? She is a doctor.
그녀의 직업은 뭐니? 그녀는 의사야.

2. what / which

what은 '무엇[어떤 것]'을 물을 때 사용하며, which는 제한된 선택 대상들 중에서 '어느 것[쪽, 사람]'을 물을 때 사용한다.

What does he want to have?
그는 무엇을 갖기를 원하니?

What made you so angry?
무엇이 너를 그렇게 화나게 했니?

Which of them do you like best?
그들 중 누구를 가장 좋아하니?

Which is better exercise — swimming or golf?
수영과 골프 중에서 무엇이 더 좋은 운동이니?

🔔 **참고! 의문사**

의문사는 의문대명사(who[whose, whom], what, which)와 의문부사를 합쳐서 부르는 이름이다. 의문부사에는 where, when, how, why가 있다. 한편 형용사처럼 쓰이는 의문대명사를 의문형용사라고 부른다.

What book do you want?	어떤 책을 원하니?
Which book do you want?	어떤 책을 원하니?
Whose book do you want?	누구의 책을 원하니?

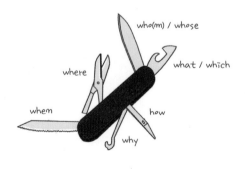

한눈에 쏙!!

인칭대명사(소유대명사, 재귀대명사)

인칭	수 \ 격		주격	목적격	소유격	소유대명사	재귀대명사 재귀용법 / 강조용법
1인칭	단수		I	me	my	mine	myself
	복수		we	us	our	ours	ourselves
2인칭	단수		you		your	yours	yourself
	복수						yourselves
3인칭	단수	남성	he	him	his		himself
		여성	she	her		hers	herself
		중성	it		its	–	itself
	복수		they	them	their	theirs	themselves

지시대명사 (사람 또는 사물을 지시)

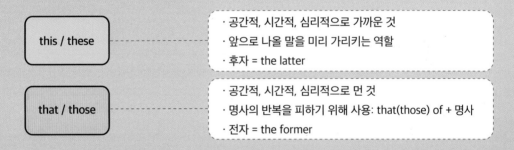

this / these
- 공간적, 시간적, 심리적으로 가까운 것
- 앞으로 나올 말을 미리 가리키는 역할
- 후자 = the latter

that / those
- 공간적, 시간적, 심리적으로 먼 것
- 명사의 반복을 피하기 위해 사용: that(those) of + 명사
- 전자 = the former

부정대명사 (막연한 사람이나 사물을 지시)

1 **단수**

another, anybody, anyone, anything, each, either, everybody, everyone, everything,
less, little, much, neither, nobody, no one, nothing, one, other,
somebody, someone, something, etc.

2 복수

both, few, many, others, several

3 단수 / 복수

all, any, more, most, none, some

의문대명사

	주어/보어	목적어	
사람	who	whom	
사물	what		
사람 / 사물	which		
사람	whose		+ 명사 (소유)

I took a part time job as an opinion poll sampler. On **my** very first call, I introduced **myself**, "Hello, **this** is a telephone poll."

The man replied, "Yeah, and **this** is a street lamp!"

A 올바른 문장이 되도록 네모 안에서 알맞은 것을 고르시오.

1 I bought [him / his] a new sweater, but [he / his] didn't like it.

2 The students were late, and [this / these] made Mr. Nam upset.

3 Everything comes to [them / those] who wait.

4 His life was more exciting than [that / it] of Indiana Jones.

5 I've lost my dictionary, so I must buy [it / one] .

6 A friend of [me / mine] gave [me / mine] a Christmas present.

7 [All / Every] house on the street has its own address.

8 That dog has hurt [its / it's] ear.

9 [What / Which] car is yours, the Honda or the Hyundai?

10 I don't like this room. Let's ask for [another / other] .

11 It was in 2011 [that / what] the horrible tsunami hit the northeast coast of Japan.

B 뜻이 통하도록 빈칸에 가장 적절한 것을 고르시오.

1 Here are four suitcases, but I can carry only two. Please bring _____ .
   ① one   ② the other   ③ others   ④ the others

2 The new store is approximately four times larger than the old _____ .
   ① it   ② one   ③ other   ④ another

3 I don't like these rings. Show me some better _____ .
   ① one   ② ones   ③ others   ④ another

4 I have two coats. One is blue and _____ is black.
   ① it   ② that   ③ other   ④ the other

5 Some people like the sea; _____ prefer the mountains.
   ① all   ② ones   ③ others   ④ the other

C 다음 문장에서 어법상 <u>틀린</u> 곳을 찾아 바르게 고치시오.

1 Whose sports car is that? — It's her.

2 The population of Tokyo is larger than Seoul.

3 Hand me a screwdriver. The smallest ones, please.

4 Paul fell and hurt him while he was trying to fix the roof.

5 A friend of him had his portrait painted the other day.

6 Between you and I, I can't play tennis at all.

7 Her idea was different from me.

8 I have lost my glasses so I have to buy new that.

9 There are five miles to the nearest station.

10 I think you should stop blaming you for the accident.

D 빈칸에 들어갈 말을 [보기]에서 골라 쓰시오. (중복 사용 가능)

[보기]	myself	yourself	herself	himself	it	one	another

1 She likes looking at _____ in the mirror.

2 The actress _____ wrote the letter to me.

3 I gave him a dictionary, but he lost _____ .

4 Please help _____ to the fruit.

5 How is _____ going with you?

6 Knowing is one thing, and doing is quite _____ .

7 James was beside _____ with joy at winning the match.

8 I really enjoyed _____ at your party.

9 That shop isn't as good as this _____ .

10 She saw the house and immediately decided to buy _____ .

E 빈칸에 알맞은 대명사를 넣어 속담을 완성하시오.

1 Don't judge a man by _____ looks.

2 None are so blind as _____ who won't see.

3 You cannot eat your cake and have _____ too.

4 _____ never rains but _____ pours.

5 Don't count your chickens before _____ are hatched.

F 다음 문장의 밑줄 친 부분을 알맞은 형태로 고쳐 쓰시오.

1. Can you sign <u>that</u> paper here?
2. Can you bring me <u>these</u> bananas from the table?
3. The conclusion is <u>that</u>: Practice makes perfect.
4. <u>This</u> magazines are about fashion and lifestyle.
5. The population of China is larger than <u>it</u> of Korea.
6. <u>Who</u> turn is next?
7. <u>What</u> way is it? Left or right?
8. <u>Which</u> did you do this morning?

G 다음 글의 밑줄 친 ⓐ와 ⓑ가 의미하는 것을 우리말로 간단히 쓰시오.

I was born without arms and legs. The doctors couldn't explain why I was born like this. My parents learned to accept ⓐ <u>it</u> and taught me to do the same. The truth is, I've never thought of myself as disabled. In fact, having no arms and legs is as natural for me as having ⓑ <u>them</u> is for most people.

ⓐ _____

ⓑ _____

H 밑줄 친 부분을 어법에 맞게 고쳐 쓰고자 할 때, <u>잘못</u> 고친 것을 고르시오.

Good workplace communication isn't always as ① <u>easily</u> as it seems. People from different generations and backgrounds all have different expectations and techniques when it comes to ② <u>communicate</u>, and failing to understand these can lead to problems. In addition, some people, no matter how good they are at their job, ③ <u>is</u> not necessarily very good communicators. As an employer, ④ <u>that</u> is your job to understand this. Make sure you take the time necessary to find out about problems or questions your workforce has. Finally, take an honest and straightforward approach to resolving ⑤ <u>this</u>.

① easily	→	easy	② communicate	→	communication
③ is	→	are	④ that	→	it
⑤ this	→	that			

I 다음 각 네모 안에서 어법상 알맞은 것을 고르시오.

In the past, pop stars were dressed in ① their / theirs best suits. However, times have changed. Today, more and more pop stars wear shabby clothes. ② Our / Ours ideas about what is cool to wear have changed. When we see ③ our / ours idols wearing something unusual, we might say, "Look at that scarf of ④ her / hers. It must be a designer label." However, it's probably just an old piece of material she got from ⑤ her / hers grandmother. If you want to dress like a pop star then don't let ⑥ your / yours mother mend ⑦ your / yours old jeans. The more rips there are, the better.

J (A), (B), (C)의 각 네모 안에서 어법에 맞는 표현을 고르시오. 수능기출

When you attempt to do something and fail, you have to ask (A) you / yourself why you have failed to do what you intended. (B) Answer / Answering this question in a new, unexpected way is the essential creative act. (C) It / They will improve your chances of succeeding next.

K 다음 글에서 밑줄 친 부분 중, 어법이 틀린 것은? 수능기출

Recently, a severe disease hit Asian nations hard, ① causing several hundred deaths. Many people who live in this part of the world ② are likely to be worried again with the beginning of the cold weather. In spite of ③ their close location to these countries, however, Korea ④ has remained free of the deadly disease. Many people think the secret is kimchi, a traditional Korean dish served with ⑤ almost every meal.

Chapter 17
관사 _ 🖊

1 부정관사 a(n) · · · · · · · · · · · 🖊 358

2 부정관사의 반항? · · · · · · · · · 🖊 360

3 정관사 the · · · · · · · · · · · · · 🖊 361

4 관사의 생략 · · · · · · · · · · · · · 🖊 365

5 관사의 반복 · · · · · · · · · · · · · 🖊 367

6 관사의 위치 · · · · · · · · · · · · · 🖊 369

●--Grammar Exercises · · · · · · · 🖊 372

관사(冠詞)에는 부정관사와 정관사가 있다. 부정(不定)은 '정해지지 않은 것, 한(특)정되지 않은 것'을 의미한다. 그럼 먼저 부정관사를 살펴보자.

❶ 부정관사 a(n)

부정관사 a(n)는 원래 one의 의미를 가지며 원칙적으로 셀 수 있는 단수명사(가산명사) 앞에 붙는다. 발음이(철자가 아니라!) 모음으로 시작되면 a 대신 an을 쓴다.

관사에서 冠은 '모자' 관이다. 즉, 명사에 모자를 씌워주는 것이다. For what?

1. 처음으로 화제에 오른 명사(名詞)님께 경의를 표하기 위해
이 경우, 애써 해석을 하지 않아도 된다.

Once upon **a** time, there lived **a** king.
옛날 옛적에 (한) 왕이 살았다.

2. 막연히 one의 의미가 있다.

Rome was not built in **a** day.
로마는 하루아침에 이루어지지 않았다.

3. 어느 종류, 종족의 하나(one member of a class)임을 나타낼 때

I'd like to read **a** newspaper, not **a** magazine.
나는 잡지가 아니라 신문을 읽고 싶다.

4. 어느 종류, 종족 전체를 나타낼 때

A cat can see in the dark.
고양이(어느 특정한 고양이가 아니라, 고양이라면 모두 다)는 어두운 곳에서도 볼 수 있다.
고양이 한 마리를 예로 들어 고양이 전체에 대해 언급하고 있음.

A tiger has no mane.
= Tigers have no mane.
= The tiger has no mane.
호랑이는 갈기를 가지고 있지 않다.

5. per의 의미(-마다, -당)

You must take this medicine three times **a** day.
너는 이 약을 하루에 세 번 먹어야 한다.

An apple **a** day keeps the doctor away.
하루에 사과 하나는 의사를 멀리하게 한다.

6. the same의 의미

많이 쓰이는 용법은 아니다. ●

Birds of **a** feather flock together.
깃털이 같은 새는 같이 모인다.(類類相從)

❷ 부정관사의 반항?

부정관사의 엄마는 부정관사를 낳으면서 단수가산명사하고만 놀라고 하셨다. 하지만 부정관사는 고유명사, 물질명사, 추상명사와 어울려 다니면서 애네들을 보통명사로 만들어 버린다.

1. 부정관사 + 고유명사

He wants to be **an Edison**.
그는 Edison과 같은 사람이 되길 원한다.

A Dr. Smith came to see you while you were out.
네가 나가 있는 동안에 어떤 Smith 박사라는 분이 너를 만나러 왔다.

I'm reading **a Dickens**.
나는 Dickens의 작품을 읽고 있다.

제대로 영문법

2. 부정관사 + 물질명사

부정관사 다음의 물질명사는 가산명사(보통명사)처럼 되어서 물질의 종류, 개체, 구체성, 사건 등을 나타낸다.

> There was **a big fire** in the neighborhood.
> 근처에 큰불이 났다.

3. 부정관사 + 추상명사

부정관사 다음의 추상명사도 가산명사(보통명사)처럼 되어서 구체성을 얻게 된다.

> Bob has done me **a kindness**.
> Bob은 내게 친절(한 행위)을 베풀었다.

❸ 정관사 the

17.3 _

1. 앞에 나온 명사를 다시 가리킬 때

Once there lived a king. **The** king had three daughters.

옛날에 한 왕이 살았다. 그 왕은 세 명의 딸이 있었다.

2. 명사 다음에 나오는 어구가 앞의 명사를 꾸며줄 때

The milk in this cup went bad.

이 컵에 담긴 우유는 상했다.

3. 문맥이나 상황으로 보아 말하는 사람이 가리키는 대상이 너무나 분명할 때

Pass me **the** salt, will you?

소금 좀 건네주시겠어요?

4. 형용사의 최상급, 서수 등이 명사를 꾸며줄 때

Your highschool years will be **the** most wonderful years of your life.

너의 고등학교 시절은 인생에서 가장 멋진 시기가 될 것이다.

 cf. 서수 앞에는 언제나 the를 써야 한다는 책이 있거든 과감히 버리기 바란다. <서수 + 명사>가 하나의 단어(복합명사)를 이루는 경우에는 부정관사가 쓰여 '또 하나의, 다른'의 의미를 갖는 경우가 있으며 서수 앞에 관사가 아예 쓰이지 않는 표현도 있다.

I did it without **a** second thought.
나는 두 번 다시 생각하지 않고 그것을 했다.

His novel was **a** best seller.
그의 소설은 베스트 셀러였다.

The wounded were given **first aid**.
부상자들은 응급처치를 받았다.

It would be wonderful if Eugene could win **first prize** in the talent show.
만일 Eugene이 탤런트 쇼에서 1등상을 타면 굉장한 일이 될 것이다.

5. 어느 종류, 종족 전체를 나타낼 때

The cat can see in the dark.
= A cat can see in the dark. = Cats can see in the dark.

고양이는 어두운 곳에서도 볼 수 있다.

6. 동일 종류에 속하는 것이 하나밖에 없는 명사 앞에서

The sun rises in **the** east and sets in **the** west.
태양은 동쪽에서 떠서 서쪽으로 진다.

7. 보통명사와 결합해서 보통명사를 추상명사로 만들고 싶을 때

The pen is mightier than **the** sword.   펜(文)은 칼(武)보다 더 강하다.

8. 복수형 고유명사, 강, 바다, 산맥, 사막, 운하, 해협, 반도, 배, 기차, 공공시설, 호텔, 신문, 잡지 등의 이름 앞에서

the Rhine	라인강
the Alps	알프스 산맥
the Suez Canal	수에즈 운하
the Netherlands	네덜란드
the Palace Theater	팰리스 극장
the Mediterranean	지중해
the Sahara (Desert)	사하라 사막
the Korean Peninsula	한반도
the Rits (Hotel)	리츠 호텔
the Washington Post	워싱턴 포스트 신문
the Titanic	타이타닉 호

9. 관용적 표현

My teacher patted me on **the** shoulder.
선생님이 내 어깨를 툭툭 쳐주셨다.

Gasoline is sold by **the** liter.
휘발유는 리터 단위로 팔린다.

The rich are not always happy.
부자가 언제나 행복한 것은 아니다.

Gyu-bin played **the** piano so well that everyone was surprised.
규빈이가 피아노를 너무 잘 쳐서 모든 사람들이 놀랐다.

④ 관사의 생략

1. 사람을 부를 때

> **Waiter**, give me a coffee, please.
> 웨이터, 커피 한 잔 주세요.

사람을 부르는데 A waiter, The waiter라고 부르면 피곤하다. 그래서 그냥 관사 없이 Waiter라고만 한다.

참고!

coffee라는 물질명사 앞에 부정관사 a가 붙었다. 커피라는 물질이 아니라 커피 한 잔(구체성을 띈)이 된다는 것을 <부정관사의 반항?> 파트(p. 361)에서 목격했으리라 믿는다.

2. 호칭, 가족 관계, 관직, 신분을 나타내는 명사 앞에서

> **Father**(= My father) comes home late from work.
> 아버지는 늦게 퇴근하신다.
>
> He was elected **Mayor** of Seoul.
> 그는 서울시장으로 선출되었다.

이 경우 Mayor는 거의 고유명사화 했기 때문에 대문자로 썼음을 유의할 것!

3. church, home, bed, work, school, university, college 등의 시설이 <본래의 목적·기능>을 나타내는 경우

(치료를 위해) 병원에 가다 :
go to the hospital (미국)
go to hospital (영국)

입원해 있다 :
be in the hospital (미국)
be in hospital (영국)

I went to **bed** late last night.
나는 어제밤에 늦게 잠자리에 들었다.

Bob goes to **church** every Sunday.
Bob은 일요일마다 (예배를 드리러) 교회에 간다.

cf. I went to **the** church to meet my friend.
나는 친구를 만나러 그 교회에 갔다.

4. 그 외 식사, 스포츠, 학과, 교통, 통신 등을 나타내는 명사 앞에서

Do you want to play **tennis** this afternoon?
오늘 오후에 테니스 치고 싶니?

We went on a picnic by **bus**.
우리는 버스를 타고 소풍을 갔다.

Do you think **English** is hard to learn?
영어가 배우기 어렵다고 생각하니?

cf. **The English language** is difficult to learn.
영어는 배우기가 어렵다.

<셀 수 있는 명사>
a company : 회사

<셀 수 없는 명사>
company :
① 손님(guests)
② 함께 있음
(the fact of being with
somebody else)
③ 함께 있는 사람(동행)
④ 모인 사람들

We have **breakfast** at seven.
우리는 7시에 아침을 먹는다.

cf. Mrs. Wilson gave us **a good breakfast**.
Wilson 부인은 우리에게 아주 맛있는 아침을 주셨다.

What's on **television** tonight?
오늘 밤에 TV에서 뭐 하니?

> cf. Can you turn off **the television**? (= the TV set)
> 그 TV를 꺼 줄 수 있니?

5. 공항, 호수, 역, 성당, (대)학교, 궁전, 성 등의 이름을 나타내는 명사 앞에서

Kennedy Airport	Oxford University
Seoul Station	Buckingham Palace
Hyde Park	Lake Victoria 등

6. 이 밖에도 명사 앞에 관용적으로 관사를 사용하지 않는 경우가 엄청나게 많이 있다.

at sunrise	take place	from hand to mouth
on business	in fact	등등
by chance	under control	셀 수 없이 많다.

> We are having **company** for the weekend.
> 이번 주말에 손님이 온다.
>
> Did you have a holiday **last summer**?   작년 여름에 휴가를 가졌니?

· take note of ~
~에 주목하다
· take notes
필기하다, 메모하다
· make a note of ~
~을 메모하다, 적다
· beyond question
의심의 여지가 없는, 확실한
· without question
의심의 여지 없이,
틀림없이
· out of the question
논의할 필요도 없는, 절대 불
가능한
(= impossible)
· of moment
아주 중요한
(= very important)
· of the moment
현재의

❺ 관사의 반복

17.5 _ ✍

명사가 등위접속사 and에 의해서 연결되는 경우에 관사를 각각의 명사 앞에 쓰는지 아니면 첫 번째 명사 앞에만 쓰는지에 따라서 의미가 달라질 수도 있다. 동일인이나 동일한 사물을 나타낼 때는 첫 번째 명사 앞에만 관사를 붙이면 되지만, 별개의 인물이나 별개의 사물을 나타낼 때는 각각의 명사 앞에 모두 관사를 붙여 주어야 한다.

George Bernard Shaw is **an** English playwright and critic.
George Bernard Shaw는 영국의 극작가이자 평론가이다.

I have **a** black and white dog named Fluffy.
나는 Fluffy라는 이름을 가진 검은색과 흰색이 섞인 개를 한 마리 가지고 있다.

I met **a** playwright and **a** critic.
나는 극작가 한 분과 평론가 한 분을 만났다.

A black and **a** white dog **are** playing in the yard.
검은 개 한 마리와 하얀 개 한 마리가 마당에서 놀고 있다.

하지만 이 규칙은 절대적인 것은 아니다.

the husband and wife
남편과 아내

cf. **The** king and queen were present at the party.
파티에 국왕 부부가 참석했다.

의미상 헷갈리지 않고, 또 한 쌍임을 드러내기 위해서 관사가 한 번만 쓰였다.

Mom was **the** house accountant, **the** maid, **the** launderer,
the disciplinarian, **the** driver, **the** secretary, and of course, **the** cook.
엄마는 집안의 회계원, 가정부, 세탁원, 훈육원, 운전기사, 비서, 그리고 당연히
요리사였다.

한 사람이 여러 역할을 수행하고 있음을 나타내기 위해서 관사를 반복적으로 썼다.

❻ 관사의 위치

보통은 '관사 + (부사 + 형용사) + 명사'의 순서가 되지만 다음은 예외가 된다.

(1) all[both, half, double] + the + 명사

I paid **double the** price by mistake.
나는 실수로 값을 두 배나 치렀다.

You cannot fool **all the** people **all the** time.
너는 모든 사람을 영원히 속일 수 없다.

(2) so[as, too, how] + 형용사 + a(n) + 명사

He is not **so quick a** learner as his brother.
그는 배우는데 있어 동생만큼 빠르지가 못하다.

(3) such[what] + a(n) + 형용사 + 명사

We're having **such a** wonderful time.
우리는 아주 멋진 시간을 보내고 있다.

(4) 부사 quite나 rather는 관사의 앞 또는 뒤 아무데나 와도 상관없다.

He is **quite a** rich man. = He is **a quite** rich man.
그는 꽤 부자이다.

• 30분 :
half an hour
= a half hour
1시간 반 :
one and a half hours
= an hour and a half

영어에서 관사의 쓰임과 관련된 내용은 워낙 복잡하고 예외가 많아서 뭐라고 똑 부러지게 설명할 수 없는 것이 많다. 그렇다면 우리는 어떻게 관사를 공부해야 할까?

① 평소에 영어로 된 글을 많이 읽는 것이 최선의 방법이다. 많이 읽다 보면 보면 어느새 관사가 혀끝에 달라붙을 것이다. 다독(多讀)은 계속 되어야 한다. 쭈우욱~

② 영문법 책을 아무리 많이 봐도 관사를 정복할 수는 없다. 그러니 문장을 해부하고 조목조목 따지려고 드는 나쁜 습관을 버리자. 그냥 있는 그대로 인정하자. 이것이 관사에 대한 예의이다.

③ 관사와 관련된 문제에서 특정한 상황을 전제로 할 경우 정관사, 부정관사 모두 답이 되는 경우도 있다. 따라서 뒤에서 여러분이 풀게 될 문제에서 정답이 a(n)인지 the인지에 굳이 목숨까지 걸 필요는 없다.

④ 다만 영어에서는 대체로 불특정한 것을 가리킬 때는 a(n)를 쓰고, 구체적으로(또는 맥락상) 어떤 것을 콕 찍어서 가리킬 경우나 말을 하는 사람이나 듣는 사람이 알고 있는 대상을 언급할 때는 the를 쓴다고 이해하고 넘어가자.

A man visiting a graveyard saw a tombstone that read:
"Here lies John Kelly, **a** lawyer and **an** honest man."

"How about that!" he exclaimed. "They've got three
people buried in one grave."

A 올바른 문장이 되도록 네모 안에서 알맞은 것을 고르시오.

1 I like talking to the old ladies / old ladies who live in that house.

2 A sick child is likely to awaken at night / the night .

3 The life / Life is sometimes hard.

4 I don't understand the words / words of that song.

5 The water / Water turns into ice at 0℃.

6 Could you pass me pepper / the pepper , please?

7 I once went on a boat on the Han River / Lake Victoria .

8 I'm going to drive right across Europe / Sahara Desert .

9 My brother works in Netherlands / Korea .

10 What did you have for the breakfast / breakfast this morning?

B 다음 빈칸에 a(n) 또는 the를 넣으시오. (불필요할 경우 × 표시)

1 _____ English language is difficult to learn.

2 He was driving at 80 miles _____ hour when he crashed.

3 My brother bought _____ used car.

4 You can rent this room by _____ week.

5 Someone caught me by _____ arm in the dark.

6 He used to go to _____ church and worship God on Sundays.

7 They're having such _____ wonderful time.

8 He bought _____ Picasso in Paris.

9 Can you play _____ soccer?

10 She works at _____ National Theater.

C 다음 빈칸에 a(n) 또는 the를 넣어 주어진 대화를 완성하시오.

Austin   Is this ① _____ book you were telling me about?

Chleo   Yes, it's ② _____ really interesting story.

Austin   What did you say it's about?

Chleo   I knew you weren't listening to me.

             It's ③ _____ science fiction story.

             It's about ④ _____ beginning of ⑤ _____ universe.

D 적절한 위치에 a(n) 또는 the를 넣어 다음 문장을 완성하시오.

1 Enjoy your holiday and don't forget to send me postcard.

2 What is largest city in Korea?

3 I've got splitting headache.

4 What is name of director of film we saw last night?

5 She lives in old house near station.

E 다음 문장에서 어법상 <u>틀린</u> 부분을 찾아 바르게 고치시오.

1 He told me the news by the telephone.

2 It was a so strange story that few people believed it.

3 The both brothers are very diligent.

4 She felt a mother rise in her heart.

5 Birds of the feather flock together.

6 He went to college to meet his friends.

7 He kissed her on a cheek.

8 He won a MVP award, and deserved it.

F 다음 빈칸에 a(n) 또는 the를 넣어 주어진 완성하시오.

① _____ lot of people know about Niagara Falls, but have you heard about Angel Falls? Angel Falls, located in Venezuela, is ② _____ longest waterfall in ③ _____ world! Its drop is twenty times as high as Niagara Falls! ④ _____ water drops 3,212 feet down into a gorge. It carries almost 748 million gallons of water ⑤ _____ second. It falls into a branch of the Carroa River. The falls were named after Jimmy Angel, who spotted it in 1933 when he was flying over the gorge. He was sure he had found ⑥ _____ longest waterfall in ⑦ _____ world. Fourteen years later, ⑧ _____ falls were properly surveyed, and he was right! When Jimmy Angel was killed in an air crash in 1956, his ashes were sprinkled over Angel Falls.

G 다음 글의 밑줄 친 부분 중, 어법상 틀린 것은?

One day I had gym class ① in the morning and "noontime basketball" after lunch. In gym, we'd been ② playing the volleyball and learning how to serve. Later on, ③ during the basketball game, I got confused when a teammate ④ passed me the ball. Instead of catching it and shooting, I jumped up and slapped it back to him. ⑤ Everyone on the sidelines yelled, "It's basketball, Kate, not volleyball!" I was so embarrassed.

Chapter 18
전치사 _ 🖊

1 전치사의 목적어   🖊 376

2 '전치사 + 명사(구)'의 기능   🖊 378

3 전치사의 종류 - 형태상   🖊 378

4 전치사의 종류 - 의미상   🖊 380

5 외로운 전치사 - 내 짝은 어디에?   🖊 391

6 전치사가 명사를 만났을 때   🖊 392

● ----------- Grammar Exercises   🖊 394

❶ 전치사의 목적어

전치사 다음에는 명사나 명사의 자격증을 가진 동명사, 명사구, 명사절 등이 전치사의 목적어로 온다. 따라서 대명사가 전치사 뒤에 올 경우에는 목적격을 써야 한다. 이외에도 예외적으로 부정사, 형용사, 부사 등이 오기도 한다.

1. 명사(구) / 대명사

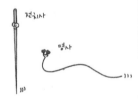

> She waited **for** *them* **by** *the window* **with** *her lamp* **at** *night*.
> 그녀는 밤에 램프를 들고 창가에서 그들을 기다렸다.

2. 동명사구

> What's the hardest part **about** *being* a famous diver?
> 유명한 다이버가 되는 것과 관련해서 가장 힘든 부분이 무엇입니까?

3. 명사절

Your success depends **on** *what you do and how you do it.*
너의 성공은 네가 무엇을 하는지, 그리고 어떻게 그것을 하는지에 달려있다.

Men differ from animals **in** *that they can think and talk.*
인간은 생각하고 말을 할 수 있다는 점에서 동물들과 다르다.

I know nothing about him **except** *that he lives next door.*
나는 그가 옆집에 산다는 것을 제외하고는 그에 대해서 아는 것이 없다.

● 전치사의 목적어로 that절을 쓸 수 없지만, in that-, except that-은 가능하다.

4. 부정사구

She did nothing **but** *cry.*
그녀는 울기만 했다.

She had no choice **but** *to laugh.*
그녀는 웃지 않을 수 없었다.

5. 형용사 및 부사

Things went **from** *bad* **to** *worse.*
일이 더욱 악화되었다.

I've met him **since** *then.*
나는 그때 이후로 그를 만나왔다.

❷ '전치사 + 명사(구)'의 기능

'전치사 + 명사(구)'는 문장에서 **형용사**나 **부사**의 역할을 한다. 벌써 형용사나 부사에 대해 잊은 것은 아니겠죠? 형용사는 명사를 꾸며 주는 역할을 하고, 부사는 장소, 방법, 시간 등을 나타내면서 동사나 형용사, 다른 부사 등을 수식하는 역할을 한다!

1. 형용사구

> The newspaper brought the readers **news** about the country.
> 그 신문은 독자들에게 국내 소식을 전해주었다.

2. 부사구

> In the beginning God **created** the heavens and the earth.
> 태초에 하나님이 천지를 창조하시니라. (창 1:1)

❸ 전치사의 종류 - 형태상

1. 단순전치사 : 하나의 낱말로 이루어진 전치사

about against at beyond by for in to of on with without etc.

Is there anything I can do **for** you?
당신을 위해 제가 할 수 있는 일이 있습니까?

He was dressed **in** black.   그는 검은 옷을 입었다.

2. 이중전치사 : 단순전치사 두 개가 결합된 전치사

from behind   from under   etc.

The boy showed up **from behind** the curtain.
소년은 커튼 뒤에서(뒤로부터) 나타났다.

Her long hair came out **from under** her hat.
그녀의 긴 머리가 모자 아래로(부터) 흘러내렸다.

3. 구전치사 : 복수의 낱말이 결합하여 만들어진 전치사

because of   in front of   out of   in the middle of   in spite of   etc.

Because of your help, I could succeed.
너의 도움 때문에, 나는 성공할 수 있었다.

In spite of the difficulties and frustrations of the moment, I still have a dream.
어려움과 좌절에도 불구하고 여전히 저는 꿈을 가지고 있습니다.
- Martin Luther King, Jr. 목사의 연설문 중에서 -

4. 분사형 전치사: 분사처럼 생겼지만 전치사로 당당히 사전에 실린 것들

including   regarding   concerning   considering
excepting   given   following   etc.

❹ 전치사의 종류 - 의미상

1. 장소(점, 선, 면, 공간)를 나타내는 전치사

(1)　about : - 의 주변에

Books were lying about the room.
책이 방 여기저기에 놓여 있었다.

(2)　above : - 보다 위쪽에

The sun is rising above the horizon.
태양이 지평선 위로 떠오르고 있다.

(3)　across : - 을 가로질러

He took a walk across the fields.
그는 들판을 가로질러 산책을 했다.

(4) **after : - 의 뒤에**

The police are after the thief.   경찰이 도둑을 쫓고 있다.

(5) **along : - 을 따라**

They walked along the street together.
그들은 함께 길을 따라 걸었다.

(6) **among : - 사이에**(셋 이상의 대상이 서로 분리, 독립되어 있지 않거나 그 수가 분명하지 않을 때 쓴다.)

Bob sat among the girls.   Bob은 소녀들 사이에 앉았다.

(7) **around : - 둘레에, - 의 주위에**

They sat around the fire.
그들은 불을 둘러싸고 앉았다.

He put his arms around her.
그는 그녀를 끌어안았다.

(8) **at : - 에**(비교적 좁은 장소)

Our plane stopped at Tokyo on its way to Seoul.
우리 비행기는 서울로 가는 길에 Tokyo에 멈추었다.

(9) **before : - 앞에**

Don't be afraid of speaking before classmates.
급우들 앞에서 말하는 것을 두려워 말아라.

(10) **behind : - 뒤에**

Suddenly, I heard a strange sound behind me.
갑자기, 나는 내 뒤에서 이상한 소리를 들었다.

(11) **below : - 보다 아래에**

The sun has sunk below the horizon.
해가 지평선 아래로 졌다.

(12) **beneath : (접촉해 있는 면) 아래에**

She could see the muscles of his shoulder beneath his T-shirt.
그녀는 티셔츠 아래에 있는 그의 어깨 근육을 볼 수 있었다.

(13) **beside : - 옆에**(= at the side of)

We camped beside a lake.
우리는 호수 옆에서 야영했다.

cf. besides(= in addition to -)
-외에(도) , 게다가

(14) **between : - 사이에(두 개 사이 또는 셋 이상의 대상이 서로 독립되어 있거나 그 수가 분명할 때 쓴다.)**

My place at (the) table was between Mrs. Ackroyd and Flora.
식탁에서의 내 자리는 Ackroyd 부인과 Flora 사이였다.

Switzerland lies between Germany, France, Austria and Italy.
스위스는 독일, 프랑스, 오스트리아 그리고 이탈리아 사이에 있다.

(15) **by : - 옆에**

Tarzan and Jane were sitting by the river.
Tarzan과 Jane은 강가에 앉아 있었다.

(16) **down : - 아래로**

There's a bridge a mile down the river from here.
여기서 강 아래로 1마일 지점에 다리가 하나 있다.

(17) **for : - 로 향하여**

He left Seoul for New York yesterday.
그는 어제 서울을 떠나 뉴욕으로 갔다.

Is this train for Incheon?
이 열차는 인천행입니까?

(18) in : - 에 (비교적 넓은 장소)

He arrived in New York.
그는 뉴욕에 도착했다.

(19) into : 안으로

They ran into the house when it began to rain.
비가 오기 시작했을 때, 그들은 집안으로 들어왔다.

(20) next to : - 옆에

Next to the box was a cute doll.
상자 옆에 귀여운 인형이 하나 있었다.

(21) on : (접촉해 있는 면) 위에

The book is on the table.
책은 테이블 위에 있다.

(22) out of : - 의 밖으로

He ran out of the room.
그는 방에서 뛰어 나왔다.

(23) over : (바로) 위에

A bird is flying over us.
우리 위로 새 한 마리가 날고 있다.

(24) through : - 을 관통하여

He looked through the window.

그는 창문을 내다보았다.

(25) **to : - 에, - 로**

We went to the hotel.
우리는 그 호텔로 갔다.

(26) **toward(s) : - 쪽으로**

He went toward(s) the post office.
그는 우체국 쪽으로 갔다.

They came out of the town and made their way toward him.
그들은 동네에서 나와 그에게로 왔다.

(27) **under : - 의 밑에**

The box is under the table.
상자는 테이블 밑에 있다.

(28) **up : - 위로**

We walked up the hill to the house.
우리는 언덕을 걸어올라 집까지 갔다.

2. 시간, 때를 나타내는 전치사

(1) **at : 시, 분 등의 비교적 짧은 단위의 시간을 나타낸다.**

at seven	7시에	at sunset	해 질 녘에
at noon	정오에	at night	밤에
at dawn	동 틀 녘에		

(2) **in : 월, 년, 계절, 오전, 오후 등의 비교적 긴 시간을 나타낸다.**

in August   in the morning   in summer   in 2002

(3) **on : 요일, (특정한) 날짜 등을 나타낸다.**

      on the 24th of December   on Sunday evening

My daughter was born on the 16th of October, 2002 at Pyong-chon, An-Yang.
내 딸은 2002년 10월 16일에 안양시 평촌에서 태어났다.

(4) **till(- 까지) : 어느 때까지의 동작과 상태의 계속을 나타낸다.**

I will wait here till seven.
나는 7시까지 여기에서 기다릴 것이다.

(5) **until(- 까지) : = till**

It was not until 1911 that the first of the vitamins was identified.
1911년이 되어서야 비로소 최초의 비타민이 확인되었다.

(6) **by(- 까지는) : 어느 때까지의 동작의 완료를 나타낸다.**

Have this car fixed by noon.
정오까지는 이 차를 수리하세요.

(7) **for(- 동안) : How long...?의 답이 되는 어구(구체적인 기간)를 수반하다.**

The performance lasted for three hours.
그 공연은 3시간 동안 계속되었다.

cf. I rented this cabin **for** the summer. 이때의 for는 '목적'을 나타낸다
나는 여름을 보내기 위해서 이 오두막을 빌렸다.

(8) **during(- 동안) : When...?의 답이 되는 어구(어떤 상태가 계속되는 특정한 기간)를 수반한다.**

We visited the White House during our stay in Washington, D.C.
우리는 Washington, D. C.에 머무는 동안 백악관을 방문했다.

3. 원인, 이유를 나타내는 전치사

For several reasons, I'd rather not meet him.
몇 가지 이유 때문에, 그를 만나지 않겠다.

The accident happened **through** his own carelessness.
그 사고는 그 자신의 부주의로 인해 발생했다.

I was surprised **at** the news.
나는 그 소식을 듣고 놀랐다.

Bob was pleased **with** the result.
Bob은 결과에 만족했다.

She is crying **over** the loss of her boyfriend.
그녀는 자신의 남자친구를 잃고 울고 있다.

He died **of** cancer.
그는 암으로 죽었다.

He died **from** overwork.
그는 과로로 죽었다.

4. 재료, 원료를 나타내는 전치사

This desk was made **of** wood.
이 책상은 나무로 만들어졌다.

Cheese is made **from** milk.
치즈는 우유로 만들어진다.

Milk is made **into** butter.
우유가 버터로 된다.

He built the house **with** bricks. 재료의 일부
그는 벽돌로 그 집을 지었다.

5. 수단, 도구를 나타내는 전치사

The window was broken **by** a ball.
공 때문에 창문이 깨졌다.

The window was broken **with** a ball by Tom.
창문은 Tom이 던진 공 때문에 깨졌다.

The city was destroyed **by** an earthquake.
그 도시는 지진으로 파괴되었다.

I have no pen to write **with**.
나는 쓸 펜이 없다.

I have no paper to write **on**.
나는 쓸 종이가 없다.

I went to Singapore **by** air.
나는 비행기를 타고 Singapore에 갔다.

I got the news **through** my friend.
나는 친구를 통해 그 소식을 알았다.

6. 동시동작(부대상황)을 나타내는 with (with + (대)명사 + 보어)

Don't speak **with** your mouth **full**.
입에 음식을 넣고 말하지 말아라.

I will cry **with** you (being) **away**.
네가 가버리고 나면 나는 울 거야.

Tarzan was standing **with** a hat **on**.
Tarzan은 모자를 쓰고 서 있었다.

He stood there **with** his hands **in his pockets**.
그는 주머니에 양손을 넣고 거기에 서 있었다.

She walked to her home **with** him **following** her.
그녀는 집으로 걸어가는데 그가 그녀를 따라왔다.

She is seated **with** her head **resting** on her hands.
그녀는 머리를 괸 채 앉아 있다.

She was sitting there **with** her eyes **closed**.
그녀는 눈을 감고 거기에 앉아 있었다.

보어로는 형용사, 부사(구), 현재분사, 과거분사 등이 쓰인다.

7. 기타

위에서 살펴본 것 이외에도 전치사의 종류와 쓰임새는 너무나 많다. 기계적으로 전치사의 의미를 암기하는 것보다는 다양한 문맥 속에서 전치사가 포함된 어구의 의미를 파악하는 능력이 필요하다. **against**와 같은 전치사는 무려 10개 정도나 되는 의미를 가지고 있는데, 다양한 맥락에서 어떻게 해석되는지 몇 개만 '맛보기'로 살펴보자.

반대   Are you for or **against** the death penalty?
당신은 사형제도에 찬성하나요 아니면 반대하나요?

대항, **불리**	Anything you say can and will be used **against** you in a court of law. 당신이 말하는 것은 법정에서 당신에게 불리하게 사용될 수 있습니다.
접촉	Harry leaned **against** the wooden door. Harry는 나무로 만든 문에 기댔다.
대비	You must save money **against** your old age. 노년을 대비해서 저축을 해야 한다.
대조, 대립, **배경**	His red clothes stood out clearly **against** the snow. 그의 빨간 옷은 눈을 배경으로 확연히 두드러졌다.
비교	What's the rate of exchange **against** the dollar? 달러에 대한 환율이 어떻게 되나요?

아래에 소개되는 전치사 역시 문맥 속에서 자연스럽게 해석될 수 있도록 많이 봐 두고 열심히 읽어보도록 하자.

To your health!
건강을 위하여!

To my surprise, I found out that my son was missing.
놀랍게도, 나는 내 아들이 없어진 것을 발견했다.

The accident resulted **from** his carelessness.
그 사고는 그의 부주의함으로부터 비롯되었다.

The accident resulted **in** the deaths of four passengers.
그 사고로 4명의 승객이 사망했다.

He took me **by** the hand.
그는 내 손을 잡았다.

I can't concentrate **on** my work.
나는 일에 집중할 수가 없다.

I wrote a long paper **on** social inequality.
나는 사회 불평등에 관한 긴 논문을 썼다.

My father worked his way **through** college.
아버지는 고학으로 대학을 마쳤다.

I had no idea that I was **in for** one of the most terrifying experiences of my life.
나는 내 생애에서 가장 무서운 경험들 중 하나를 겪게 될 줄을 몰랐다.

The scoundrels robbed him **of** his car.
그 악당들은 그에게서 그의 차를 강탈했다.

Whenever I see her, she reminds me **of** her mother.
그녀를 볼 때마다 그녀는 내게 그녀의 어머니를 떠오르게 한다.

My sister is familiar **with** my friends.
내 여동생은 내 친구들과 친하다.

She had to put up **with** such an unreasonable demand.
그녀는 그러한 불합리한 요구를 참아야만 했다.

According **to** the weather report, it will rain tomorrow.
일기예보에 따르면, 내일 비가 올 것이다.

Owing **to** the bad weather, the concert was cancelled.
나쁜 날씨 때문에 음악회가 취소되었다.

Salary is negotiable depending **on** your experience.
당신의 경험에 따라 급여는 협상이 가능하다.

앞에 소개된 것은 전치사가 포함된 다양한 표현들의 0.00001%도 안 된다.

❺ 외로운 전치사 - 내 짝은 어디에?

전치사 뒤에 명사(목적어)가 와야 하지만 어쩔 수 없이 떨어져 지내야 하는 경우가 있다.

1. 의문문

> Who were you talking **to**? = **To** whom were you talking?
> 넌 누구에게 얘기하고 있었니?

2. 관계사절

> I have no friend (whom) I can play **with**.
> 난 함께 놀 친구가 없다.

3. 부정사 구문

> He is hard to work **with**. = It is hard (for us) to work **with** him.
> 그는 함께 일하기가 어렵다.

4. 수동태 구문

> The boy was made fun **of**.
> 그 소년은 놀림을 당했다.

❻ 전치사가 명사를 만났을 때

전치사가 추상명사를 만나서 제3의 품사를 잉태하는 그런 깜찍한 경우도 있음을
알아두자.

of + 추상명사 = 형용사
기타 전치사 + 추상명사 =
부사

- · of importance = important
- · of value = valuable
- · of help = helpful
- · of use = useful
- · with care = carefully
- · with ease = easily
- · with fluency = fluently
- · by accident = accidently
- · in brief = briefly
- · in sincerity = sincerely
- · in abundance = abundantly

Nothing **of importance** happened today.
중요한 어떤 것도 오늘 일어나지 않았다.

This diary is **of** great **value** to me.
이 일기장은 내게 엄청 귀한 것이다.

Children can master computer games **with ease**.
아이들은 쉽게 컴퓨터 게임을 숙달할 수 있다.

She can read Korean **with fluency**.
그녀는 유창하게 한국어를 읽을 수 있다.

You must ask for forgiveness **in** all **sincerity**.
너는 진정으로 용서를 구해야 한다.

관사편도 정리를 안하고 넘어갔는
데, 전치사도 정리 안하고 넘어가면
독자들이 항의하지 않을까요?

전치사를 한 페이지로 정리한다는 것은
불가능합니다. 사기입니다!

좋은 사전을 보면서 영어로 된 글을
많이 읽는 것이 최선입니다!

For Fun

Customer   Waiter, my lobster is **without** a claw. How is that?

Waiter   Well, Sir, they are so fresh that they fight **with** each other **in** the kitchen.

Customer   Take this one away, and bring me one **of** the winners.

Ⓐ 올바른 문장이 되도록 네모 안에서 알맞은 것을 고르시오.

1 They have tried to relieve her ⏐of / with⏐ her pain.

2 I want to have the party outside, but it depends ⏐in / on⏐ the weather.

3 He drove ⏐through / across⏐ the red light and got a ticket.

4 The wicked witch turned the prince ⏐into / for⏐ a frog.

5 In this market, the bananas are two pounds ⏐at / for⏐ a dollar.

6 The chairman asked me to preside ⏐in / over⏐ the meeting tonight.

7 Everybody went to Saturday night's party ⏐in / with⏐ costume.

8 Do you have an answer ⏐to / with⏐ that question?

9 He was ⏐at / on⏐ the spot when his two best friends had an argument.

10 I can't remember his name, but it's right ⏐by / on⏐ the tip of my tongue.

Ⓑ 뜻이 통하도록 빈칸에 가장 적절한 것을 고르시오.

1 I'll be ready to leave _____ about ten minutes.
   ① in   ② at   ③ on   ④ with

2 I need something to clean the carpet _____ .
   ① of   ② at   ③ for   ④ with

3 My best friend, John, is named _____ his great-grandfather.
   ① in   ② on   ③ after   ④ along

4 My parents have been married _____ 20 years.
   ① on   ② for   ③ since   ④ during

5 Quite _____ accident, he came up with a simple solution.
   ① in   ② of   ③ by   ④ against

C 다음 빈칸에 알맞은 전치사를 쓰시오.

1 Lauren spent the entire afternoon _____ the phone.

2 You frequently see this kind of violence _____ television.

3 What is cheese made _____ ?   Milk is made _____ cheese.

4 In addition _____ that, I don't really understand the problem itself.

5 The company was closed owing _____ a lack of money.

6 Listen to this music _____ your eyes closed.

7 What do you feel your success has been due _____ ?

8 Is there any chance _____ seeing you again?

9 The security codes could be broken _____ relative ease.

10 It's been snowing _____ around 10:00 this morning.

D 다음 빈칸에 들어갈 말을 [보기]에서 찾아 쓰시오.

[보기]	through	against	with	from	up

1 A girl _____ red hair is dancing.

2 The woman showed up _____ behind the curtain.

3 I walked _____ the hill to the house.

4 Are you for or _____ the death penalty?

5 She works her way _____ college.

E 다음 문장에서 어법상 <u>틀린</u> 부분을 찾아 바르게 고치시오.

1 He is looking up his lost bag.

2 Desks and chairs are made from wood.

3 My grandmother died by a heart attack at 88.

4 In the evening of the seventh day, they invited me to a big party.

5 She had to put up for such an unreasonable demand.

6 I went to China for air.

F 아래에 주어진 사전 뜻풀이 가운데, 밑줄 친 <u>under</u>의 의미로 가장 적절한 것은?

A person writing a magazine article will be <u>under</u> certain pressures to get a story finished on time. Some important elements may be cut because of lack of time or space. The inclusion, or exclusion, of these parts may have a big effect on the story.

> **under** 1. below or at a lower level than something: *We sailed under the Golden Gate Bridge.* 2. less than a particular number, amount, age, or price: *These toys are not suitable for children under five.* 3. controlled or governed by a system, government, etc.: *The country is under military rule.* 4. having a lower position in a job, company, etc.: *She has three people under her at work.* 5. affected by a particular condition, influence, or situation: *They are under the influence of their new friends.*

① 1 ② 2 ③ 3 ④ 4 ⑤ 5

G 다음 각 네모 안에서 어법상 알맞은 것을 고르시오.

According ① on / to a recent survey, most people aren't proud of themselves and few people are happy with the way they look. Psychologists believe that this attitude is all wrong. They say that each person has their own special qualities and that we shouldn't be afraid to be different ② from / with other people. TV and fashion magazines give us certain ideas about the way we "should" be. However, experts advise us "not to listen" ③ to / at them.

H 다음 글의 밑줄 친 부분 중, 어법상 <u>틀린</u> 것은?

On my first day of swimming lessons, I was amazed to find that the boy I had a ① <u>crush</u> on in school was in my group. For my next lesson, I wore my brand-new bikini, and I was in a really good mood. As "dream boy" and I swam ② <u>side on side</u>, I thought that life really couldn't get any better. And then it happened: The clasp on my bikini top snapped ③ <u>in half</u>. My top fell all the way off — ④ <u>right in front of</u> my dream boy! It was the most embarrassing moment of my life! I did learn something, though: Always wear a one-piece suit for swimming lessons, and impress ⑤ <u>the boy you love with</u> your swimming skills, not your clothes!

I 다음 빈칸에 알맞은 전치사를 넣어 글을 완성하시오.

The Titanic left Southampton ① _____ Wednesday April 10, 1912. The passengers, many of whom were rich and famous, had been looking forward ② _____ this trip ③ _____ months. It would indeed be a unique experience to travel on a ship which was said to be unsinkable. However, the unthinkable happened. The Titanic hit an iceberg in the North Atlantic Ocean and sank. Over 2,000 people had boarded the ship. Tragically, only 705 survived.

J 다음 글의 밑줄 친 부분 중, 어법상 **틀린** 것은? 수능기출

Falling in love is ① <u>alike</u> being wrapped in a magical cloud. The air feels fresher, the flowers smell sweeter, food tastes more delicious, and the stars shine more ② <u>brilliantly</u> in the night sky. You feel light and happy ③ <u>as though</u> you are sailing through life. Your problems and challenges suddenly seem ④ <u>insignificant</u>. Your body feels alive, and you jump out of bed each morning ⑤ <u>with a smile on your face</u>. You are in a state of supreme delight.

K 다음 빈칸에 알맞은 전치사를 쓰시오.

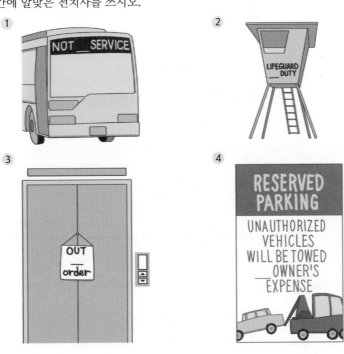

L 다음 빈칸에 공통으로 들어갈 단어를 쓰시오.

1 I decided to stop smoking once and _____ all.

2 She is attractive and looks young _____ her age.

3 Oh, I'm sorry. I mistook you _____ someone else.

4 Stand up _____ what is right even if you are standing alone.

5 When Barack Obama ran _____ president in 2008, he received overwhelming support from the African-American community.

Chapter 19
접속사_ ✐

❶ 접속사의 형태상 분류 ✐ 400

❷ 접속사의 기능상 분류 ✐ 401

● ------한눈에 쏙!! 🔓❶ 412

● ------Grammar Exercises ✐ 415

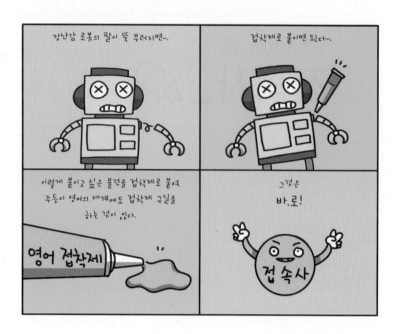

접속사는 단어와 단어, 구와 구, 절과 절을 연결시키는 역할을 하는 품사이다.

접속사는 그 생김새에 따라 단일접속사, 군접속사, 상관접속사라는 이름으로 분류된다. 또한 그 기능에 따라 등위접속사와 종속접속사로 분류된다.

❶ 접속사의 형태상 분류

단일(simple) 접속사

정의

한 개의 낱말로 이루어진 접속사

예

and, but, or, if, than, that, etc.

군(group) 접속사

정의

두 개 이상의 낱말이 합쳐져 이루어진 접속사

예

as if, as soon as, even though, etc.

상관 접속사

정의

다른 어구를 사이에 두고 분리되어 나타나지만 서로 연관관계를 갖는 접속사

예

both A and B, either A or B, neither A nor B, not only A but also B, no sooner … than, etc.

❷ 접속사의 기능상 분류

19.2 _

1. 등위(等位)접속사

단어와 단어, 구와 구, 절과 절을 대등한 관계로 연결시켜 주는 접속사이다.

　두 문장을 연결하는 대표적인 접속사는 'and(그리고)'이다. 하지만 아무 것이나 연결해서는 곤란하다. 가령, "대한민국의 주권은 국민에게 있고, 닭은 알을 낳는다." 와 같은 문장은 전혀 관련이 없는 두 문장을 억지로 연결한 것이기 때문에 부자연스 럽다. 반면에, "대한민국의 주권은 국민에게 있고, 모든 권력은 국민으로부터 나온 다."라고 한다면 훌륭한 문장이 될 것이다.

　다음은 두 가지 내용을 대등하게 연결하는 등위접속사이다.

등위접속사

01 and	04 for	06 not only A but also B	08 either A or B
02 but	05 nor	(= B as well as A)	09 neither A nor B
03 or		07 both A and B	10 not A but B

종속접속사 because와 달리
등위접속사 for는 주절에 대하여 추가적인 설명(근거)을 할 때 사용하며, 원칙적으로 문장의 앞자리를 차지하지 못한다.

I bought a newspaper **but** I didn't read it.
나는 신문을 샀지만 읽지 않았다.

Would you like a window seat **or** an aisle seat?
창가 좌석을 원하십니까, 아니면 통로 좌석을 원하십니까?

I didn't finish my homework, **for** I was sick.
나는 숙제를 끝내지 못했는데, 몸이 아팠기 때문이었다.

I can speak **not only** English **but also** Japanese.
= I can speak Japanese as well as English.
나는 영어뿐만 아니라 일본어도 말할 수 있다.

Alice is **both** intelligent **and** beautiful.
Alice는 지적이고 예쁘다.

His doctor allows him **neither** to drink **nor** to smoke.
그의 의사는 그가 술을 마시는 것도 담배를 피우는 것도 허용하지 않는다.

He is **not** a teacher **but** a poet.
그는 선생님이 아니라 시인이다.

You can **either** walk up **or** take the cable car.
너는 걸어서 올라가거나 케이블카를 탈 수 있다.

Historians try to find out **not only** what happened **but (also)** why it happened.
역사가들은 무슨 일이 일어났는지 뿐만 아니라 왜 그것이 일어났는지를 알아내려고 한다.

Whether we dream of sitting in a cafe in Paris **or** (we dream of sitting) on the back of an elephant in Southeast Asia, travel gives us the chance to do things we have only imagined.
우리가 Paris의 어느 카페에 앉아 있는 꿈을 꾸든 동남아시아에서 코끼리 등에 앉아 있는 꿈을 꾸든, 여행은 우리에게 상상만 해왔던 일들을 할 수 있는 기회를 제공해 준다.

and가 문장 A와 문장 B를 어떻게 연결하는 지를 잘 파악하면 독해에 큰 도움이 된다.

A and B

1) 대등한 정보가치가 있는 A와 B를 연결할 때

Today is Susan's 70th birthday **and** 30th wedding anniversary as well.

오늘은 Susan의 70번째 생일이자 또한 30번째 결혼기념일이다.

2) A와 B가 시간상 연속해서 일어날 때

I headed to the beach **and** jumped on my surfboard **and** paddled out.

나는 해안으로 향했고, 서프보드에 올라타서는 손으로 물을 저었다.

3) A와 B가 인과관계를 이룰 때

Kate took a step back **and** hit the small table, tipping it over.

Kate는 뒷걸음을 쳤고 작은 테이블과 부딪혀서 그것을 쓰러뜨렸다.

4) A와 B가 대조를 이룰 때

Men make mistakes **and** God never does.

인간은 실수를 하고 신은 절대 그러지 않는다.

5) B가 A를 부연 설명할 때

Then he closed his eyes **and** that was his last breath.

그런 후 그는 눈을 감았고 그것이 그의 마지막 호흡이었다.

6) A가 B에 대해서 양보적 의미를 나타낼 때

He was the Son of God **and** came to the world to serve not to be served.

비록 그는 하나님의 아들이었지만 섬김을 받는 것이 아니라 섬기기 위해서 세상에 오셨다.

7) A가 조건(가정)을 나타낼 때

Keep on asking, **and** you will receive what you ask for.

계속 구하라. 그러면 네가 구하는 것을 받게 될 것이다.

cf. A and B가 단일 개념을 나타낼 때는 단수 취급한다. •p. 192 참조

병렬(竝列): 나란히 늘어섬 •

등위(상관)접속사로 연결되는 요소들은 문법적으로 그리고 개념적으로 대등해야 하는데 이를 '병렬[평행] 구조' 원칙이라고 한다.

Mary likes hik**ing**, swimm**ing**, **and** rid**ing** a bicycle. (O)
Mary likes hiking, swimming, and to ride a bicycle. (X)

* **A and B**에서 A와 B는 동일한 구조를 가져야 한다.
즉, A가 동사면 B도 동사, A가 절이면 B도 절이 와야 한다.

2. 종속접속사

등위접속사가 문장을 대등하게 연결한다면 종속접속사는 주절에 종속되는 내용의 절을 연결한다. 즉, 종속접속사는 명사절, 형용사절, 부사절과 같은 종속절(주절을 졸졸 따라 다니는 절)을 이끄는 접속사를 의미하는데, 우리가 이미 살펴본 관계사는 형용사절을 이끄는 종속접속사라고 할 수 있다. 각 접속사의 의미는 문맥에 따라 다양하게 해석될 수 있으며, 전치사와 그 형태가 동일한 것도 많이 있다. 이제 본격적으로 종속접속사의 종류와 그 쓰임새를 보기로 하자.

국민 = 주절

정치인 = 종속절

1) **명사절을 이끄는 종속접속사**
    ① that : 주어, 목적어, 보어, 동격 구실을 하는 문장(명사절)을 이끈다.
    That she will arrive here is certain.
    = **It** is certain **that** she will arrive here.
    그녀가 이곳에 도착할 것이라는 것은 확실하다. 주어

    I can prove **that** she did it.
    나는 그녀가 그것을 했다는 것을 증명할 수 있다. 목적어

    My hope is **that** I become a doctor.
    내 희망은 내가 의사가 되는 것이다. 보어

    The suggestion **that** shops should open on Sundays led to a heated discussion.
    상점을 일요일에도 열어야 한다는 제안은 열띤 논쟁을 가져왔다. 동격

cf. I'm sure **that** this is the right road.

나는 이 길이 올바른 길이라는 것을 확신한다.

Few people are aware **that** 1883 is an important year in the history of the Korean press.

1883년이 한국 언론사에서 중요한 해라는 것을 아는 사람은 거의 없다.

* 형용사 다음에 that절이 와서 형용사를 보충 설명해 주는 문장도 많이 쓰이는 구문이다.

● want는 that절과 함께 쓰지 않는다.

② whether, if : -인지 아닌지

I wonder **whether** his decision is wise or not.

나는 그의 결정이 현명한 것인지 아닌지가 궁금하다.

Whether you will succeed or not depends upon your luck.

성공할지 못 할지는 너의 운에 달려 있다.

I don't know **if** he will come.   나는 그가 올지 안 올지 모르겠다.

Whether vs. If

(공통점)

둘 다 명사절을 이끈다.

I asked my father **if[whether]** he would go down to the school-yard and play basketball with me.

← I said to my father, "Would you go down to the schoolyard and play basketball with me?"

나는 아버지에게 학교 운동장에 가서 나와 함께 농구를 할 것인지를 물었다.

(차이점)

①   주어 자리에는 **whether**절만 쓸 수 있다. (If절을 쓰면 조건절과 혼동될 수 있기 때문이다.)

Whether it rained or snowed did not matter.

비가 오는지 눈이 오는지는 중요하지 않았다.

②   전치사의 목적어로는 **whether**절만 쓸 수 있다.

In the past, there was a big argument **about whether** the earth was the center of the universe.

과거에 지구가 우주의 중심인지에 관한 커다란 논쟁이 있었다.

③ **to 부정사 앞에는 whether만 쓴다.**

Our choice is **whether to be** good role models or bad ones.

우리의 선택은 좋은 역할 모델이 될 것인지 아니면 나쁜 역할 모델이 될 것인지이다.

④ **'whether A or B' 구문이 흔히 쓰이며, 'or not'과 붙여 쓸 때는 whether만 쓴다.**

Actors can choose **whether** they will appear in tragedy **or** in comedy.

배우들은 그들이 비극에 출연할지 아니면 희극에 출연할지를 선택할 수 있다.

Whether or not the red fox is especially intelligent is an open question.

붉은 여우가 특별히 지적인지 여부는 논란의 여지가 있다.

단, if와 or not을 떨어뜨려서는 쓸 수 있다.

I am not sure **if** he will come **or not**.

나는 그가 올지 오지 않을지 확신하지 못한다.

cf. 'Whether A or B'는 양보의 부사절을 이끌기도 한다.

Some people tend to be late as a general rule, **whether** they are busy **or** not.

일부 사람들은 그들이 바쁘든 바쁘지 않든 일반적으로 늦는 경향이 있다.

---

2) **부사절을 이끄는 종속접속사**

① **시간** : when, while, as, since, till, until, after, before, as soon as, hardly ⋯ when[before], scarcely ⋯ before[when], no sooner ⋯ than, whenever, the moment, the minute, each time, every time, etc.

When I arrived at the station, the train had already left.

내가 역에 도착했을 때, 기차는 이미 떠나버렸다.

As I was leaving the house, I got a text from him.
내가 집을 떠날 때, 나는 그로부터 문자 메시지를 받았다.

Don't use your smartphone **while** you're eating.
식사하는 동안에 스마트폰을 사용하지 마라.

I've lived in Seoul **since** I was born.
나는 태어난 이래로 서울에서 살아왔다.

She waved her hand **until** his train was out of sight.
그녀는 그가 탄 기차가 보이지 않을 때까지 손을 흔들었다.

I had waited an hour or so **before** she showed up.
그녀가 나타날 때까지 나는 한 시간 정도를 기다렸다.

Buy your tickets **as soon as** you reach the station.
역에 도착하자마자 표를 구입해라.

Scarcely[Hardly] had the game begun **when[before]** it
started to rain.
경기가 시작되자마자 비가 오기 시작했다.

No sooner had he finished the class **than** he went outside.
그는 수업이 끝나자마자 밖으로 나갔다.

cf. **The instant[moment]** he comes, let me know.
그가 돌아오자마자 저에게 알려주세요.

② **장소 : where, wherever**

• Where there's smoke,
there's fire.
아니 땐 굴뚝에 연기 나랴.

Where there's a will, there's a way.
뜻이 있는 곳에 길이 있다.

Wherever we find water on Earth, we find life.
지구상에서 우리가 물을 발견하는 곳마다, 우리는 생명을 발견한다.

③ **이유, 원인** : because, as, since, now (that), seeing (that), etc.

They could not stay outside **because** it was too cold.
너무 추웠기 때문에 그들은 밖에 있을 수가 없었다.

I lay down for an hour **as** I had a bad headache.
머리가 몹시 아파서 나는 한 시간 동안 누워있었다.

Since he did not make enough money to live in his own house, he asked for my help.
그는 자신의 집에서 살 수 있을 만큼의 돈을 벌 수 없었기 때문에 내게 도움을 청했다.

Now (that) we have so many things to do, we should decide what to do first.
할 일이 너무 많으므로 무엇을 먼저 해야 할지 결정해야 한다.

④ **목적** : so (that) ··· can[may] ~, in order that, lest ··· should, for fear (that), etc.

I'm trying to concentrate **so (that)** I **can** do my homework.
나는 숙제를 하기 위해서 집중하려고 한다.

I worked hard **so that** I **might** succeed.
= I worked hard in order that I might succeed.
나는 성공하기 위해서 열심히 일했다.

I worked hard **lest** I **should** fail.
= I worked hard for fear that I might fail.
나는 실패하지 않기 위해서 열심히 일했다.

⑤ **결과** : so - (that) -, such - (that) -, so (that), etc.

My husband snores **so** loud **(that)** I cannot get a good night's sleep.
남편이 코를 너무 크게 골아서 나는 밤에 잠을 잘 잘 수가 없다.

He was **such** a good leader **that** all the people supported him.
그는 아주 훌륭한 지도자여서 모든 사람들이 그를 지지했다.

There was snow everywhere, **so that** the shape of things was difficult to identify.
사방이 눈이어서 사물을 알아볼 수 없었다.

We arrived early, **so (that)** we got good seats.
우리는 일찍 도착해서 좋은 자리를 잡았다.

⑥ 조건 : if, in case, once, unless, provided[providing] (that), suppose[supposing] (that), etc.

If you come at four o'clock in the afternoon, then at three o'clock I shall begin to be happy.
네가 오후 네 시에 오게 되면, 난 세 시부터 행복해지기 시작할거야.

Let me know **in case** you're coming.
네가 오는 경우에 내게 알려다오.

The game is very easy, **once** you learn the basic rules.
일단 기본 규칙을 배우면 그 게임은 아주 쉽다.

Unless you start at once, you'll be late.
= If you don't start at once, you'll be late.
즉시 출발하지 않으면 너는 늦을 것이다.

⑦ 양보 : although, though, even if, even though, as, while, whereas, no matter what[who, when, where, how], etc.

Though he was poor, he liked to help others.
그는 가난했지만 다른 사람들을 돕기를 좋아했다.

Even though everything Hagrid had told him so far was unbelievable, Harry couldn't help trusting him.
이제까지 Hagrid가 말한 모든 것이 믿어지지는 않았지만, Harry는 그를 믿지 않을 수 없었다.

● even though ≠ even if

'even though + 사실'은 '-임에도 불구하고, -이지만'의 의미를 나타낸다.

'even if + 상상(가정)'은 '비록 -일지라도'의 의미를 나타낸다.

Even if I become a beggar, I am going to study philosophy.
비록 내가 거지가 될지라도 나는 철학을 공부할 것이다.

(As) late **as** it was, I decided to visit her.
비록 늦었지만 나는 그녀를 방문하기로 결심했다.

No matter what(= Whatever) you do, don't touch my camera.
무슨 일을 하든 내 사진기에는 손을 대지 말거라.

However qualified a person may be, he will not be able to make the best use of his qualifications without concentration.
아무리 자질이 있더라도 집중력이 없으면 자신의 자질을 최대한 이용하지 못할 것이다.

⑧ **비교, 범위, 정도** : than, as, as far as, so far as, as long as, so long as, etc.

He spends more **than** he earns.　　그는 버는 것보다 더 많이 쓴다.

He is **as tall as** I am.　　그는 나만큼 크다.

I will help you **as far as** I can.　　할 수 있는 데까지는 너를 돕겠다.

I will not forget your kindness **as long as** I live.
내가 살아있는 한, 너의 친절을 잊지 않을 것이다.

You can stay here **so long as** you are quiet.
조용히만 한다면 얼마든지 이곳에 있어도 좋다.

Just as Americans love their cars, **(so)** the French love their dogs.
미국인들이 그들의 자동차를 사랑하듯이, 프랑스인들은 그들의 개를 사랑한다.

⑨ **양태 : as, like**

Do **as** you are told. 들은 대로 해라.

Treat others **as** you wish them to treat you.
남이 네게 대접하기를 원하는 대로 남을 대접하라.

⑩ **비례, 시간의 경과 : as**

As he grew older, he became more stubborn.
늙어감에 따라 그는 더 완고해졌다.

● like는 (특히 구어체에서)
접속사로도 쓰이며 '-하는 것
처럼', '마치 -인 것처럼'의 의
미를 나타낸다.

For Fun

John   My father made a Scarecrow So good **that**
        crows would not come within three miles of
        his farm.
Tom   That's nothing. My uncle made a Scarecrow
        So good **that** the crows brought back all the
        corn they had Stolen the previous year.

한눈에 쏙!!

접속사

등위(상관)접속사

단어 + 단어 구 + 구 주절 + 주절	and or but not only A but also B (= B as well as A) both A and B either A or B neither A nor B for

종속접속사(+ 종속절)

명사절	주어 목적어 보어 동격 that	that if / whether 의문사 who(m), whose, what, which, when, where, how, why 관계대명사 what 복합관계대명사 whatever, whoever etc.

형용사절	관계대명사 관계부사	

부사절	시간	when, whenever, while, as, before, after, as soon as, till, until, since, no sooner… than, hardly… when, scarcely… before, the moment…, the minute…, each time…, every time, etc.
	이유, 원인	because, as, since, now (that), seeing (that), etc.
	목적	so that… may[can], in order that, lest… should

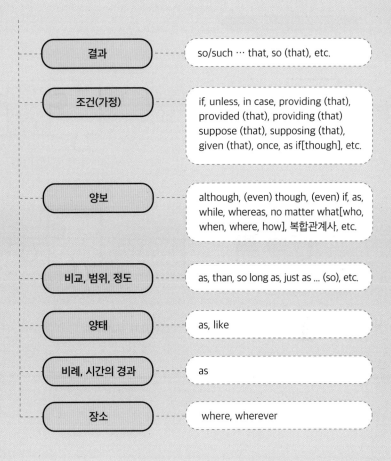

결과	so/such … that, so (that), etc.
조건(가정)	if, unless, in case, providing (that), provided (that), providing (that) suppose (that), supposing (that), given (that), once, as if[though], etc.
양보	although, (even) though, (even) if, as, while, whereas, no matter what[who, when, where, how], 복합관계사, etc.
비교, 범위, 정도	as, than, so long as, just as … (so), etc.
양태	as, like
비례, 시간의 경과	as
장소	where, wherever

that의 모든 것

1 **지시대명사**

2 **지시형용사**

3 **지시부사**

4 **관계대명사**
　① 주격
　② 목적격

5 **It is(was) ~ that 강조 용법**

6 **명사절을 이끄는 종속접속사**
　① 주어
　② 목적어
　③ 보어
　④ 동격

7 **부사절을 이끄는 종속접속사**
　① 결과
　② 목적
　③ 이유

* 위에 소개된 that이 포함된 문장을 사전에서 찾아 직접 쓰세요.

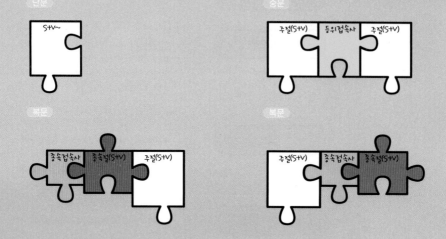

* 절과 절이 연결되기 위해서는 반드시 접속사가 있어야 한다.

A 올바른 문장이 되도록 네모 안에서 알맞은 것을 고르시오.

1 I had a drink with Johnson before / after he left.

2 Once / While you begin to do something, you should do your best.

3 Drive carefully, or / and you can have an accident.

4 He had lived in Seoul since / until he graduated from high school.

5 Ja-young speaks English fluently, because / but she has a strong Korean accent.

6 I'll tell you my plans before / while we're having dinner.

7 It's been quite a long time since / when I saw you last.

8 Although / In spite of the rain, the streets were full of people.

9 Susan went out with her friends although / in spite of she wasn't feeling well.

10 Because / Because of the bad weather, we couldn't play on the playground.

11 Despite / Although gestures can help us understand, they cannot replace words.

B 괄호 안에 주어진 어구를 적절히 배열하여 문장을 완성하시오.

1 (he / stepped outside / than / no sooner / had) it started to rain.

→ _____

2 We (our seats / found / hardly / had) when the concert began.

→ _____

3 Lock the door (no one / get in / so / can / that).

→ _____

4 I don't know (she / accept / if / will / our / offer).

→ _____

5 It (he / a doctor / is / that / true / was) in our town.

→ _____

C 어법상 틀린 것을 찾아 바르게 고치시오.

1 Although the bus was delayed, but I got there in time.

2 She plays neither the piano nor she plays the violin.

3 The house was small, cold, dirty.

4 I began to speak English more fluently as before.

5 There was such a lot of noise at the office as I couldn't work.

6 There is no proof what he was directly involved in the violence.

7 During you were out, there was a phone call for you.

8 I didn't know if or not John was coming.

9 It is hard to believe if he is ninety.

10 I think you had better carry an umbrella in order that it rains.

D 다음 네모 안에서 알맞은 것을 고르시오.

1 I don't know that / if she will invite me at the party.

2 I know that / if you didn't take part in a vote because you were away from home when the vote was taken.

3 Whether / If you put salt in your soup or not is more important than you think.

4 He didn't determine whether / if to marry the woman he met only briefly while she was on a visit to India.

5 Whether / What to buy a desktop or a laptop is the question.

6 You can ask her if or not / whether or not she likes you more than a friend.

7 My success depends on whether / if I am lucky enough to be in the right place at the right time.

8 I believe that / if his remark is absolutely true.

9 Jack asked if / what he could stay up to finish the book since he had only ten more pages to go.

10 He is such a nice boy that / if everybody likes him.

E 다음 두 문장이 같은 뜻이 되도록 빈칸을 완성하시오.

1 She went to the party in spite of the fact that she had a cold.

= _____ she had a cold, she went to the party.

2 It was very cold, so we stayed at home.

= It was _____ cold _____ we stayed at home.

3 She arrived there only after it grew dark.

= She didn't arrive there _____ it grew dark.

4 If you take one more step, you'll fall over the cliff.

= One more step, _____ you'll fall over the cliff.

5 He doesn't smoke, and he doesn't drink.

= He _____ smokes _____ drinks.

F [보기]의 표현을 이용하여 문장을 고쳐 쓰시오.

[보기]	either … or	neither … nor	both … and

1 Karl is an optician. Steve is an optician, too.

→ _____

2 I can't concentrate with the radio on and I can't concentrate with you talking to me.

→ _____

3 Joanna hasn't bought tickets to the opera. Charles hasn't bought tickets to the opera, either.

→ _____

4 Sophie has completed her project and handed it in.

→ _____

5 We can go skiing or skating.

→ _____

G (A), (B), (C)의 각 네모 안에서 어법에 맞는 표현을 고르시오.

My mom and I were at this huge carnival with tons of people. We were holding hands (A) so / as we wouldn't get separated. When we stopped to look at some of the games, I let go of her hand for a second. Then I grabbed it again (B) as / because of we started walking. (C) If / When I looked over, though, I realized I was holding someone else's hand by mistake. I don't know who was more surprised, me or the lady whose hand I grabbed.

H 다음 글의 밑줄 친 부분 중, 어법상 틀린 것은?

Through books, our eyes are opened to the beauty of the world ① in which we live. This is the joy of reading. We hear the wind drive the fallen leaves or ② hurry the clouds across the sky or ③ wrinkles the waters of the sea. We see the mountains ④ high above the golden fields. A bird, a bird's song, a flower, a tree — all these the poet ⑤ helps us to see and feel.

I 다음 글의 빈칸 (A)와 (B)에 가장 적절한 것끼리 짝지은 것을 고르시오

Have you ever heard of the green-eyed monster called jealousy? Sometimes brothers and sisters are jealous of one another. For instance, ____(A)____ always does well at school, it may be frustrating for you, especially if your grades are lower. ____(B)____ you're probably proud of your sibling or siblings, it's normal to be a little jealous, too. It may make you feel better to focus more on doing your own personal best, rather than comparing yourself to a brother or sister.

	(A)	(B)
①	your sister	Although
②	your sister	As if
③	if your sister	As if
④	if your sister	Although
⑤	if your sister	Because

J 다음 글의 밑줄 친 부분 중, 어법상 틀린 것은?

People have ① <u>many different ideas</u> about what makes a great vacation. Some people like to go for long walks in the forest, where they ② <u>won't see anyone</u> for days. Others prefer to spend their holiday in an exciting city. There they can visit museums, theaters, and good restaurants. ③ <u>Still others</u> enjoy the fresh air at the seashore. They can spend their days at the beach and listen to the ocean waves at night. ④ <u>A few people</u> decide to stay at home and do some major household projects. They might spend their vacation painting a porch or ⑤ <u>to wash</u> all the windows in their apartment.

K (A), (B), (C)의 각 네모 안에서 어법에 맞는 표현을 고르시오. 수능기출

The job that (A) $\boxed{\text{most / almost}}$ companies are doing with information today would have been impossible several years ago. At that time, getting rich information was very expensive, and the tools for (B) $\boxed{\text{analysis / analyzing}}$ it weren't even available until the early 1990s. But now the tools of the digital age give us a way to easily get, share, and (C) $\boxed{\text{act / acting}}$ on information in new ways.

L 다음 빈칸에 들어갈 말을 보기에서 골라 쓰시오.

[보기]	because	because of

1 I love you _____ your smile.
2 I love you _____ you are beautiful.
3 I love you _____ the way you make me feel.
4 I won't forgive you _____ what you've done is unforgivable.
5 I don't love you _____ what you've done for me. I just love you.

Chapter 20
잡다한 것들 _ ✏️

1 도치 ⟋⟍⟋ 422

2 강조 ⟋⟍⟋ 426

3 생략 ⟋⟍⟋ 429

4 삽입 ⟋⟍⟋ 431

●─────한눈에 쏙!! 🎧① 433

●─────Grammar Exercises ✏️ 435

❶ 도치

도치(倒置)는 글자 그대로 위치가 뒤바뀌었다는 뜻이다. 가장 기본적인 영어 문장의 경우라면 '주어 + 동사 + 거시기'의 순서가 되어야겠지만 지금부터 소개되는 분들은 무슨 연유에서인지 이 순서를 지키지 않고 '동사 + 주어 + 거시기'로 주어와 동사의 위치가 바뀌어 있다.

1. 관용적 도치

> 1)　**의문문, 기원문, 감탄문에서**
> → "왜 도치가 되나요?" "묻지 마, 다쳐."
>
> What **did you** buy?　의문문
> 너는 무엇을 샀니?
>
> cf. Who wrote this story?　누가 이 글을 썼니?
> 의문사가 문장에서 주어의 역할을 겸하게 되면 도치를 하고 싶어도 할 수가 없다.

Long **live the queen**! `기원문`

여왕님, 만수무강 하세요!

What an honest boy he is! `감탄문`

그는 참 정직한 소년이구나!

2) **'There + 동사'로 시작하는 문장(존재문)**

주어가 동사 뒤로 이동하여 '동사 + 주어'의 어순이 된다. 이 때 주어가 집을 비운 사이, 난데없이 There가 주어 자리를 차지한다. 여기에서 There는 해석하지 않는다.

There **is a pen** on the table.　탁자 위에 펜이 하나 있다.

There **lived a** wise **king**.　현명한 왕이 살았다.
← there나 here는 문장 맨 앞으로 나오면서 바로 뒤에 동사를 유도한다고 해서 '유도부사'라는 이름을 얻었다.

3) **If가 생략된 가정법 구문**

가정법(p. 175)에서 이미 배웠던 것처럼 if는 생략할 수 있다. 물론, 문장에서 무엇인가를 생략했다는 표시로 주어와 조동사의 위치를 슬쩍 바꿔줘야 한다.

Had I studied English hard, I would have passed the exam.
= If I had studied English hard, I would have passed the exam.

내가 영어를 열심히 공부했다면, 시험에 합격했을 텐데.

4) **as를 이용한 양보절**

Rich as he was, he was not happy.
= Though he was rich, he was not happy.
비록 부자였지만, 그는 행복하지 않았다.

Boy as he was, he was very brave.
= Though he was a boy, he was very brave.
비록 아이였지만, 그는 매우 용감했다.

●형용사 성격이 강한 명사 앞에는 관사를 붙이지 않는다.

이 문장에서
●boy 앞에 a가 있음에 유의!
명사가 as 앞에 올 때는 (부정)관사를 쓰지 않는다.

as + 조동사 + 주어
than + 조동사 + 주어
도 많이 사용되는 표현이다.

5) **So[neither, nor] + 조동사 + 주어 : ~이다[아니다]**

I am interested in music, and **so is my sister**.

나는 음악에 흥미가 있는데 내 누이도 마찬가지다.

They didn't go there and **neither did I**.

그들은 거기에 가지 않았고 나 역시 가지 않았다.

He doesn't like them, (and) **nor does Jane**.

그는 그들을 좋아하지 않으며 Jane도 좋아하지 않는다.

cf. She is pretty. **So am I.**   그녀는 예쁘다. 나도 예쁘다.

　　She is pretty. **So she is**.   그녀는 예쁘다. 정말로 그녀는.

2. 강조를 위한 도치

정상적인 순서를 벗어나면 강렬한 인상을 주게 된다. 이것을 직접 확인해 보고 싶다면 옷을 뒤집어 입거나 오른쪽 신발과 왼쪽 신발을 바꿔 신고 거리에 나가 보기 바란다. 그러면 사람들이 애정 어린 강렬한 눈길로 쳐다봐 줄 것이다.

1) **목적어의 도치**

What she said I cannot believe.

그녀가 말한 것을 나는 믿을 수가 없다.

Nice weather we're having.

오늘 날씨가 참 좋네요.

2) **보어의 도치**

Blessed are the poor in spirit, for theirs is the kingdom of heaven.

심령이 가난한 자는 복이 있나니 천국이 저희 것임이요.

Great was my grief when I heard the news.
그 소식을 들었을 때 내 슬픔은 엄청났다.

3) '(장소·방향의) 부사(구) + **동사 + 주어**' 구문
On the platform was a handsome gentleman.
승강장에 잘 생긴 신사가 있었다.

● 도치 구문에서의 수의 일치
에 유의할 것!

On the threshold stood Aunt Marge.
문지방 위에 Marge 이모가 서있었다.

Between Canada and the United States are the Great Lakes.
캐나다와 미국 사이에는 오대호가 있다.

Down came a big stone.
큰 돌이 굴러 내려왔다.

cf. Off he went. 그는 가버렸다.
주어가 대명사면 도치되지 않는다.

with great power comes great responsibility.

4) 부정어(구)가 문장의 맨 앞에 올 때
Little did I expect her to visit my house.
그녀가 나의 집을 방문하리라고는 거의 예상하지 못했다.

● 부정어구 + 조동사 + 주어
+ 동사

No sooner had he seen the police than he ran away.
경찰을 보자마자 그는 도망쳤다.

Not only does climate affect human behavior, but human activity may also affect climate.
기후가 인간의 행동에 영향을 끼칠 뿐만 아니라, 인간의 활동 역시 기후에 영향을 끼칠 수 있다.

Only then did I realize that I was completely alone.
그때서야 나는 내가 완전히 혼자라는 것을 깨달았다.

● only에는 부정의 뉘앙스가
숨어있다.

이야기를 전개할 때, 뜸을 들여서 주어를 나중에 소개함으로써 극적인 효과를 거두게 된다. 한 예로, "한 왕이 깊은 숲 속에 옛날에 살았다."는 하나도 극적이지 않고 지루할 수도 있다. 반면 "옛날 옛적 깊은 숲 속에 누가 살았으냐 하면... 그러니까..." 는 '아! 그 다음엔 무슨 말이 나올까?' 하는 궁금증을 불러일으킨다. 그래서 도치구문을 사용하는 것이다.

❷ 강조

앞에서 우리는 도치를 통해서 하고 싶은 말을 강조할 수 있다는 것을 배웠다. 하지만 어떤 말을 강조하는 방법에는 여러 가지가 있다. 하고 싶은 말을 큰 소리로 하는 것도 하나의 방법일 수 있겠고 지겹도록 반복하는 것도 강조의 방법일 수 있다. 영어에서의 강조는 어떻게 이루어지는지 하나씩 살펴보기로 하자.

1. 강조의 의미가 있는 어구의 사용 : very, much, quite

I am **very** interested in English grammar.
나는 영문법에 매우 관심이 많다.

I like it **very much**.
나는 그것을 아주 많이 좋아한다.

2. 동일한 어구의 반복

She waited for **hours and hours** but he did not appear.
그녀는 몇 시간을 기다렸으나 그는 나타나지 않았다.

He talked **on and on and on**.
그녀는 얘기를 하고 또 하고 또 했다.

3. 문장 전체의 뜻을 강조하는 조동사 do

● p. 35 조동사 do 참조

Why didn't you meet him?　I **did meet** him.

왜 그를 만나지 않았니?　　　**만났어!**

I **do** solemnly **swear** that I will faithfully execute the Office of President of the United States.

나는 미합중국의 대통령직을 충실히 수행할 것을 엄숙히 **선서합니다.**

4. 의문문의 강조 : ever, on earth, in the world, whatever, the hell (아주 안 좋은 말이지만 일상 영어에서는 무척 많이 쓰인다.)

What **on earth** are you talking about?

도대체 무슨 말을 하는 거야?

Where **in the world** have you been?

도대체 어디에 있었니?

5. (대)명사의 강조

This is **the very** man that stole my purse.

이 사람은 내 지갑을 훔쳐간 바로 그 사람이다.

I **myself** drew this picture.

바로 내 자신이 이 그림을 그렸다.

He is honesty **itself**.

그는 정직 그 자체이다.

6. 비교급의 강조 : (very) much, even, a lot, far, still

최상급을 강조할 때는 by far를 쓴다.

My high school is **a lot** bigger than junior high school.
내가 다니는 고등학교는 중학교보다 훨씬 크다.

7. 부정문 강조 : at all, in the least, by any means, whatever

I don't have any money **at all**.   나는 한 푼도 없다.

There is no doubt **whatever** about his story.
그의 이야기에는 전혀 의심나는 것이 없다.

8. <It is + 강조하고 싶은 말 + that> 구문

여기에서 '강조하고 싶은 말'은 주어와 목적어의 역할을 하는 명사(구)와 부사(구, 절)가 된다. 그리고 사람이나 사물이 강조될 때는 that 대신 각각 who나 which를 쓰기도 한다. 물론 의문문도 만들 수 있다.

It was not until 1850 **that** the modern safety pin was invented.
1850년이 되어서야 비로소 현대적인 안전핀이 발명되었다.

It was my brother **that[who]** broke the window.
창문을 깬 것은 바로 내 동생이었다.

It was Miss Lemon, Poirot's efficient secretary, **who** took the telephone call.
전화를 받은 것은 Poirot의 유능한 비서인 Lemon 양이었다.

It is only with the heart **that** one can see rightly.
사람은 마음을 가지고서야 제대로 볼 수 있다.

What exactly **is it that** you want to know?
당신이 알고 싶은 것이 정확하게 무엇입니까?

> **It is** the eyes of others and not our own eyes **which** ruin us.
> 우리를 망치는 것은 우리의 눈이 아닌 다른 사람들의 눈이다.
>
> What **is it that** you are trying to say?
> 도대체 무슨 말씀을 하시려는 겁니까?

❸ 생략

친구가 "너 어제 오후에 어디 있었니?"라고 물을 때 우리는 일일이 "나는 어제 오후에 도서관에 있었어."라고 말하지 않는다. 그냥 "도서관!"이라고 말하는 것이 훨씬 편하다.

영어에서도 불필요한 말이나 반복되는 말을 생략하는 경향이 있다. 그렇다고 무턱대고 아무 말이나 생략하지는 않는다. 생략을 해도 서로가 잘 이해할 수 있게끔 몇 가지 규칙에 따라 생략을 하는데 여기에서는 그러한 규칙이 무엇인지 살펴보기로 하자.

1. 중복을 피하기 위한 생략
생략해도 충분히 이해할 수 있으니까 과감히 생략한다.

> He went to Singapore and she (went) to London.
> 그는 Singapore로, 그리고 그녀는 London으로 갔다.
>
> I'd like to come, but I don't have time to (come). (대부정사)
> 가고 싶지만 (갈) 시간이 없습니다.
>
> The chemist is concerned with the constitution of matter, and the psychologist (is concerned) with the nature of mind.
> 화학자는 물질의 구성에 관심을 두고 있으며 심리학자는 마음의 본질에 관심을 두고 있다.

2. 소유격 뒤의 명사 생략

Whose car is this?   It's my brother's (car).
이것은 누구의 자동차니?   그것은 내 형 거야.

I hate going to the dentist's (office).
나는 치과에 가는 것을 싫어한다.

3. 관용적인 생략

1) **부사절의 〈주어 + be 동사〉**
   When (she was) young, she was very beautiful.
   그녀가 어렸을 때, 그녀는 매우 아름다웠다.

   While (I was) in Japan, I ordered green tea with sugar at a restaurant.
   일본에 있는 동안에 나는 레스토랑에서 설탕을 탄 녹차를 주문했다.

   I'd like to see you if (it is) possible.
   가능하다면 당신을 뵙고 싶습니다.

   부사절의 주어와 주절의 주어가 같을 때, 주어와 be 동사를 함께 생략한다. 부사절의 비인칭 주어 it은 의미가 없으므로 be 동사와 함께 생략이 가능하다.

2) **〈주격 관계대명사 + be 동사〉**
   The boy (who is) playing the guitar is my brother.
   기타를 연주하고 있는 그 소년은 내 동생이다.

3) **목적격 관계대명사**
   I've made tons of friends (whom) I will keep for the rest of my life.
   나는 평생 함께 할 수많은 친구를 만들어 왔다.

전치사 바로 뒤의 목적격 관계대명사는 생략할 수 없다.

4) **분사 구문의 'being' 과 'having been'**

(Being) Seen from a distance, everything looks fine.

멀리서 보게 되면, 모든 것은 좋아 보인다.

(Having been) Written in haste, this book has lots of mistakes.

급히 쓰였기 때문에, 이 책에는 많은 실수가 있다.

5) **가정법 문장에서의 If 생략**

Had it not been for you, I would have died long ago.

= If it had not been for you, I would have died long ago.

당신이 없었다면, 저는 오래 전에 죽었을 겁니다.

6) **안내문, 격언, 속담, 인사말, 신문 표제어에서의 생략**

NO SMOKING (is allowed).

❹ 삽입

문장 안에 단어, 구, 절, 관용어 등을 끼워 넣는 것을 삽입이라고 한다. 삽입된 말을 삭제해도 문장은 성립한다.

He is, **as it were**, a walking dictionary.

그는 소위 걸어 다니는 사전이다.

He has few, **if any**, faults.

그는 결점이 있다고 해도 거의 없다.

I was, **to tell the truth,** utterly helpless then.
사실을 말하면 나는 당시 완전히 무력했다.

Mulan, **I am sure**, is very wise and prudent.
Mulan은 확실히 현명하고 신중하다.

The famous detective, **Sherlock Holmes**, was created by Arthur Conan Doyle.
유명한 탐정 Sherlock Holmes는 Arthur Conan Doyle에 의해서 창조되었다.

명사(구)를 부연 설명하기 위해서 삽입된 것을 '동격어구'라고 부른다. 이런 표현을 만나면 저자의 섬세함과 친절함에 감사하는 마음을 잊지 말아야 한다.

무생물주어 구문

원칙적으로 문장의 주어는 생명체(사람, 동물, 의인화된 물건)가 되어야 하지만 영어에서는 사람 주어 대신에 일부러 사물을 주어로 쓴 문장도 흔히 만날 수 있다. 물론 직독직해를 하고 빨리 넘어가도 되지만 깔끔한 번역(의역)을 위해서는 무생물주어를 부사구(절)로 번역하고, 목적어를 주어처럼 번역한다.

A 10-minute walk brought me to one of the most interesting hotels I'd ever been to.
10분의 걸음이 나를 이제까지 내가 다녀온 가장 흥미로운 호텔들 중 하나로 데려다줬다.
← 나는 10분을 걸은 후에 내가 다녀온 가장 흥미로운 호텔 중 하나에 도착했다.

The Renaissance period saw the emergence of some really great painters.
르네상스 시기는 몇몇 위대한 화가들의 출현을 목격했다.
← 몇몇 위대한 화가들이 르네상스 시기에 출현했다.

한눈에 쏙!!

도치

1 **관용적 도치**
   의문문, 기원문, 감탄문에서의 도치
   There + be 동사 구문
   If가 생략된 가정법 구문
   as가 포함된 양보절
   So[neither, nor] + 조동사 + 주어

2 **강조를 위한 도치**
   목적어나 보어가 문장의 맨 앞으로 이동
   (장소, 방향의) 부사구 + 동사 + 주어
   부정어 + 조동사 + 주어 + 동사

강조

1 강조어(very, much, quite 등) 사용
2 동일한 어구의 반복
3 조동사 do 사용
4 의문문의 강조 : ever, on earth, in the world 등
5 (대)명사 강조 : the very, 재귀대명사 등 사용
6 비교급, 최상급의 강조 : much, even, a lot 등 사용
7 부정문의 강조 : at all, in the least 등 사용
8 'It is - that …' 강조 구문

생략

생략해도 의사소통에 지장이 없을 때 생략한다.
1 중복을 피하기 위한 생략
2 소유격 뒤의 명사 생략
3 부사절의 '주어 + be 동사' 생략
4 '주격 관계대명사 + be 동사' 생략

5   목적격 관계대명사의 생략
6   분사 구문에서의 being 또는 having been 생략
7   가정법 문장에서의 If 생략
8   안내문, 격언, 속담, 인사말, 신문 제목 등에서의 생략

삽입

1   문장 안에 다른 어구를 끼워 넣는 것
2   동격어구, as it were, if any, if ever, so to speak, to tell the truth, I'm sure 등을 문장 중간에 삽입

A bachelor asked the computer to find him the perfect mate:
"I want a companion who is small and cute, loves water
sports, and enjoys group activities."

Back came the answer: "Marry a penguin."

Ⓐ 괄호 안에 주어진 단어를 적절히 배열하여 문장을 완성하시오.

1 This is the (I / woman / spoke / yesterday / very / of).

→ _____

2 What (do / in / world / you / the / to / say / want)?

→ _____

3 It was yesterday that (Jim / a turtle / caught / in this pond).

→ _____

4 Never (I / have / sunset / such / a / seen / beautiful).

→ _____

5 Out (the / black cat / came).

→ _____

6 Little (the danger / he / did / realize).

→ _____

7 Jane speaks French. (does / brother / her / so).

→ _____

8 (was / he / as / young), he became one of the best hunters in his town.

→ _____

9 (had / no / he / sooner / me / recognized) than he cried out with joy.

→ _____

10 (it / who / that / was) interviewed you?

→ _____

B 다음 빈칸에 알맞은 말을 [보기]에서 찾아 쓰시오.

> [보기]   on earth   if any   so to speak   if ever   on the whole

1. There are few, _____ , technical problems.
2. The party was, _____ , successful.
3. He seldom, _____ , visits his old parents.
4. Mr. Nam is, _____ , a walking dictionary.
5. Who _____ is calling at this hour?

C 다음 각 문장에서 생략할 수 있는 부분에 괄호 표시를 하시오.

1. When I was a boy, I used to climb up this tree.
2. This is a review of the book which was written by David Marr.
3. Somebody's been stealing our flowers, but I don't know who's been stealing our flowers.
4. You like him better than you like me.
5. The sooner you come, the better it will be.
6. She said she'd phone, but she didn't phone.
7. Some would like to live in town, and others would like to live in the country.
8. Did you find the book that you wanted?
9. You can go with me, if you want to go with me.
10. Having been born in France, she is proficient in French.

D 다음 광고문의 밑줄 친 부분이 의미하는 바를 우리말로 간단히 쓰시오.

→ _____

→ _____

E 다음 각 문장의 밑줄 친 부분을 강조하는 표현을 쓰시오.

1 John bought a digital camera online yesterday.
  (A)   (B)   (C)   (D)

(A) _____

(B) _____

(C) _____

(D) _____

2 A white limousine was parking in front of the second-story house
        (A)   (B)

at about nine this morning.
         (C)

(A) _____

(B) _____

(C) _____

F 올바른 문장이 되도록 네모 안에서 알맞은 것을 고르시오.

1 Please note that under no circumstances we can / can we take any children under 5.

2 No sooner she had read / had she read the letter than she started crying.

3 Not long ago, did she spend / she spent three months working in the small town of Songa, in Malawi.

4 Not only will they / they will perform better in school, but they will have a much greater chance of growing up to become successful citizens.

5 Only when we are in danger of losing our health do we / we do treasure it.

G 안내문의 내용과 그 안내문이 게시될 장소가 적절하게 연결되지 <u>않은</u> 것은?

①
Bench

②
Road

③
Hotel room doorknob

④
Hospital

⑤
Department store

H 다음 글을 읽고, Frank가 Ernie와 골프를 치지 <u>않는</u> 이유를 우리말로 쓰시오.

When Frank returned home from playing golf with Fred, his wife asked, "Why don't you play with Ernie anymore?"

"Would you play with someone who swears when he misses the hole, cheats with the score, throws his clubs and moves the ball?" asked Frank.

"I suppose I wouldn't," she replied.

"Neither will Ernie."

→ _____

I 다음 글의 밑줄 친 부분 중, 어법상 <u>틀린</u> 것은?

It doesn't matter ① <u>whether you are old or young</u>, male or female, single, married, divorced, or widowed — all that is important is that you do some financial planning. Financial planning is the process of figuring out ② <u>how you can earn and manage</u> your money to meet your goals in life. Personal financial planning is for everyone, and experts say that the earlier one starts thinking about it, the better. Many high schools and colleges offer courses in financial planning, and ③ <u>so many adult education programs are</u>. Some of the best and most interesting courses ④ <u>are offered online</u>. The more you know about and understand such things as taxes, insurance, and planning for your retirement, ⑤ <u>the more likely you are to make</u> good decisions that will affect your future.

Answers Unboxed 📦

A

1 raised　2 rise　3 lying　4 laid　5 laid　6 lie　7 set　8 affect　9 sit　10 fell

1 raised
기르다(타): raise-raised-raised
그녀는 재혼하지 않았고 아이들을 홀로 키웠다.

2 rise
일어나다(자): rise-rose-risen
그들은 집으로 돌아가기 위해서 내일 8시에 일어날 것이다.

3 lying
눕다, 놓여 있다(자): lie-lay-lain, lying
그녀의 책은 그곳에 3일째 놓여 있다.

4 laid
-을 놓다, (알을) 낳다(타): lay-laid-laid
나의 암탉이 어제 두 개의 알을 낳았다.

5 laid
-을 놓다, (알을) 낳다(타): lay-laid-laid
그는 그녀의 어깨 위에 손을 올려놓았다.

6 lie
거짓말하다(자): lie-lied-lied
나는 진실을 원한다. 나에게 다시는 거짓말을 하지 마라.

7 set
-을 놓다(타): set-set-set
그녀는 난로 위에 찻주전자를 올려놓았다.

8 affect
affect: -에게 영향을 주다 / effect: (변화 등)을 초래하다.
스트레스는 당신의 건강에 영향을 끼칠 수 있다.

9 sit
앉다(자): sit-sat-sat
그저 의자 깊숙이 앉아 긴장을 푸세요!

10 fell
fall on one's knees: 무릎을 꿇다. / 떨어지다(자): fall-fell-fallen / cf. (나무를) 베다(타): fell-felled-felled
그 하인은 왕 앞에서 무릎을 꿇었다.

B

1 ②　2 ④　3 ①　4 ①　5 ③

1 ②
동사 sells를 수식하는 부사가 필요하다. very나 highly는 부사이기는 하지만 동사를 직접 수식하지 않고 형용사나 다른 부사를 수식한다.
이 소설은 잘 팔린다.

2 ④
talk to - : -와 이야기하다.
「say + that절(전달 내용)」/「say to + 사람 + that절(전달 내용)」/「tell + 사람 + 전달 내용」/「speak to + 사람」
: (사람)에게 말을 하다.

3 ①
be 동사의 보어로 상태를 나타내는 형용사가 와야 한다.
나는 그가 아파서 누워 있다고 들었다.

4 ①
give someone a hearty welcome: -을 뜨겁게 환영하다
우리는 그를 뜨겁게 환영했다.

5 ③
leave A for B : A를 떠나 B로 향하다.
그는 오늘 아침에 한국을 떠나 미국으로 향했다.

C --

1 strange 2 about it 3 happy 4 resembles 5 return to 6 strangely 7 listening to music 8 discussed 9 said to her [told her] 10 married 11 discussed with the players

----

1 strange
주어의 상태를 설명해 주는 형용사 보어가 필요하다.
그의 말은 이상하게 들렸다.

2 about it
talk는 1형식 동사로 목적어가 올 수 없으므로 it을 부사구로 만들어 준다.
그들은 어제 그것에 관해 이야기했다.

3 happy
looked의 보어로 형용사가 와야 한다. very는 happy를 수식한다.
그는 그 당시에 매우 행복해 보였다.

4 resembles
resemble은 타동사로 그 뒤에 바로 목적어가 와야 한다.
Daniel은 그의 아버지를 닮았다.

5 return to
return은 자동사로 그 뒤에 전치사 to가 필요하다.
그는 2010년까지 한국으로 돌아오지 않았다.

6 strangely
형용사 보어인 quiet를 수식할 수 있는 부사가 와야 한다.
그 마을은 이상할 정도로 조용했다.

7 listening to music
listen은 자동사로 그 뒤에 전치사 to가 필요하다.
Chris는 Jane과 함께 음악을 듣고 있다.

8 discussed
discuss는 타동사로 목적어 앞에 전치사를 쓰지 못한다.
우리는 차를 마시면서 그 문제에 대해 토론했다.

9 said to her [told her]
said는 3형식 동사이므로 her앞에 전치사 to를 써야 한다.
아무도 그녀에게 그 문제를 푸는 방법을 말하지 않았다.

10 married
marry는 타동사로 그 뒤에 바로 목적어가 와야 한다.
그녀는 어린애가 둘 딸린 10살 많은 홀아비와 결혼했다.

11 discussed with the players
discussed의 목적어는 who ~이며, with the players는 부사구이다.
그 감독은 누가 프리킥, 코너킥, 페널티킥을 찰 것인지를 선수들과 논의했다.

D --

1 ④ → neat 2 ② → me 3 ② → happily 4 ② → for 5 ① → into 삭제

----

1 ④ → neat
「keep + 목적어 + 목적격 보어」 목적격 보어로는 부사가 아닌 형용사를 써야 한다.
너는 항상 너의 방을 깔끔하게 해야 한다.

2 ② → me
동사 tell이 4형식 문장에 쓰였으므로 간접목적어 앞에 to가 불필요하다.
내 친구 하나가 전날 나에게 재미있는 이야기를 해 주었다.

3 ② → happily

동사 lived를 수식하는 부사가 와야 한다.

그는 행복하게 살았고 가족의 품에서 죽었다.

5 ① → into 삭제

enter는 타동사이므로 그 뒤에 바로 목적어가 와야 한다.

Harry는 방으로 들어가서 창가에 있는 의자에 앉았다.

4 ② → for

동사 buy는 4형식을 3형식으로 만들 때 간접목적어 앞에 전치사 for가 필요하다.

그녀는 나를 위해서 인형을 하나 샀고 먹을 사과를 하나 주었다.

E

---

1 said **2** tell **3** talking **4** spoke[talked], said **5** lend **6** borrowed

---

1 said

say는 3형식 동사로 목적어로 that절을 쓸 수 있다. 의미상 said와 says가 가능하다.

그는 네가 가까운 장래에 부유하고 유명하게 될 것이라고 늘 말했다.

2 tell

tell은 4형식 동사로 간접목적어와 직접목적어를 쓴다.

내가 너를 보고 싶어 한다고 너희 엄마가 너에게 말씀하시지 않았니?

3 talking

talk는 자동사로 '말하다'의 의미이다.

모든 사람들이 그들의 친구들과 분주하게 얘기하고 있었다.

4 spoke[talked], said

speak는 자동사로 쓰였으며, talk와 비슷한 의미이다. say는 3형식 동사이며 what은 say의 목적어가 된다.

그는 너무 부드럽게 말해서 그가 말한 것을 듣기가 어려웠다.

5 lend

lend는 '(남에게) 빌려주다'의 의미이다.

그 지역 도서관은 요금 없이 2주 동안 책을 빌려줄 것이다.

6 borrowed

borrow는 '(남으로부터) 빌리다'의 의미이다.

어제 나는 사업을 시작하기 위해서 은행에서 30만 달러를 빌렸다.

F

---

1 sowing **2** sawed **3** sewing

(A) 땅에 씨앗을 심거나 뿌리는 것

(B) 손잡이와 여러 개의 예리한 이빨이 있는 금속 날로 이루어진 도구를 가지고 어떤 것을 자르는 것

(C) 옷을 만들거나 수선하기 위해서 또는 어떤 것을 고정시키기 위해서 실과 바늘을 사용하는 것

---

1 sowing

sow-sowed-sowed[sown]: (씨를) 뿌리다

그 농부들은 들판에 씨를 뿌리고 그들의 가축을 돌보고 있었다.

2 sawed

saw-sawed-sawed[sawn]: 톱질하다

지난밤에, 아버지는 통나무를 난로에 맞는 크기로 톱질하셨다.

3 sewing

sew-sewed-sewed[sewn]: 꿰매다

어머니는 나의 재킷에 새 단추를 꿰매고 계셨다.

G

- ④ → short
seem의 보어로 부사가 아니라 형용사를 써야 한다.
cf. shortly: 곧(= soon)

어구

wedding reception 결혼 피로연
distance 거리
comfortable 편안한

나는 결혼 피로연에서 그를 보게 되어서 기뻤다. 식사를 마친 후, 그는 정말 좋은 커피를 마시러 그의 집으로 가자고 내게 제안했다. Devonshire에서 Anton의 집까지는 상당한 거리였지만, Anton의 대화는 긴 거리를 짧아 보이게 했으므로 우리는 줄곧 걸었다. 우리가 그의 집에 도착했을 때, Anton은 나를 가장 편안한 의자에 앉게 했고 커피를 끓이기 위해서 주방으로 들어갔다.

H

① 그녀는 의식을 잃은 것처럼 보였다. ② 그녀는 무의식적으로 그녀의 시계를 보았다.

I

① a cart , the door , a student , why she was behind the door , that she was reading it

② ① → opened the door extra wide
열린 문의 상태를 나타내는 형용사가 목적격보어로 사용 되어야 한다.

어구

strike 치다, 때리다
determine that - -라는 것을 알아내다

어느 날 나는 손수레를 복도 쪽으로 밀고 있었고 문을 활짝 열었다. 놀랍게도, 문은 밖에 서 있던 학생을 쳤다. 그녀가 괜찮다는 것을 확인한 후, 나는 표지판이 있음에도 불구하고 왜 문 뒤에 그녀가 있었는지를 물었다. 그녀는 그것을 읽고 있었다고 대답했다.

J

A dust

B neat

C turned

(A) 조동사 would 다음에 동사원형 scrub, mop과 함께 병렬 구조로 연결되어야 하므로 동사원형 dust를 써야 한다.
(B) 'keep + 목적어 + 목적격 보어' 구문으로 방을 깨끗한 상태로 유지하는 것이므로 형용사 보어 neat이 적절하다.
(C) she touched는 형용사절로 그 앞에 목적격 관계대명사 that이 생략되었다. 이 문장의 주어는 everything이므로 완전한 문장이 되기 위해서는 술어동사인 turned를 써야 한다.

어구

extraordinarily 엄청나게
scrub 문지르다, 닦다
mop 대걸레질하다
dust 먼지를 털다
tend 돌보다, 보살피다

어머니는 엄청나게 깔끔한 분이셨다. 내 동생과 나에게 아침 식사를 먹인 후에, 어머니는 모든 것을 문지르고, 닦고, 먼지를 터시곤 했다. 우리가 자라면서, 어머니는 우리가 우리 방을 깔끔히 치우도록 함으로써 우리의 역할을 하도록 하셨다. 바깥에서 어머니는 작은 화단을 가꾸셨는데 그것은 이웃들의 부러움을 샀다. 어머니에게 있어서, 건드리는 모든 것이 금으로 변했다. 그녀는 무엇이든 어중간하게 하는 것을 좋아하지 않았다. 그녀는 종종 우리에게 우리가 하는 어떤 일에서든 항상 최선을 다해야 한다고 말씀하셨다.

• discussing about the theory →

discussing the theory

• The professor continued to rise the price →

The professor continued to raise the price

discuss는 타동사로 그 뒤에 전치사를 쓰지 않는다.
rise는 자동사이므로 그 뒤에 목적어를 쓸 수 없으며,
raise는 타동사이다.
explain은 3형식으로 쓰이는 동사이므로,
explained와 him사이에 전치사가 필요하다.

어구

supply 공급
demand 수요
astonishment 경악, 놀람
bet (돈을) 걸다

• Everyone rose a hand →

Everyone raised a hand

• the woman explained him →

the woman explained to him

내 여동생이 Maryland에 있는 Johns Hopkins 대학에서 수강하는 가장 힘겨운 과목 중 하나가 경제학이었다. 한번은 교수님이 수요와 공급의 법칙에 대해서 설명하고 있었다. "저는 A라는 상품을 1달러에 팔고 있습니다." 그가 말했다. "누가 사기를 원하나요?" 모든 사람들이 손을 들었다. "가격이 막 25달러로 올랐습니다." 세 명의 손이 내려왔다. 교수는 마침내 한 여학생의 손이 남겨질 때까지 가격을 계속해서 올렸다. "A가 이제는, 1,000달러입니다." 그가 말했다. 그 손은 그대로 올린 채로 있었다. "아직도 A를 사기를 원하나요?"그녀가 놀라며 물었다. "네, 제 남편이 경제학에서 제가 A학점을 받지 못한다는데 10,000달러를 걸었습니다."라고 그 여학생이 교수에게 설명했다.

A

1 can   **2** ought not   **3** shall   **4** should   **5** Could   **6** would   **7** should have   **8** had better

9 have to   **10** must have

1 can
두 개의 조동사를 연이어 사용할 수 없다.
나는 언제나 내가 할 수 있는 것을 할 것이다.

2 ought not
ought to를 부정할 때는 부정어구가 to 앞에 위치해야 한다.
허가 없이 입장하는 것은 허락되지 않는다.

3 shall
Let's로 시작하는 권유문의 부가의문문에는 조동사 shall
잠깐 쉽시다. 그럴까요?

4 should
「lest + 주어 + should」는 그 자체로 부정의 의미가 있기 때문에 부정어와 함께 쓰이지 않는다.
그녀는 실패하지 않기 위해서 열심히 공부한다.

5 Could
Could는 정중한 부탁을 나타낸다.
커피 한 잔 주시겠습니까?

6 would
would는 주어의 '소망'을 나타낸다.
네가 인생에서 성공하려면, 근면해야 한다.

7 should have
「should have + p.p.」는 과거 사실에 대한 후회나 유감을 나타낸다.
나는 시험에 실패했다. 나는 열심히 공부했어야 했다.

8 had better
「had better + 동사원형」은 가벼운 충고(경고)를 나타낸다.
너는 나가기 전에 선탠 로션을 바르는 것이 좋다.

9 have to
두 개의 조동사를 연이어 사용할 수 없기 때문에 will have to의 형태로 써야 한다.
Jane은 의사가 되기를 원한다. 그녀는 열심히 공부해야만 할 것이다.

10 must have
「must have + p.p.」는 과거 사실에 대한 강한 추측을 나타낸다.
사장님이 Tom에게 소리를 지르고 있다. Tom이 또 지각했음에 틀림없다.

B

1 ①   **2** ②   **3** ①   **4** ②   **5** ④

1 ①
used to는 과거의 습관을 나타낸다.
내가 아이였을 때, 나는 모형 항공기를 만들곤 했었다.

2 ②
「so + 조동사 + 주어」의 도치 구문에서 조동사는 앞 문장의 동사에 따라 결정된다. 앞 문장의 동사가 일반동사인 경우에는 조동사 do를 사용한다.
그는 서울에 살고 있고 그의 부모님도 역시 그렇다.

3 ①
부정어구가 문장의 앞에 위치하면 도치 구문을 만든다. 도치 구문에 일반동사가 사용된 경우 do동사를 사용한다.
나는 그런 일이 일어나리라고는 꿈도 꾸지 못했다.

5 ④
「should have + p.p.」는 '-했어야 했다'는 의미를 나타낸다.
나는 어제 그 편지를 받았어야 했지만, 그것은 도착하지 않았다.

4 ②
would는 과거에 반복된 행위(습관)를 나타낸다.
내가 어렸을 때, 나는 오빠와 종종 싸우곤 했다.

C -

1 should **2** have to **3** must have rained **4** You'd better not do **5** Would

6 must [need to] **7** dare (to) complain **8** must [has to]

9 don't need to meet [need not meet] **10** had taken place

- -

1 should
주절에서 말하는 사람의 놀라움, 섭섭함, 그 밖의 여러 가지 감정과 주관적 판단을 나타내는 형용사가 쓰일 때 종속절에 should를 쓴다.
그가 그렇게 말하다니 이상하다.

2 have to
조동사 do뒤에 다른 동사가 또 올 수 없기 때문에 뒤에 오는 조동사 must를 다른 표현으로 바꿔 써야 한다.
제가 파티에 음식을 가져가야만 하나요?

3 must have rained
「must have + p.p.」는 과거 사실에 대한 강한 추측을 나타낸다.
거리가 젖어 있다. 어젯밤에 비가 왔음에 틀림없다.

4 You'd better not do
had better (not) 다음에는 동사원형을 쓴다.
너는 그런 일을 하지 않는 것이 좋다.

5 Would
would는 공손한 제안을 나타낼 수 있다.
아이스크림을 드시겠어요? — 아뇨, 고맙습니다.

6 must[need to]
must는 의무를 나타낸다.
브라질로 여행을 가고 싶다면, 너는 비자가 있어야 한다.

7 dare (to) complain
dare가 일반동사로 쓰일 경우 뒤에 동사원형이나 to 부정사를 모두 쓸 수 있다.
그녀는 그녀의 사장에 대해서 감히 불평하지 못한다.

8 must [has to]
must와 have to는 같은 의미이므로 두 개를 나란히 쓸 수 없다.
그는 너무 늦기 전에 의사를 보러 가야 한다.

9 don't need to meet[need not meet]
부정문에서 need가 조동사로 사용될 때 뒤에는 동사원형을 취한다.
너는 내일 그를 만날 필요가 없다.

10 had taken place
제안, 명령, 주장 등 주어의 의지를 반영하는 동사가 쓰인 문장의 종속절에서는 「(should) + 동사원형」을 쓰지만, 주어진 문장은 '사실'을 전달하는 것이므로 인칭과 시제에 맞게 동사를 써야 한다. 주장한 것보다 사고가 더 먼저 일어난 일이므로 대과거 had taken place를 써야 한다. 단순히 과거형 took place로 써도 된다. 주절에 insist가 있다고 해서 무조건 '(should) + 동사원형'을 쓰지 않도록 유의해야 한다.
많은 목격자들은 그 사고가 횡단보도에서 발생했다고 주장했다.

D

1 ③ → might 2 ③ → may start 3 ② → would 4 ① → must not tell 5 ③ → used to play

1 ③ → might
주어의 동사가 과거이면 종속절의 (조)동사도 과거형으로 써야 한다.
그는 시험에 합격하기 위해서 열심히 공부했다.

2 ③ → may start
조동사 다음에는 동사원형을 써야 한다.
부모님이 나를 걱정하기 시작할 테니까 나는 부모님께 전화해야 한다.

3 ② → would
would는 과거의 짧은 기간 동안에 반복되었던 동작을 나타낸다.
내가 어렸을 때, 나는 종종 공원에서 야구를 하곤 했다.

4 ① → must not tell
must not은 '강한 금지'를 나타내며, 뒤에 동사원형이 와야 한다.
너는 나를 봤다고 누구에게도 말해서는 안 돼.
나는 그들을 놀라게 하고 싶어.

5 ③ → used to play
used to는 현재와 대조가 되는 과거의 습관을 나타낸다.
우리가 아이였을 때, 우리는 매일 오후에 숨바꼭질을 하곤 했었다.

E

• ① must • ② might • ③ can't • ④ might • ⑤ must

must는 확실한 추측(-이 틀림없다), might는 불확실한 추측을 나타낸다.

어구
parachute 낙하산
injure 다치게 하다
risk 위험, 위태롭게 하다

Emma 무서워 죽겠어. 넌 왜 낙하산 점프를 하려고 하는 거니?
Matthew 하늘에서 내려다보면 정말 멋질 거야. 나는 늘 그것을 해 보고 싶었어.
Emma 하지만 어떤 일이 생길 수도 있어. 너는 부상을 당하거나 심지어 죽을 수도 있어. 나는 그런 모험은 하지 않을 거야.
Matthew 음, 모험을 하지 않으면 인생은 그다지 재미없을 거야. 너도 해 봐. 네가 그것을 즐기게 될지도 모르잖아.
Emma 즐긴다고? 농담하지 마!

F

• must have used

「must have + p.p.」: 과거 사실에 대한 강한 추측
「should have + p.p.」: 과거 사실에 대한 후회나 유감

어구
clergyman 성직자
as well -도 또한, 역시
impress 감동을 주다, 인상을 남기다
exactness 정확함
mathematics 수학
astronomer 천문학자

1589년에 Kepler는 성직자가 되기 위해서 Tübingen 대학교에 입학했다. 그는 종교를 공부했으며, 다른 과목들 역시 공부했다. 그는 수학의 질서와 정확함에 깊은 인상을 받았다. 그는 신이 우주를 디자인하는 데 수학을 사용했음이 틀림없다고 생각했다. 그는 신을 섬기는 다른 방법이 있다고 느꼈다. 그 한 가지 방법은 수학을 사용하여 우주를 연구하는 것이었다. 이런 식으로, 그는 유명한 천문학자가 되었다.

· ②

「used to + 동사원형」: '-하곤 했다'
②를 used to로 고쳐야 한다.

어구

drop out 낙오하다, 중퇴하다
rookie 신인, 새내기
batting average 타율

1930년대 미국에서 가장 유명한 야구 선수 중 한 명은 Leo Frangio였다. 그는 New York에서 태어나고 자랐다. 어렸을 때, 그는 야구를 하기 위해서 학교를 빠지곤 했다. 그는 프로야구를 시작하기 위해서 고등학교를 중퇴했다. 1931년에 New York Canaries의 신입 선수로서 Leo는 38개의 홈런을 쳤다. 다음 5년 동안 그는 일 년에 40개에서 45개의 홈런을 쳤다. 1936년은 그의 최고의 해였는데 그는 3할 6푼 5리의 타율로 45개의 홈런을 쳤다.

A used

B would

C pay

(A) 「used to + 동사원형」은 현재와 대조가 되는 과거의 상태나 동작을 나타낸다.
(B) 주절의 동사가 과거(told)이므로, 종속절의 조동사를 시제에 맞게 과거형으로 써야 한다.
(C) 명령, 제안 등을 나타내는 demand가 주절에 쓰인 경우 종속절에는 「(should) + 동사원형」을 쓴다.

어구

enthusiastic 열광적인, 열심인
at one's wit's end 어찌할 바를 모르는
presently 곧, 이내
fund 자금
dismiss 해고하다

Josephine 황후는 옷을 사는 데 열광적인 사람이었다. 처음에 Napoleon은 그녀의 의상 청구서를 갚아주었지만 점차 불만을 표시했다. 드디어 그는 그녀에게 절제를 배우라고 하면서 앞으로는 금액이 타당한 경우에만 청구서를 지불하겠다고 했다. 다음 번 의상 청구서가 왔을 때, 그녀는 잠시 당황했다. 그러나 곧 한 가지 묘안을 생각해냈다. 그녀는 육군 장관에게 가서 군자금에서 그녀의 옷값을 지불해 달라고 요구했다. 그녀가 그를 해임시킬 수 있다는 사실을 알고 있는 그는 그렇게 했고 그 결과 프랑스는 Genoa를 잃었다.

· ⑤

문맥상 과거 사실에 대한 후회나 유감을 나타내므로 ⑤를 should have received로 고쳐야 한다.

어구

function 기능
knowledgeable 지식이 있는
pity 유감스러운 일, 동정
It's a pity (that) - -하다니 유감이다.

학교의 기능은 지식이 있는 사람을 배출하는 것이라고 종종 믿어진다. 그러나 만약 학교가 지식만을 제공한다면, 학교는 창의력을 파괴하게 되고 평범한 사람들만을 배출하게 될 것이다. 우리는 종종 교육이 창의력에 초점을 맞추었더라면 위대한 예술가나 과학자가 될 수 있었던 평범한 사람들의 이야기를 듣는다. 그 교육의 희생자들은 학교에 다닐 때 창의적인 재능을 개발하기 위한 훈련을 받았어야만 했다. 그들이 그러지 못했다는 것이 정말로 안타깝다.

1 remained **2** played **3** comes **4** stands **5** will come **6** believe **7** have read
8 has run **9** saw **10** had taken

1 remained
과거를 나타내는 부사 yesterday가 있으므로 과거 시제를 써야 한다.
어제 학생들은 수업 시간에 조용히 있었다.

2 played
주절에 과거 시제가 쓰였으므로 종속절에는 과거(완료)가 와야 한다.
아이들은 공원에서 논 후에 잘 잤다.

3 comes
그가 '오는 것'은 확실한 미래의 일이므로 종속절(시간의 부사절)에서 현재 시제를 써서 미래의 의미를 나타낸다.
너는 그가 오자마자 떠나도 된다.

4 stands
상태동사는 진행형으로 쓰지 않는다.
'자유의 여신상'은 뉴욕만의 Liberty 섬 위에 있다.

5 will come
미래를 나타내는 부사 tomorrow가 있으므로 명사절에서 미래 표현을 써야 한다.
나는 그녀가 내일 올지 안 올지 모른다.

6 believe
상태동사는 진행형으로 쓰지 않는다.
나는 그가 정직하다고 믿는다.

7 have read
미래의 어느 때까지의 동작의 완료, 경험, 계속, 결과는 미래완료로 나타낸다.
내가 성경을 다시 읽으면 나는 그것을 5번 읽게 될 것이다.

8 has run
과거부터 현재까지의 동작이나 상태의 계속은 현재완료로 나타낸다.
나의 삼촌은 2002년 이래로 그의 회사를 경영해 왔다.

9 saw
과거를 나타내는 부사구와 현재완료는 함께 쓰지 못한다.
나는 오늘 아침 학교 가는 길에 그를 보았다.

10 had taken
과거에 일어난 일들 중 먼저 일어난 일을 대과거(had + p.p.)로 나타낸다.
깊이 숨을 들이쉰 후에, James는 물속으로 다이빙했다.

B

1 ④ **2** ② **3** ② **4** ③ **5** ③

1 ④
과거진행 : 과거에 진행 중인 동작을 나타낸다.
우리가 TV를 보고 있는 동안에 강도가 집으로 침입했다.

2 ②
과거의 어느 시점에 일어난 일은 과거 시제로 나타낸다.
네가 절벽 아래로 떨어졌을 때, 그 다음에는 무슨 일이 있었니?

3 ②
과거에 일어난 사건이므로 과거 시제로 표현한다.
그의 부모는 1999년에 미국에 도착했다.

4 ③
현재진행으로 미래를 나타낼 수 있다.
우리는 오늘 밤에 극장에 갈 것이다. 우리는 표를 구했다.

5 ③

집에 도착한 것이 과거 시점이므로 주절에 과거진행형을
쓰는 것이 적절하다.
우리가 그녀의 집에 도착했을 때 그녀는 점심을 먹고 있는
중이었다.

C

1 did Brian come   2 have finished   3 will have been   4 heard   5 had taken

6 have you lived 또는 have you been living   7 I have stood 또는 I have been standing

8 lost   9 met   10 rings

---

1 did Brian come
현재완료 표현은 의문부사 When과 함께 쓸 수 없다.
(When will[does] Brian come back from his office?
'Brian은 언제 사무실에서 올 거니[오니]?'도 가능하다.)
언제 Brian이 그의 사무실에서 돌아왔니?

2 have finished
주절에 이미 미래의 의미가 담겨 있는 경우에 확실한 미
래(전제 조건)를 나타내는 종속절(시간의 부사절))에서
현재(완료)가 미래(완료)를 나타낸다.
이 일을 끝낸 후에 저녁을 먹읍시다.

3 will have been
미래의 어느 때까지 계속되는 동작은 미래완료(진행)로
나타낸다.
내년 이때쯤이면 나는 5년 동안 영어를 가르치고 있을 것이다.

4 heard
과거에 진행 중인 동작은 과거진행으로, 과거의 특정한
시점에 발생한 일은 과거 시제로 나타낸다.
공포 영화를 보고 있을 때 나는 이상한 소리를 들었다.

5 had taken
기준이 되는 과거 시점보다 먼저 일어난 일은 과거완료
(had + p.p.)로 나타낸다.
기차에 오른 후, 그는 기차를 잘못 탔다는 것을 깨달았다.

6 have you lived 또는 have you been living
과거부터 현재에 이르기까지의 동작을 나타낼 때는 현
재완료를 쓴다.
그가 죽은 후, 이 집에 얼마나 오랫동안 사셨나요?

7 I have stood 또는 I have been standing
'for two hours'라는 표현이 있으므로 현재완료 또는 현
재완료진행을 써야 한다.
나는 여기에 두 시간 동안 서 있는 중이라서 피곤하다.

8 lost
과거를 나타내는 부사 yesterday가 있으므로 과거 시제
를 써야 한다.
나는 어제 지갑을 분실했다.

9 met
ago는 현재완료와 함께 쓰이지 않고 과거 시제에 쓰인다.
그녀는 며칠 전에 그녀의 어머니를 만났다.

10 rings
종이 '울리는 것'은 확실한 미래의 일이므로 종속절(시간
의 부사절)에서 현재 시제가 미래를 나타낸다.
종이 울릴 때까지 자리에 앉아 계세요.

D

1 ④ → for   2 ① → meet   3 ① → had studied 또는 had been studying   4 ① → Will   5 ④ → forget

---

1 ④ → for
현재완료 표현에서 과거부터 현재까지의 기간을 나타내
는 표현으로 「for + 기간을 나타내는 명사」를 쓸 수 있다.
John과 나는 Michael을 수년 동안 알고 있다.

2 ① → meet
주절에 이미 미래의 의미가 담겨 있을 때, 종속절(시간
이나 조건을 나타내는 부사절)에서는 현재 시제가 미래
를 나타낸다.
내가 다음 달에 너를 만나게 되면, 나의 비밀을 모두 말해
주겠다.

3 ① → had studied 또는 had been studying

먼저 일어난 과거의 일을 표시할 때는 과거완료 형태를 취한다. 또는 과거완료진행도 가능하다.

내가 너를 만나기 전에 나는 적어도 다섯 시간 동안 생물학을 공부하고 있었다.

5 ④ → forget

의미상 단순미래를 나타내는 will forget을 써야 한다.

너는 그에게 상기시켜 줘야 한다. 그렇지 않으면 그는 잊을 것이다.

4 ① → Will

2인칭 의문문에서 미래를 나타낼 때는 조동사 will을 쓴다.

내일 저녁에 집에 있을 건가요?

E

A heard

C had been

B had gone

(A) 침대에 누워있는 동안에 이상한 소리를 들은 것이므로 과거 시제가 적절하다.

(B) 기준 시점이 과거이므로 대과거가 적절하다.

(C) 기준이 되는 과거 시점 이전부터 초조했던 것이므로 과거완료 표현이 적절하다.

어구

nervous 초조한, 불안한

ghost 유령

pound (심장이) 마구 뛰다, 쿵쾅거리다

어느 날 밤에 내가 침대에 누워있을 때 이상한 소리를 들었다. 부모님은 파티에 가셨기 때문에 나는 그것이 부모님의 소리일 리가 없다는 것을 알았다. 그들은 파티에서 주무셔야 할 것이라고 말씀하셨다. 나는 집에 혼자 있다는 생각에 초조했고 집에서 이상한 소리가 나기 때문에 내가 혼자가 아니라는 것을 알았다. 그것이 무엇이었을까? 내가 상상을 한 것일까 아니면 유령이었을까? 나는 그 소리가 거실로부터 나오는 것을 다시 들었다. 내 심장은 북처럼 쿵쾅거렸다.

F

• ③

③에서 2001년 여름이라는 명확한 과거 시점이 제시되었으므로 현재완료를 쓸 수 없으며 과거 시제(visited)를 써야 한다.

어구

promote 진전[진척]시키다

participate 참가하다

volunteer 지원자

'사랑의 집짓기 운동'을 추진하고 있는 전 미국 대통령 Jimmy Carter는 1994년 이래로 많은 나라를 방문했다. 그는 집짓기 행사에 참여하기 위해서 한국의 아산을 2001년 여름에 방문했다. 이것은 무주택 서민들을 위해 집을 짓는 '국제 사랑의 집짓기 운동'의 일환이었다. 그는 이 프로그램을 위해서 자원봉사자들과 함께 일했는데, 이 프로그램은 그의 이름을 따서 'Jimmy Carter 특별 건축 사업 (JCWP2001)'으로 명명되었다.

G

A have been

C go

B die

(A) 과거 시점을 나타내는 before가 있으므로 과거 사실에 대한 가벼운 추측을 나타내는 「may have + p.p.」를 써야 한다.

(B) 등위접속사 and 앞에 현재 시제가 사용되었으므로 그 뒤에도 병렬 구조를 이루기 위해서 현재 시제를 써야 한다.

(C) 종속절이 확실히 일어나는 미래의 일을 나타내고 주

사람들이 한 도시 또는 국가에서 다른 곳으로 이동할 때, 질병이 퍼지는 결과를 초래할 수 있다. 사람들은 종종 그곳에 전에는 없었던 병균을 가지고 들어온다. 이러한 새로운 병균은 빨리 퍼질 수 있으며 이전에는 알려지지 않은 질병을 야기할 수 있다. 만일 병균이 한 지역에 완전히 새로운 것이면 이미 그곳에 사는 사람들은 그것에 대한 자연적인 면역력이

절에 이미 미래의 의미가 담겨 있을 때 종속절(시간이나 조건을 나타내는 부사절)에 현재 시제를 써서 미래를 나타내므로 go를 써야 한다.

spread 전파
germ 세균
previously 이전에
completely 완전히
region 지역
newcomer 새로 온 사람
epidemic 유행형, 전염병

없게 된다. 결과적으로, 그들은 쉽게 병에 걸리게 되며 더 많이 죽게 된다. 다음에는, 새로 온 사람들이 그들이 왔던 곳에서는 없던 질병에 걸리게 된다. 만일 그들이 돌아가게 되면 그들은 질병을 가지고 가게 되며 그곳에도 전염병을 퍼트리게 될 것이다.

H

• ①

① 과거를 나타내는 구체적인 시간 표현이 나오므로 과거완료 표현을 쓸 수 없으며, 과거 시제를 사용해야 한다. ② 에베레스트 산이 세계에서 가장 높다는 것은 시간과는 상관이 없는 '사실'이므로 현재 시제를 사용했다. ③,④,⑤ 과거에 일어난 일을 설명하는 내용이므로 모두 과거 시제가 사용되었다.

summit 정상
testimony 증언, 증거
tap 가볍게 두드리다
solid 단단한

2001년 5월 25일에 Erik Weihenmayer는 히말라야 산맥에 있는 에베레스트 산의 정상에 도달한 최초의 맹인이 됨으로써 역사를 만들어 냈다. 에베레스트 산은 세계에서 가장 높은 봉우리이다. 그의 등반은 그의 용기와 힘의 증거였다. 그것은 특별한 방법과 기술을 요구했다. Erik의 동료들은 그가 소리를 듣고 따라오도록 종을 착용했다. Erik은 또한 얼음을 두드리기 위해 특별한 망치를 사용했다. 망치의 소리는 길이 그의 발걸음을 지탱할 정도로 단단한지를 판단하는 것을 도왔다.

A

1 to eat 2 swim 3 do 4 to see 5 to prevent 6 smoke 7 to solve 8 complain

9 to live 10 how to answer

1 to eat
to 부정사의 형용사적 용법이다.
우리는 기분전환을 위해서 먹기에 좋은 어떤 것을 원한다.

2 swim
「지각동사 + 목적어 + 동사원형」 구문이다.
나는 한 번은 그녀가 호수에서 수영하는 것을 보았다.

3 do
문장에서 보어로 사용된 to 부정사의 명사적 용법으로 to
do에서 to가 생략되었다.
네가 해야만 하는 모든 것은 최선을 다하는 것이다.

4 to see
hope의 목적어로 사용된 to 부정사의 명사적 용법이다.
우리는 내일 그곳에서 너를 보기를 희망한다.

5 to prevent
to 부정사의 부사적 용법으로 '목적'을 나타낸다.
경찰은 폭동을 막기 위해 재빠르게 이동했다.

6 smoke
「had better + 동사원형」 구문이다.
너는 건강을 향상시키기 위해 담배를 피우지 않는 게 좋겠다.

7 to solve
진주어 to 부정사를 가주어 it으로 받고 있다.
그가 그 문제를 푸는 것은 어렵다.

8 complain
「do nothing but + 동사원형」 구문이다.
그는 가슴 통증에 대해 불평하기만 했다.

9 to live
진목적어 to 부정사를 가목적어 it으로 받고 있다.
그들은 외국에서 사는 것이 흥미롭다는 것을 알았다.

10 how to answer
「의문사 + to 부정사」 구문으로 know의 목적어로 사용
되었다.
그녀는 그 질문에 어떻게 대답해야 하는지를 몰랐다.

B

1 to play with 2 (so as) not to fail 3 It is necessary for you 4 finish 5 read

6 call[calling] her name 7 of you 8 to laugh 9 to have visited 10 to lend

1 to play with
'함께 놀' 친구를 의미하므로 전치사 with가 필요하다.
그는 함께 놀 친구들이 없다.

2 (so as) not to fail
to부정사를 부정하기 위해서는 부정어를 to부정사 앞에
둔다.
그는 실패하지 않기 위해 매우 열심히 공부했다.

3 It is necessary for you

가주어 it으로 to 부정사를 대신하고 있다. 의미상 주어는 「for + 목적격」으로 나타내야 한다.

너는 거기에 갈 필요가 있다.

5 read

to 부정사의 목적어가 문장의 주어로 제시되어 있으므로 목적어 it은 불필요하다.

그 책은 나에게 너무 어려워서 읽을 수 없다.

7 of you

사람의 성질·성격을 나타내는 형용사가 쓰인 경우 to 부정사 앞에 「of + 목적격」을 쓴다.

제게 길을 가르쳐 주시다니 당신은 매우 친절하시네요.

9 to have visited

주절의 시제보다 더 과거이므로 완료 부정사를 쓴다.

그는 작년에 대영 박물관을 방문했던 것처럼 보인다.

4 finish

「사역동사 + 목적어 + 동사원형」 구문이다.

나는 6시까지 그들이 그 일을 끝내도록 만들었다.

6 call[calling] her name

「지각동사 + 목적어 + 동사원형」 구문이다. 동사원형 대신 분사가 올 수도 있다.

그녀는 군중 속에서 누군가가 그녀의 이름을 부르는 것을 들었다.

8 to laugh

「have no choice but + to 부정사」: …하지 않을 수 없다.

우리는 그 광경에 웃지 않을 수 없었다.

10 to lend

「enough + to 부정사」 구문으로 to부정사가 앞의 부사 enough를 수식한다.

그녀는 내게 약간의 돈을 빌려줄 만큼 친절했다.

 C --

1 ④ **2** ① **3** ③ **4** ② **5** ③ **6** ① **7** ③ **8** ④ **9** ③ **10** ①

----

1 ④

운동이 시작된 것이 말해진 것보다 더 과거의 일이므로 완료 부정사를 써야 한다.

그 운동은 1990년대에 시작되었다고 일컬어진다.

3 ③

to 부정사의 형용사적 용법으로 someone을 수식한다.

제 개를 돌볼 누군가에게 저를 소개시켜 주시겠어요?

5 ③

지각 동사가 사용된 문장을 수동태로 전환할 때 원형 부정사를 to 부정사로 고친다.

David가 그 상점에 들어가는 것이 목격되었다.

7 ③

본동사가 use이므로 별도의 동사는 불필요하며 '목적'을 나타내는 to 부정사가 와야 한다.

네온 광고판은 움직임이라는 착시를 만들기 위해서 깜빡거리는 등을 이용한다.

9 ③

to 부정사구는 5형식 문장의 목적어로 쓰일 수 없으며, 가목적어 it을 쓰고 to 부정사구는 문장의 맨 뒤로 보내야 한다.

해충들은 (우리가) 세상에서 사는 것을 불가능하게 만들 것이다.

2 ①

「사역동사 + 목적어 + 동사원형」이 되어야 한다.

그들은 주말마다 그들의 아이들이 늦게까지 깨어 있는 것을 허락했다.

4 ②

to 부정사의 부사적 용법으로 감정의 원인이다.

우리는 버스가 바위와 충돌했다는 것을 듣고 충격을 받았다.

6 ①

사역동사 make의 목적격보어로는 동사원형을 써야 한다.

특수효과는 영화가 좀 더 사실적으로 보이도록 만든다.

8 ④

명사구 one of the best movies를 뒤에서 수식하는 to 부정사가 필요하며, 문맥상 수동형이 적절하다.

*City Lights*는 전설적인 배우, 감독, 제작자인 Charlie Chaplin에 의해서 만들어진 최고의 영화들 중 하나로 보편적으로 인정되고 있다.

10 ①

일반동사의 명령문은 동사원형으로 시작한다.

길을 따라 걸어 내려가라. 그러면 너는 그 간판을 보게 될 거야.

D

D

---

1 ② → for you   2 ③ → how[what] to talk   3 ① → not to   4 ③ → cut   5 ② → to pass

---

1 ② → for you
to 부정사의 의미상 주어는 일반적으로 「for + 목적격」
으로 나타낸다.
당신이 때때로 '아니오'라고 말하는 것은 정말로 중요하다.

2 ③ → how[what] to talk
「의문사 + to 부정사」가 know의 목적어 역할을 한다.
솔직히 말해서, 나는 그 문제에 대해 어떻게[무엇을] 말해야
할지 모르겠다.

3 ① → not to
to 부정사를 부정하기 위해서는 부정어를 to부정사 앞
에 둔다.
너의 열쇠를 잊지 않도록 노력해라, 그렇지 않으면 너는 그 문
을 열 수 없을 것이다.

4 ③ → cut
「사역동사 + 목적어 + 동사원형」 구문이다.
주말마다, Jane은 그녀의 남편에게 마당에 있는 풀을 자르
도록 시킨다.

5 ② → to pass
단순 부정사가 사용되어야 한다.
그들은 문이 닫히기 전에 그 문을 통과하기 위해 빨리 달렸다.

E

---

1 to keep   2 to open[to be opened]   3 feel   4 to postpone   5 to come

---

1 to keep
it은 가목적어이고 to keep 이하의 내용은 진목적어이다.
그렇게 지저분한 방에서 사물들을 정리하는 것이 어렵지 않니?

2 to open[to be opened]
wait for + 목적어 + to 부정사: 목적어가 …하기를 기
다리다.
John은 초조하게 그의 시계를 보았고 문이 열리기를 기다렸
다.

3 feel
cannot help but + 동사원형 : …하지 않을 수 없다.
Langdon은 박물관장의 죽음에 깊은 상실감을 느끼지 않을
수 없었다.

4 to postpone
urge + 목적어 + to 부정사 : 목적어가 …하기를 재촉[
촉구]하다.
분노한 시위자들은 대통령이 그의 (해외)순방을 연기하고 국
내 문제에 더 많은 관심을 가질 것을 촉구했다.

5 to come
「be + to 부정사」 용법 중 '운명'을 나타낸다.
그와 그의 아내는 꽤나 행복했지만 자식이 없었기 때문에 아
주 행복하지는 않았다. 자식이라는 보물에 대한 갈망은 해가
갈수록 점점 더 커졌지만 그러한 축복은 오지 않았고, 결코
오지도 않을 운명이었다.

F

● ③

let은 사역동사이므로 목적격 보어로 동사원형 continue
를 써야 한다.

어느 날 John Roebling이 강 옆에 있는 부두에 서 있었을
때, 보트 하나가 부두에 충돌했고 Roebling은 발을 심하게
다쳤다. 발은 병균에 감염되었고 2주 후에 그는 사망했다.

하지만, 죽기 전에 그는 그의 아들이 그의 일을 계속할 수 있게 해 달라고 시(당국)에 요청했다. 어떤 사람들은 Washington Roebling이 너무 어려서 그 다리를 건설 할 수 없다고 생각했다. 하지만 마침내 시(당국)는 그에게 그 일을 해 달라고 요청했다.

G

● ②

「be + to 부정사」 용법 중 예정을 나타낸다.
① 너는 너의 부모를 공경해야 한다. (의무)
② 우리는 6시에 여기에서 그들을 만날 것이다. (예정)
③ 그녀는 그녀의 아들을 다시는 못 볼 운명이었다. (운명)
④ 내 사무실은 역에서 볼 수 있다. (가능)
⑤ 네가 성공하고자 한다면 열심히 일해야 한다. (의도)

John Corner는 7월 22일 화요일 오후 2시에 인천 국제공항에서 비행기를 탈 예정이었다. 그는 탑승 시간 두 시간 전에 그 공항에 도착했다. 그는 카운터에서 탑승 수속을 하고 탑승권을 받았다. 그 다음에 세관원이 그의 여권과 휴대용 가방을 보기를 원했다. 한 시간을 기다리고 나서, 그는 그를 홍콩으로 데려다 줄 비행기에 탔다. 곧 그 비행기는 이륙했고 아름다운 시골 위를 날았다.

H

● how speaking → how to speak

● to prepare it → to prepare

● so tired → too tired

● decided going → decided to go

● hope to not → hope not to

「의문사 + to 부정사」 to 부정사를 목적어로 취하는 decide, 불필요한 목적어 it, to 부정사의 부정, 'too ~ to 부정사'의 용법을 알고 있어야 한다.

[Daniel에게] 나는 다음 달에 영어를 말하는 방법을 배우기 위해 영국에 갈 예정이야. 비행기를 타고 가기로 결심했어. 내가 준비해야 할 일이 많아. 나는 어떤 문제도 생기지 않기를 바라. 지금 나는 매우 피곤해서 일할 수가 없어. 하지만 곧 너를 만날 수 있게 되어서 기뻐. 좋은 시간되기를.
[진정한 너의 벗, Chris]

I

● ⑤

문맥상 '살아서 (장래에) 번창하는 것을 보게 되는 것'이므로 단순 부정사 to see를 써야 한다. to 부정사의 부사적 용법 중 '결과'를 나타낸다.

1953에 Maureen Connolly는 테니스의 그랜드 슬램(윔블던, 호주 오픈, 프랑스 오픈, 미국 오픈 대회)을 달성한 최초의 여성이 되었으며, 그녀는 단지 18세의 나이로 그렇게 했다. 불행하게도, 1년 후에 낙마 사고로 인한 다리 부상은 그녀의 테니스 경력을 끝내게 했지만 그녀는 자신이 사랑하는 운동에 평생을 바치는 것을 결코 멈추지 않았다. 1968년에 Maureen과 그녀의 친구는 전세계의 소년, 소녀들에게 테니스를 전하기 위해서 'Maureen Connolly Brinker 테니스 재단(MCBTF)'을 공동 설립했다. 슬프게도 그녀는 살아 그 재단이 번창하는 것을 보지 못했다. 1969년 5월 21일에 Maureen은 암과의 싸움에서 패배했다.

A

1 Standing   **2** writing   **3** seeing   **4** crying   **5** seeing   **6** trying   **7** to get   **8** eating

9 learning   **10** never having

---

1 **Standing**
주어 역할을 하는 동명사
너의 친구들을 옹호하는 것은 옳은 일이다.

2 **writing**
finish는 동명사를 목적어로 취한다.
나의 삼촌은 그의 두 번째 소설 집필을 막 끝냈다.

3 **seeing**
「remember + 동명사」: -했던 것을 기억하다.
그를 한 번 본 기억이 난다.

4 **crying**
「feel like + 동명사」: -하고 싶다.
그녀는 그 장면을 보았을 때 울고 싶었다.

5 **seeing**
suggest는 동명사를 목적어로 취한다.
그들은 의사를 보러 갈 것을 제안했다.

6 **trying**
「it is no use + 동명사」: -해도 소용이 없다.
그를 설득시키려고 해봐야 소용없다.

7 **to get**
manage는 to부정사를 목적어로 취한다.
우리는 먹을 것을 그럭저럭 구할 것이다.

8 **eating**
「stop + 동명사」: -하는 것을 멈추다.
그의 음식에서 파리 한 마리를 발견했을 때, 그는 먹는 것을 멈췄다.

9 **learning**
「regret + 동명사」: -했던 것을 후회하다
그녀는 젊었을 때 외국어를 배우지 않은 것을 후회한다.

10 **never having**
동명사를 부정할 때 부정어구를 동명사 앞에 둔다.
그는 선생님께 꾸중 듣지 않은 것을 자랑스러워한다.

B

1 ②   **2** ③   **3** ④   **4** ③   **5** ③

---

1 **②**
「object to + 동명사」: -하는 것에 반대하다.
그녀는 아이처럼 다뤄지는 것에 반대했다.

2 **③**
전치사 다음에는 (동)명사가 목적어로 온다.
흡연이 당신의 건강에 해롭다는 것은 두말할 필요가 없다.

3 ④

imagine은 동명사만을 목적어로 취하는 동사이며 동명사의 의미상 주어는 소유격이나 목적격으로 나타낸다.
그가 배우로 유명해지는 것을 너는 상상할 수 있니?

4 ③

「there is no + 동명사」: ~하는 것은 불가능하다.
그 프로젝트를 5월 말까지 끝내는 것은 불가능하다.

5 ③

mind는 동명사만을 목적어로 취하는 동사이다. 시제의 차이를 둘 필요가 없으므로 단순동명사가 맞다.
이 단어의 의미를 학생들에게 설명해 주시겠어요?

C

---

1 going out   **2** to lock   **3** not having   **4** speaking   **5** is   **6** to making   **7** eating   **8** to enter
9 watching   **10** to drink

---

1 going out
전치사 from의 목적어로 동명사가 필요하다.
폭우 때문에 나는 밖에 나갈 수 없었다.

2 to lock
「forget + to 부정사」: ~하는 것을 잊다.
밖에 나갈 때 문 잠그는 것을 잊지 마라.

3 not having
동명사를 부정할 때 부정어구를 동명사 앞에 둔다.
대부분의 노동자들은 은퇴를 위한 충분한 돈을 갖지 못한 것을 두려워한다.

4 speaking
practice는 동명사를 목적어로 취하는 동사이다.
너의 영어 문법은 훌륭하지만, 말하기 연습을 해야 한다.

5 is
동명사 주어는 단수 취급한다.
사람의 이름을 기억하는 것은 힘들다.

6 to making
「be used to + 동명사」: ~하는 데 익숙하다.
나는 내 아침 식사를 만드는 것에 익숙하다.

7 eating
avoid는 동명사를 목적어로 취하는 동사이다.
너는 잠자기 전에 먹는 것을 피해야 한다.

8 to enter
「try + to 부정사」: ~하려고 노력하다, 시도하다.
「try + 동명사」: 시험 삼아 ~해보다.
최근에는 'try + to 부정사' 대신 'try + 동명사'를 쓰기도 한다.
시위자들은 청와대로 들어가려고 했지만 경비원들이 그들을 막았다.

9 watching
「be worth + 동명사」: ~할 가치가 있다.
나는 그의 영화가 다시 볼 가치가 있다고 생각한다.

10 to drink
refuse는 to 부정사를 목적어로 취하는 동사이다.
(거기에서 그들이) 쓸개 탄 포도주를 예수께 주어 마시게 하려 하였더니 예수께서 맛보시고 마시고자 하지 아니하시더라.
(마태복음 27:34)

D

---

1 ② → your being   **2** ④ → driving   **3** ② → having been scolded   **4** ③ → following
5 ④ → closing

---

1 ② → your being
전치사의 목적어로 절이 올 수 없으므로 동명사로 바꾸면서 의미상 주어를 표시해 준다.
나는 당신이 편지를 쓸 시간을 갖게 되리라고는 꿈도 꾸지 못했다.

2 ④ → driving
「keep (on) + 동명사」: 계속해서 -하다.
그 프로젝트를 5월 말까지 끝내는 것은 불가능하다.

3 ② → having been scolded
완료 동명사의 수동태: 「having been + p.p.」
Paul은 학급 친구들 앞에서 꾸중 들은 것을 부끄럽게 여기지 않는다.

4 ③ → following
「cannot help + 동명사」: -하지 않을 수 없다.
나는 그의 충고를 따르지 않을 수 없었다.

5 ④ → closing
전치사 뒤에는 (동)명사가 목적어로 온다.
나는 오늘 아침에 창문을 닫지 않고 집을 나왔다.

E

1 cooking 2 to keep 3 studying 4 giving 5 eating 6 to be 7 to inform 8 studying
9 lifting 10 to arrive

1 cooking
be used to -ing : -하는 데 익숙하다.
Mary는 그녀의 남편이 당뇨병이 있기 때문에 설탕을 넣지 않은 음식을 요리하는 데 익숙하다.

2 to keep
be expected to - : -할 것으로 예상되다.
한국은행은 인플레이션 때문에 4분기까지 이자율을 변동하지 않을 것으로 예상된다.

3 studying
consider는 동명사를 목적어로 취한다.
너는 해외에서 공부하는 것을 고려해 본 적이 있니?

4 giving
mind는 동명사를 목적어로 취한다.
내 메시지를 네 여동생에게 줄래?

5 eating
quit은 동명사를 목적어로 취한다.
너는 날씬하고 싶다면 그렇게 많이 먹는 것을 중단해야 한다.

6 to be
hope는 to 부정사를 목적어로 취한다.
Sam은 대학교 졸업 후에 고등학교 선생님이 되기를 희망한다.

7 to inform
regret to : -하게 되어 유감이다.
cf. regret -ing : -한 것이 유감이다.
유감스럽지만 승객 여러분께 8시 55분에 출발하는 KTX 열차가 한 시간 늦는다는 것을 알려드려야겠습니다.

8 studying
mean -ing : -을 의미하다.
cf. mean to - : -을 의도하다.
시험에 통과하고 싶다면 그것은 열심히 공부하는 것을 의미한다.

9 lifting
try -ing: 시험삼아 -해보다
cf. try to/-ing: -하려고 노력하다, 시도하다
Bob은 바위를 들어 보았고 그것이 아주 무겁지는 않다는 것을 발견했다.

10 to arrive
wait for + 목적어 + to - : 목적어가 -하는 것을 기다리다.
그녀의 남편은 그녀가 9번 플랫폼으로 도착하는 것을 기다리고 있었다.

1 틀린 곳 없음　**2** to fight → fighting　**3** 틀린 곳 없음　**4** 틀린 곳 없음　**5** to say → say

1 틀린 곳 없음

'be dedicated to -'는 '-에 헌신하다'의 의미로 to는 전치사이다.

우리 조직은 아프리카의 AIDS 고아들의 삶의 질을 향상시키는 데 헌신하고 있다.

2 to fight → fighting

spend + 시간 + -ing: -하면서 시간을 보내다.

Socrates는 언론의 자유를 위해 싸우며 평생을 보냈다.

3 틀린 곳 없음

'be reluctant to -'는 '-을 꺼려하다'의 의미로 to는 전치사가 아니라 to 부정사이다.

성공적인 사람들은 다른 사람들의 지혜를 추구하는 것을 꺼려하지 않는다.

4 틀린 곳 없음

「get + 목적어 + used to」는 '목적어를 -에 익숙하게 하다'의 의미로 to는 전치사이다.

내 아이들은 아주 까다로워서 나는 그들이 건강식을 먹는 것에 익숙하게 하는 가장 좋은 방법을 알 필요가 있다.

5 to say → say

most likely는 부사구로 조동사 will 뒤에 동사원형을 써야 한다.

이 상황에서, Daniel은 Chris에게 뭐라고 말하겠는가?

•① spending　•② to deal　•③ making　•④ giving　•⑤ to call

imagine, mind, miss 등의 동사는 동명사를 목적어로 취하며 promise, decide 등의 동사는 부정사를 목적어로 취한다.

어구

luxury 사치스러운, 호화의
liner 정기선
book 예약하다
aim to - -하려고 노력하다
client 고객
arrangement 준비, 배열, 배치
suit 적합하게 하다

여러분은 호화 유람선에서 석 달을 보내는 것을 상상할 수 있습니까? 만약 그렇다면, 저희에게 휴가를 예약하시길 바랍니다. 저희는 고객에게 최상의 가능한 서비스를 제공하려고 하며 여행을 어렵게 하는 모든 작은 불편함을 처리할 것을 약속드립니다. 저희는 귀하의 개인적인 필요에 적합하도록 특별한 준비를 갖추는 것을 마다하지 않습니다. 그러므로 귀하 자신에게 평생 기억에 남을 대접을 베푸는 것을 놓치지 마십시오. 저희는 귀하께서 지금 저희에게 전화하셔야 한다고 생각합니다!

•②

stop은 동명사만을 목적어로 취하는 동사이며 stop 다음에 쓰인 to 부정사는 stop의 목적어가 아니라 '목적'을 나타내는 부사구이다. 문맥상 숨 쉬는 것을 멈춘 것이므로 동명사를 써야한다.

어구

medicine 의약품, 약

그 동물원에서 '심바'라는 사자가 매우 아팠다. 수의사가 와서 약이 가득 들어있는 약간의 붉은 고기를 그에게 주려고 했다. 가엾은 심바는 머리조차 들지 못했다. 마침내 심바는 숨을 거두었다. 그 의사는 눈에 눈물이 가득하여, "심바가 죽었다는 것을 말씀드리게 되어 유감입니다."라고 말했다. 어린아이들은 그 소식을 듣고 매우 충격을 받았다. "저는 오랜 친구 하나를 잃은 느낌이 듭니다. 저는 심바의 탄생을 보도했던 기억이 납니다."라고 한 기자가 말했다.

I ---

• ⑤

⑤ 「had better (not) + 동사원형」이므로 biting → bite 가 되어야 한다.

bite 물어뜯다, 물다
swell 부풀다, 팽창하다
explode 폭발하다, 터지다
for a while 잠시 동안

나는 손톱을 물어뜯곤 하던 소년을 알고 있었다. 그의 어머니는 그가 손톱을 물어뜯는 것을 멈추게 하려고 늘 노력하고 있었다. 어느 날 그녀는 "네가 손톱을 계속 물어뜯으면 너는 풍선처럼 뚱뚱해져서 터져버릴 거야."라고 그에게 말했다. 그 꼬마는 손톱을 물어뜯는 것을 멈췄다. 얼마 지나지 않아서 그 소년의 가족은 나를 저녁 식사에 초대했다. 내가 들어갔을 때, 그 꼬마는 나를 잠시 동안 쳐다보았다. 갑자기 그는 "Taft 아저씨! 아저씨는 손톱을 물어뜯지 않는 것이 좋겠어요."라고 말했다.

J ---

A walking

B seeing

C coming

(A) imagine은 동명사만을 목적어로 취하는 동사이다.
(B) 'get(be) used to + 동명사'는 '-하는 데 익숙해지다'의 의미가 있다.
(C) 전치사의 목적어로는 (동)명사를 써야 한다.

alligator 악어
chase 추격하다

주차장에 있는 당신의 차로 걸어가는 상상을 해 봐라. 갑자기 당신은 두 마리의 악어가 서로 추격하는 것을 본다. 그 광경은 당신을 놀라게 할 것이다. 하지만 Florida주와 Louisiana주에 있는 사람들은 사방에서 악어를 보는 데 익숙해졌다. 1967년 이전에, 사냥꾼들은 가죽을 얻기 위해서 많은 악어를 죽였다. 그때 일부의 사람들은 모든 악어가 죽을 것이라고 걱정하기 시작했다. 그래서 1967년에 새로운 법안이 악어 사냥에 종지부를 찍었다. 곧 악어의 수는 크게 늘었다. Florida 주에만 50만 마리의 악어가 있었다. 그들은 사람 가까이에 오는 것을 두려워하지 않았다. 그들은 그들이 원하는 곳은 어디에나 나타났다.

A

1 lost 2 named 3 exciting 4 boring 5 written 6 surprised 7 confusing 8 interested
9 excited 10 crowded 11 traveling

1 lost
과거분사는 수동, 완료의 의미이다. 책은 '분실된' 것이므로 과거분사를 사용한다.
그는 분실한 책을 찾고 있다.

2 named
남에 의해 '불리는' 것이므로 과거분사를 사용한다.
Susan이라는 이름을 가진 한 소녀가 실종되었다.

3 exciting
현재분사는 능동, 진행의 의미를 나타낸다.
그 경기는 매우 흥미진진했다.

4 boring
사람이 지루하게 느끼는 것이 아니라 영화가 '지루한' 것이므로 현재분사를 사용한다.
그 지루한 영화가 나를 잠들게 했다.

5 written
소설이 Margaret Mitchell에 의해 '집필된' 것이므로 수동의 의미가 있는 과거분사를 사용한다.
『바람과 함께 사라지다』는 Margaret Mitchell이 쓴 소설이다.

6 surprised
주어 She가 '놀라움'이라는 감정을 경험하는 것이므로 수동의 의미를 나타내는 과거분사를 사용한다.
그녀는 뉴스를 듣고 놀랐다.

7 confusing
주어 This manual이 감정(자극)을 일으키는 것이므로 현재분사를 사용한다.
이 설명서는 매우 헷갈린다.

8 interested
주어 He가 감정(자극)을 경험하는 것이므로 과거분사가 사용된다.
그는 과학에 흥미를 가지고 있다.

9 excited
소년이 '흥분된' 것이므로 수동의 의미가 있는 과거분사를 사용한다.
흥분한 소년이 집 안으로 뛰어 들어왔다.

10 crowded
5형식 문장으로 목적어와 목적격 보어의 관계에 수동의 의미가 있으므로 과거분사를 사용한다.
나는 호텔이 관광객으로 붐비는 것을 발견했다.

11 traveling
배가 '항해를 하는' 것이므로 능동의 의미를 나타내는 현재분사가 적절하다.
아동기에서 성인기로의 여행은 거친 바다를 항해하는 배와 같다.

B

1 ③   2 ③   3 ①   4 ③   5 ②

1 ③
the lady를 뒤에서 수식할 수 있는 말이 필요하다.
내 여동생과 이야기를 하고 있는 저 숙녀는 누구니?

2 ③
부대상황의 분사 구문이 와야 한다.
그는 오늘 아침에 면도를 하다가 베었다.

3 ①
시가 한국어로 '번역된' 것이므로 수동을 나타내는 분사
구문을 사용하여 Being translated into Korean에서
Being은 생략 가능하다.
한국어로 번역되었을 때, 그 시는 그 아름다움을 다소 잃었다.

4 ③
공포 영화가 '무섭게 만드는' 것이므로 현재분사가 적절
하다.
그 공포 영화는 그렇게 무섭지 않았다.

5 ②
분사 구문에서 부정어는 분사 앞에 둔다.
무엇을 해야 할지 몰랐기 때문에 그 꼬마는 도움을 청했다.

C

1 streaming 2 Not knowing 3 watching 4 Realizing 5 holding 6 It being 7 being

8 Judging 9 closed 10 Walking 11 used

1 streaming
「with + 목적어 + 분사」 구문으로 목적어와 분사의 관계
가 능동이다.
그녀는 긴 머리를 휘날리며 달렸다.

2 Not knowing
분사 구문은 부사구의 역할을 한다.
무슨 말을 해야 할지 몰랐기 때문에 나는 조용히 있었다.

3 watching
동시동작을 나타내는 분사 구문이 되어야 한다.
엄마는 TV를 보면서 거실을 청소했다.

4 Realizing
이유를 나타내는 분사 구문이다.
그의 문제를 깨달았기 때문에, 나는 그를 이해할 수 있었다.

5 holding
현재분사가 앞의 명사를 수식한다.
잡지를 들고 있는 그 소년은 내 동생이다.

6 It being
독립분사 구문으로 비인칭주어 it을 써야 한다.
어제 날씨가 좋았기 때문에, 그들은 소풍을 갔다.

7 being
독립분사 구문으로 There가 남아 있는 경우이다.
오후에 할 일이 없었기 때문에, 나는 영화를 보러 갔다.

8 Judging
비인칭 독립분사 구문이다.
그의 외모로 판단하건대, 그는 외국인임에 틀림없다.

9 closed
「with + 목적어 + 분사」 구문으로 목적어와 분사의 관계
가 수동이다.
내 아들은 눈을 감은 채 피아노를 연주할 수 있다.

10 Walking
시간을 나타내는 분사 구문이다.
길을 걷다가 나는 오랜 친구를 한 명 만났다.

11 used
문맥상 담요가 '사용되는' 것이므로 수동의 의미를 나타
내는 과거분사 used를 써야 한다.
사람들은 담요가 얼음이 녹는 것을 막기 위해서 사용되는 것
을 보고 놀라게 된다.

D

1 ③ → kind-hearted 2 ① → Having been hurt 3 ④ → running 4 ② → humiliated 5 ① → Looking

---

1 ③ → kind-hearted
유사분사 : 「형용사-명사 -ed」 형태이다.
그런 말을 하는 것을 보니 그는 인자한 사람 같다.

2 ① → Having been hurt
완료 분사 구문의 수동 형태는 「having been + p.p.」이다.
사고에서 다쳤기 때문에 그 운전자는 병원에 실려 갔다.

3 ④ → running
「with + 목적어 + 분사」 구문에서 목적어와 분사의 관계가 능동이다.
그녀는 빰 위로 눈물을 흘리며 집에서 뛰어나갔다.

4 ② → humiliated
과거분사는 수동, 완료의 의미를 나타낸다.
나의 상사가 내 동료들 앞에서 내게 소리를 질렀을 때 나는 무척 창피했다.

5 ① → Looking
시간을 나타내는 분사 구문으로 Thomson 씨가 내다보는 것임에 주의한다.
창밖을 내다보다가 Thomson씨는 누군가가 이웃집에 침입하는 것을 보았다.

E

1 waiting 2 produced 3 sleeping 4 exciting 5 excited 6 boring

---

1 waiting
고객이 '기다리고 있는' 것이므로 현재분사를 쓴다.
입구에서 너를 기다리고 있는 고객 한 분이 있다.

2 produced
포도주가 '생산되는' 것이므로 과거분사를 쓴다.
프랑스에서 생산된 많은 포도주는 전 세계에서 사랑받는다.

3 sleeping
아기가 '잠을 자고 있는' 것이므로 현재분사를 쓴다.
이 방에서 조용히 해라. 자고 있는 아기를 깨우지 마라.

4 exciting
이야기가 '흥미진진한' 것이므로 현재분사를 쓴다.
그것은 아주 흥미진진한 이야기여서 페이지를 계속 넘기지 않는 것이 불가능했다.

5 excited
고객들이 '흥분한' 것이므로 과거분사를 쓴다.
많은 흥분한 고객들이 할인을 받기 위해서 그 상점으로 달려갔다.

6 boring
James가 다른 사람들을 '따분하게 만드는' 것이므로 현재분사를 쓴다. 사람이 주어라고 해서 무조건 과거분사를 쓰는 것이 아님에 유의해야 한다.
James는 내게 아주 좋은 사람이지만 따분하게 하는 사람이다.

F

1 stepping 2 satisfied 3 running 4 waiting 5 facing 6 (to be) sent

---

1 stepping
'걸어 들어오면서' 인사를 하는 것이므로 동시동작의 의미를 나타내는 분사구문을 쓴다.
거실로 들어오면서, 그녀는 "안녕하세요, Allen씨."라고 말했다.

2 satisfied
'만족한 상태'를 나타내므로 수동의 의미가 있는 과거분사를 쓴다.
그 신부는 다이아몬드 반지에 만족하는 것처럼 보였다.

3 running
leave의 목적어(your engine)와 목적격 보어는 능동(진행)의 의미가 되어야 하므로 현재분사를 쓴다.
당신이 여기에서 기다릴 때 엔진을 켠 채 두어서는 안 된다.

4 waiting
you가 '기다리는' 것이므로 능동(진행)의 의미가 있는 현재분사를 쓴다.
그렇게 오랫동안 당신을 계속 기다리게 해서 미안합니다.

5 facing
face가 자동사로 쓰였으므로 현재분사를 쓴다.
손바닥을 위로 향한 채 당신의 팔을 머리 위로 올리시오.

6 (to be) sent
소포가 '보내지는' 것이므로 수동의 의미가 있는 과거 분사를 쓴다.
저는 이 소포가 항공 우편으로 보내지기를 원합니다.

G --

1 A <u>drowning</u> man will catch at a straw.

2 A problem <u>shared</u> is a problem <u>halved</u>.

3 A <u>rolling</u> stone gathers no moss.

4 A <u>watched</u> pot never boils.

5 <u>Barking</u> dogs seldom bite.

6 Easier <u>said</u> than <u>done</u>.

7 Nothing <u>ventured</u>, nothing <u>gained</u>.

8 <u>United</u> we stand, <u>divided</u> we fall.

9 What's <u>done</u> cannot be <u>undone</u>.

10 Well <u>begun</u> is half <u>done</u>.

어구

drown 물에 빠지다	boil 끓다
halve 반으로 나누다	bark 짖다
pot 그릇, 항아리	moss 이끼
venture 모험을 무릅쓰다	straw 짚, 빨대

H --

• ① running

능동, 진행을 나타내는 현재분사가 주격 보어로 사용되어야 한다.

어구
「it is no use + -ing」: -해도 소용이 없다
pretend -인 체하다
wave 흔들다
no matter how - 아무리 -해도
insist on 주장하다
「keep A from -ing」: A가 -하지 못하게 하다

나는 그를 만나는 것을 피하려고 길을 건넜지만 그는 나를 보았고 내 쪽으로 뛰어 왔다. 내가 그를 보지 못한 척해도 소용없었기 때문에 나는 그에게 손을 흔들었다. 나는 Franz Kromer를 만나는 것이 즐겁지 않다. (당신이) 아무리 바빠도 그는 늘 (당신을) 따라다니겠다고 조른다. 나는 그가 아침 내내 나를 따라다니지 못하도록 하는 방법을 생각해야만 했다.

I --

• ① stand 또는 standing   • ② whistling   • ③ paid   • ④ fired   • ⑤ Believing

현재분사는 능동, 진행의 의미로 쓰이며, 과거분사는 수동, 완료의 의미로 쓰인다.

한 상점의 매니저가 (제품) 포장실을 지나다가 한 소년이 즐겁게 휘파람을 불며 박스에 기댄 채 서 있는 것을 보았다. "실례지만, 자네 George 아닌가?"라고 그 매니저가 물었다. "네, 그렇습니다."라고 그 소년이 정중하게 대답했다. "자네

pack 싸다, 꾸리다
whistle 휘파람을 불다; 휘파람
cheerfully 기분 좋게
fire 해고하다
foreman 십장(什長), 주임, 감독
make a decision 결정하다
hire 고용하다
deliver 배달하다

는 일주일에 얼마를 받지?"라고 그 매니저가 물었다. "100 달러 받습니다." "여기 자네의 봉급이 있네. 자네는 해고야!"
현명한 결정을 내렸다고 믿으면서 그 매니저가 주임에게 물었다. "우리는 언제 저 게으른 소년을 고용했지?" "저희는 그를 고용하지 않았습니다. 그는 다른 상점에서 물건을 배달하러 왔을 뿐입니다."라고 그 주임이 말했다.

J

- freezing water finding → frozen water found

문맥상 '얼음'의 의미가 되어야 하므로 frozen water로 써야 하며, '발견되는' 것이므로 수동의 의미가 있는 과거분사가 found를 써야 한다.
process가 the water cycle이라고 불리는 것이므로 수동의 의미를 나타내는 과거분사 called를 써야 한다.

어구

ice cap 만년설
glacier 빙하
atmosphere 대기

- calling → called

지구의 70% 이상은 물로 덮여 있다. 세계의 바다는 지구상에 있는 모든 물의 약 97%를 담고 있다. 지구상에 있는 물의 단지 3% 정도만이 담수이다. 담수의 예는 강, 호수, 만년설과 빙하에서 발견되는 얼어버린 물(얼음)이다. 대기는 지구상에 있는 물의 1/10,000%만을 포함하고 있다. 지구상에 있는 모든 물은 물 순환이라고 불리는 과정을 통해서 대기로 들어간다. 물 순환 때문에 지구에는 언제나 동일한 양의 물이 존재한다. 과거부터 있어왔던 것만큼 또는 미래에 있게 될 양만큼의 물이 오늘 지구상에 존재한다.

K

A Situated

C its

B living

(A) situate는 타동사로 '…의 위치를 정하다, (어떤 장소에) 놓다'의 의미가 있으며 의미상 the city of Kathmandu가 '위치하고 있는' 것이므로 수동의 의미가 있는 과거분사를 써야 한다.
(B) 5형식 문장의 목적어로는 (동)명사를 써야 하며 to부정사구를 쓸 수 없다.
(C) it은 Nepal을 지칭하는 대명사로 it의 소유격은 its이며 it's는 it is의 축약형이다.

해발 1,350미터에 위치하여 반짝이는 히말라야 산맥을 내다보고 있는 Kathmandu 시는 이곳에서의 삶을 쾌적하게 만들어 주는 연중 따스한 기후를 즐긴다. Kathmandu는 분지의 거의 한가운데에 있으며, 동서남북이 각각 5km인 정사각형 모양을 이룬다. 그곳은 옛 네팔 왕국이 있던 곳이다. 그곳은 현재 네팔의 수도이며 네팔 정부와 경제, 그리고 문화의 중심지이기도 하다.

어구

situate -의 위치를 정하다   ancient 고대의
elevation 고도   kingdom 왕국
basin 분지   capital 수도
look out 바라보다
sparkling 번쩍이는, 생기에 찬
as such 그러한 것으로서, 그와 같은 자격으로
government 정부

1 was shocked   2 been taught   3 been said   4 be published   5 was introduced   6 be given

7 been solved   8 will be built   9 were not paid   10 be touched

---

1 was shocked
주어가 동작을 받을 때 수동태를 쓴다.
모든 사람이 어제 끔찍한 뉴스를 듣고 충격을 받았다.

2 been taught
현재완료 수동태로 「have[has] been + p.p.」가 되어야 한다.
한국어는 그 대학교에서 15년 이상 교수되어 왔다.

3 been said
현재완료 수동태로 「have[has] been + p.p.」가 되어야 한다.
그때 이후로 그 사고에 대해서 많이 이야기되지 않는다.

4 be published
미래 수동태로 「will be + p.p.」 형태를 취한다.
내년에 그 회사에 의해서 새 책이 출판될 것이다.

5 was introduced
비서가 소개되는 것이므로 수동태를 쓴다.
그 비서는 어제 그녀의 새 상관에게 소개되었다.

6 be given
미래 수동태는 「will be + p.p.」 형태이다.
이 문제를 푸는 누구에게나 상이 주어질 것이다.

7 been solved
과거완료 수동태는 「had been + p.p.」이다.
매니저가 도착했을 때, 그 문제는 이미 해결되었다.

8 will be built
미래 수동태는 「will be + p.p.」 형태이다.
새 오페라 하우스가 내년에 도시의 중심부에 세워질 것이다.

9 were not paid
지불이 되지 않은 것이므로 수동태가 되어야 한다.
우리는 회사를 위해서 많은 일을 했지만 봉급을 받지 못했다.

10 be touched
명령문의 수동태의 부정 「let + 목적어 + not be + p.p.」
스위치가 만져지지 않도록 하시오.

1 ②   2 ④   3 ④   4 ②   5 ②

---

1 ②
4형식 문장을 수동태로 고칠 때 buy는 for를 사용한다.
저 연필들은 Mike를 위해 그의 삼촌에 의해서 구입되었다.

2 ④
현재완료 수동태로 주어가 복수형이다.
지역의 모든 도로가 모든 사람에게 폐쇄되었다.

3 ④

mind는 동명사를 목적어로 취하므로 동명사의 수동태를 써야 한다.
그녀는 친구들에게 놀림 당하는 것에 개의치 않는다.

4 ②

조동사를 포함한 수동태의 부정이다.
이 책은 도서관에서 빌릴 수가 없다.

5 ②

「have + 목적어 + p.p.」구문은 '-당하다'라는 수동의 의미를 가진다.
나는 버스에서 지갑을 도난당했다.

C

1 remembers **2** was the window broken **3** were the hostages taken **4** was broken into

5 laughed at by the boys **6** was given first prize **7** is being considered

8 was made to empty out **9** was denied admission **10** is used to cook

---

1 remembers
remember는 상태동사이며 수동태로 쓸 수 없다.
그는 지금 그 소녀의 이름을 기억한다.

2 was the window broken
의문문의 수동태이다.
누구에 의해서 그 창문이 깨졌니?

3 were the hostages taken
의문부사가 쓰인 의문문의 수동태이다.
공중 납치 후에 인질은 어디로 잡혀갔습니까?

4 was broken into
break into - -에 침입하다
3일 전에 국립 미술관이 침입당했다.

5 laughed at by the boys
수동태를 만들 때 동사구는 하나의 동사로 생각한다.
그 거지는 소년들에게 놀림을 당했다.

6 was given first prize
4형식 문장의 수동태이며 to를 없애야 한다.
Tom은 그의 새 영화로 1등상을 수상했다.

7 is being considered
진행 수동태는 「be being + p.p.」이다.
우리의 계획은 위원회의 위원들에 의해서 논의되고 있다.

8 was made to empty out
make의 목적격 보어로 쓰인 동사원형은 수동태로 바뀔 때 to부정사가 된다.
도둑은 그 경찰관에 의해서 주머니를 비우도록 지시받았다.

9 was denied admission
입학[입장]이 거부되다.
그녀는 Harvard 대학교 입학이 거부되었다.

10 is used to cook
「be used to + 동명사」와 수동태 구문 「be used + to 부정사」의 구별에 주의한다.
그리스에서는 요리하는데 올리브유가 많이 사용된다.

D

1 was seen to **2** is said that **3** have been planted **4** was spoken to by **5** pulled

---

1 was seen to
지각동사가 포함된 문장을 수동태로 바꿀 때 to부정사를 사용한다.

2 is said that
목적어가 절인 문장의 수동태이다.

3 have been planted

과거에 대한 후회를 나타내는 「should have + p.p.」 구문의 수동태이다.

4 was spoken to by

동사구가 포함된 문장의 수동태이므로 전치사에 주의한다. 특히 by를 빠뜨리지 않으며 speak to가 '…에게 말을 걸다'라는 뜻임을 알아야 한다.

5 pulled

「have[get] + 목적어 + p.p.」 구문이다.

E

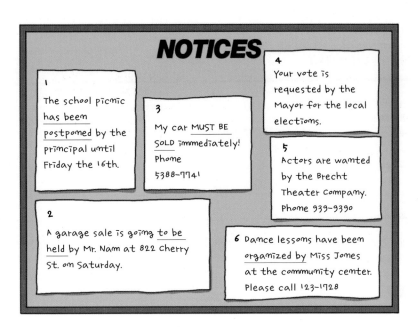

① **has postponed → has been postponed**

소풍이 '연기된' 것이므로 수동태로 써야 한다.

학교 소풍은 16일 금요일까지 교장 선생님에 의해서 연기되었다.

③ **MUST HAVE SOLD → MUST BE SOLD**

조동사 must를 포함한 수동태가 되어야 하므로 have를 be로 써야 한다.

제 자동차는 즉시 팔려야만 합니다! 5388-7741로 전화주세요.

⑤ **잘못된 곳 없음**

극단에서 배우를 '원하는' 것이므로 Actors가 주어로 쓰이는 경우에는 수동태로 써야 한다.

Brecht Theater Company에서 배우를 찾습니다. 939-9390으로 연락주세요..

② **to hold → to be held**

차고 세일이 '열리는' 것이므로 수동태로 써야 한다.

토요일에 차고 세일이 남 선생님에 의해서 Cherry가 822번지에서 열리게 될 것이다.

④ **잘못된 곳 없음**

투표가 '요청되는' 것이므로 수동태를 쓴다.

지방선거를 위한 당신의 투표가 시장님에 의해서 요청됩니다.

⑥ **organizing for → organized by**

무용 교습이 '준비된' 것이므로 수동태로 써야 하며, 행위자 앞에는 전치사 by를 쓴다.

무용 교습이 커뮤니티 센터에서 Jones 선생님에 의해서 준비되었습니다. 123-1728로 연락주세요.

F

---

1 was lasted → lasted   2 was occurred → occurred, was resulted → resulted   3 틀린 곳 없음

4 틀린 곳 없음   5 appointed → was appointed

---

1 was lasted → lasted
last는 자동사이므로 수동태로 쓸 수 없다.
그 영화는 약 1시간 30분 동안 계속 되었다.

2 was occurred → occurred,

was resulted → resulted

occur, result는 자동사이므로 수동태로 쓸 수 없다.
나의 요통이 뒷주머니에 있는 지갑으로부터 생겨났다는 것
이 떠올랐다.

3 틀린 곳 없음
pay someone respect를 수동태로 전환한 것으로
respect는 직접목적어이다.
남선생님은 우레와 같은 기립박수로 존경을 받았다.

4 틀린 곳 없음
expire는 자동사로 사용되었다.
나의 여권은 만료되었고 나는 새 것을 기다리고 있다.

5 appointed → was appointed
appoint는 5형식 동사로
the Supreme Allied Commander는 목적격 보어이다.
Douglas MacArthur 장군은 일본의 항복을 접수하기 위해서
최고 연합군 사령관으로 지명되었다.

G

• Roberto did as he was told

tell은 '말하다'의 의미가 있으므로 '듣다'의 의미를 나타
내기 위해서는 수동태 표현을 써야 한다.

어구
shout 외치다
stumble 비틀거리다, 넘어지다
cane 지팡이

"조심해!"라고 Roberto가 소리 질렀지만 아무도 듣지 못했
다. 갑자기 노인이 비틀거리더니 넘어졌다. "다치셨나요?"
Roberto가 물었다. 그 노인은 얼굴이 붉어졌다. 그는 화난
것 같았다. "나를 일으켜다오."라고 그가 말했다. "그리고 내
지팡이를 가져다 다오." Roberto는 그가 들은 대로 했지만
그 노인은 만족하는 것처럼 보이지 않았다. 그는 심지어 "고
맙다."라는 말조차 하지 않았다.

H

• ① is spoken   • ② can be heard   • ③ was spoken   • ④ to understand   • ⑤ learn

주어와 동사의 관계가 능동인지 수동인지 판단해서 알맞
은 동사 형태를 고른다.

어구
all over the world 전 세계에서
dialect 방언, 사투리
the British Isles 영국 제도
contact 접촉, 연락

오늘날, 영어는 전 세계에서 사용되며 많은 다른 형태 또는
변형을 가지고 있다. 사실, 많은 여러 가지 방언은 심지어 영
국 내에서도 들을 수 있다. 영어의 가장 오래된 형태는 약
1,500년 전에 Anglo-Saxon 족에 의해서 사용되었지만 그
것은 우리가 알고 잇는 영어와는 아주 달랐다. 오늘날 우리
가 그것을 이해하는 것은 어려울 것이다. 그때 이후로 영어
는 다른 문화와의 접촉에 의해서 변화되어 왔다. 오늘날, 많
은 사람이 제 2언어, 또는 외국어로서 영어를 배운다.

I --

• ①

① had born → was born(태어났다)
② be allowed to + 동사원형 : …을 허락받다
③ be shocked : 놀라다
④ 감탄문의 어순 : How + 형용사 + 주어 + 동사!
⑤ 「look + 형용사」 : …하게 보이다

어구

give birth to 출산하다
handicapped (신체적, 정신적) 장애가 있는

1975년 4월 16일에 나는 팔과 다리가 없이 태어났다. 나를 낳던 날 엄마는 나를 보는 것이 허락되지 않았다. 한 달 뒤 마침내 엄마는 나를 볼 수 있었다. 모든 사람들이 엄마에 대해서 걱정을 했지만 엄마는 전혀 놀라지 않으셨다. 엄마는 나를 처음 보았을 때 "이렇게 귀여울 수가!"라고 말씀하셨다. 그녀는 나를 보게 되어 아주 행복해 보였다. 그 시절에 부모들은 장애 자녀들을 남들에게 보여주지 않았지만 우리 부모님은 그러지 않으셨다. 그들은 외출할 때 항상 나를 데리고 다니셨다.

1 (should) pay **2** ate **3** were **4** had **5** knew **6** could have heard **7** had taken
8 had come **9** were to rise **10** would

---

1 (should) pay
that절의 내용을 명령, 주장하는 경우 「(should) + 동사원형」을 쓴다.
그녀는 그가 당장 빚을 갚아야 한다고 주장했다.

2 ate
「It's time + 가정법 과거」는 '-할 시간이다'의 의미이다.
뭔가 먹을 시간이야.

3 were
가정법 과거에서 be 동사는 were가 쓰인다.
내가 너라면 나는 그녀에게 진실을 말할 것이다.

4 had
가정법 과거는 현재 사실에 대한 가정을 나타낸다.
내가 돈이 충분히 있으면 새 자동차를 살 것이다.

5 knew
가정법 과거이므로 if절에 동사의 과거형을 쓴다.
만일 그가 내 주소를 알면 그는 나를 방문할 것이다.

6 could have heard
가정법 과거완료이므로 주절은 「조동사의 과거형 + have + p.p.」 형태가 되어야 하고, 조동사는 의미상 could가 적절하다.
그가 깨어 있었다면, 그는 그 소리를 들을 수 있었을 것이다.

7 had taken
가정법 과거완료이므로 if절은 「had + p.p.」 형태이다.
그가 네 충고를 받아들였다면 그는 실패하지 않았을 것이다.

8 had come
가정법 과거완료 구문이다.
네가 더 일찍 왔더라면 너는 파티를 놓치지 않았을 것이다.

9 were to rise
실현 가능성이 없는 미래의 일을 가정할 때 were to를 사용한 가정법을 쓴다.
태양이 서쪽에서 뜨면 그가 약속을 어길 것이다.

10 would
혼합 가정이라서 if절에 가정법 과거완료가 오고, 주절에는 가정법 과거가 왔다.
내가 그 비행기를 탔다면, 나는 지금 죽었을 것이다.

---

1 ④ **2** ③ **3** ② **4** ④ **5** ①

---

1 ④
if절의 「had + p.p.」로 보아 가정법 과거완료이다.
그가 춤에 대해서 알았더라면 그는 무도회에 참석했을 것이다.

2 ③
주절의 could have died로 보아 가정법 과거완료이다.
의사의 조심스러운 치료가 없었더라면 그녀는 죽었을 것이다.

3 ②
현재 사실에 대한 가정을 나타내는 가정법 과거이다.
휴대 전화가 있으면 너는 언제 어디서나 사람과 연락할 수 있을 텐데.

4 ④
otherwise: 만약 그렇지 않으면
우리는 생존하기 위해 떠나야 한다. 그렇게 하지 않으면 우리는 굶어 죽을지도 모른다.

5 ①
「as though + 가정법 과거완료」: 마치 -이었던 것처럼
그녀는 마치 그를 전에 본 적이 없었던 것처럼 그를 쳐다보았다.

C --------

1 (should) be postponed 2 would it be 3 had helped 4 win(s) 5 had been 6 had gone

7 you run 8 (should) prepare 또는 (should) be prepared 9 knew 10 be

----

1 (should) be postponed
that절의 내용을 제안, 명령, 주장하는 경우, that절에 「(should +) 동사원형」을 쓴다.
의장은 모임이 연기되어야 한다고 제안했다.

2 would it be
가정법 과거의 주절에 조동사 would를 쓰며 주어와 동사의 위치를 바꿔 줘야 한다.
만일 네가 어떤 것을 발명할 수 있다면 그것은 무엇이겠니?

3 had helped
가정법 과거완료의 종속절에 「had + p.p.」를 쓴다.
만일 네가 그를 도왔다면 그는 성공했을 것이다.

4 win(s)
가정법 현재로 동사원형이나 동사의 현재형을 쓴다.
만일 그가 내일 경기에서 이기면 그는 또 다시 챔피언이 될 것이다.

5 had been
「as if + 가정법 과거완료」: 과거 사실과 반대
그는 마치 십대 때 유명한 가수였던 것처럼 말한다.

6 had gone
혼합 가정의 if절(종속절)에서는 과거완료를 사용한다.
만일 그가 의사에게 갔었더라면 그는 지금 더 건강할 것이다.

7 you run
조건절을 대신하는 unless 다음에는 긍정문이 온다.
뛰지 않으면 너는 버스를 잡지 못할 것이다.

8 (should) prepare 또는 (should) be prepared
주어의 요구나 필요성 등을 나타내는 형용사가 보어로 사용된 구문의 that절에서 「(should) + 동사원형」을 쓴다.
우리는 기말고사를 대비해 준비가 되어 있어야 한다.

9 knew
「I wish + 가정법 과거」: -라면 좋을 텐데
이것은 아주 헷갈리는 문제다! 내가 그 답을 알면 좋을 텐데.

10 be
혼합가정법 구문이며, If가 생략되어 도치가 되었다.
내가 안전벨트를 착용하지 않았더라면, 나는 오늘 여기에 없을 것이다.

D --------

1 ④ → have succeeded 2 ① → could 3 ③ → have got[gotten] 4 ① → were to die

5 ② → as long as

----

1 ④ → have succeeded
가정법 과거완료는 과거 사실에 대한 가정을 나타낸다.
너의 충고가 없었더라면 그는 성공하지 못했을 것이다.

2 ① → could
「I wish + 가정법 과거」: -라면 좋을 텐데
나도 너처럼 유창하게 영어를 말할 수 있으면 좋을 텐데.

3 ③ → have got[gotten]

가정법 과거완료의 주절에는 「조동사의 과거형 + have + p.p.」가 온다.

내가 좀 더 야심이 있었다면, 나는 승진할 수 있었을 것이다.

5 ② → as long as

조건절의 대용어구인 so[as] long as: -하는 한

제때 돌려주겠다고 약속하는 한 나는 네게 책을 빌려 주겠다.

4 ① → were to die

실현 가능성이 없는 미래의 일을 가정할 때 were to를 사용한 가정법을 쓴다.

만일 그녀가 내일 죽는다면 그녀의 자식들은 어떻게 할까?

E --

1 had saved, not be **2** as if, were **3** If only **4** were to

----

1 had saved, not be

혼합 가정으로 조건문은 가정법 과거완료, 주절은 가정법 과거 형태이다.

3 If only

「If only + 가정법」: -한다면 좋을 텐데

2 as if, were

「as if + 가정법 과거」: 마치 -인 것처럼

4 were to

were to가 쓰인 가정법 과거의 특수한 형태로 실현 가능성이 거의 없는 일을 나타낸다.

F --

•③

주절에 suggest와 같은 '제안'을 나타내는 동사가 쓰이면 that절에 「(should) + 동사원형」을 쓴다. 따라서 ③을 Galileo (should) become a cloth-dealer로 고쳐야 한다.

어구

talent 재능

「make + 목적어 + 목적격 보어」

: (목적어)를 (목적격 보어)로 만들다

dealer 상인

persuade 설득하다

medicine 약

philosophy 철학

1564년 2월 15일 Pisa에서 태어난 Galileo는 아주 어린 나이에 과학에 유별난 재능을 보였다. 그의 아버지는 과학이 그의 아들을 부자로 만들지 못할 것으로 믿었다. 그래서 그는 Galileo에게 옷감을 파는 상인이 되라고 제안했다. 하지만 Galileo는 사업에 관심이 없었다. 그는 Pisa 대학교에서 약학과 철학을 공부하게 해 달라고 아버지를 설득했다.

G --

•without

without = but for = if it had not been for : …이 없었더라면 (가정법 과거완료)

당신은 Brooklyn 다리에 대해서 들어 본 적이 있는가? 그것은 세계에서 가장 유명한 다리 중 하나이기 때문에 아마도 당신은 들어왔을 것이다. 그것은 New York 시의 발전에 중요한 역할을 해 왔다. 그 다리는 그것이 세워질 당시의 공학과 용기의 승리였다. 사실, 아버지와 아들, 두 사람의 기술과 결

단이 없었더라면, 그 다리는 결코 세워지지 못했을 것이다.

H

●①

(A)에는 가정법 과거의 귀결절이 와야 하며, (B)에는 문맥상 조건문이 오는 것이 적절하다.

만일 동물들이 상을 받는다면, 수컷 황제 펭귄은 '최우수 아버지' 상을 받을 것이다. 동물들 중에서 많지 않은 수컷들만이 그 새끼들을 부화시키고 양육하는 데 적극적인 역할을 한다. 두 달 동안, 아빠 펭귄은 그의 알을 그의 발 위에 둔다. 만일 그것이 굴러 떨어지면, 그 알은 얼게 될 것이고, 그 안에서 자라는 새끼가 죽게 된다. 주의 깊은 아빠는 용감하게 혹독한 남극의 기후를 견딘다. 그는 먹기 위해서 그 알을 떠나지 않으며, 그래서 수컷 펭귄은 체중의 절반까지 잃게 된다.

I

●④

(A)에는 두 개의 절이 제시되어 잇는데 영어 문장에서 두 개의 절이 접속사의 도움 없이는 연결될 수 없으므로 (A)에는 접속사가 포함된 절이 들어가야 한다.
(B)의 앞에는 가정법 과거완료의 조건절이 왔으므로 (B)에는 「조동사의 과거형 + have + p.p.」의 형태가 와야 한다.

많은 사람들이 올해 8월 27일 경에 지구와 화성의 근접 조우를 관찰하기 위해서 밖으로 나갔다. 8월 27일, 화성이 인류 역사상 지구와 가장 가까웠을 때, 화성은 빛의 속도로 3분 6초면 도달할 거리에 있었다. 따라서 만일 그날 화성을 향해서 빛을 밝혔다면 그것은 186초 후에 화성에 도달했을 것이다. 만일 당신이 이 천문쇼를 놓쳤다면, 당신은 정말 운이 없는 것이다. 2287년이 될 때까지 화성은 이처럼 지구 가까이에 오지 않을 것이다.

J

● if it weren't for / without[but for]

주절에 가정법 과거 형식이 왔으므로, 조건절에도 가정법 과거 형식을 써야 한다. 숫자 체계에서 0의 중요성을 설명하고 있는 글이므로, 조건절에는 '0이 없다면'의 의미를 나타내는 표현을 써야 한다.

고대 로마인들에 의해서 사용되었던 숫자들은 실제로는 정해진 숫자를 나타내는 문자들이었다. V 는 5, X 는 10, C는 100과 같은 식이었다. 그러나 10세기에 동양의 숫자 체계가 0과 함께 유럽에 도입되었다. 이 숫자 체계에서는 각 숫자의 "자리"에 따라 다른 값을 나타낸다. 예를 들어, 200속에 있는 2는 12속의 2와는 다른 양을 나타낸다. 그러나 이 체계는 0이 없다면 전혀 성립되지 않는데 왜냐하면 200은 단지 2가

어구

ancient 고대의
stand for -: -을 나타내다, 의미하다
certain 일정한, 정해진
digit 아라비아 숫자(0에서 9까지 중 하나)
depending on -: -에 따라
work 효과가 있다(= be effective)

될 것이고 120은 12가 될 것이기 때문이다. 바로 이러한 이유로 일찍이 고안된 숫자 중에서 0이 가장 강력하고 중요한 숫자이다.

K

A to take

B Without

C is not

(A) alert는 목적어 뒤에 to 부정사를 취한다.
(B) 주절이 가정법 과거 형식이므로 조건절에는 If it were not for의 의미가 있는 Without을 써야 한다. Unless는 종속접속사로 If … not의 의미이다.
(C) 주절의 동사 suggest는 '당위'를 나타내는 것이 아니라 '사실'을 전달하는 것이므로 직설법 동사를 써야 한다.

어구
alert -에게 경계시키다
precaution 조심, 예방책
property 재산
hazard 위험
periodically 주기(정기)적으로

언론 매체는 경고의 형태로 중요한 지역 사회의 정보를 제공할 수 있다. 예를 들어, 언론 매체는 다가오는 허리케인이나 토네이도의 위험성을 경고할 수 있다. 이러한 경고는 나쁜 기상의 위치에 관한 최신의 정보를 제공하며 사람들로 하여금 필요한 예방조치를 하도록 경계시킨다. 그러한 경고가 없다면, 생명과 재산을 잃는 커다란 피해가 발생할 것이다. 경고는 또한 공기 오염이나 수질 오염과 같은 다른 위험들을 위해서 제공될 수 있을 것이다. 정기적으로, 언론 매체는 수질에 관해서 의문을 제기하며 우리가 마시는 물이 안전하지 않다는 것을 시사해준다.

L

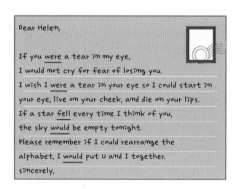

Helen에게

당신이 내 눈의 눈물이라면 당신을 잃는 것이 두렵기 때문에 나는 울지 않겠소.
내가 당신 눈의 눈물이 되어 당신의 눈에서 시작해서 당신의 빰에서 머물고 당신의 입술에서 죽을 수 있다면 좋겠소.
내가 당신을 생각할 때마다 별이 떨어진다면, 오늘밤에 하늘은 텅 비어버릴 것이오.
내가 알파벳을 다시 배열할 수 있다면, 나는 U와 I를 붙여 놓을 것이라는 것을 기억해 주오.
진심을 담아,

• were • were • fell • would • would

A

① are ② has ③ is ④ is ⑤ has ⑥ is ⑦ are ⑧ freezes ⑨ has ⑩ is ⑪ broke

1 are
「both + of」 다음에 복수명사가 오면 복수 취급한다.
선반에 있는 상(像)들 두 개 모두 깨졌다.

2 has
everybody는 단수 취급한다.
교실에 있는 모든 사람은 숙제를 잘했다.

3 is
주어인 three years를 하나의 개념으로 보아 단수 취급한다.
2년은 당신의 배우자와 떨어져 지내기에는 긴 시간이다.

4 is
동명사는 단수 취급한다.
식물에 물을 주는 것은 여름에 특히 중요하다.

5 has
주어가 one이므로 단수 취급한다.
선생님 중 한 분이 나를 위해서 추천서를 쓰셨다.

6 is
「A and B」가 단일 개념일 때 단수 취급한다.
피쉬 앤 칩스(생선 튀김에 감자튀김을 곁들인 영국식 요리)는 그가 가장 좋아하는 요리이다.

7 are
도치 구문으로 주어는 a lot of small failures이므로 복수 취급한다.
모든 성공한 사람 뒤에는 많은 작은 실패들이 있다는 것을 늘 기억해라.

8 freezes
일반적인 진리를 나타낼 경우 시제 일치의 원칙을 적용받지 않는다. 즉, 항상 현재 시제이다.
나는 물이 섭씨 0도에서 언다는 것을 배웠다.

9 has
「not only A but also B」 구문에서 동사는 B에 일치시킨다.
학생들뿐만 아니라 그들의 선생님도 교장실로 호출되었다.

10 is
「many a + 단수명사」는 단수 취급한다.
많은 회사가 재능 있는 사람들을 고용하려고 한다.

11 broke
역사적 사실은 항상 과거형으로 쓴다.
우리는 한국 전쟁이 1950년에 발발했다는 것을 배웠다.

B

① have ② are ③ are ④ is ⑤ are

1 have
the police는 항상 복수 취급한다.
경찰은 아직 아무도 체포하지 않았다.

2 are
「분수 + of + 셀 수 있는 명사의 복수형」이므로 복수동사형이 온다.
학생들의 3/5이 교실에 머물러 있다.

3 are
scissors(가위)는 항상 복수 취급한다.
조심해! 할머니의 가위가 무척 날카로워.

4 is
과목의 이름은 단수 취급한다.
경제학은 희소성의 문제를 다루는 사회 과학이다.

5 are
You and I는 두 사람을 의미하므로 복수로 취급한다.
너와 나는 엄마가 집에 오기 전에 방을 치우도록 되어 있다.

C

1 was **2** has **3** is **4** study **5** prepares **6** is **7** are **8** is / are **9** were **10** is

1 was
책의 제목은 단수로 취급한다.
『로미오와 줄리엣』은 1957년에 처음으로 인쇄되었다고 믿어진다.

2 has
the number는 단수 취급한다.
자동차의 수가 크게 증가했다.

3 is / are
furniture는 셀 수 없는 명사로 단수 취급한다.
많은 가구가 오늘날 해외에서 제조되고 있다.

4 study
관계대명사절의 동사는 선행사의 수에 일치시킨다. 원칙적으로 주어진 문장에서 선행사는 the professors이다. 다만 최근에는 많은 사람들이 one을 선행사로 생각하는 경향도 있으며, 이 경우에는 studies를 맞는 형태로 볼 수도 있다.
그는 공룡을 연구하는 교수들 중 한 사람이다.

5 prepares
「A or B」로 연결된 형태에서 동사는 B에 일치시킨다.
Juan이나 Julian이 매주 회의실을 준비한다.

6 is
질병 이름은 단수로 취급한다.
홍역은 치명적일 수 있는 위험한 질병이다.

7 are
부분을 나타내는 어구가 올 경우 of 뒤에 오는 명사의 수에 일치시킨다.
학생의 50%가 정책을 변경하는 것에 찬성한다.

8 is / are
population을 하나의 덩어리(단수)로 생각해서 단수동사를 쓴다. 다만, 각각의 개체를 염두에 두고 글을 쓴다면 복수 동사를 쓸 수도 있다.
인구의 상당 비율이 새 학교에 대해 찬성표를 던지고 있다.

9 were
도치 구문에서 주어는 동사 뒤에 위치한다.
산기슭에는 한 여인이 소유하고 있는 두 개의 거대한 과수원이 있었다.

10 is
「A and B」가 하나의 개념일 때 단수로 취급한다.
시행착오는 모국어를 배우면서 아이들이 사용하는 방법이다.

D

1 ③ → are **2** ① → hasn't stopped **3** ② → has linked **4** ③ → seem

1 ③ → are
a great number of는 '매우 많은'의 의미이므로 복수로
취급한다.
매년 엄청난 수의 사람이 화재에 노출된다.

2 ① → hasn't stopped
동명사 주어는 단수로 취급한다.
팔과 다리 없이 태어난 것은 그가 인생을 충실히 사는 것을
막지 못했다.

3 ② → has linked
주어는 This bridge로 단수 취급한다.
Manhattan과 Brooklyn 사이의 이 다리는 백 년 이상 동안
New York의 두 지역의 사람들을 연결했다.

4 ③ → seem
「neither A nor B」 구문에서 동사는 B에 일치시킨다.
선생님도 학생들도 이 과제를 이해하는 것처럼 보이지 않
는다.

E ---

1 have / has 2 are / is 3 make / makes 4 break / breaks 5 is / are

----

1 have / has
who의 선행사는 the few women이므로 동사는 have
를 써야 하나 has도 허용된다.
그녀는 세계에서 가장 두려운 산인 K2를 등정한 몇 안 되는
여성들 중 한 명이다.

2 are / is
that의 선행사는 those books이므로 동사를 are를 써야
하나 is도 허용된다.
이것은 모든 사람에 의해서 읽혀지는 그 책들 가운데 하나
이다.

3 make / makes
that의 선행사는 the things이므로 동사는 make를 써야
하나 makes도 허용된다.
나를 정말로 화나게 만드는 것들 가운데 한 가지는 휴대전화
를 즉시 받지 않는 사람들이다.

4 break / breaks
that의 선행사는 those Korean cars이므로 동사는
break를 써야 하나 breaks도 허용된다.
나는 절대로 고장나지 않는 그 한국산 자동차들 중 하나를
구입했다.

5 is / are
명사절이 주어이므로 단수 취급이 원칙이나 보어가 길
거나 주어와 보어 사이가 멀리 떨어진 경우에는 동사의
수를 보어에 맞추기도 한다. 따라서 is와 are가 모두 허
용된다.
내가 가장 흥미를 가지고 있는 것은 당신의 즉각적인 개인
적 반응이다.

F ---

1 틀린 곳 없음 2 was reunited → were reunited 3 틀린 곳 없음 4 doesn't → don't 5 their → its

----

1 틀린 곳 없음
주어가 one(단수)이므로 동사는 단수형인 has가 쓰였다.
룸메이트와의 가장 흔한 문제들 중 하나는 공간과 관계가
있다.

2 was reunited → were reunited
주어가 Identical twins(복수)이므로 동사는 복수형인
were를 써야 한다.
태어날 때 헤어진 일란성 쌍둥이가 우연히 만났다.

3 틀린 곳 없음
도치 구문으로, 주어가 the time(단수)이므로 동사는 is
가 쓰였다.
나는 유년기의 가장 소중한 추억들 가운데는 아버지와 함께
보낸 시간이 있다.

4 doesn't → don't
that의 선행사가 The things(복수)이므로 주격관계대명
사 뒤에 이어지는 동사는 복수형인 don't를 써야 한다.
당신 인생에서 중요하지 않은 것들이 당신의 시간과 에너지
를 소비해서는 안 된다.

5 their → its

the swine flu를 지칭하는 대명사는 it이 되어야 하므로
그 소유격은 its로 써야 한다.
돼지 독감이 그 절정에 있었던 동안에, 더 많은 사람들이 인
플루엔자 변종 바이러스로 죽었다.

G --

• ③

주어가 Many(복수)이므로 동사는 include가 되어야 한다.

어구

reputation 명성, 신망
accomplishment 업적, 성취
overcome 극복하다
adversity 역경
deed 행위, 공적
dedicated 헌신적인

미국 대통령인 Abraham Lincoln은 대통령이 되기 전에 변
호사였으며 매우 정직한 것으로 명성이 있었다. 그의 많은
정치적 업적은 다른 사람이 역경을 극복하도록 도와준 것을
포함한다. 이러한 행위는 Lincoln이 그의 국민들에게 얼마
나 헌신적이었는지를 분명히 뒷받침한다.

H --

• ② playing → play(s)

관계대명사가 이끄는 절의 동사는 선행사의 수에 일치시
켜야 한다. who의 선행사는 more … people이다. one
을 선행사로 보는 사람들도 있다.

어구

physically challenged 신체장애의
athlete 운동선수
disability 무능, 장애

일부 신체 장애인은 대단한 운동선수이다. 고된 노력과 강한
의지로 그들은 그들의 신체적 도전을 넘어서서 그들의 꿈을
실현시킨다. Kacey McCallister는 미국에서 운동을 하는 5
만 명 이상의 장애인들 중 한 명이다. 그는 6살 때 교통사고
로 두 다리를 잃었다. 하지만 그는 그의 신체적 장애 때문에
그가 좋아하는 일을 못하지는 않는다. 그는 농구와 야구같은
많은 운동을 배웠다.

I --

• ③

(C)의 주어 each oracle은 단수 취급한다.

어구

oracle 신관
be supposed to -하기로 되어 있다
predict 예언하다, 예측하다

Croesus왕은 전쟁에 나갈 계획을 하고 있었다. 그는 신관(神
官)에게 조언을 구해야 한다고 생각했다. 하지만 어떤 신관
에게 조언을 구할까? 그 당시에는 신관들이 많았다. 그들은
사람들의 마음을 읽고 미래를 예언하도록 되어 있었다. 하지
만 왕은 어떤 신관을 믿을 수 있는지를 몰랐다. 그는 그들을
시험하기로 결심했다. 그는 7명의 신하들을 7명의 신관들에
게 보냈다. 지정된 시간에 각각의 신관은 똑같은 질문을 받
았다. "지금 왕은 무엇을 하고 있습니까?" 궁전에서 왕은 검
은 냄비에 양과 거북이 수프를 요리하고 있었다. 왕이 그런
일을 하고 있을 것이라고 누가 맞출 수 있었을까?

J

A is

B many

C remain

(A) 주어는 antibiotics가 아니라 The misuse(단수)이므로 be 동사는 is가 적절하다.

(B) 50 percent of antibiotic prescriptions에서 부분(%)을 나타내는 어구 뒤에 복수형 명사(가산명사) prescriptions가 왔으므로 as much as가 아닌 as many as가 되어야 한다.

(C) that의 선행사 bacteria는 복수명사이므로 관계대명사가 이끄는 절에서 복수형 동사 remain을 쓰는 것이 적절하다.

어구

antibiotic 항생제
prescribe 처방하다
estimate 평가하다
inappropriate 부적당한
complete 끝내다
medication 약물 (치료)
infection 감염
curable 치료할 수 있는
deadly 치명적인

항생제의 오용은 그 효과를 떨어뜨리고 있다. 항생제는 그것들이 불필요할 때도 종종 처방되고 섭취된다. 사실, 연구자들은 50%나 되는 항생제 처방전이 부적절하다고 평가한다. 많은 사람들은 항생제를 올바르게 섭취하지 못하며, 그들은 종종 약물치료의 전 과정을 마치지 못한다. 약물치료 과정이 끝내지지 못할 때 체내에 남아있는 박테리아는 더 강하게 자랄 수 있다. 결과적으로, 한때 항생제로 치료할 수 있었던 몇몇 감염들이 치명적인 것으로 되고 있다.

K

• ②

(B)에서 work의 주어는 villagers(복수)가 아니라 The fact(단수)이다. 따라서 동사 work에 -s를 붙여 단수형으로 만들어야 한다.

어구

work wonders 놀라운 효과를 내다
discouraged 낙심한, 낙담한

어떤 사람이 가난한 마을 주민들에게 도움을 줄 만큼 관심이 있다는 사실은 종종 놀라운 일을 일으킨다. 그 마을 사람들은 자립하는 데 관심을 갖게 된다. 그들은 스스로 더 나은 미래를 만드는 데 도움이 될 수 있다는 사실을 깨달을 때 덜 상심한다.

• ① you　• ② this

화법을 전환할 때는 상황에 맞게 인칭대명사와 시간을
적절히 바꿔준다.

-나는 여전히 Jane을 사랑해.
-Tom이 너를 여전히 사랑한대.
-나는 내일 저녁에 파티가 있어.
-그는 오늘 저녁에 파티를 한대.

B

1 his work　2 do 삭제　3 [had] passed　4 if[whether] I was　5 was　6 to fasten

7 what was the matter　8 not to　9 asked　10 would have woken

1 **his work**
피전달문의 인칭대명사를 간접화법의 상황에 맞게 고쳐
야 한다.
그는 아내에게 그녀가 자신의 일을 이해하지 못한다고 말했다.

2 **do 삭제**
간접화법에서 의문문은 간접의문문의 어순을 따른다. 즉,
「의문사 + 주어 + 동사」의 어순으로 고치고 불필요한 do
동사는 없앤다.
당신이 무엇을 원하는지 말씀해 주세요.

3 [had] passed
주절이 과거 시제이므로 종속절은 과거[완료]가
되어야 한다.
Sally는 그녀의 친구가 시험을 통과했다고 기뻐서 외쳤다.

4 if[whether] I was
의문사가 없는 의문문의 화법을 전환할 때 if[whether]
를 사용하고 「주어 + 동사」의 어순으로 고친다.
Jane은 나에게 혼자 있는지 물었다.

5 was
「tell + 사람 + 전달 내용」「say + 전달 내용」
어제 내 여동생은 내 편지가 (와) 있다고 말했다.

6 to fasten
명령문의 화법을 전환할 때 동사는 to부정사로 바꾼다.
기장은 우리에게 안전벨트를 매라고 명령했다.

7 what was the matter
간접화법에서 의문문은 간접 의문문의 어순을 따르며, 시
제 또한 일치시켜야 한다. what the matter was도 가
능하다.
내 여동생은 내 편지가 (와) 있다고 말했다.

8 not to
부정 명령문의 화법을 전환할 때 「not + to 부정사」
형태를 취한다.
그녀는 Mary에게 그의 말을 듣지 말라고 충고했다.

9 asked
의문문의 화법을 전환할 때 전달동사로 ask를 쓴다.
그는 나에게 그를 도와줄 수 있는지 물었다.

10 would have woken
가정법 문장의 화법을 전환할 때 시제 일치가 적용되지
않는다.
그녀는 자신이 일찍 잠들었더라면 더 일찍 일어났을 것이라
고 말했다.

 C

---

1 she was   2 had missed   3 wouldn't, the next   4 what I was going to do   5 to clean my room

6 she will   7 it was   8 I have been   9 she had to   10 he looked pale and asked if[whether] he
was sick   11 tomorrow   12 your, this   13 you, tomorrow   14 this, my

---

1 she was
대명사와 시제를 일치시킨다.
그녀는 나에게 자신은 중국어를 배우고 있다고 말했다.

2 had missed
주절이 과거 시제이므로 종속절의 현재완료는 과거완료
로 변한다.
Ted는 기차를 놓쳤다고 말했다.

3 wouldn't, the next
화법 전환할 때, 시제 및 부사를 적절히 바꿔 준다.
그는 그 다음날까지는 Jane을 만나지 않을 것이라고 말했다.

4 what I was going to do
의문문의 화법을 전환할 때, 「의문사 + 주어 + 동사」의
어순을 취한다.
그녀는 나에게 내가 무엇을 할 것인지를 물었다.

5 to clean my room
명령문의 화법을 전환할 때, 동사를 to부정사로 바꾼다.
어머니는 나에게 방을 청소하라고 지시하셨다.

6 she will
전달문의 대명사 I는 전달문의 주어와 일치시키며 주절
이 현재이면 종속절의 시제는 그대로 사용한다.
그녀는 17살이 되면 Chicago에 갈 것이라고 말한다.

7 it was
감탄문의 화법을 전환할 때 시제 일치에 주의한다.
Tommy는 내게 그것은 멋진 펜이라고 외쳤다.

8 I have been
화법을 전환할 때 인칭대명사와 시제를 일치시켜야 한다.
Tom은 "나는 3시간째 일하고 있는 중이야."라고 말했다.

9　she had to

의무를 나타내는 must는 과거 시제에서 had to로 고친다.

Jane은 새 자동차를 사야 한다고 말했다.

10　he looked pale and asked if[whether] he was sick

평서문과 의문문으로 이루어진 복합문의 화법 전환 시에는 and로 두 문장을 연결하고 각 문장의 화법 전환 요령을 따른다.

Meg는 그에게 창백해 보인다고 말했고 (어디가) 아프냐고 물었다.

11　tomorrow

간접화법의 내용으로 보아 어제 한 말이므로 이것을 직접화법으로 고칠 때는 오늘이 '내일'이 되어야 한다.

어제 Dave는 그녀에게, "나는 내일 바쁠 거야."라고 말했다.

12　your, this

화법을 전환할 대 인칭대명사나 부사는 상황에 맞게 고쳐준다. 직접 화법의 2인칭은 간접 화법으로 전환할 때 목적어와 일치시키므로 첫 번째 칸에는 2인칭이 알맞다. 두 번째 칸에는 this가 알맞다.

Dave는 나에게 "나는 오늘 아침에 네 형과 싸웠다."라고 말했다.

13　you, tomorrow

화법을 전환할 때 인칭대명사는 상황에 맞게 고친다.

그는 그녀에게 "내가 내일 너를 동물원에 데려갈게."라고 말했다.

14　this, my

화법을 전환할 때 인칭대명사와 지시형용사를 적절하게 고친다.

Dave는 나에게 "나는 이 꾸러미를 내 동생에게 줄 거야."라고 말했다.

 D

1 promised　2 advised　3 suggested　4 apologized　5 congratulated

1　promised

Susan은 Dave에게 7시 전에 그의 집에 가겠다고 약속했다.

2　advised

Susan은 Dave에게 너무 많이 먹지 말라고 조언했다.

3　suggested

Susan은 산책 가는 것을 제안했다.

4　apologized

Susan은 늦은 것에 대해 사과했다.

5　congratulated

Susan은 Dave에게 그의 시험 합격을 축하했다.

E

• to bury her by the river

명령문을 화법 전환할 때 to 부정사를 쓰며, 인칭대명사와 시제 등은 상황을 고려해서 적절하게 바꿔준다. to 부정사를 부정할 때는 부정어를 to 부정사 앞에 둔다.

• not to bury her in the mountain

나를 강가에 묻어다오. 나를 산에 묻지 말거라.
왜 네 엄마를 강가에 묻었니?
엄마가 내게 강가에 그녀를 묻어달라고 요청하셨어.
그녀는 산에 그녀를 묻지 말라고 내게 말씀하셨어.

F ---

• ③

의문문을 간접화법으로 고칠 때 간접의문문의 어순(의문사 + 주어 + 동사)을 따르므로 ③을 who she was로 고쳐야 한다.

손님 중 한 사람이 그들을 즐겁게 해 주려고 노력하고 있는 여자의 노래를 비난하기 위해서 옆에 있는 사람에게 고개를 돌렸다. "목소리가 끔찍하군요!" 그 손님은 그에게 그녀가 누구인지를 물었다. "그녀는 제 아내입니다."라는 대답이었다. "오, 죄송합니다. 사실, 그녀의 목소리가 문제는 아니죠. 그녀가 불러야 하는 노래가 문제죠. 저 끔찍한 노래를 누가 작곡했는지 궁금하네요." "제가 했습니다."라고 남자가 대답했다.

> **어구**
> criticize 비난하다, 비평하다
> entertain 즐겁게 하다
> stuff 내용, 재료
> awful 끔찍한, 지독한

A

1 who **2** which **3** whose **4** that **5** whose **6** which **7** that **8** whom **9** what **10** who

1 who
선행사가 사람이며 live의 주어 역할을 해야 하므로 who
가 적절하다.
옆집에 사는 사람들은 네 명의 자녀가 있다.

2 which
선행사가 사물이며 sells의 주어 역할을 해야 하므로
which가 적절하다.
좋은 치즈를 파는 상점을 아세요?

3 whose
선행사가 사람이며 명사 husband를 한정해야 하므로
whose가 적절하다.
과부는 남편이 죽은 여자다.

4 that
선행사가 '사람 + 동물'이며 were crossing의 주어 역할
을 해야 하므로 that이 적절하다.
트럭이 길을 건너고 있던 소년과 그의 개를 치었다.

5 whose
선행사가 사물이며 명사 top을 한정해야 하므로 whose
가 적절하다.
정상이 눈으로 덮여 있는 이 사진 속의 산을 나는 절대 잊지
못할 것이다.

6 which
선행사가 문장 전체이며 주어 역할을 해야 하므로 which
가 적절하다.
그는 전에 나를 봤다고 말했는데, 그것은 거짓말이었다.

7 that
선행사가 anything이며 like의 목적어 역할을 해야 하므
로 that이 적절하다.
너는 맘에 드는 것은 어떤 것이나 가질 수 있다.

8 whom
두 개의 절이 연결되기 위해서는 접속사가 필요하므로 대
명사와 접속사의 역할을 겸하는 관계대명사를 써야 한다.
one of whom은 was의 주어가 된다.
Saul은 네 명의 아들들이 있었는데, 그들 중 한 명이
Jonathan이었다.

9 what
선행사를 포함한 관계대명사 what
나는 네가 원하는 것을 너에게 줄 수 없다.

10 who
선행사가 The woman이며 was의 주어 역할을 해야 하
므로 주격 관계대명사 who를 써야 한다.
그녀의 언니라고 내가 생각했던 그 여자는 사실 그녀의 어
머니였다.

B

1 that **2** whom **3** who, what **4** whose **5** that

1 that
선행사가 사물(the cooker)이며, left의 목적어 역할을
해야 하므로 목적격 관계대명사 that이 적절하다.
내가 이 탁자 위에 두었던 조리 기구가 어디에 있니?

2 whom
선행사가 사람이며, respect의 목적어 역할을 해야 하므
로 목적격 관계대명사 whom이 적절하다. that도 가능
하다.
Marie Curie는 우리 모두가 존경하는 과학자들 중 한 명
이다.

3 who, what

선행사가 사람이며, lived의 주어 역할을 해야 하므로 주격 관계대명사 who [또는 that]를 써야 한다.

전치사 in의 목적어 역할을 해야 하며, is의 주어 역할을 해야 하므로 선행사를 포함한 관계대명사 what이 적절하다.

현재 Mexico에 살았던 최초의 사람들은 기원전 8000년 이전에 도착했다.

4 whose

선행사가 사물(a plant)이며, 뒤에 명사 leaves가 있으므로, 소유격 관계대명사 whose가 적절하다.

담배는 그 잎이 담배 생산을 위해서 사용되는 식물이다.

5 that

선행사가 사물(many small structures)이며, are의 주어 역할을 해야 하므로 주격 관계대명사 that이 적절하다. called mitochondria는 삽입구이다.

인간의 세포는 세포핵 외부에 세포 기능에 중요한 미트콘드리아라고 불리는 많은 작은 조직들을 포함하고 있다.

C

1 which you wanted **2** that I worked with **3** which **4** where **5** where 또는 in[for] which

6 whoever **7** who[that] **8** Whatever **9** which[that] **10** what **11** on which

1 which you wanted

관계대명사는 접속사와 대명사의 역할을 겸하므로 wanted 뒤의 목적어 it은 불필요하다.

여기에 네가 원했던 주소가 있다.

2 that I worked with

의미상 선행사는 전치사의 목적어가 되어야 한다.

나와 함께 일했던 소녀들이 내 생일에 나에게 꽃을 주었다.

3 which

관계대명사 which는 앞 문장 전체를 선행사로 받을 수 있다.

그는 조용히 있었는데 그것이 그의 선생님을 짜증나게 했다.

4 where

장소를 나타내는 관계부사는 where를 쓴다.

그녀는 New York으로 이사했는데 거기에서 음악을 공부했다.

5 where 또는 in[for] which

장소를 나타내는 선행사가 있으므로 where가 들어간다. 또는 전치사를 넣어서 「전치사 + 관계대명사」의 형태로 써도 된다.

이곳은 나의 아버지가 일하시는 병원이다.

6 whoever

선행사가 없으며 pays의 주어 역할을 해야 하므로 복합 관계대명사 whoever를 써야 한다.

그 클럽은 입회비를 낸 사람은 누구나 가입을 허용한다.

7 who[that]

관계대명사는 접속사와 대명사의 역할을 겸한다.

나는 Tom의 학교에서 영어를 가르치는 그 남자를 안다.

8 Whatever

문맥상 '무엇이 -일지라도'의 뜻을 가진 복합 관계대명사 whatever가 와야 한다.

무슨 일이 생기든지 나는 마음을 바꾸지 않을 것이다.

9 which[that]

관계부사는 「전치사 + 관계대명사」로 전환할 수 있다. 문장의 맨 뒤에 전치사가 있으므로 관계대명사가 필요하다.

이곳은 내가 태어난 도시이다.

10 what

선행사를 포함한 관계대명사 what이 필요하다.

우리는 때때로 우리가 하기 싫은 일을 해야만 한다.

11 on which

appear는 자동사로 a series of numbers가 주어가 된다.
따라서 관계대명사 앞에 전치사가 필요하다. which의 선
행사는 a computer screen이다.
피실험자들은 컴퓨터 화면 앞에 앉았는데, 그 화면에 일련의
숫자들이 나타났다.

D

① ④　② ③　③ ①　④ ④　⑤ ②　⑥ ③

1 ④

시간을 나타내는 관계부사가 온다.
나는 전화기가 아직 귀하던 때를 기억할 수 있다.

2 ③

이유를 나타내는 관계부사 why가 와야 한다.
나는 그녀가 왜 그 사고에 대해서 아무 말도 하지 않는지
모르겠다.

3 ①

선행사 the way 뒤에는 how를 쓸 수 없으며, in which
또는 that을 쓰거나 생략한다.
나는 그가 말하는 방식을 좋아하지 않는다.

4 ④

앞에 비교급이 있고, 두 문장을 연결하고 있으므로 비교
를 나타내는 유사 관계대명사 than이 적절하다.
그녀는 필요한 것보다 더 많은 돈을 요청했다.

5 ②

양보의 부사절을 이끄는 복합 관계대명사 whatever
네가 무슨 말을 하더라도, 나는 결코 너를 믿지 않을 것이다.

6 ③

유사 관계대명사 but은 「that - not」의 의미이다.
자신의 아이를 사랑하지 않는 어머니는 없다.

E

1 Whatever　2 Whoever　3 However　4 Whatever　5 However　6 Wherever　7 Whatever
8 Whenever　9 whatever　10 whoever

1 Whatever

복합 관계대명사 Whatever는 양보절을 이끌며
No matter what의 의미이다.
그의 문제가 무엇이든, 그는 그렇게 행동할 권리를 가지고
있지 않다.

2 Whoever

복합 관계대명사 Whoever는 양보절을 이끌며
No matter who의 의미이다.
당신이 누구든, 당신의 신분을 밝히지 않으면 도와줄 수 없
습니다.

3 However

복합 관계부사 However는 양보절을 이끌며 No matter
how의 의미이다.
그녀가 일로 아무리 바빠도 그녀는 대개 오후 9시 전에 귀
가한다.

4 Whatever

동사 happens의 주어가 되고, 양보절을 이끄는 것은 복
합 관계대명사 Whatever이다.
무슨 일이 생기더라도 최선을 다하려고 해라.

5 However

복합 관계부사 However는 양보절을 이끌며 No matter
how의 의미이다.
그녀가 아무리 많이 먹더라도 그녀는 절대로 살이 찌지 않는다.

6 Wherever

복합 관계부사 Wherever는 양보절을 이끌며 No matter
where의 의미이다.
네가 어디를 가든 너는 McDonald를 발견하게 될 것이다.

7 Whatever
복합 관계대명사 Whatever는 명사절을 이끌며, anything that의 의미이다.
네가 원하는 것은 무엇이든 내게는 괜찮다.

8 Whenever
복합 관계부사 Whenever는 every time의 의미로 시간의 부사절을 이끈다.
내가 그녀를 볼 때마다 나는 초조해진다.

9 whatever
복합 관계대명사 whatever는 명사절을 이끌며, anything that의 의미이다.
네가 원하는 것은 무엇이든 가져라.

10 whoever
복합 관계대명사 whoever는 명사절을 이끌며, anyone who의 의미이다.
이 선물은 이것을 원하는 누구나를 위한 것이다.

F

1 why　2 which　3 where　4 how 또는 the way

1 why
합친 문장의 끝에 이유를 나타내는 부사구(for the reason)가 없으므로 관계부사 why를 써야 한다. 선행사 the reason은 생략되었다.
나에게 그 이유를 말해라. 그는 그 이유 때문에 그 일자리 제안을 거절했다. → 그가 그 일자리 제안을 거절한 이유를 나에게 말해라.

2 which
선행사가 the day이며 전치사의 목적어가 필요하므로 which를 써야 한다. on which는 관계부사 when과 바꿔 쓸 수 있다.
9월 10일은 그 날이다. 엄마가 그 날 미국에서 돌아오셨다. → 9월 10일은 엄마가 미국에서 돌아오신 날이다.

3 where
합친 문장의 끝에 장소를 나타내는 부사(there)가 없으므로 관계부사 where를 써야 한다. 선행사 the place는 생략되었다.
모퉁이에서 너는 그 장소를 발견할 것이다. 노점상들이 그곳에서 핫도그를 판다. → 모퉁이에서 너는 노점상들이 핫도그를 파는 장소를 발견할 것이다.

4 how 또는 the way
합친 문장의 끝에 방법을 나타내는 부사구(in the way)가 없으므로 관계부사 how를 써야 한다. 이 경우에 선행사 the way는 반드시 생략한다.
그것이 방식이다. 그 방식으로 나는 나의 첫 번째 교향곡을 작곡했다. → 그것이 내가 첫 번째 교향곡을 작곡한 방식이다.

G

1 critic

2 plumber

3 tongue

어구
opinion 의견
quality 품질, 질
fit 설비하다, 맞추다
equipment 장비
attach 붙이다
swallow 삼키다

1 비평가: 책이나 음악 등의 좋은 점과 나쁜 점에 관해서 의견을 내는 사람
2 배관공: 파이프, 물탱크, 그리고 물을 공급하거나 저장하기 위해서 사용되는 다른 장비를 설치하거나 수리하는 직업의 사람
3 혀: 맛보기, 삼키기, 말하기 등을 위해서 사용하는 입의 바닥에 붙어 있는 길고 부드러운 살덩어리

H

•ⓒ

ⓐ 목적격 관계대명사 ⓑ 주격 관계대명사 ⓒ 명사절을 이끄는 종속접속사 ⓓ 목적격 관계대명사

어구

costume 복장, 의상
represent 나타내다, 표현하다
spooky 유령 같은, 무시무시한
monster 괴물
witch 마녀
skeleton 해골
scare 겁을 주다
spirit 영혼
current 현재의

할로윈은 미국의 어린이들이 좋아하는 특별한 날이다. 이 날, 10월 31일에 아이들은 그들 자신의 의상을 만든다. 어떤 아이들은 유령, 괴물, 마녀, 해골과 같은 무시무시한 캐릭터를 나타내는 의상을 입는다. 과거에 사람들은 이런 무시무시한 캐릭터들이 악령을 쫓아낸다고 믿었다. 하지만 요즘은 할로윈은 단지 재미를 위한 것이며 어떤 종류의 의상도 입을 수 있다. 아이들은 종종 그들이 TV나 현재 인기 있는 영화에서 본 등장인물처럼 입기를 좋아한다.

I

•① who •② who •③ wherever •④ why

선행사가 사람이고 주격인 경우 who를 사용한다. 장소를 나타내는 복합 관계부사는 wherever이며 이유를 나타내는 관계부사는 why이다.

어구

influence 영향; 영향을 주다
stick to - -을 고수하다
characteristic 특징, 특성
race 인종
identity 정체성, 동일성
in spite of - -에도 불구하고
invasion 침입, 침략

일반적으로 생활 방식은 개인의 사고방식에 큰 영향을 미친다. New York에서 오랫동안 살아 온 러시아인들은 모스크바에 살고 있는 사람들과는 매우 다르다. 하지만 한국인들은 그들이 어디에 살든지 그들 자신의 생활 방식을 고수한다. 이것은 한국인들의 특성이다. 한국인들 사이에는 민족과 국가에 대한 자부심이 깊다. 한국인들은 정말 그들의 나라를 사랑한다. 그것이 한국인들이 외세의 침략에도 불구하고 오랫동안 그들의 정체성을 유지해 온 이유이다.

J

A that　　　　**B who**

C it

(A) 선행사가 의문대명사 What이며, achieved의 목적어 역할을 해야 하므로 목적격 관계대명사 that이 적절하다.
(B) 선행사가 a sleigh가 아니라 a Santa Claus이므로 who가 적절하다.
(C) 'Because ~ the world'가 부사절이며, 그 뒤에 주절이 와야 한다. 주절은 주어로 시작해야 하므로 it이 적절하다. it은 가주어이며, 진주어는 to 부정사구이다.

당신은 인생에서 이제까지 성취한 어떤 것을 자랑스러워합니까? 아마도 이것은 제 자신이 스스로 제기했던 질문입니다. 저는 저의 일을 자랑스러워했었습니다. 이제 저는 자랑스러워할 어떤 일도 하지 않았다고 확실히 말할 수 있습니다. 제 주변의 많은 사람들은 저를 썰매 대신 버스를 운전하는 사심없이 가난한 사람들을 돕는 데에 평생을 바쳐 온 Santa Claus로 생각합니다. 사실, 저는 다른 사람들을 돕는 데 평생을 바쳐왔지만 저는 제 일을 사심없이 하지 않았습니다. 저는 저 자신의 삶을 풍요롭게 하기 위해서, 제 자신의 경

어구

achieve 성취하다
sleigh 썰매
devote 바치다, 헌신하다
dedicate 바치다, 전념하다
enrich 풍부하게 하다

험의 질과 의미를 깊이 있게 하기 위해서 했습니다. 제가 세상에서 가장 이기적인 사람이기 때문에 저를 '버스를 운전하는 Santa Claus'라고 부르는 것은 말도 안 되는 것입니다.

K

• ⑤

⑤에서 produced의 목적어(선행사)가 없으므로 선행사를 포함한 관계대명사 what이 와야 한다.

어구

poverty 가난, 빈곤
noble 고귀한, 숭고한
purpose 목적
rush 급격한 증가[발달], (감정의) 격발
productive 생산적인
composer 작곡가
treasure 보물

Schubert는 평생을 가난하게 살았다. 하지만 그는 인생에 있어서 한 가지 고귀한 목적을 가지고 있었다. 그것은 그의 머릿속에서 끊임없는 멜로디의 형태로 계속해서 흘러나오는 아름다운 악상을 적는 것이었다. 가장 많은 곡을 쓴 작곡가 중 한 사람으로서 Schubert는 다정한 편지를 쓰듯 곡을 자유롭게 썼다. 그는 그의 마음 속에 있는 것을 그대로 썼으며 우리에게 많은 보물과도 같은 음악을 선사해 주었다.

1 quiet　2 quietly　3 comfortable　4 drunk　5 happy　6 like　7 a little　8 a few　9 hard　10 buy

---

1 quiet
to be 이하의 목적어의 상태를 나타내는 보어로 형용사가 필요하다.
남 선생님은 우리에게 조용히 하라고 말씀하셨다.

2 quietly
동사를 수식하는 것은 형용사가 아니라 부사이다.
아기가 자고 있었기 때문에 그는 조용히 방으로 들어갔다.

3 comfortable
목적어의 상태를 나타내는 목적격 보어로 형용사가 필요하다.
당신은 이 의자가 편안하다는 것을 알게 될 것입니다.

4 drunk
drunk는 서술적 용법, drunken은 한정적 용법으로 쓰인다.
James는 너무 취해서 그의 몸을 전혀 가눌 수 없었다.

5 happy
주어의 상태를 나타내는 보어로 형용사가 필요하다.
그녀는 새 옷을 입고 무척 행복해 보였다.

6 like
alike는 서술적 용법으로만 쓰이며 '-와 같은, -처럼'의 뜻으로 쓰이는 like는 바로 뒤에 명사가 올 수 있다.
내 남동생은 미국사람처럼 말을 한다.

7 a little
a little 다음에는 셀 수 없는 명사가 온다.
솔직히 말해서 그녀는 스페인어를 약간 할 수 있다.

8 a few
a few 다음에는 셀 수 있는 명사가 온다.
나는 몇 가지 실수를 저질렀지만 관중이 알아차렸을 것이라고 생각하지는 않는다.

9 hard
hard는 형용사로 '어려운'의 의미가 있다.
나는 어젯밤에 숙제를 하는 데 힘들었다.

10 buy
「It is + 화자의 주장, 요구, 명령 등을 나타내는 형용사 + that절」 구문에서 that절에는 「(should) + 동사원형」이 온다.
비행기로 여행할 때 여행자 보험을 구입하는 것이 필요하다.

B

1 ②　2 ③　3 ①　4 ④　5 ③

---

1 ②
The price가 주어인 경우에는 expensive를 쓰지 않고 high를 쓴다.
그 책은 고가(高價)였다.

2 ③
industrious: 근면한
한국인들은 열심히 일하고, 정직하며 근면한 사람들이다.

3 ①
economic crisis: 경제 위기
그는 사람들이 경제적 위기를 극복하길 희망했다.

4 ④
successive: 연속하는
그 남자는 5년 연속 챔피언 자리에 있다.

5 ③
-able로 끝나는 형용사가 명사를 수식할 때는 뒤에서 수식한다.
너는 현재의 상황을 극복하기 위해서 가능한 모든 수단을 시도해야만 한다.

C

1 10-years-old → 10-year-old   2 an alive → a living / a live   3 strangely → strange

4 She is difficult to solve → It is difficult for her to solve   5 red beautiful → beautiful red

6 Almost → Most   7 cold something → something cold   8 interesting → interested

9 Rich → The rich   10 sleep → asleep   11 few → (a) little

1 10-years-old → 10-year-old
「수사 + 명사 + 형용사」가 뒤에 오는 명사를 수식할 때, 수사 다음의 명사는 단수형을 취한다.
교실 안에 열 살짜리 소년들 다섯 명이 있었다.

3 strangely → strange
2형식 동사인 sound 다음에는 보어로 형용사가 온다.
이상하게 들리겠지만 그것은 사실이다.

5 red beautiful → beautiful red
형용사는 「모양 - 색깔」의 순으로 써야 한다.
그녀는 아름다운 빨강 외투를 입고 있었다.

7 cold something → something cold
-thing으로 끝나는 명사를 수식할 경우, 형용사는 명사 뒤에 위치한다.
마실 찬 것 좀 주세요.

9 Rich → The rich
「the + 형용사」 = 복수 보통명사
부자들은 어려움에 처한 사람들을 도와줄 자리에 있다.

11 few → (a) little
우유는 셀 수 없는 명사이므로 little이나 a little을 써야 한다.
이 케이크를 만들기 위해서는 우유가 거의 필요 없다[약간 필요하다].

2 an alive → a living / a live
alive는 한정적 용법으로 쓸 수 없다.
바구니에 살아 있는 물고기가 한 마리 있다.

4 She is difficult to solve → It is difficult for her to solve
difficult의 주어로 사람이 올 수 없으며 「It is + 형용사」 구문으로 써야 한다. to부정사의 의미상 주어로 「for + 목적격」을 쓰면 된다.
그녀가 이 문제들을 푸는 것은 어렵다.

6 Almost → Most
almost는 형용사로 쓰이지 않으며 most로 바꿔야 한다.
대부분의 문제들은 해법이 있다.

8 interesting → interested
be interested in: -에 흥미[관심]를 가지고 있다.
저는 당신의 광고에 무척 관심이 있습니다.

10 sleep → asleep
서술적 용법으로 사용되는 형용사 asleep을 써야 한다.
강의 끝 무렵에, 거의 절반의 사람들이 잠이 들었다.

1 small red Korean　　2 large new furnished / large furnished new　　3 beautiful wooden coffee

4 wonderful soft woolen　　5 small square wooden

1　small red Korean
여러 개의 형용사가 나열될 경우에는 일정한 순서를 따라야 한다.
아버지는 작은 빨간색 한국 자동차를 가지고 있다.

3　beautiful wooden coffee
나는 막 예쁜 목재 커피 탁자를 구입했다.

5　small square wooden
그녀는 나에게 작은 사각형의 나무 상자를 주었다.

2　large new furnished / large furnished new
이 경우 large furnished new의 순서가 자연스럽다.
나는 커다란 새 가구가 딸린 집을 빌렸다.

4　wonderful soft woolen
바닥에는 멋진 부드러운 양모 양탄자가 있다.

• ① It's sure to be a good party

• ② it is likely to be pretty crowded

• ③ you're unlikely to find it

Sophie 너 Mike와 Harry의 파티에 갈 거니?
Nathan 그래, 갈 거야. 분명히 멋진 파티가 될 거야.
Sophie 거기에 많은 사람들이 갈까?
Nathan 그래, 매우 혼잡할 거야.
Sophie 나는 그 지역을 잘 몰라. 그 집은 찾기 쉽니?
Nathan 아니, 그렇지 않아. 지도를 가져 가. 그렇지 않으면 너는 그곳을 찾지 못할 거야.

• ① exciting　• ② surprised　• ③ disappointing　• ④ puzzled　• ⑤ confusing　• ⑥ bored

• ⑦ interesting

분사 역시 형용사로 볼 수 있으며, 과거 분사의 완료·수동의 의미를, 현재분사는 진행·능동의 의미를 나타낸다.

Rachels 그것은 흥미진진한 영화였어. 그렇지 않니?
Thomas 오, 너는 그렇게 생각하니? 그것이 좋았다니 놀랍구나. 나는 그것이 좀 실망스럽다고 생각했어.
Rachels 음, 나도 한두 번은 어리둥절했어. 나는 전체 이야기를 이해하지는 못했어. 여러 장면에서 혼란스러웠거든. 하지만 결말은 좋았어.
Thomas 나는 대부분의 시간 동안 지루했어. 나는 그것이 재미있는지 모르겠어.

• ① comfortable　• ② lovely　• ③ friendly　• ④ helpful　• ⑤ marvelous

문맥상 모두 형용사가 들어갈 자리이다.

멋진 정원을 갖춘 이 안락한 호텔은 조용한 휴일을 원하는 사람들에게는 이상적이지만 이 지역의 매우 인기 있는 관광지로부터 얼마 떨어져 있지 않습니다. 모든 방에서 아름다운 전망을 즐길 수 있습니다. 분위기는 매우 우호적이며 직원들은 늘 도움이 됩니다. 이곳에서의 휴가는 돈에 비해 매우 가치가 있습니다. 당신은 호텔에서 식사를 할 수 있는데 음식 맛은 최고입니다. 물론 당신은 훌륭한 지역 식당을 이용할 수도 있습니다.

H

A anxiously

B usual

C sharp

(A) 자동사 looked를 수식하므로 부사가 적절하다. 여기에서의 looked는 형용사 보어를 취하는 연결동사(2형식 동사)가 아님에 유의해야 한다.
(B) as usual: 여느 때처럼, 평소처럼
(C) 명사 whistling을 수식해야 하므로 형용사 sharp가 적절하다.

Herny 삼촌은 문가에 앉아 걱정스럽게 하늘을 살폈는데, 하늘은 평소보다 훨씬 더 잿빛이었다. Dorothy 역시 Toto를 팔에 안고 문에 서서 하늘을 바라보았다. Em 숙모는 설거지를 하고 있었다. 저 멀리 북쪽으로부터 그들은 바람이 낮게 울부짖는 소리를 들었고 Henry 삼촌과 Dorothy는 폭풍이 다가오기 전에 긴 풀들이 어느 쪽으로 눕는지 볼 수 있었다. 남쪽으로부터 날카로운 휘파람 소리를 내며 바람이 불었고 그쪽으로 그들이 눈길을 돌렸을 때 그들은 또한 그 방향으로부터 오는 굽이치는 풀들의 물결을 보았다.

I

A almost

B safe

C few

(A) twenty를 수식해야 하므로 부사 almost가 적절하다
(B) keep의 목적격 보어로 형용사 safe를 써야 한다.
(C) 복수 명사 strongholds를 수식해야 하므로 few를 써야한다.

템플 기사단은 수도사로 이루어진 군인들로 불려야 할 것이다. 제1차 십자군 원정이 끝나고 예루살렘 성지가 기독교 신앙을 회복한 지 거의 20년 후인 1118년에 프랑스에서 온 9명의 기사들이 예루살렘에 와서 예루살렘의 왕인 Baldwin 2세에게 새로운 기사단 모집을 허락할 것을 요청했다. 기사단의 목적은 유럽에서 예루살렘으로 위험한 여행을 하는 엄청나게 많은 수의 순례자들을 위해서 도로를 안전한 상태로 유지하는 것이었다. 십자군들은 성지에 요새를 거의 가지고 있지 않았으며 여행하는 순례자들은 떠돌아다니는 이슬람교도들의 공격 위험에 놓여 있었다. 왕은 헌신적인 기사들에게 깊은 감명을 받았으며 그의 성의 익면 전체를 그들의 숙소로 제공했다.

1 carelessly 2 seriously 3 badly 4 too 5 either 6 before 7 much 8 hardly
9 already 10 shortly 11 Lately, late

1 carelessly
동사를 수식하는 것은 부사이다.
너는 너무 부주의하게 글씨를 쓰는구나! 이 실수를 봐!

2 seriously
형용사를 수식하는 부사에 주의한다.
자동차의 운전사는 심하게 부상을 당했다.

3 badly
부사 badly는 동사를 수식한다.
그는 넘어져서 꽤 심하게 다쳤다.

4 too
enough는 형용사나 부사를 뒤에서 수식한다. 「too - to
부정사」는 '너무- 해서 ~할 수 없다'의 의미이다.
이 책은 내가 읽기에 너무 어렵다.

5 either
either는 부정문에서 사용된다.
네가 가지 않으면, 나도 가지 않을 것이다.

6 before
before는 현재완료 표현과 함께 쓸 수 있으나 ago는 쓸
수 없다.
너는 전에 코알라를 본 적이 있니?

7 much
비교급을 강조할 때는 much를 사용한다.
이 다리는 저것보다 훨씬 더 길다.

8 hardly
hard(열심히)와 hardly(거의 -않다)의 구별에 주의한다.
그녀는 방 안에 있는 사람들을 거의 알지 못한다.

9 already
already는 주로 긍정문에서 쓰인다.
나는 이미 Chicago에 다녀온 적이 있다. 나는 작년에 거기
에 있었다.

10 shortly
short(짧은)과 shortly(곧)를 구별할 수 있어야 한다.
이 그림은 Elizabeth가 죽은 직후에 그려졌다.

11 Lately, late
late(늦게)와 lately(최근에)를 구별할 수 있어야 한다.
최근에 나는 늦잠을 자서 직장에 늦게 도착했다.

B

1 ② 2 ① 3 ③ 4 ③ 5 ④

1 ②
still: 아직도, 여전히
그는 일 년 전에 직장을 잃고 여전히 실직 상태에 있다.

2 ①
이어동사의 목적어로 대명사가 올 때「타동사 + 대명사 + 부사」의 어순이 된다.
그것이 생각날 때 무엇인가를 하고 내일까지 미루지 마라.

3 ③
기준이 되는 시점 이전을 나타낼 때는 ago가 아니라 before를 쓴다.
작년 성탄절 일주일 전에 나는 사무실에 있었다.

4 ③
already: 이미, 벌써
많은 외국 투자가들은 이미 그것의 매력을 인식하기 시작했다.

5 ④
not - anymore: 더 이상 -하지 않다.
부정어구 not도 역시 부사로 취급한다.
만일 내가 배고프면 나는 더 이상 배가 고프지 않을 때까지 먹는다.

C

1 extreme → extremely 2 earnest → earnestly 3 hard → hardly 4 happy → happily 5 nearly → near 6 late → lately 7 steadily → more steadily 8 quickly incredibly → incredibly quickly 9 enough hard → hard enough 10 have usually → usually have

1 extreme → extremely
부사를 수식하는 또 다른 부사가 필요하므로 extremely를 써야 한다.
팀의 모든 사람이 경기를 매우 잘했다.

2 earnest → earnestly
동사를 수식하는 부사가 있어야 한다.
각 사람은 상을 타기 위해서 열심히 노력했다.

3 hard → hardly
hardly: 거의 -하지 않다.
그는 너무 피곤해서 거의 눈을 뜰 수가 없었다.

4 happy → happily
동사를 수식하는 부사가 있어야 한다.
그 노부부는 함께 행복하게 살았다.

5 nearly → near
near(가까이)와 nearly(거의)를 구별할 수 있어야 한다.
여름 축제가 가까이 다가오고 있다.

6 late → lately
late(늦은)와 lately(최근에)를 구별할 수 있어야 한다.
나는 최근에 그로부터 소식을 듣지 못했다.

7 steadily → more steadily
부사 steadily의 비교급을 만들기 위해서는 그 앞에 more를 붙인다.
물개는 광대보다 더 안정적으로 공의 균형을 잡았다.

8 quickly incredibly → incredibly quickly
부사의 순서: incredibly는 문맥상 very의 의미가 있으므로 quickly 앞에 위치한다.
Susan은 믿기지 않을 정도로 빨리 언어를 배운다.

9 enough hard → hard enough
enough는 부사나 형용사 뒤에서 수식한다.
충분히 열심히 공부하지 않으면 너는 시험을 통과하지 못할 것이다.

10 have usually → usually have
빈도부사의 위치는 일반동사 앞, be 동사나 조동사의 뒤이다.
나는 대개 아침 식사 전에 샤워를 한다.

D

1 ② → much 2 ⑤ → write it down 3 ① → old enough 4 ③ → than she went

1 ② → much
비교급을 강조할 때는 much를 사용한다.
이 양은 당초 목표인 백만 원보다 훨씬 많다.

2 ⑤ → write it down
이어동사의 목적어로 대명사가 올 때「타동사 + 대명사 + 부사」의 어순이 된다.
기억하기에 너무 어려워서 적어 두지 않으면 잊게 되는 암호를 사용하지 마라.

3 ① → old enough
enough는 부사나 형용사 뒤에서 수식한다.
나는 엄마가 내게 진실을 말할 수 있을 만큼 충분히 나이를 먹었지만, 내가 엄마를 마주 대하게 될 때 엄마는 변명을 하신다.

4 ③ → than she went
「No sooner had + S + p.p. + than …」 구문으로 '~하자마자 …하다'의 의미이다.
그녀는 집에 도착하자마자 거울로 가서는 "거울아, 벽 위의 거울아, 모든 사람들 중에서 누가 가장 예쁘니?"라고 말했다.

 E

• 빈도부사의 위치는 일반동사 앞, be 동사나 조동사의 뒤이다.

1 **Leah** What do you **usually** do on Sunday morning?
Andrew Nothing much. I **almost always** sleep until noon.
Leah 너는 일요일 오전에 대개 무엇을 하니?
Andrew 별다른 것은 없어. 나는 정오까지 거의 늘 잠을 자.

2 **Nicole** Do you **ever** go bicycling?
Christopher Yeah, I **often** go bicycling on Saturdays.
Nicole 너 자전거 타기는 하니?
Christopher 응, 토요일마다 종종 자전거를 타.

3 **Ben** How often do you **usually** play sports?
Mark Well, I play tennis **twice** a week.
Ben 너는 대개 얼마나 자주 운동을 하니?
Mark 음, 일주일에 두 번 테니스를 해.

4 **Ellen** What do you **usually** do after class?
Luke I go out **about three times** a week with my classmates.
Ellen 너는 방과 후에 대개 무엇을 하니?
Luck 학급 친구들과 일주일에 세 번 정도 외출을 해.

5 **Victoria** How often do you **usually** exercise?
John I **seldom** exercise.
Victoria 너는 대개 얼마나 자주 운동을 하니?
John 나는 운동을 거의 안 해

F

• ① late • ② badly • ③ good • ④ fast • ⑤ long • ⑥ hardly • ⑦ nearly • ⑧ hard • ⑨ lately
• ⑩ likely

어구
wake up 일어나다
lawn 잔디
pale 창백한

Catherine 어젯밤에 유령을 봤다는 것이 사실이니?
William 그래 유령을 봤어 나는 늦게 잠자리에 들었고 깊이 자고 있었어. 나는 갑자기 한밤중에 깼어. 나는 창가로 갔는데 유령이 잔디밭을 가로지르는 것을 봤어.
Catherine 남자였니 여자였니?
William 흰 옷을 입은 여자였어. 창문에서 잘 볼 수 있었는데 그녀는 아주 빠르게 걸어갔어. 그녀는 거기에 오래 있지 않았어. 그녀가 떠나기 전에 그녀를 거의 볼 수가 없었어. 나는 그녀를 거의 놓칠 뻔했어.
Catherine 너 너무 열심히 일한 것 아니니? 너는 요새 약간 창백해 보여.
William 나는 분명히 유령을 봤어.

Catherine 유령이 실제 존재할 것 같지는 않아. 내 생각에 너는 그것을 상상했을 거야.

G

A hard

C surely

B lately

(A) 문맥상 질문들이 '어려운' 것이므로 형용사 hard가 적절하다. hardly는 부사로 '거의 ~않다'의 의미가 있다.
(B) lately는 부사로 '최근에'라는 의미가 있으며, late는 형용사로 쓰일 경우에는 '늦은', 부사로 쓰일 경우에는 '늦게'의 의미가 있다.
(C) 문맥상 부사 surely가 적절하다.

어구

distinguish 구별하다	conference 회의
genius 천재	ordinary 보통의
physicist 물리학자	conclusion 결론
weigh 숙고하다	reveal 드러내다

때때로 바보의 질문들은 천재의 그것들과 구별되기가 어렵다. 그것들을 구별하는 것은 바로 (그런 질문들에 대한) 답변이다. 캠브리지 대학교의 물리학자인 스티븐 호킹은 최근 시골의 바보에게서나 들을 법한 한 가지 질문 ─ 왜 우리는 과거는 기억할 수 있지만 미래는 기억할 수 없는가? ─ 을 놓고 깊이 생각하고 있었다. 지난주에 있었던 "입자, 연속성, 우주론"에 관한 한 과학회의에서 그는 시간이 앞으로 흐른다는 것을 입증했다. 그 결론을 이끌어 내는 데 있어서 호킹과 보통 사람의 차이점은 호킹이 결론을 도출하고 원인을 설명할 때 그가 현대 물리학의 심오한 진리를 밝혀내고 있다는 점이다.

H

A write them down

C specific

B be disturbed

(A) 이어동사(two-word verb)의 목적어로 대명사가 올 경우에는 타동사와 부사 사이에 대명사를 위치시킨다.
(B) you가 방해하는 것이 아니라 '방해를 받는'것이므로 수동태가 되어야 한다.
(C) as와 as 사이에는 일반적으로 형용사 또는 부사의 원급이 올 수 있는데 주어진 문장에서는 be 동사의 보어이면서 명령문이므로 형용사가 와야 한다.

어구

effective 효과적인
focus on -에 초점을 맞추다
obvious 명백한
ignore 무시하다
as a result 결과적으로
fairly 상당히, 꽤
disturb 방해하다
finance 재정
relationship 관계
specific 구체적인, 명확한

아마도 당신의 목표에 초점을 맞추는 가장 효과적인 방법은 그것들을 적는 것이다. 비록 이것은 명백한 첫걸음처럼 들리지만, 많은 사람들이 무시하는 (첫)걸음이다. 결과적으로, 그들의 목표는 종종 초점이 맞춰지지 않으며 따라서 실현되지 않는다. 당신이 방해받지 않을 것 같은 아주 조용한 장소로 가라. 당신이 가지고 있는 모든 목표의 목록을 만들어라. 재정, (사람들과의)관계, 그리고 당신의 경력과 관련된 목표를 포함시켜라. 가능하연 구체적인 것이 되어야 한다.

A to offer

B evidently

C Eventually

(A) stop to ~: ~하기 위해서 멈추다, cf. stop ~ing: ~를 멈추다(그만두다)
(B) 부사 well을 수식할 수 있는 부사 evidently를 써야 한다.
(C) Eventually는 부사로 문장 전체를 수식한다.

어구

attempt 시도하다
elicit 이끌어 내다
clue 단서
identity 정체, 신원
evidently 분명하게
acquainted -을 아는
estate 재산
whisper 속삭이다
butler 집사

Fairbanks가 운전을 해서 집으로 돌아가고 있을 때, 그는 낯익은 얼굴의 한 남자가 더위 속에 길을 따라 걷고 있는 것을 보았다. 그는 그를 차에 태워주겠다고 제안하기 위해서 멈췄는데, 그 낯선 사람은 그것을 받아들였다. 그 남자의 이름을 기억할 수가 없어서, Fairbanks는 음료수 한 잔을 하도록 그를 불렀고, 대화를 하면서 그 방문객의 신원에 관한 단서를 끌어내려고 시도했다 그 남자는 Fairbanks의 많은 친구들을 아는 것처럼 보였고, 그의 재산을 분명하게 잘 알고 있었다. 결국은 Fairbanks의 비서가 방으로 들어왔고 Fairbanks는 "이 남자가 누구지? 그의 이름을 기억할 수가 없어." 라고 속삭였다. "그 사람은 술이 취했다는 이유로 당신이 지난달에 해고한 집사입니다." 라고 비서가 대답했다.

●②

② 「as + 원급 + as」 구문이며, you are 뒤에 형용사가 필요하므로 certain을 써야 한다. be certain of는 '-을 확신하다'의 의미이다.

어구

defend 방어하다
take sides 편을 들다
ego 자아

논쟁 중인 당신을 발견하게 되는 다음 번에는 당신의 입장을 방어하기보다는 먼저 당신이 다른 관점을 볼 수 있는지를 살펴라. 당신이 누군가와 뜻을 달리할 때, 당신과 뜻을 달리하는 그 사람은 당신이 당신의 입장을 확신하는 것만큼이나 그의 입장을 철두철미하게 확신한다는 것을 고려하는 것은 흥미롭다. 하지만 우리는 언제나 우리 자신의 편을 든다. 이것은 우리의 자아가 새로운 어떤 것을 배우기를 거부하는 방식이다. 그것은 또한 많은 스트레스를 만들어내는 습관이다. 자동적으로 당신 자신의 입장을 방어하기보다는 당신이 새로운 어떤 것을 배울 수 있는지를 살펴라. 당신의 친구를 고치려고 시도하지 마라. 그에게 어떻게 잘못되었는지 보라고 말하지 마라. 당신의 친구가 자신이 옳다는 만족감을 갖도록 하라. 좋은 청취자가 되는 것을 연습하라.

A

1 than　2 the taller　3 more brave　4 latest　5 latter　6 better　7 older　8 worst

9 much　10 worse

---

1 than
비교급 표현은 「비교급 + than」을 쓴다.
Ann은 남편보다 훨씬 더 나이를 먹었다.

2 the taller
최상급의 의미가 있는 비교급으로 「the + 비교급 + of the two」는 '둘 중에서 더 …한'의 의미를 갖는 표현이다.
Jim은 두 소년 중에서 더 크다.

3 more brave
동일인의 성질을 비교할 때 more를 사용한다.
Carter씨는 현명하기보다는 용감하다.

4 latest
시간을 나타낼 때는 late - latter - latest
그녀는 늘 최신 유행의 옷을 입는다.

5 latter
순서를 나타낼 때는 late - latter - last
그는 19세기 후반에 태어났다.

6 better
「the + 비교급 -, the 비교급 -」 : -하면 할수록 더 -하다.
프로젝트를 빨리 끝내면 끝낼수록 더 좋다.

7 older
나이가 많음을 나타낼 때는 old - older - oldest
우리 할머니는 할아버지보다 나이가 더 많다.

8 worst
의미상 최상급이 와야 한다. bad - worse - worst
나는 그가 팀에서 최악의 선수라고 생각한다.

9 much
very는 비교급을 강조할 수 없다.
그녀는 남동생보다 영어를 훨씬 잘 말할 수 있다.

10 worse
둘 사이의 비교이므로 비교급이 와야 한다.
나는 내 필체가 엉망이라는 것을 알지만 내 형의 필체는 더 나쁘다.

B

1 smaller　2 higher　3 more crowded　4 larger　5 the tallest　6 the longest

7 the most popular　8 the most delicious　9 the fastest　10 richer

두 개의 대상이 가지고 있는 성질을 비교할 경우에는 비교급을 쓰며, 여러 개 중에서 최고를 나타낼 때는 최상급을 쓴다. 최상급에는 정관사 the를 붙인다. 단, 분사에서 나온 형용사에는 more, most를 붙인다.

1 Singapore와 Vatican City 중에서 어느 나라가 더 작니?
2 Niagara 폭포와 Angel 폭포 중에서 어느 폭포가 더 높니?
3 홍콩과 서울 중에서 어느 도시가 더 혼잡하니?
4 Victoria 호수와 Superior 호수 중에서 어느 호수가 더 크니?
5 McKinley 산, Everest 산, K2 중에서 어느 산이 가장 높니?
6 세계에서 가장 긴 강은 무엇이니?

7 스페인, 프랑스, 한국 중에서 어느 나라가 관광객에게 가장 인기가 있니?

8 바로 지금 네 냉장고 안에 있는 가장 맛있는 음식은 무엇이니?

9 세계에서 가장 빠른 사람이 누구니?

10 일본과 미국 중에서 어느 나라가 더 부자니?

C

1 taller → the tallest   2 better → good   3 The poisonous → The most poisonous

4 sports → sport   5 professional → professionally   6 the biggest → bigger   7 than → to

8 most → more   9 easy → easier   10 many → much

---

1 taller → the tallest
최상급의 표현은 「the + 최상급 + in[of] + 명사」이다.
Susan은 그녀의 가족 중에서 키가 제일 크다.

2 better → good
동등한 것을 비교할 때는 「so[as] + 원급 + as」 구문을 쓴다.
점차 그는 시력이 전처럼 좋지 않다는 것을 느꼈다.

3 The poisonous → The most poisonous
최상급을 나타낼 때 3음절 이상의 긴 단어는 앞에 most를 붙인다.
모든 것 중에서 가장 독성이 강한 뱀은 호주 호랑이뱀이다.

4 sports → sport
비교급에서 any other 다음에는 단수명사를 쓴다.
스케이트는 다른 어떤 운동보다도 더 재미있다.

5 professional → professionally
의미상 동사를 꾸미는 부사의 비교급 형태가 와야 한다.
Gary는 Roger보다 더 그의 고객을 전문적으로 대한다.

6 the biggest → bigger
두 개를 비교하므로 비교급을 써야 한다.
농구장은 테니스장보다 더 크다.

7 than → to
than이 아닌 to를 사용하는 비교급이며 superior to를 쓴다.
새로 출시된 소프트웨어는 이전 것보다 훨씬 더 우수하다.

8 most → more
비교하는 것이므로 most가 아닌 more를 사용한다.
야채를 재배하는 오늘날의 방법은 백 년 전의 방법보다 훨씬 더 발달되었다.

9 easy → easier
비교급의 의미이므로 easy를 easier로 바꿔야 한다.
오토바이 타는 법을 배우는 것보다 자동차 운전을 배우는 것이 더 쉽다고 생각하지 않나요?

10 many → much
many 다음에는 셀 수 있는 명사를, much 다음에는 셀 수 없는 명사를 쓴다.
그녀는 Joe만큼 여가 시간을 많이 가지고 있지 않다.

D

1 ③ → as   2 ② → the fewer results   3 ③ → as few as   4 ④ → fluently

---

1 ③ → as
「not so much A as B」: A라기 보다는 차라리 B이다.
중요한 것은 네가 말하는 내용보다 네가 그것을 말하는 방법이다.

2 ② → the fewer results
「the + 비교급 ~, the + 비교급 ~」: ~하면 할수록 더 ~하다.
페이지가 더 전문적이면 전문적일수록 이 검색 엔진은 더 적은 결과를 찾아낼 것이다.

3 ③ → as few as

as few as는 셀 수 있는 명사에 쓰인다.

국제회의에 10명밖에 되지 않는 적은 수의 대표가 참석해서 실망스러웠다.

4 ④ → fluently

의미상 동사를 꾸미는 부사가 들어가야 하며 동등한 것을 비교할 때에는 「as + (부사) 원급 + as」의 형태를 취한다.

학생들이 언어를 배우는 것을 선택할 때, 그들은 그 언어를 가능한 한 유창하게 말하는 것을 배우는 데 관심이 있다.

E

1 twice as large as   **2** the second largest city in Korea   **3** as soon as possible

4 the last man to betray   **5** one of the most serious problems

---

1 twice as large as

「-times as+ 원급 + as」의 구문으로 두 배일 때는 two times[twice]를 쓴다.

이 방은 저것보다 두 배나 넓다.

2 the second largest city in Korea

최상급의 표현으로 '두 번째로 가장 …한'의 의미일 때는 「the second + 최상급」의 형태를 사용한다.

부산은 한국에서 두 번째로 가장 큰 도시이다.

3 as soon as possible

as - as possible : 가능한 한 -한(하게)

가능한 한 빨리 대답해 주세요.

4 the last man to betray

the last - to부정사 : ~할 마지막 -

그는 그녀의 신뢰를 배신할 사람이 아니다.

5 one of the most serious problems

'가장 -한 것 중에 하나'의 표현은 「one of the + 최상급 + 복수명사」의 형태를 쓴다.

지구 온난화는 현재 세계에서 가장 심각한 문제들 중 하나이다.

F

●① better   ●② better   ●③ warmer

●④ more   ●⑤ more attractive   ●⑥ cheaper

Katie 여길 봐! 이 재킷들 멋지다 너는 어떤 것이 더 좋니?

Anna 어디 볼까. 음. 나는 양모 재킷이 더 좋아.

Katie 정말? 왜?

Anna 더 따뜻해 보이고 가죽 재킷보다 주머니가 더 많아.

Katie 음, 나는 가죽 재킷이 더 좋아. 양모 재킷보다 더 매력적이야.

Anna 음, 가격표가 없네.

Katie 아니야. 여기에 있어. 99달러야. Sears에 있는 것보다 더 싸. 입어볼래?

Anna 그래, 고마워.

G

●우리는 '캘리포니아 경제'를 의미 있게 말할 수 없는 것처럼 마찬가지로 '미국 경제'를 의미 있게 말할 수 없다.

어구

exhibit 나타내다, 보이다   separate 분리된

put simply 간단히 말해서   region 지역

cease 그치다, 끝내다   global 지구의, 전 세계의

오늘날 미국 경제는 2차 세계 대전 이후 그 어느 때보다도 더 큰 빈부의 격차를 보여 주고 있다. 가장 근본적인 이유는, 간단히 말하자면, 미국 그 자체가 세계의 나머지와 분리된 경제 체제로서 더 이상 존재하지 않는다는 것이다. 우리는 '캘리포니아 경제'를 의미 있게 말할 수 없는 것처럼 '미국 경제'를 의미 있게 말할 수 없다. 미국은 단지 세계 경제의 한 부분이 되고 있다.

A the better it conducts electricity

「the + 비교급 …, the + 비교급 ~」은 '…하면 할수록 점점 더 ~하다'의 의미를 나타낸다.

어구

copper 구리
resistance 저항
conduct 전도하다
electricity 전기
electrical current 전류
friction 마찰

B The higher the resistance, the hotter it can get.

전선을 만드는 데 다른 종류의 금속이 사용된다. 당신은 구리 전선, 알루미늄, 심지어는 강철 전선을 가질 수 있다. 이러한 금속들 각각은 다른 저항(금속이 전기를 잘 통하게 하는 정도)을 가지고 있다. 전선의 저항이 작으면 작을수록, 그것은 전기를 더 잘 통하게 한다. 구리는 다른 많은 금속들보다 낮은 저항을 가지고 있기 때문에 많은 전선에서 사용된다. 벽 내부, 램프나 그 밖에 다른 곳의 전선들은 대개 구리이다. 금속 조각은 히터의 역할을 하도록 만들어질 수 있다. 전류가 발생할 때, 저항은 마찰을 일으키며 마찰은 열을 낸다. 저항이 크면 클수록, 그것은 더 뜨거워진다. 따라서 헤어드라이어 안의 전선과 같은 저항이 큰 코일 전선은 굉장히 뜨거울 수 있다.

• ①

「as + 원급 + as」에서 형용사나부사의 원급이 사용되며, 형용사인지 부사인지는 문맥에 의해서 결정된다. 아이들이 어린 상태를 의미하므로 형용사 원급 young을 써야 한다.

어구

notion 개념
analysis 분석
lean 야윈
dissatisfaction 불만(족)
disorder 장애
perception 인지
proportionately 비례하여

최근 연구에 따르면, 열 살이나 열 한 살 된 어린 아이들이 이미 이상적인 신체에 관한 개념을 가지고 있다. 4천 명 이상의 학생들의 분석은 그들 신체 이미지에 대한 소녀들의 행복은 그들이 얼마나 날씬한가와 직접 관련이 있음을 밝혔다. 반면에 소년들은 너무 마르지도 않고, 너무 뚱뚱하지도 않을 때 가장 행복했다. 신체 이미지에 대한 불만족이 높은 식사 장애의 위험과 크게 관련이 있다는 점을 고려할 때, 연구원들은 완벽에 대한 인식이 그렇게 어린 나이에 시작된다는 것을 발견하게 된 점을 특히 염려하고 있다. 전체적으로 연구에 포함된 소녀들의 7.3%가 그들의 외모를 좋아하지 않는다고 보고했지만, 그 비율은 소녀들의 체중이 증가함에 따라 비례적으로 증가했다.

• ③

서유럽과 러시아를 포함한 동유럽의 이산화탄소 배출은 28.9%이고 북아메리카의 이산화탄소 배출은 28.1%이므로 거의 비슷한 수준이라고 할 수 있으므로 이곳의 이산화탄소 배출량이 북미보다 2배나 많았다는 ③의 내용은 도표의 내용과 일치하지 않는다 .

어구

emission 배출
equal 같은

① 극동 아시아와 호주는 2015년에 가장 많은 이산화탄소를 배출했다.
② 중앙아메리카와 남아메리카는 세계의 어느 다른 지역보다도 더 적은 이산화탄소를 배출했다.
③ 서유럽과 러시아를 포함한 동유럽의 이산화탄소 배출 비율은 북아메리카의 그것보다 두 배만큼이나 높았다.
④ 동유럽과 러시아는 중앙아메리카와 남아메리카가 배출한 이산화탄소의 세 배를 배출했다.
⑤ 아메리카 대륙 전체의 이산화탄소 배출량은 극동 아시아와 호주의 배출량과 같다.

A worse

B older

C better

D The more

E the better

(A), (B) 문맥상 나이가 들어감에 따라 기억력이 더 나빠지는 것이므로 (B)에는 old의 비교급을, (A)에는 bad의 비교급을 써야한다.

(C) 동사 function을 수식하는 부사 well의 비교급을 써야 한다.

(D), (E) 「the + 비교급 …, the + 비교급 ~」은 '… 하면 할수록 점점 더 ~하다'의 의미를 나타낸다.

어구

function 기능하다
mental 정신의
improve 향상시키다

많은 사람들은 나이를 먹어감에 따라 그들의 기억력이 감퇴한다고 믿는다. 하지만 이것이 당신에게 적용될 필요는 없다. 신체적 운동과 정신적 운동은 모두 당신의 기억력을 도와줄 것이다. 신체 운동은 혈액 순환을 향상시킨다. 이것은 당신의 뇌가 더 잘 기능하는 것을 도와준다. 걷기나 체육관에 가기, 수영이나 자전거 타기를 함으로써 당신의 몸을 활동적인 상태로 유지해라. 당신의 뇌는 당신의 근육과 마찬가지로 건강을 유지하기 위해서 운동을 필요로 한다. 정신운동을 함으로써 당신 자신에게 도전해 봐라. 낱말 맞추기 퍼즐을 하고, 독서를 많이 하고 체스와 같은 사고력을 요하는 게임을 해라. 이 모든 정신 운동은 당신의 기억력을 향상시키는 데 도움을 줄 것이다. 기억력은 근육과 같다는 것을 기억하라. 더 많이 사용하면 할수록, 그것은 더 좋아진다.

Answers Unboxed

Chapter 15 명사

 A

1 have 2 is sand 3 much 4 work 5 hair 6 much information is 7 jeans 8 telephone
9 is, furniture 10 advice

---

1 have
the police: 항상 복수 취급한다.
경찰이 그 용의자를 체포했다.

2 is sand
sand: 셀 수 없는 명사이므로 단수 취급한다.
내 신발 안에 모래가 있다.

3 much
money: 셀 수 없는 명사이므로 양을 나타내는 much를
사용한다.
네 자전거는 얼마였니?

4 work
work: 셀 수 없는 명사이므로 단수 취급한다.
나는 이번 주에 할 일이 많이 있다.

5 hair
hair: 셀 수 없는 명사이므로 단수 취급한다.
그녀는 머리가 매우 길다.

6 much information is
information: 셀 수 없는 명사이므로 단수 취급하며
much로 수식한다.
너무 많은 정보는 때때로 해롭다.

7 jeans
jeans: 언제나 복수형으로 쓴다.
내가 그녀를 볼 때마다 그녀는 청바지를 입고 있다.

8 telephone
telephone book: 전화번호부
당신의 전화번호부를 잠시 빌릴 수 있을까요?

9 is, furniture
furniture: 셀 수 없는 명사이므로 복수형을 쓸 수 없으
며 단수 취급한다.
이 방에는 많은 가구가 있다.

10 advice
advice: 셀 수 없는 명사이므로 복수형을 쓸 수 없다.
너는 컴퓨터를 사는 것에 대해서 그에게 조언을 좀 구해야
한다.

 B

1 don't → doesn't 2 Elizabeth → Elizabeth's 3 works → work 4 glass → glasses
5 tooth → teeth 6 A friend of me → A friend of mine 7 rooms → room 8 papers → paper
9 experiences → experience 10 trouser → trousers 11 glasses → glass

---

1 don't → doesn't
news는 단수 취급한다.
나쁜 소식은 사람들을 행복하게 하지 않는다.

2 Elizabeth → Elizabeth's
Elizabeth가 여행을 가는 것이므로 소유격을 써야 한다.
Elizabeth의 여행은 그녀를 6개의 대륙으로 데려다 주었다.

3 works → work

work: 셀 수 없는 명사

나는 할 일이 너무 많고 충분한 자유 시간이 없다.

4 glass → glasses

glasses: 안경 / glass: 유리

Tom은 시력이 나빠서 새 안경이 있어야만 했다.

5 tooth → teeth

brush one's teeth: 이를 닦다.

나는 치약으로 이를 닦는다.

6 A friend of me → A friend of mine

이중소유격

내 친구 한 명이 나에게 그의 식당의 일자리를 제안했다.

7 rooms → room

room: 공간(셀 수 없는 명사), 방(셀 수 있는 명사)

너는 여기에 앉을 수 없어. 공간이 없어.

8 papers → paper

paper: 종이(셀 수 없는 명사), 신문, 논문(셀 수 있는 명사)

나는 글을 쓸 종이가 약간 필요하다.

9 experiences → experience

experience: 셀 수 없는 명사(단, '개별적인 여러 경험들'을 의미할 때는 복수형도 가능하다.)

그들은 내가 많은 경험을 가지고 있었기 때문에 그 일을 내게 제의했다.

10 trouser → trousers

trousers는 항상 복수 형태로 쓴다.

너는 면접을 위해 가장 멋진 검은색 바지를 입는 것이 좋겠다.

11 glasses → glass

glasses: 안경 / glass 유리

누군가가 병을 깼고, 바닥에 유리가 있었다.

C

• ④

① 화랑, 미술관

② 시리즈

③ (책의) 권, 부피, 음량

④ 수집(물), 모금, 모음집

⑤ 생산, 제작

1 대개 일정한 기간을 두고 천천히 수집한 유사한 것들 (수집물)의 모음: Robert의 인쇄물과 그림의 수집물은 몇 년에 걸쳐 구입된 것이다.

2 자선단체에 기부하기 위해 사람들에게 돈을 요청하는 행위(모금): 우리는 집 없는 사람들을 위한 모금에 착수해야 한다.

3 하나의 책에 있는 이야기, 시, 기사: 2년 전에 그는 아이들에 관한 단편집을 출판하였다.

D

• figure

figure에는 '도형', '인물', '형태', '숫자' 등 여러 의미가 있다.

1 육각형은 6개의 면이 있는 도형이다.

2 의장의 보너스는 올해 10만 달러(여섯 자리)를 족히 넘을 것이다.

3 그는 1990년대에 한국에서 유력 인사였다.

4 한 작은 형상이 출입구에 나타났다.

5 현재 60대인데 그녀는 여전히 굉장한 몸매를 갖고 있다.

E --

•① Life •② Time •③ an experience •④ an orange •⑤ fruits

① Life는 셀 수 없는 명사다.
② Time은 셀 수 없는 명사다.
③ experience에 부정관사를 붙이면 '구체적인 경험'을 나타낸다.
④ orange는 셀 수 있는 명사다.
⑤ 여러 종류의 과일을 의미할 때 복수형을 쓸 수 있다.

Michael에게
Bali에서 안부를 전한다! 여기에서의 생활은 멋져. 모든 사람이 천천히 걸어. 여기에서 시간은 느려져. 이것은 내가 오랫동안 잊지 못할 경험이야. 지금 나는 너에게 (엽서를) 쓰면서 해변에 앉아 있어. 호텔 레스토랑의 아침 식사는 양이 너무 많아서 나는 점심을 먹을 필요가 없어. 나는 나중에 먹으려고 오렌지를 하나 가져왔어. 나는 이 지역에서 자라는 온갖 다른 과일들을 먹어 보고 있는데 전부 맛있어. 이만 줄일게.
Kevin으로부터

F --

•① an essay •② a computer •③ essays
•④ hours •⑤ many •⑥ much •⑦ food
•⑧ much •⑨ a job •⑩ some •⑪ a few

Elle Dylan, 뭐 하고 있니?
Dylan 에세이를 쓰고 있어.
Ellen 오, 너 컴퓨터가 있구나. 넌 에세이를 항상 컴퓨터로 쓰니?
Dylan 그래, 하지만 오늘은 잘 안 되네. 지금 세 시간 동안 계획만 세우고 있어.
Ellen 너는 도움이 될 만한 많은 책이 있잖아. 나는 너만큼 책이 많지 않아. 그건 내가 돈이 많이 없기 때문이야. 때때로 나는 음식을 사먹을 돈도 없어.
Dylan 정말? 괴롭겠구나.
Ellen 나는 여가 시간에 할 수 있는 일자리를 얻어서 돈을 벌고 싶어. 몇 가지 아이디어가 있기는 한데, 내가 무엇을 해야 한다고 너는 생각하니?
Dylan 그냥 네 마음이 가는 대로 하렴.

G --

•member → members •a great times → a great time •their own → its own

모든 가족 '구성원들'을 의미하므로 복수형인 members 가 되어야 한다.
time은 셀 수 없는 명사로 '시간'을 의미하며, times는 '-배; 시대, 시기'의 의미가 있다.
each의 수식을 받는 명사는 단수 대명사로 받는 것이 원칙이므로 its가 적절하다. 구어체에서는 their를 허용하기도 한다.

모든 가족 구성원들은 여러 이유들로 함께 모인다. 때때로 그들은 생일, 결혼식, 졸업식을 축하하며, 때때로 특별한 휴일을 축하한다. 이러한 휴일에 사람들은 일하지 않으며 그들의 가족과 멋진 시간을 보낸다. 휴일들은 각 나라 또는 가족이 그들 자신의 전통을 가지고 있기 때문에 다르다.

어구
gather 모이다
celebrate 축하하다
tradition 전통

A has

C company

(A) a lot of beer는 셀 수 없는 물질 명사이므로 단수 동사 has로 받아야 한다.
(B) 수영 반바지는 항상 복수형(swimming trunks)으로 쓴다.
(C) '함께 있음, 친구(들), 손님'의 의미로 쓰인 명사 company는 셀 수 없는 명사로 취급되어 부정관사 a를 붙이지 않는다. a가 붙으면 '회사'를 의미한다.

어구

build 체격   robe 옷, 의상
insist 고집하다   attention 관심, 주의
embarrassed 당황한

B trunks

나의 아빠는 젊었을 때 멋진 체격을 가지고 있었다. 그러나 그 이후로 맥주를 많이 마셔서 지금은 매우 뚱뚱하다. 그는 수영 반바지를 입고 집에 앉아 있기를 고집한다. 내 친구들이 우리집에 오면 나는 당혹스럽다. 나의 엄마도 역시 그것을 싫어한다. 가끔 엄마는 "Harold, 가서 옷을 입어요."라고 말한다. 그러나 아빠는 전혀 신경을 쓰지 않는다. 나의 아빠는 멋지며, 나는 아빠의 220파운드나 나가는 체중도 좋아한다. 하지만, 당신은 내가 친구들과 함께 있을 때 그가 수영복을 입고 거실에 앉아 있어야 한다고 생각하는가?

A volume

(A) volume은 '부피', '용적', '양' 등의 의미가 있다.
(B) room은 '공간', '장소', '여지' 등의 의미가 있다.
(A) 어떤 것이 크거나 증가할 때, 그것의 총량
(B) 특정한 목적을 위해 필요한 공간의 양

어구

storage 저장   precipitation 강우(량)
capacity 용량   susceptible 영향받기 쉬운
reservoir 저수지   silt (모래와 점토의 중간 크기의) 미사(微沙)

B room

댐이 오래됨에 따라 그 밑바닥에 미사가 쌓이면서, 물리적으로 저수지에 들어가는 물의 양을 감소시켜서 저수 용량의 일부가 줄어든다. 강우를 위한 더 적은 공간을 가진 저수지는 범람하기가 더 쉽다. 그 문제의 한 가지 해법은 빗물을 위한 더 많은 공간을 제공하기 위해서 저수지에 있는 물의 양을 줄이는 것이다.

• ⑤

each 다음에는 단수 명사가 오므로 ⑤를 each page로 써야 한다.

어구

paragraph 단락
mess around 어리석은 짓을 하다
attach 붙이다
separate 분리하다

여기에 대학교 수업을 위한 에세이를 쓰고 그것을 제출할 때 유념해야 할 몇 가지 유용한 정보가 있다. 우선 만일 최소 페이지가 10페이지라면 9페이지에다 한 단락 거 길게 해서 시험지를 제출하지 마라. 또한 더 많은 페이지를 만들기 위해서 폰트 크기를 가지고 장난치는 것은 좋은 생각이 아니다. 교수님들은 당신보다 이것을 어떻게 하는지 더 잘 알고 있다. 둘째, 교수님들은 채점을 해야 할 엄청나게 많은 시험지를 가지고 있으므로 잘 묶이지 않은 시험지는 없어진 페이지를 초래할 수 있다. 시험지를 바인더 클립으로 철하거나 더 좋게는 스테이플러로 박아라. 종이 클립은 너무 쉽게 헐렁해질 수 있다. 마지막으로, 페이지가 분리되는 경우를 대비해서 각 페이지에 이름과 페이지 번호를 써라.

1 him, he 2 this 3 those 4 that 5 one 6 mine, me 7 Every 8 its 9 Which
10 another 11 that

---

1 him, he
인칭대명사가 목적어 자리에 있으면 목적격을, 주어의 자리에 있으면 주격을 사용한다.
나는 그에게 새 스웨터를 사 주었지만 그는 그것을 좋아하지 않았다.

2 this
앞문장의 내용을 지칭하는 지시 대명사 this가 필요하다.
학생들이 늦었고 이것은 남 선생님을 화나게 했다.

3 those
those who -: -하는 사람들
모든 것은 기다리는 사람에게 온다(기다리는 사람에게 때가 온다).

4 that
명사의 반복 사용을 피하기 위해서 사용되는 지시대명사 that
그의 삶은 Indiana Jones의 삶보다 더 흥미진진했다.

5 one
one = 「a + 명사」의 의미로 앞에 언급된 물건과 동일 종류를 가리킨다.
나는 사전을 잃어버렸다. 그래서 나는 하나를 사야 한다.

6 mine, me
이중 소유격에 쓰이는 소유대명사와 간접목적어 자리에 사용되는 목적격 인칭대명사
내 친구 한 명이 나에게 크리스마스 선물을 줬다.

7 Every
「Every + 단수명사 + 단수동사」
길에 있는 모든 집은 주소를 가지고 있다.

8 its
its는 it의 소유격이며 it's는 it is 의 줄임말이다.
저 개는 귀를 다쳤다.

9 Which
의문대명사 what과 which를 구별하는 것으로 선택의문문에 쓰이는 것은 which이다.
혼다와 현대 중 어느 차가 네 것이니?

10 another
another: 또 다른 것
나는 이 방이 맘에 들지 않아. 다른 것을 요청하자.

11 that
부사구를 강조하는 It is[was] - that ~ 강조 구문이다.
끔찍한 쓰나미가 일본의 북동 해안을 강타한 것은 바로 2011년이었다.

1 ④   2 ②   3 ②   4 ④   5 ③

---

1 ④

특정한 수의 나머지를 가리킬 때 the others를 사용한다.

여기에 네 개의 가방이 있지만 저는 두 개만 들 수 있어요. 나머지를 갖다 주세요.

2 ②

one은 store를 가리킨다.

새 상점은 옛 것보다 대략 네 배 더 크다.

3 ②

ones는 rings를 가리킨다. 복수형일 때는 ones를 사용한다.

저는 이 반지가 맘에 들지 않아요. 더 좋은 것들 좀 보여 주세요.

4 ④

두 개 중 나머지 하나를 가리킬 때는 the other를 사용한다.

나는 두 벌의 코트가 있다. 하나는 파란색이고 나머지 하나는 검은색이다.

5 ③

some - others -: 많은 수의 사물을 막연히 나열할 때 사용한다.

어떤 사람들은 바다를 좋아하고 또 어떤 사람들은 산을 좋아한다.

C

1 her → hers **2** than Seoul → than that of Seoul **3** ones → one **4** him → himself **5** him → his

6 you and I → you and me **7** me → mine **8** that → ones **9** There are → It is

10 두 번째 you → yourself

---

1 her → hers

'그녀의 것'이므로 소유대명사 hers를 써야 한다.

저것은 누구의 스포츠카니? - 그것은 그녀의 것이야.

2 than Seoul → than that of Seoul

앞에 나온 명사의 반복을 피하기 위해서 시용되는 지시 대명사 that

도쿄의 인구는 서울의 그것(인구)보다 많다.

3 ones → one

a screwdriver를 가리키는 대명사 one이 쓰여야 한다.

드라이버를 건네주세요. 가장 작은 것으로요.

4 him → himself

동사의 행위의 대상이 주어와 동일하므로 재귀대명사가 쓰여야 한다.

Paul은 지붕을 고치는 도중에 떨어져 다쳤다.

5 him → his

이중 소유격에서 쓰이는 소유대명사

그의 친구 중 한 명이 요전날 자신의 초상화를 그렸다.

6 you and I → you and me

between you and me : 우리끼리 얘기인데

우리끼리 얘기인데, 나는 테니스를 전혀 못 해.

7 me → mine

my idea를 가리키는 소유대명사 mine이 필요하다.

그녀의 생각은 내 것과는 달랐다.

8 that → ones

glasses를 가리키는 ones가 필요하다.

나는 안경을 잃어버려서 새 것을 사야 한다.

9 There are → It is

거리를 나타내는 비인칭 주어 it의 용법이다.

가장 가까운 역까지는 5마일이다.

10 두 번째 you → yourself

blame oneself : 자책하다

나는 네가 사고에 대해서 너 자신을 비난하는 것을 그만 두어야 한다고 생각해.

D

1 herself **2** herself **3** it **4** yourself **5** it **6** another **7** himself **8** myself **9** one **10** it

1 herself
재귀대명사의 재귀용법
그녀는 거울 속의 자기 자신을 들여다보는 것을 좋아한다.

2 herself
재귀대명사의 강조용법으로 actress가 여성이므로
herself가 되어야 한다.
그 여배우가 직접 나에게 편지를 썼어.

3 it
it은 the dictionary를 가리킨다.
나는 그에게 사전을 하나 주었는데 그는 그것을 잃어버렸다.

4 yourself
help yourself는 '마음껏 먹다'는 의미이다.
과일을 마음껏 드세요.

5 it
상황을 나타내는 비인칭 주어 it
어떻게 지내세요?

6 another
A is one thing. B is another: A와 B는 별개의 것이다.
아는 것과 행동하는 것은 별개의 것이다.

7 himself
beside oneself: 제정신이 아닌
James는 시합에 이긴 후 기뻐서 제정신이 아니었다.

8 myself
재귀대명사의 재귀적 용법으로 enjoy oneself는 '즐기다'
라는 의미이다.
나는 네 파티에서 정말로 즐거운 시간을 보냈어.

9 one
shop을 지칭하는 one이 필요하다.
저 상점은 이 상점만큼 좋지 않다.

10 it
the house라는 특정한 사물을 가리키는 it이 필요하다.
그녀는 집을 보고 즉시 그것을 사기로 결심했다.

 E

1 his   2 those   3 it   4 It, it   5 they

1 his
겉모습에 현혹되지 말라는 속담이다. a man을 가리키는
his가 필요하다.
외모로 사람을 판단하지 마라.

2 those
고집불통임을 나타내는 속담이다. those who는 '-하는
사람들'이라는 뜻이다.
보려고 하지 않는 사람처럼 눈 먼 사람은 없다.

3 it
둘 중에 하나만 할 수 있다는 의미이다. cake를 가리키
는 it이 필요하다.
케이크를 먹기도 하고 갖기도 할 수는 없다.

4 It, it
불행은 겹치고 나쁜 일은 연달아 일어나기 마련이라는 의
미이다. 날씨를 표현하는 비인칭 주어인 it이 필요하다.
비가 오기만 하면 퍼붓는다.

5 they
서둘러 판단하지 마라 또는 김칫국부터 마시지 말라는 의
미이다. chickens를 가리키는 they가 필요하다.
부화하기 전에 병아리 수를 세지 마라.

F

1 this   2 those   3 this   4 These   5 that   6 Whose   7 Which   8 What

1 this
뒤에 here가 나오므로 가까운 것을 가리키는 this가 필요하다.
여기 이 종이에 서명해 주시겠어요?

2 those
from the table이라는 구문이 나오므로 먼 것을 가리키는 those 가된다.
그 탁자에서 저 바나나 좀 가져다줄래요?

3 this
뒤에 이어질 내용을 가리키고 있으므로 this가 알맞다.
결론은 이것이다: 연습이 완벽을 만든다.

4 These
뒤에 magazines라는 복수형 이 나오므로 지시형용사도 these가 되어야 한다.
이 잡지들은 이 잡지들은 패션과 생활방식에 관한 것이다.

5 that
명사의 반복을 피하기 위해 사용할 때 that[those] 을 쓴다.
중국의 인구는 한국의 인구보다 더 많다.

6 Whose
의문형용사 whose는 '누구의'라는 의미이다.
다음은 누구 차례인가요?

7 Which
두 개 중에서 고르는 것이므로 which가 알맞다.
어떤 길이니? 왼쪽 아니면 오른쪽?

8 What
제한된 몇 개 중에서 고르는 질문이 아니므로 what이 알맞다.
오늘 아침에 무엇을 했니?

G

● ⓐ 팔과 다리가 없이 태어난 것

ⓐ it은 '팔과 다리가 없이 태어난 것'을 의미하고,
ⓑ them은 'arms and legs'를 의미한다.

어구

disabled 장애의

● ⓑ 팔과 다리

나는 팔과 다리가 없이 태어났다. 의사들은 왜 내가 이렇게 태어났는지 설명할 수 없었다. 나의 부모님은 그것을 받아들이게 되었고 나에게도 똑같이 할 것을 가르치셨다. 사실 나는 나 자신이 장애를 가지고 있다고 생각한 적이 없다. 사실, 팔과 다리를 가지고 있는 것이 대부분의 사람들에게 자연스러운 것처럼 나에게는 그것들이 없는 것이 자연스럽다.

H

● ⑤

⑤ problems or questions를 받는 대명사이므로, this 대신 복수 형태인 지시대명사 these를 써야 한다.
① isn't의 보어이므로 형용사 형태로 써야 한다. ② when it comes to -는 '-에 관해 말하자면'의 관용구로 to는 전치사로 사용되었다, 따라서 to 뒤에는 명사가 와야 한다. ③ some people이 주어이므로 복수 형태의 동사 are가 적절하다. ④ 문장의 주어인 to understand this의 내용을 받는 것으로, 가주어를 시용해야 한다. this, that 등의 표현을 가주어로 사용할 수는 없고, it을 써야 한다.

직장 내 원활한 의사소통은 보이는 것처럼 항상 쉽지만은 않다. 다른 세대와 배경 출신이 다른 사람들은 모두 의사소통에 대해서 다양한 기대와 기술을 가지고 있고, 이러한 점들을 이해하지 못한다면 문제가 발생할 수도 있다. 게다가 몇몇 사람들은 그들이 직무 능력이 아무리 뛰어나더라도 의사소통을 반드시 잘하는 것은 아니다. 고용주로서 이러한 점을 이해하는 것이 당신의 일이다. 당신의 근로자들이 가지고 있는 문제나 질문 사항에 대해 알아보는 데 필요한 시간을 꼭 갖도록 해라. 마지막으로 이러한 점들을 해결하는 데 솔직하고 정직한 방법을 취해라.

어구

generation 세대   workforce 노동력
background 배경   straightforward 솔직한
lead to -을 초래하다   resolve 해결하다
be good at -을 잘하다

•① their •② Our •③ our •④ hers •⑤ her •⑥ your •⑦ your

어구

suit 옷, 의상
shabby 초라한, 낡은
idol 우상, 스타
mend 수선하다, 고치다
rip 찢어진 곳; 찢다

과거에 대중 스타들은 최고의 의상을 입었다. 하지만, 시대가 변했다. 오늘날, 점점 더 많은 대중 스타들이 낡은 옷을 입는다. 어떤 것이 입기에 멋진지에 관한 우리들의 생각은 변해 왔다. 우리가 우리의 우상들이 뭔가 색다른 것을 입고 있는 것을 볼 때, 예를 들어, 우리는 "그녀의 저 스카프를 봐. 저것은 디자이너가 만든 것임에 틀림없어."라고 생각한다. 하지만, 그것은 아마도 그녀의 할머니로부터 얻은 낡은 옷일 수도 있다. 만일 당신이 대중 스타처럼 옷을 입고 싶다면 당신의 어머니가 당신의 낡은 청바지를 수선하지 않도록 하라. 찢어진 곳이 많으면 많을수록 더 좋다.

A yourself

B Answering

C It

(A) 동사(구)의 목적어가 주어와 동일할 경우에는 재귀대명사를 쓴다.
(B) 동명사구는 문장에서 주어로 쓰일 수 있으며 목적어를 취할 수 있다.
(C) 앞 문장에서 주어는 동명사구(Answering -)로 단수이므로 이를 받는 대명사는 it이 되어야한다.

어구

attempt 시도하다
intend 의도하다
essential 본질적인
improve 향상시키다

당신이 어떤 일을 하려고 하지만 실패하게 될 때, 당신은 의도했던 것을 왜 이루지 못했는지를 자신에게 물어보아야 한다. 새롭고 독특한 방식으로 이런 질문에 답하는 것은 중요한 창조적 행동이다. 이것은 당신이 다음에 성공하게 될 가능성을 증진시킬 것이다.

•③

③에서 주어가 Korea(단수)이므로 소유격 대명사로 their가 아니라 its 또는 her로 받아야 한다.

어구

recently 최근에
traditional 전통적인

최근 심각한 질병이 아시아 국가들을 강타하여 수백 명의 사망자를 발생시켰다. 이 지역에 사는 많은 사람들은 추운 날씨가 시작되면서 다시금 걱정하는 것 같다. 그러나 이들 나라와 가깝게 위치해 있음에도 불구하고, 한국은 이 치명적인 질병으로부터 자유로웠다. 많은 사람들은 그 비결이 거의 모든 식사와 함께 제공되는 한국의 전통 음식인 김치 때문이라고 생각하고 있다.

A

1 the old ladies **2** night **3** Life **4** the words **5** Water **6** the pepper **7** Han River

8 Europe **9** Korea **10** breakfast

1 the old ladies
수식을 받는 어구를 한정하는 the가 필요하다.
나는 저 집에 사는 할머니들과 얘기하는 것을 좋아한다.

2 night
관용적으로 at night에는 정관사를 붙이지 않는다.
아픈 아이는 밤에 깨어나기가 쉽다.

3 Life
'인생'을 뜻하는 life는 무관사로 사용한다.
인생은 때때로 힘겹다.

4 the words
수식을 받는 어구에 the를 사용한다.
나는 저 노래의 가사를 이해할 수 없다.

5 Water
특정한 '물'을 지칭하는 것이 아니므로 관사가 불필요하다.
물은 0℃에서 얼음으로 변한다.

6 the pepper
가리키는 대상이 분명할 때는 the를 사용한다.
후추 좀 건네주시겠어요?

7 Han River
강 이름에는 정관사가 붙는다. 호수 이름 앞에는 관사가
붙지 않는다.
나는 한 번은 한강에서 보트를 탔다.

8 Europe
사막 이름 앞에는 관사를 붙이지만, 대륙 이름 앞에는 관
사를 붙이지 않는다.
나는 자동차로 유럽을 횡단할 것이다.

9 Korea
복수형의 국가 이름 앞에는 정관사를 붙인다.
나의 형은 한국에서 일한다.

10 breakfast
식사를 나타내는 명사는 무관사로 쓴다.
오늘 아침에 아침 식사로 무엇을 먹었나요?

B

1 The **2** an **3** a[the] **4** the **5** the **6** × **7** a **8** a **9** × **10** the

1 The
language를 수반하는 언어 이름 앞에는 the를 붙인다.
영어는 배우기가 어렵다.

2 an
a(n) = per
충돌했을 때, 그는 시속 80마일로 운전하고 있었다.

3 a[the]
used는 발음이 모음으로 시작하므로 a를 써야 한다.
나의 형은 중고 자동차를 한 대 샀다.

4 the
단위를 나타낼 때 쓰이는 the
너는 이 방을 주 단위로 빌릴 수 있다.

5 the
관용적 표현으로 신체 일부를 나타낼 때는 the를 사용한다.
누군가가 어둠 속에서 내 팔을 잡았다.

6 ×
건물 이름이 본래의 목적을 나타낼 때는 관사를 붙이지 않는다.
그는 일요일마다 교회에 가서 예배를 드리곤 했다.

7 a
「such a + 형용사 + 명사」의 어순이다.
그들은 아주 멋진 시간을 보내고 있다.

8 a
고유명사에 관사를 붙여 보통명사로 만든다.
그는 파리에서 피카소의 작품을 하나 구입했다.

9 ×
운동 이름 앞에는 무관사이다.
너는 축구를 할 줄 아니?

10 the
극장 이름 앞에는 정관사를 붙인다.
그녀는 국립극장에서 일한다.

C -

•① the •② a •③ a •④ the •⑤ the

처음 나온 명사 앞에는 부정관사를 쓰며, 두 번째 언급이 되거나 다른 어구의 수식을 받을 때는 정관사를 쓴다.

Austin 이것이 네가 나에게 말했던 그 책이니?
Chleo 그래, 정말 재미있는 책이야.
Austin 그게 무엇에 관한 것이라고 했지?
Chleo 너 내 말을 듣고 있지 않았구나. 그것은 공상과학 소설이야, 그것은 우주의 시작에 관한 것이야.

D -

1 me a postcard **2** is the largest **3** got a splitting **4** the name of the director of the film

5 in an old house near the station

- -

1 me a postcard
처음 나온 명사 앞에는 부정관사 a를 붙인다.
휴일을 즐기고 내게 엽서 보내는 것 잊지 마.

2 is the largest
최상급의 표현에는 정관사 the를 사용한다.
한국에서 가장 큰 도시는 뭐니?

3 got a splitting
구체적인 증상을 나타낼 때 부정관사를 사용한다.
저는 머리가 깨질 듯이 아파요.

4 the name of the director of the film
한정을 받는 어구이므로 the를 쓴다.
우리가 어젯밤에 본 영화의 감독 이름이 뭐니?

5 in an old house near the station
불특정 명사 앞에는 부정관사, 특정 명사 앞에는 정관사를 사용한다.
그녀는 역 근처의 낡은 집에 산다.

제대로 영문법

E

1 by the telephone → by telephone   2 a so strange story → so strange a story 또는 such a strange story   3 The both → Both the   4 a mother → the mother   5 the feather → a feather   6 to college → to the college   7 on a cheek → on the cheek   8 a MVP → an MVP

---

1 by the telephone → by telephone
교통, 통신 수단 앞에는 정관사를 쓰지 않는다.
그는 나에게 전화로 소식을 말해주었다.

2 a so strange story → so strange a story

또는 such a strange story

부정관사의 위치: 「so + 형용사 + a(n) + 명사」, 「such + a(n) + 형용사 + 명사」
so + 형용사 + a(n) + 명사/such + a(n) + 형용사 + 명사
~ that절 : 너무 -해서 ~하다
그것은 아주 이상한 이야기여서 그것을 믿는 사람들은 거의 없었다.

3 The both → Both the
정관사의 위치: 「both + the + 명사」
두 형제 모두 아주 부지런하다.

4 a mother → the mother
「the + 보통명사」 → 추상명사
그녀는 가슴 속에서 모성애가 솟아나는 것을 느꼈다.

5 the feather → a feather
a = the same
같은 깃털의 새는 함께 모인다. 유유상종(類類相從)

6 to college → to the college
건물 본래의 목적이 아닐 경우에는 정관사 the를 쓴다.
그는 그의 친구들을 만나기 위해 대학에 갔다.

7 on a cheek → on the cheek
신체 일부를 나타낼 때는 정관사 the를 쓴다.
그는 그녀의 뺨에 키스했다.

8 a MVP → an MVP
철자가 아니라 모음으로 발음이 되면 부정관사 an을 쓴다.
그는 MVP 상을 받았고, 그는 그것을 받을 만했다.

F

• ① A • ② the • ③ the • ④ The • ⑤ a • ⑥ the • ⑦ the • ⑧ the

어구

locate 위치하다
gorge 골짜기
gallon 갤런(용량의 단위)
spot 장소; 찾아내다
survey 조사하다
air crash 비행기 추락
ash 재
sprinkle 뿌리다

많은 사람들이 나이아가라 폭포에 대해서는 알지만 당신은 Angel 폭포에 대해서 들어 봤는가? 베네수엘라에 위치한 Angel 폭포는 세계에서 가장 긴 폭포이다. 그것의 낙하 길이는 나이아가라 폭포의 20배나 된다. 물은 3,212피트의 골짜기 아래로 떨어진다. 그것은 초당 7억 4천 8백만 갤런의 물을 실어 나른다. 그것은 Carroa 강의 지류로 떨어진다. 그 폭포는 1933년에 골짜기 위로 비행을 하다가 그것을 발견한 Jimmy Angel 의 이름을 따서 이름이 지어졌다. 그가 세계에서 가장 긴 폭포를 발견했다고 확신했다 14년 후, 그 폭포는 제대로 측량되었고 그의 생각은 옳았다. Jimmy Angel 이 1956년에 비행기 추락 사고로 사망했을 때, 그의 유해는 Angel 폭포 위에 뿌려졌다.

• ②

운동 종목 이름 앞에는 관사를 붙이지 않는다.

어구

confuse 혼동하다, 당황하게 하다
slap 찰싹 때리다
yell 고함치다
embarrassed 난처해하는

어느 날, 나는 오전에 체육관 수업이 있었고, 점심 식사 후에 '정오 농구'가 있었다. 체육관에서 우리는 배구를 했었고 서브를 넣는 방법을 배우던 중이었다. 나중에, 농구 경기를 하는 동안에 팀의 동료가 나에게 공을 패스했을 때 나는 혼란스러웠다. 공을 잡아서 슛을 하는 대신에, 나는 점프를 한 후 그 공을 그에게 쳐서 보냈다. 라인 밖에 있던 모든 사람이 "이건 농구야, Kate. 배구가 아니야!"라고 외쳤다. 나는 너무 난처했다.

Answers Unboxed

A

1 of 2 on 3 through 4 into 5 for 6 over 7 in 8 to 9 on 10 on

1 of
relieve A of B: A로부터 B를 덜다(경감 하다)
그들은 그녀의 통증을 줄이기 위해서 노력해 왔다.

2 on
depend on ~: ~에 달려 있다
나는 밖에서 파티를 열고 싶지만 그것은 날씨에 달려 있다.

3 through
through : ~을 통과하여
그는 빨간 신호등을 무시하고 운전했고 (신호 위반) 딱지를 떼었다.

4 into
turn A into B: A를 B로 바꾸다
사악한 마녀가 왕자를 개구리로 변하게 했다.

5 for
for는 교환의 의미로 쓰인다.
이 시장에서 바나나는 1달러에 2파운드이다.

6 over
preside over: (회의 등을) 주재하다
의장은 나에게 오늘 밤 회의의 사회를 볼 것을 요청했다.

7 in
in은 '착용' 을 나타낸다.
모두 의상을 차려 입고 토요일 밤 파티에 갔다.

8 to
to는 '~에 관하여'의 의미이다.
그 질문에 대해 대답할 수 있나요?

9 on
on the spot은 '현장에서'의 의미이다.
그의 가장 친한 두 친구가 논쟁을 할 때 그는 현장에 있었다.

10 on
on the tip of one's tongue: 혀끝에서 뱅뱅 도는
나는 그의 이름을 기억할 수는 없지만 이름이 내 혀끝에서 맴돈다.

B

1 ①   2 ④   3 ③   4 ②   5 ③

1 ①
시간의 경과를 때 쓰이는 in으로 여기서는 '~이 지나면, ~후에'의 의미로 쓰였다.
나는 약 10분 후에 떠날 준비가 될 것이다.

2 ④
도구를 나타내는 with
나는 카펫을 청소할 어떤 것이 필요하다.

3 ③
name after: ~을 따서 이름을 짓다
나의 절친한 친구인 John은 증조부의 이름을 따서 이름이 지어졌다.

4 ②
기간을 나타내는 for는 '~동안'의 의미이다.
나의 부모님은 20년 동안 결혼 생활을 해오고 계시다.

5 ③
by accident: 우연히
아주 우연히, 그는 간단한 해결책을 생각해냈다.

C

① on　② on　③ from, into　④ to　⑤ to　⑥ with　⑦ to　⑧ of　⑨ with　⑩ since

---

1 on
be on the phone: 전화를 걸고(받고) 있는
Lauren은 전화기를 붙들고 오후 내내 시간을 보냈다.

2 on
on television: TV에서
너는 이런 종류의 폭력을 TV에서 자주 본다.

3 from, into
be made from -: -로부터 만들어지다
be made into -: -로 되다
치즈는 무엇으로 만들어지니?　　우유가 치즈로 돼.

4 to
in addition to -: -에 더하여
그것 이외에, 나는 정말이지 그 문제 자체를 이해할 수 없다.

5 to
owing to-: -때문에
그 회사는 자본 부족 때문에 문을 닫았다.

6 with
「with + (대)명사 + 보어」: -한 채
눈을 감은 채 이 음악을 들어라.

7 to
due to -: -때문에
당신의 성공은 무엇 때문이라고 생각하나요?

8 of
chance of -: -의 기회
당신을 다시 볼 기회가 있을까요?

9 with
with ease = easily
보안 코드는 비교적 쉽게 풀릴 수 있었다.

10 since
since: -이래로
오늘 아침 10시경부터 눈이 오고 있다.

D

① with　② from　③ up　④ against　⑤ through

---

1 with
with red hair: 빨간 머리를 가진
빨간 머리의 소녀가 춤을 추고 있다.

2 from
from behind -: -뒤에서부터
그 여자는 커튼 뒤에서 나타났다.

3 up
up은 아래에서 위로 향하는 방향이나 이동을 나타낸다.
나는 언덕을 걸어 올라 집까지 갔다.

4 against
반대를 나타내는 전치사는 against이다.
당신은 사형 제도에 찬성하나요, 아니면 반대하나요?

5 through
work one's way through college: 고학으로 대학을 다니다.
그녀는 고학으로 대학을 다닌다.

1 up → for **2** from → of **3** by → of **4** In → On **5** for → with **6** for → by

----

1 up → for
look for는 '-을 찾다'라는 의미이다.
그는 잃어버린 가방을 찾고 있다.

2 from → of
재료의 모양이 보전되어 있는 물리적인 변화일 때는 of
를 시용한다.
책상과 의자는 나무로 만들어진다.

3 by → of
죽은 원인을 나타낼 때는 die of 또는 die from을 쓴다.
나의 할머니는 88세 때 심장마비로 돌아가셨다.

4 In → On
보통 '저녁에'는 in the evening이지만 특별한 날의 저녁
을 의미할 때는 전치사 on을 쓴다.
7일째 저녁에 그들은 나를 큰 마티에 초대했다.

5 for → with
put up with: 참다, 견디다
그녀는 그러한 불합리한 요구를 참아야 했다.

6 for → by
전치사 by는 교통, 통신 수단을 나타낸다.
나는 비행기를 타고 중국에 갔다.

F ---

• ⑤

여기에서의 under의 뜻은 '(어떤 부담이나 압박, 고통 등
의) 영향을 받는'의 의미이다.

잡지의 기사를 쓰는 사람은 시간에 맞춰 이야기를 끝내야 하
는 어떤 압력 아래에 있게 될 것이다. 어떤 중요한 요소들은
시간이나 공간의 부족으로 편집될 수도 있다. 이런 부분들의
포함 또는 제외는 이야기에 큰 영향을 줄 수 있다.

1. 어떤 것의 아래에 : 우리는 금문교 아래를 항해했다. 2. 특
정한 수, 양, 나이 또는 가격보다 적은 : 이 장난감들은 5세
이하의 어린이들에게는 적합하지 않다. 3. 시스템 또는 정부
등에 의해 통제되거나 지배를 받는 : 그 나라는 군대의 통치
하에 있다. 4. 직장이나 회사 등에서 낮은 지위에 있는 : 그
녀는 직장에서 3명의 부하 직원을 데리고 있다. 5. 특정한 조
건, 영향, 또는 상황에 의해 영향을 받는 : 그들은 새 친구들
의 영향 하에 있다.

G ---

• ① to   • ② from   • ③ to

① according to -: -에 따르면
② be different from -: -와 다르다
③ listen to -: -을 듣다

🔵 **어구**

psychologist 심리학자
attitude 태도
quality 자질, 품성
expert 전문가

최근 조사에 따르면, 대부분의 사람들은 그들 자신을 자랑스
럽게 여기지 않으며, 그들의 외모에 행복해하는 사람은 거의
없다. 심리학자들은 이러한 태도가 모두 잘못된 것이라고 믿
고 있다. 그들은 각각의 사람들이 자기 자신만의 특별한 자
질이 있으며 우리는 다른 사람과 다른 것에 대해 두려워하
지 말아야 한다고 말한다. TV와 패션 잡지들은 우리가 '되어
야 하는' 방식에 관한 생각들을 우리에게 제공한다. 그러나
전문가들은 그것에 '귀 기울이지 말아야 한다.' 고 조언한다.

●②

문맥상 ②는 '나란히'를 의미하는 'side by side'로 써야
한다.

> **어구**

have a crush on -: -을 짝사랑하다, -에게 홀딱 반하다
brand-new 새로운, 신품의
side by side 나란히
clasp 걸쇠, 잠금쇠

수영 강습 첫날, 나는 내가 학교에서 좋아하는 남자 아이
가 나와 같은 그룹에 있다는 것을 알고는 놀랐다. 다음 강
습에서 나는 새 비키니를 입었고 최상의 기분이었다. '이상
형의 남자'와 내가 나란히 수영을 하면서, 나는 인생이 이
보다 더 좋을 수는 없다고 생각했다. 그 때 이 일이 일어났
다. 비키니 수영복 상의의 버클이 반으로 쪼개졌다. 나의 상
의는 바로 나의 이상형 앞에서 벗겨졌다! 그것은 내 인생에
서 가장 황당한 순간이었다! 하지만 나는 뭔가를 배웠다. 그
것은 수영 강습을 위해서는 항상 한 벌로 된 수영복을 입
고, 옷이 아닌 수영 실력으로 좋아하는 사람에게 인상을 심
어 주라는 것이다.

●① on ●② to ●③ for

① 특정한 날을 가리키는 on
② look forward to -: -을 갈망(고대)하다

> **어구**

unique 독특한
unsinkable 가라앉지 않는
iceberg 빙산
tragically 비극적으로

타이타닉 호는 1912년 4월 10일 수요일에 Southampton을
떠났다. 많은 부유하고 유명한 승객들은 이 여행을 몇 달 동
안 고대했었다. 가라앉지 않을 것이라고 일컬어지는 배로 여
행하는 것은 정말로 독특한 경험일 것이다. 그러나 생각지도
못한 일이 일어났다. 타이타닉 호는 북대서양에서 빙하와 충
돌한 후 가라앉았다. 2천 명 이상의 사람들이 승선했었다. 비
극적으로 단지 705명만이 살아남았다.

●①

① alike는 '(서로) 닮은', '(아주) 비슷한'의 의미를 가진 형
용사로 서술적 용법으로만 쓰이며 그 뒤에 목적어가 올
수 없다. 문맥상 의미가 통하기 위해서는 alike가 아니라
전치사 like(- 같은)를 써야한다.

> **어구**

wrap 포장하다
magical 마법의
shine 빛나다
brilliantly 반짝반짝 (빛나게)
insignificant 사소한
supreme 최고의, 최상의

사랑에 빠지는 것은 마법의 구름에 싸이는 것과 같다. 공기
는 더 신선하게 느껴지고, 꽃은 더 향기로우며, 음식은 더 맛
있고, 별들은 밤하늘에서 더 밝게 빛난다. 당신은 마치 인
생을 항해하는 것처럼 가볍고 행복한 기분을 느낀다. 당신
의 문제와 도전은 갑자기 중요하지 않은 것처럼 보인다. 당
신의 몸은 활기찰 것이며 당신은 얼굴에 미소를 띤 채 매
일 아침 침대에서 일어난다. 당신은 더없이 기쁜 상태에 있
는 것이다.

K

1 in 2 on 3 of 4 at

1 in service: (교통수단 등이) 운행되고 있는, (기계 등이) 이용되고 있는
2 on duty: 당번인, 당직인, 근무 중인
3 be out of order: (기계 등이) 고장 나다
4 at one's expense: ~이(가) 낸 비용으로

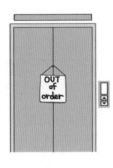

L

• for

1 나는 완전히 금연하기로 결심했다.
2 그녀는 매력적이고 나이에 비해 젊어 보인다.
3 오, 미안합니다. 당신을 다른 사람으로 착각했습니다.
4 당신이 홀로 서게 될지라도 옳은 것을 지지하라.
5 2008년에 Barack Obama가 대통령 출마를 했을 때, 그는 흑인 사회로부터 압도적인 지지를 받았다.

A

1 before 2 Once 3 or 4 until 5 but 6 while 7 since 8 In spite of 9 although
10 Because of 11 Although

1 before
before: -전에
나는 Johnson이 떠나기 전에 그와 함께 술을 마셨다.

2 Once
once: 일단 -하면
일단 네가 어떤 것을 시작하면, 너는 최선을 다해야 한다.

3 or
「명령문 + or」: -해라, 그렇지 않으면
조심해서 운전해라, 그렇지 않으면 사고 날 수 있다.

4 until
until: '-때까지' 서울에서 산 것이 고등학교를 졸업한 것
보다 이전(had lived)이므로 until이 적절하다.
그는 고등학교를 졸업할 때까지 서울에서 살았었다.

5 but
but: 그러나
자영이는 영어를 유창하게 말하지만 강한 한국어 액센트가
있다.

6 while
while: -하는 동안에
저녁 식사를 하는 동안에 너에게 내 계획을 말해줄게.

7 since
since: -이래로
내가 너를 마지막으로 본 이래로 아주 오랜 시간이 지났
구나.

8 In spite of
「in spite of + 명사(구)」: -에도 불구하고
비에도 불구하고 거리는 사람들로 가득했다.

9 although
although: 비록 -이지만
비록 몸이 좋지는 않았지만 Susan은 그녀의 친구들과 함
께 외출했다.

10 Because of
「because of + 명사(구)」: -때문에
나쁜 날씨 때문에 우리는 운동장에서 놀 수 없었다.

11 Although
Although + 주어 + 동사, Despite + 명사(구)
몸짓이 이해하도록 도와줄 수 있지만 말을 대체할 수는 없다.

B

1 No sooner had he stepped outside than it started to rain. 2 We had hardly found our seats
when the concert began. 3 Lock the door so that no one can get in. 4 I don't know if she will
accept our offer. 5 It is true that he was a doctor in our town.

1 No sooner had he stepped outside

than it started to rain.

「No sooner had + S + p.p. + than」: -하자마자 -하다
그가 밖으로 나오자마자 비가 오기 시작했다.

2 We had hardly found our seats

when the concert began.

「hardly … when ~」: …하자마자 ~하다
우리가 좌석을 발견하자마자 콘서트가 시작되었다.

3 Lock the door so that no one can get in.
「so that + S + can(may)」: -하도록
아무도 들어오지 못하도록 문을 잠가라.

4 I don't know if she will accept our offer.
if : -인지 아닌 지
나는 그녀가 우리의 제안을 받아들일지 어떨지 모르겠다.

5 It is true that he was a doctor in our town.
it은 가주어, that 이하는 진주어이다.
그가 우리 마을의 의사였다는 것은 사실이다.

C

1 Although와 but 둘 중 하나 삭제 2 두 번째 she plays 삭제 3 cold, dirty → cold, and dirty

4 as → than 5 as → that 6 what → that 7 During → While 8 or not 삭제 또는 if → whether

9 if → that 10 in order that → in case

---

1 Although와 but 둘 중 하나 삭제
의미상 although와 but이 한 문장에서 같이 쓰일 수 없다.
비록 버스가 늦었지만 나는 거기에 제시간에 도착했다.

2 두 번째 she plays 삭제
neither A nor B : 'A도 아니고 B도 아닌' A와 B에는 동등한 자격을 가진 말이 와야 한다.
그녀는 피아노도 연주하지 못하고 바이올린도 연주하지 못한다.

3 cold, dirty → cold, and dirty
여러 개의 형용사가 열거될 경우, 마지막 형용사 앞에 and를 쓴다.
그 집은 작고, 춥고, 지저분했다.

4 as → than
than: 비교를 나타내는 접속사
나는 전보다 더 유창하게 영어를 말하기 시작했다.

5 as → that
such … that ~ : 너무 … 해서 ~하다
사무실에 소음이 너무 심해서 나는 일을 할 수 없었다.

6 what → that
that절은 명사절로 proof와 동격을 이룬다.
그가 폭력에 직접 관련되었다는 증거는 없다.

7 During → While
while은 접속사이고 during은 전치사이다.
네가 외출해 있는 동안에 너를 찾는 전화가 왔다.

8 or not 삭제 또는 if → whether
if 바로 뒤에 or not을 쓸 수 없다.
나는 John이 올지 안 올지 몰랐다.

9 if → that
that절은 명사절로 believe 의 목적어 역할을 한다.
그가 90세라는 것은 믿기가 어렵다.

10 in order that → in case
in case : …하는 경우에 대비하여
비가 오는 경우에 대비해서 너는 우산을 가져가는 게 좋을 것 같다.

D

1 if 2 that 3 Whether 4 whether 5 Whether 6 whether or not 7 whether 8 that 9 if 10 that

---

1 **if**
의미상 don't know의 목적어로 that절을 쓰지 않으며, if는 명사절을 이끄는 종속접속사로 '-인지 아닌지'의 의미가 있다.
나는 그녀가 나를 파티에 초대할지 안 할지 모르겠다.

2 **that**
know의 목적어로 that절이 필요하다.
투표가 시작되었을 때 네가 집에서 멀리 떨어져 있었기 때문에 투표에 참여하지 않았다는 것을 나는 안다.

3 **Whether**
명사절을 이끄는 종속접속사 if는 주어로 쓰이지 않는다.
수프에 소금을 넣을 것인지 안 넣을 것인지는 네가 생각하는 것보다 더 중요하다.

4 **whether**
명사절을 이끄는 종속접속사 if 뒤에는 to 부정사가 올 수 없다.
그는 그녀가 인도를 방문하는 동안에 그저 잠시 만났던 그 여자와 결혼을 할 것인지를 결정하지 못했다.

5 **Whether**
that절이 주어로 쓰일 경우에는 「주어 + 동사」가 이어져야 한다.
데스크톱 컴퓨터를 사야 할지 아니면 노트북을 사야 할지가 문제이다.

6 **whether or not**
if 뒤에는 or not을 쓸 수 없다.
너는 그녀에게 그녀가 너를 친구 이상으로 좋아하는지 아닌지를 물어볼 수 있다.

7 **whether**
명사절을 이끄는 종속접속사 if는 전치사의 목적어로 쓸 수 없다.
나의 성공은 알맞은 시간에 알맞은 장소에 있을 정도로 내가 운이 있는지에 달려있다.

8 **that**
believe의 목적어가 되는 종속접속사 that이 필요하며, that절은 완전한 문장이 된다.
나는 그의 말이 전적으로 진실이라는 것을 믿는다.

9 **if**
문맥상 '-인지 아닌지'의 의미가 되어야 한다.
Jack은 읽어야 할 페이지가 겨우 10페이지 남았기 때문에 책을 끝낼 때까지 자지 않고 깨어 있어도 되는지를 물어 보았다.

10 **that**
「such ~ that …」은 '너무 ~해서 …하다'의 의미를 나타낸다.
그는 아주 멋진 소년이어서 모든 사람들이 그를 좋아한다.

E

1 Although[Though] 2 so, that 3 until 4 and 5 neither, nor

---

1 **Although[Though]**
although[though]: 양보절을 이끄는 접속사
그녀는 감기에 걸렸지만 파티에 갔다.

2 **so, that**
「so … that ~」: 너무 … 해서 ~하다
날씨가 너무 추워서 우리는 집에 머물렀다.

3 **until**
「not A until B」: B하고 나서야 비로소 A하다
그녀는 어두워지고 나서야 거기에 도착했다.

4 **and**
「명령문, and ~」: -해라, 그러면 -
한 걸음만 더 가면 너는 절벽 아래로 떨어질 거야.

제대로 영문법

5 neither, nor

「neither A nor B」: A도 아니고 B도 아닌

그는 담배도 피우지 않고 술도 마시지 않는다.

F

1 Both Karl and Steve are opticians.   2 I can't concentrate both with the radio on and with you talking to me.   3 Neither Joanna nor Charles has bought tickets to the opera.   4 Sophie has both completed and handed in her project.   5 We can either go skiing or skating.

---

1 Both Karl and Steve are opticians.

both A and B: A와 B 둘 다

Karl은 시력 교정사이다. Steve도 역시 시력 교정사이다.
→ Karl과 Steve 둘 다 시력 교정사이다.

3 Neither Joanna nor Charles has bought tickets to the opera.

neither A nor B: A도 B도 아닌

Joanna는 오페라 티켓을 사지 않았다. Charles 역시 오페라 티켓을 사지 않았다. → Joanna도 Charles도 둘 다 오페라 티켓을 사지 않았다.

5 We can either go skiing or skating.

either A or B: A와 B 둘 중 하나

우리는 스키를 타러 가거나 또는 스케이트를 타러 갈 수 있다.
→ 우리는 스키를 타러 가거나 스케이트를 타러 갈 수 있다.

2 I can't concentrate both with the radio on and with you talking to me.

나는 라디오에 집중할 수 없고 네가 나한테 하는 말에도 집중할 수 없다. → 나는 라디오와 네가 나한테 하는 말 모두에 집중할 수 없다.

4 Sophie has both completed and handed in her project.

Sophie는 그녀의 프로젝트를 완성했고 그것을 제출했다.
→ Sophie는 프로젝트를 끝내기도 했고 제출도 했다.

G

A so

C When

(A) so (that)는 결과를 나타내는 종속접속사이다.
(B) as는 '~할 때'의 의미를 나타낸다.
(C) When은 시간을 나타내는 종속접속사이다.

어구

carnival 축제
grab 쥐다
look over 대충 훑어보다, 조사하다
by mistake 실수로

B as

엄마와 나는 사람들이 엄청나게 많은 큰 축제에 함께 있었다. 우리는 손을 잡고 있어서 (서로) 떨어지지 않았다. 어떤 게임을 보기 위해서 우리가 멈추었을 때, 나는 잠시 동안 엄마의 손을 놓았다. 그런 후 우리가 걷기 시작했을 때 다시 손을 잡았다. 하지만 내가 살펴보았을 때, 나는 실수로 다른 사람의 손을 잡고 있다는 것을 깨달았다. 나는 나와 내가 손을 잡고 있던 그 숙녀 중에서 누가 더 놀랐는지 모르겠다.

● ③

③에서 지각동사 hear의 목적격보어로 drive, hurry, wrinkle이 등위접속사 or에 의해서 병렬 구조로 연결되어야 한다.

어구

wrinkle 주름지게 하다, 주름을 잡다
help A to B A가 B하도록 돕다

책을 통해서 우리의 눈은 우리가 살고 있는 세계의 아름다움을 향해 열리게 된다. 이것이 독서의 즐거움이다. 우리는 바람이 낙엽을 쓸어가고, 하늘의 구름을 이동시키고, 바다에 물결을 일으키는 소리를 듣는다. 우리는 황금 들판 위로 높게 솟은 산을 본다. 새, 새의 노래, 꽃, 나무, 이 모든 것들을 우리가 보고 느끼도록 시인은 도와준다.

● ④

접속사의 도움 없이 두 개의 문장이 연달아 올 수 없다. (A)에는 조건을 나타내는 부사절이 와야 하며 (B)에는 양보를 나타내는 부사절이 와야 한다.

어구

jealousy 질투
for instance 예를 들어
sibling 형제, 자매

당신은 질투라고 불리는 녹색 눈의 괴물에 대해서 들어본 적이 있는가? 때때로 형제, 자매들은 서로에 대해 질투심을 느낀다. 예를 들어, 만일 당신의 여동생이 학교에서 잘한다면, 특히 당신의 성적이(여동생보다) 더 낮을 때, 그것은 당신에게 좌절감을 줄지도 모른다. 비록 당신이 당신의 형제(자매)를 자랑스럽게 여긴다 하더라도, 약간 질투하게 되는 것이 보통이다. 당신 자신을 형제나 자매와 비교하는 것보다는 당신만의 최선에 좀 더 초점을 맞추는 것이 당신을 더 기분 좋게 만들 수도 있다.

● ⑤

⑤에서 등위접속사 or에 의해서 painting과 병렬 구조로 연결되도록 washing을 써야 한다.

어구

prefer to -하기를 더 좋아하다
household project 집안일

어떤 것이 멋진 휴가인가에 대해서는 사람마다 의견이 다르다. 어떤 사람들은 숲에서 오래도록 산책하는 것을 좋아하는데, 그곳에서 그는 며칠 동안 아무도 만나지 않을 것이다. 또 어떤 사람들은 신나는 도시에서 휴가를 보내기를 더 좋아한다. 그곳에서 그들은 박물관, 극장, 그리고 좋은 식당을 방문할 수 있다. 또 어떤 사람들은 해변에서 신선한 공기를 마시기를 즐긴다. 그들은 낮에는 해변에서 보내고 밤에는 파도 소리를 들을 수 있다. 어떤 사람들은 집에 머무르면서 중요한 집안일을 하기로 마음먹기도 한다. 그들은 집의 현관을 칠하거나 아파트 창문을 모두 닦으면서 휴가를 보낼지도 모른다.

A most

B analyzing

C act

(A) companies를 수식해 주는 형용사가 와야 한다. most는 '대부분의'라는 의미를 가진 형용사이며 almost는 '거의'라는 의미를 가진 부사이다.

오늘날 대부분의 기업이 정보를 가지고 하고 있는 일들은 몇 년 전에는 불가능했을 것이다. 그 시절에는 많은 정보를 모으는 것은 비용이 많이 들었으며 그것을 분석하는 도

(B) 동명사는 동사의 성질과 명사의 성질을 동시에 가지고 있기 때문에 목적어를 수반할 수 있다. 명사는 목적어를 수반할 수 없으며, it은 analyzing의 목적어가 된다. (C) 등위 접속사로 연결되는 어구는 그 형태가 동일해야 한다(병렬 구조). 바로 앞에 to easily get, share가 왔으므로 이어서 나오는 형태도 act가 되어야 한다.

어구
analysis 분석
tool 도구, 수단
share 공유하다

구는 1990년대 초반까지 이용이 가능하지도 않았다. 하지만 지금 디지털 시대의 도구들은 손쉽게 새로운 방식으로 정보를 모으고, 공유하고, 실행시키는 방법을 우리에게 제공하고 있다.

L -

1 because of **2** because **3** because of **4** because **5** because of

because of + 명사(구)
because + 주어 + 동사

1 나는 네 미소 때문에 너를 사랑해.
2 나는 네가 아름답기 때문에 너를 사랑해.
3 나는 네가 나를 느끼게 만드는 방식 때문에 너를 사랑해.
4 나는 네가 한 일이 용서할 수 없는 것이기 때문에 너를 용서하지 않을 거야.
5 나는 네가 나를 위해 해왔던 것 때문에 너를 사랑하지 않아. 나는 그저 너를 사랑해.

1 very woman I spoke of yesterday   2 in the world do you want to say   3 Jim caught a turtle in this pond   4 have I seen such a beautiful sunset   5 came the black cat   6 did he realize the danger   7 So does her brother   8 Young as he was   9 No sooner had he recognized me   10 Who was it that

---

1 very woman I spoke of yesterday
명사 앞에 쓰인 the very는 명사를 강조한다.
이 분이 내가 어제 말한 바로 그 여자분이다.

2 in the world do you want to say
의문문에서 in the world는 강조하는 말이다.
도대체 무슨 말을 하고 싶은 거니?

3 Jim caught a turtle in this pond
「It is - that」강조 구문
Jim이 이 연못에서 거북이를 잡은 것은 어제였다.

4 have I seen such a beautiful sunset
부정어구가 문두에 오면 주어와 동사가 도치된다.
나는 그렇게 아름다운 일몰을 본 적이 없다.

5 came the black cat
장소, 방향의 부사(구)가 문두에 오면 주어와 동사가 도치된다.
검은 고양이가 밖으로 나왔다.

6 did he realize the danger
부정어구가 문두에 오면 주어와 동사가 도치된다.
그는 그 위험을 거의 깨닫지 못했다.

7 So does her brother
「so + 동사 + 주어」: (주어)도 역시 -이다
Jane은 프랑스어를 말한다. 그녀의 남동생도 역시 그렇다.

8 Young as he was
Young as he was = Though he was young
비록 어렸지만, 그는 마을에서 가장 뛰어난 사냥꾼들 중 한 명이 되었다.

9 No sooner had he recognized me
부정어구가 문두에 오면 주어와 동사가 도치된다.
나를 알아보자마자 그는 기뻐서 소리를 질렀다.

10 Who was it that
「It is - that」강조 구문의 의문문
당신을 면접한 사람은 누구였나요?.

B

1 if any   2 on the whole   3 if ever   4 so to speak   5 on earth

---

1 if any
if any: 비록 있다고 해도 (거의 없다)
기술적 문제는 있다고 해도 거의 없다.

2 on the whole
on the whole: 대체적으로
파티는 대체적으로 성공적이었다.

3 if ever
if ever: 설령 한다 해도
그는 그의 노부모를 방문한다고 해도 거의 하지 않는다.

4 so to speak.
so to speak: 말하자면, 이른바
남 선생님은 이른바 걸어 다니는 사전이다.

5 on earth
on earth '도대체'의 의미로 의문문을 강조하는 말이다.
도대체 이 시간에 누가 전화를 하는 거니?

C -

1 (I was)   **2** (which was)   **3** but I don't know who 다음 부분 생략 ('s been stealing our flowers)

4 than 다음 부분 생략 (you like)   **5** (you come), (it will be)   **6** but she didn't 다음 부분 생략 (phone)

7 and others 다음 부분 생략 (would like to live)   **8** (that)

9 if you want to 다음 부분 생략 (go with me)   **10** (Having been)

- -

1 (I was)
부사절에서 주어와 be 동사를 생략할 수 있다.
어렸을 때, 나는 이 나무에 오르곤 했었다.

2 (which was)
「주격 관계대명사 + be 동사」의 생략이다.
이것은 David Marr가 쓴 책의 서평이다.

3 but I don't know who 다음 부분 생략
('s been stealing our flowers)
뒷부분의 반복되는 어구는 생략하는 것이 깔끔하다.
누군가가 우리의 꽃을 훔치고 있는데 누구인지 모르겠다.

4 than 다음 부분 생략 (you like)
비교급에 서 공통 어구는 생략한다.
너는 나보다 그를 더 좋아한다.

5 (you come), (it will be)
관용적 생략으로 암기 하는 게 좋다.
빨리 오면 올수록 더 좋다.

6 but she didn't 다음 부분 생략 (phone)
반복되는 동사를 생략한다.
그녀는 전화를 하겠다고 말했지만 하지 않았다.

7 and others 다음 부분 생략 (would like to live)
반복되는 동사구는 생략할 수 있다.
어떤 사람들은 시내에 사는 것을 좋아하고, 또 어떤 사람들은 시골에서 사는 것을 좋아한다.

8 (that)
목적격 관계대명사는 생략할 수 있다.
네가 원하던 책을 찾았니?

9 if you want to 다음 부분 생략 (go with me)
to부정사가 대부정사로 사용될 수 있으므로 to 이하는 생략해도 된다.
네가 원한다면 나와 함께 가도 좋다.

10 (Having been)
분사구문에서 Having been은 생략할 수 있다.
프랑스에서 태어났기 때문에, 그녀는 프랑스어가 능숙하다.

D -

1 비용이 저렴하다.
하수구 청소하는 데에 돈이 많이 들지 않음을 강조하고 있다.
저희는 여러분의 하수구를 깨끗이 청소합니다.
저렴합니다. / 무료 견적 404-0404

2 안전벨트를 착용하지 않으면 교통 위반 딱지를 뗀다.
여기서 fine은 '벌금'이라는 뜻으로 쓰였다. click은 안전벨트를 착용할 때 나는 소리[딸깍]를 적은 것이다. ticket은 교통 위반 딱지를 의미한다.

안전벨트/반드시 착용/벌금 $100 /안전벨트를 착용하거나 (범칙금) 딱지를!

E

1 (A) It was John that[who] bought a digital camera online yesterday.

(B) It was a digital camera that John bought online yesterday.

(C) It was online that John bought a digital camera yesterday.

(D) It was yesterday that John bought a digital camera online.

「It is - that」 강조 구문에서 강조할 내용을 It is와 that 사이에 위치시킨다. 강조할 대상이 사람이면 that 대신 who를 쓸 수 있다.

2 (A) It was a white limousine that was parking in front of the second-story house at about nine this morning.

(B) It was in front of the second-story house that a white limousine was parking at about nine this morning.

(C) It was at about nine this morning that a white limousine was parking in front of the second-story house.

1 John은 어제 디지털 카메라를 온라인에서 구입했다.
2 흰색 리무진이 오늘 아침 9시경에 그 2층집 앞에 주차하고 있었다.

F

1 can we   **2** had she read   **3** she spent   **4** will they   **5** do we

1 can we
부정어구 under no circumstances 뒤에 도치 구문을 쓴다.
어떤 상황에서도 저희가 5세 이하의 어린이를 받을 수 없다는 것을 주목해 주세요.

2 had she read
부정어구 No sooner 뒤에 도치 구문을 쓴다.
편지를 읽자마자 그녀는 울기 시작했다.

3 she spent
부정어구 뒤에 콤마가 올 경우, 부정어가 문장 전체를 부정하는 경우가 아닌 경우에는 부정어구가 오더라도 도치 구문을 만들지 않는다.
멀지 않은 과거에, 그녀는 Malawi에 있는 Songa라는 작은 마을에서 일하면서 석 달을 보냈다.

4 will they
부정어구 Not only 뒤에 도치 구문을 쓴다.
그들은 학교에서 더 잘할 뿐만 아니라 성공적인 시민으로 자라게 될 훨씬 더 큰 가능성을 갖게 될 것이다.

5 do we
부정의 의미를 함축하고 있는 Only가 문두에 올 경우 도치 구문을 쓴다.
우리가 건강을 잃을 위험에 빠졌을 때만 우리는 그것을 소중히 여긴다.

G --

• ④

① 칠 주의 - 벤치 / ② 공사 중 - 도로 / ③ 방해하지 마시
오 - 호텔방 / ④ 비매품 - 병원 / ⑤ 가격 파괴 - 백화점

H --

• Frank 자신이 골프 경기를 하면서 매너를 지키지 않기 때문에 Ernie가 Frank와 골프를 치지 않는 것이다.

"Neither will Ernie."는 앞서 언급된 부정문을 받아
"Ernie도 마찬가지일 것이다."의 의미를 나타낸다.

> **어구**

swear 욕을 하다; 맹세하다
cheat 속이다

Frank가 Fred와 골프를 치고 집으로 돌아왔을 때, 그의 아
내는 "왜 Ernie와는 더 이상 골프를 안치세요?"라고 물었다.
"당신이라면 홀을 놓쳤을 때 욕을 하고, 점수를 속이고, 골프
채를 집어 던지고 공을 움직이는 사람과 골프를 치겠어요?"
라고 Frank가 물었다. "저라면 안치겠어요."라고 그녀가 대
답했다 "Ernie도 마찬가지일 거에요.."

I --

• ③

'so + 조동사 + 주어'는 '(주어도) 역시 ~하다'의 의미를
나타낸다. 따라서 ③을 'so do many adult education
programs'로 고쳐야 한다. and 앞에 일반동사 offer가
쓰였으므로 대동사로 조동사 do를 써야 한다.

> **어구**

divorce 이혼(하다)
widow 과부(가 되다)
figure out 이해하다, 알다
insurance 보험
retirement 은퇴
affect 영향을 주다

당신이 나이가 많든 적든, 남자이든 여자이든, 독신이든 결
혼을 했든, 이혼을 했든, 배우자를 잃었든 아무 상관없다. 중
요한 것은 당신이 재정 계획을 세운다는 것이다. 재정 계획
은 인생 목표를 충족시키기 위해서 돈을 어떻게 벌고 어떻게
돈을 관리하는지를 이해하는 과정이다. 개인적인 재정 계획
은 모든 사람을 위한 것이며 전문가들은 더 일찍 시작하면
시작할수록 더 좋다고 말한다. 많은 고등학교와 대학교들은
재정 계획과 관련된 강좌를 제공하고 있으며, 많은 성인 교
육 프로그램들도 역시 그렇다. 몇몇 흥미 있는 우수한 강좌
는 온라인으로 제공된다. 세금, 보험, 은퇴 계획 등에 관해서
당신이 더 많이 알고 이해하면 할수록 당신의 미래에 영향을
줄 수 있는 좋은 결정을 더 잘 내리게 될 것이다.

참고도서

· Turnbull Joanna, Lea Diana and Parkinson Dilys. (2010). *Oxford Advanced Learner's Dictionary* (8th Edition). Oxford University Press.

· Marianne Celce-Murcia and Diane Larsen-Freeman (1999). *The Grammar Book: An ESL / EFL Teacher's Course* (2nd edition). Boston: Heinle, Cengage Learning

· Geoffrey Leech and Jan Svartvik (2003). *A Communicative Grammar of English*. London: Longman.

· Quirk, R., S. Greenbaum, G. Leech, and J. Svartvik (1985). *A Comprehensive Grammar of the English Language*. London: Longman.

· Swan, M. (2005). *Practical English Usage* (3rd Edition). Oxford: Oxford University Press.

· Thompson, A. J. and A. V. Martinet (1986). *A Practical English Grammar* (4th edition). London: Oxford University Press

· Sidney Greenbaum and Randolph Quirk (1990). *A Student's Grammar of the English Language*. London: Longman.

· Gunter Radden and Rene Dirven (2007). *Cognitive English Grammar: Cognitive Linguistics in Practice*. Berlin: John Benjamins Publishing Company

· Jean Yates (1999). *The Ins and Outs of Prepositions*. New York: Barron's

· Nigel Turton (1995). *ABC of Common Grammatical Errors*. London: Macmillan

· John Eastwood (1999). *Oxford Practice Grammar*. Oxford: Oxford University Press

· Tim Collins (2008). *Correct Your English Errors*. New York: McGraw-Hill

· Michael Swan and Catherine Walter (2001). *The Good Grammar Book*. Oxford: Oxford University Press

· Penny Ur (1988). *Grammar Practice Activities*. Cambridge: Cambridge University Press

· Andrew Radford (1981). Transformational Syntax: *A Student's guide to Chomsky's Extended Standard Theory*. Cambridge: Cambridge University Press

· 문용 (2008). 고급영문법해설 (제3개정판). 서울: 박영사

· 문용 (1999). 한국어의 발상, 영어의 발상. 서울: 서울대학교 출판부

· 양현권, 정영국 (2008). 교육영문법의 이해. 서울: 한국문화사

· 한학성 (2012). 영어 관사의 문법. 서울: 태학사

· 엣센스 영한사전 (2013).

· 시사 엘리트 영한사전 (2010).

· 능률·롱맨 영한사전 (2009).

영어의 문을 제대로 여는법

발행일   초판   1쇄 발행   2015년 4월 20일
         초판   2쇄 발행   2015년 5월 20일
         초판   3쇄 발행   2015년 6월 20일
         개정판 1쇄 발행   2016년 2월 29일
         개정판 2쇄 발행   2017년 3월 29일

지은이   남조우
발행인   남조우
디자인   섬:섬(some:some)
일러스트 정우동

인쇄   한길프린테크
발행처   도서출판 책벌레
주소   경기도 안양시 만안구 박달로 497번길 57, 205-1003
전화   010-5388-7741 (구입 문의)
팩스   031-465-4650 (전화 겸용)
출판신고 2012년 11월 9일 제384-2012-00060호
내용문의 www.englishking.net
이메일   unim4eo@gmail.com
정가   19,500원
ISBN   979-11-954272-2-2